■2025年度高等学校受験用

浦和実業学園高等学校

収録内容一覧

★この問題集は以下の収録内容となっています。また、編集の都合上、解説、解答用紙を省略させていただいている場合もございますのでご了承ください。

（○印は収録、一印は未収録）

入試問題の収録内容			解説	解答	解答用紙
2024年度	第1回併願	英語・数学・国語	○	○	○
	第2回併願	英語・数学・国語	○	○	○
	第3回併願	英語・数学・国語	—	○	○
2023年度	第1回併願	英語・数学・国語	○	○	○
	第2回併願	英語・数学・国語	○	○	○
	第3回併願	英語・数学・国語	—	○	○
2022年度	第1回併願	英語・数学・国語	○	○	○
	第2回併願	英語・数学・国語	○	○	○
	第3回併願	英語・数学・国語	—	○	○

★当問題集のバックナンバーは在庫がございません。あらかじめご了承ください。

JN004664

●凡例●

【英語】

≪解答≫

〔　〕　①別解

②置き換え可能な語句（なお下線は置き換える箇所が2語以上の場合）

（例）I am〔I'm〕glad〔happy〕to ~

（　）　省略可能な言葉

≪解説≫

1, 2…　本文の段落（ただし本文が会話文の場合は話者の1つの発言）

〔　〕　置き換え可能な語句（なお〔　〕の前の下線は置き換える箇所が2語以上の場合）

（　）　①省略が可能な言葉

（例）「（数が）いくつかの」

②単語・代名詞の意味

（例）「彼（＝警察官）が叫んだ」

③言い換え可能な言葉

（例）「いやなにおいがするなべにはふたをするべきだ（＝くさいものにはふたをしろ）」

//　訳文と解説の区切り

cf.　比較・参照

≒　ほぼ同じ意味

【数学】

≪解答≫

〔　〕　別解

≪解説≫

（　）　補足的指示

（例）（右図1参照）など

〔　〕　①公式の文字部分

（例）〔長方形の面積〕＝〔縦〕×〔横〕

②面積・体積を表す場合

（例）〔立方体 ABCDEFGH〕

∴　ゆえに

≒　約、およそ

【社会】

≪解答≫

〔　〕　別解

（　）　省略可能な語

＿＿　使用を指示された語句

≪解説≫

〔　〕　別称・略称

（例）政府開発援助〔ODA〕

（　）　①年号

（例）壬申の乱が起きた（672年）。

②意味・補足的説明

（例）資本収支（海外への投資など）

【理科】

≪解答≫

〔　〕　別解

（　）　省略可能な語

＿＿　使用を指示された語句

≪解説≫

〔　〕　公式の文字部分

（　）　①単位

②補足的説明

③同義・言い換え可能な言葉

（例）カエルの子（オタマジャクシ）

≒　約、およそ

【国語】

≪解答≫

〔　〕　別解

（　）　省略してもよい言葉

＿＿　使用を指示された語句

≪解説≫

〈　〉　課題文中の空所部分（現代語訳・通釈・書き下し文）

（　）　①引用文の指示語の内容

（例）「それ（＝過去の経験）が ～」

②選択肢の正誤を示す場合

（例）（ア，ウ…×）

③現代語訳で主語などを補った部分

（例）（女は）出てきた。

／　漢詩の書き下し文・現代語訳の改行部分

浦和実業学園高等学校

所在地	〒336-0025 埼玉県さいたま市南区文蔵3-9-1
電　話	048-861-6131（代）
ホームページ	https://www.urajitsu.ed.jp/sh/
交通案内	JR京浜東北線・武蔵野線 南浦和駅西口下車 徒歩12分

普通科
商業科

男女共学

くわしい情報は
ホームページへ

応募状況

年度	募集数			受験数	合格数
2024	普通	特選	40名	160名	159名
		特進	80名	210名	208名
		選α	200名	787名	784名
		選抜		631名	626名
		進学	120名	1,032名	926名
	商業		240名	1,269名	1,183名
2023	普通	特選	40名	178名	178名
		特進	80名	213名	213名
		選α	160名	719名	715名
		選抜		654名	654名
		進学	120名	984名	931名
	商業		240名	1,037名	986名
2022	普通	特選	40名	119名	118名
		特進	80名	151名	149名
		選α	160名	451名	451名
		選抜		573名	571名
		進学	120名	857名	823名
	商業	総進 情報	240名	1,179名	1,151名

※スライド合格を含む

試験科目　（参考用：2024年度入試）

［単願（推薦）］
基礎学力検査（国・数・英 合わせて60分/100点）
［併願（推薦・一般）］
国語・数学・英語（各50分/各100点）
※併願の英語はリスニングを含む

教育目標

校訓：「実学に勤め徳を養う」
教育目的は次の３つ。
徳育：品性を正し礼節を重んじ豊かな人間性を育てる
体育：健全な精神を宿す健康な身体づくりの訓練を行う
知育：個性の伸長発揮につとめ，自主独立の精神を培う

各コースの特色

本校には，生徒個々の将来の夢や目標に合わせて選べる７つのコースがあり，それぞれ充実した進路指導を展開している。

＜普通科＞
特進選抜コース・特進コース
国公立大学入試を意識したカリキュラム。１・２年次は週に１時間探求学習に取り組み，生徒一人ひとりの主体性や社会性を育む。３年次からは，大学入試のための特別補習講座や進学補習を実施。
選抜αコース・選抜コース
首都圏主要私立大学進学をめざす。２年次から文系・理系に分かれるため，入試に必要な科目を効率よく履修できる。なお，選抜αコースは成績により特進部への編入も可能。
進学コース
四年制大学進学をめざし，基礎学力の充実をはかる。一般入試はもちろん，学校推薦型や総合型選抜入試への対策にも万全を期している。

＜商業科＞
プログレスコース・キャリアアップコース
商業科は２年次から２つのコースに分かれる。
プログレスコースでは，各検定試験の上位級を取得し，大学進学を中心とした進路目標の実現をめざす。
キャリアアップコースは，IT社会に対応したスキルを身につけることを目標としており，進学だけでなく就職にも対応したカリキュラム。

編集部注―本書の内容は2024年5月現在のものであり，変更されている場合があります。正確な情報は，学校のホームページ等で必ずご確認ください。

出題傾向と今後への対策 英語

出題内容

	2024		2023		2022	
	1回	2回	1回	2回	1回	2回
大問数	6	6	6	6	6	6
小問数	41	41	41	41	42	42
リスニング	○	○	○	○	○	○

◎大問６題で小問数は40問前後である。出題構成は放送問題２題，長文読解２～３題，その他は文法題などであり，例年この傾向に大きな変化はない。

2024年度の出題状況

《第１回併願》

1・2放送問題
3適語(句)選択・語形変化
4整序結合
5長文読解総合―説明文
6長文読解総合―物語

《第２回併願》

1・2放送問題
3適語(句)選択・語形変化
4整序結合
5長文読解総合―説明文
6長文読解総合―物語

解答形式

《第１回併願》	記 述／マーク／併 用
《第２回併願》	記 述／マーク／併 用

出題傾向

全体的に基本的な問題構成である。読解総合問題は短めで読みやすい平易な問題が多い。説明文が出題されることもある。文法問題は適語選択式で，幅広く基本問題が出題される。英作文は日本語付きで７語程度の整序結合形式が必出である。放送問題は例年出題されており，難度は標準的。

今後への対策

放送問題の対策は，まず音声・語彙問題に関する基礎学力の養成をしよう。同時にラジオの講座を毎日聞き，英文に耳を慣らしておこう。文法は，暗記用の基本例文の作成が有効である。教科書の会話表現の決まり文句は全て正確に暗記しておこう。読解問題は多読するより質を重視した学習が大切で，内容真偽問題を中心にやろう。

◆◆◆◆ 英語出題分野一覧表 ◆◆◆◆

分野		年度	2022		2023		2024		2025予想※	
			1回	2回	1回	2回	1回	2回	1回	2回
音声	放送問題		■	■	■	■	■	■	◎	◎
音声	単語の発音・アクセント									
音声	文の区切り・強勢・抑揚									
語彙・文法	単語の意味・綴り・関連知識						●	●	△	△
語彙・文法	適語(句)選択・補充		★	★	■	★	■	■	◎	◎
語彙・文法	書き換え・同意文完成									
語彙・文法	語形変化		●	●	●	●	●	●	◎	◎
語彙・文法	用法選択									
語彙・文法	正誤問題・誤文訂正									
語彙・文法	その他									
作文	整序結合		●	●	●	●	●	●	◎	◎
作文	日本語英訳	適語(句)・適文選択								
作文	日本語英訳	部分・完全記述								
作文	条件作文									
作文	テーマ作文									
会話文	適文選択		●	●				●	△	◎
会話文	適語(句)選択・補充									
会話文	その他									
長文読解	内容把握	主題・表題								
長文読解	内容把握	内容真偽	●	●	●	●	●	●	◎	◎
長文読解	内容把握	内容一致・要約文完成								
長文読解	内容把握	文脈・要旨把握	●	●	●	●	●	●	◎	◎
長文読解	内容把握	英問英答								
長文読解	適語(句)選択・補充		●	●	●	●	●	●	◎	◎
長文読解	適文選択・補充		●	●	●		●	●	◎	◎
長文読解	文(章)整序									
長文読解	英文・語句解釈(指示語など)		●	●	●	●	●	●	◎	◎
長文読解	その他(適所補充)									

●印：１～５問出題，■印：６～10問出題，★印：11問以上出題。
※予想欄　◎印：出題されると思われるもの。　△印：出題されるかもしれないもの。

出題傾向と今後への対策　数学

出題内容

2024年度　《第１回併願》

[1]は計算問題４問。[2]は方程式４問。[3]は平面図形の計量題２問，さいころを用いた確率題１問。[4]は関数から放物線と直線に関する問題。点のy座標や図形の面積，面積比，点のx座標を求めるもの。図形の知識も要する。

《第２回併願》

[1]は計算問題４問。[2]は方程式４問。[3]は一次方程式の応用，さいころを用いた確率題，平面図形の計量題で計３問。[4]は関数から放物線と直線に関する問題。文字を使って座標を表せるかがポイント。図形の知識も要する。

2023年度　《第１回併願》

[1]は計算問題４問。[2]は方程式３問，数の計算１問。[3]はさいころを用いた確率題１問と空間図形，平面図形の計量題各１問。[4]は関数から放物線と直線に関する問題。点の交点や図形の面積比を求めるもの。

《第２回併願》

[1]は計算問題４問。[2]は方程式４問。[3]は数の計算２問，さいころを用いた確率題２問，空間図形の計量題１問。[4]は関数から放物線と直線に関する問題。点の座標や比例定数，切片を求めるもの。文字を使って座標を表せるかがポイント。

作…作図問題　証…証明問題　グ…グラフ作成問題

解答形式

《第１回併願》　記　述／マーク／併　用

《第２回併願》　記　述／マーク／併　用

出題傾向

第１回，第２回ともに大問数４題，総小問数15問程度。[1]～[3]が独立小問集合題，[4]が関数や平面図形，方程式の応用問題などの総合題である。基礎から標準レベルの問題が中心ではあるが，やや式が複雑なものが見られることもある。最終題に，難度の高い問題が出題されることもある。

今後への対策

まずは，教科書を使って，基礎を確実に身につけよう。数と式や方程式の計算は，正確にすばやくできるように練習しよう。また，方程式の応用問題や関数，図形には，重点的に取り組みたい。仕上げに過去問題を解き，問題の出題形式や時間配分などを確認すること。このとき，できなかった問題は解説を読み，後で解き直そう。

◆◆◆◆ 数学出題分野一覧表 ◆◆◆◆

分野	年度	2022 1回	2022 2回	2023 1回	2023 2回	2024 1回	2024 2回	2025予想※ 1回	2025予想※ 2回
数と式	計算，因数分解	★	★	★	★	★	★	◎	◎
	数の性質，数の表し方		★						△
	文字式の利用，等式変形	●						△	
	方程式の解法，解の利用	★	★	★	★	★	★	◎	◎
	方程式の応用		●				●		◎
関　数	比例・反比例，一次関数								
	関数$y=ax^2$とその他の関数	★		★	★	★	★	◎	◎
	関数の利用，図形の移動と関数								
図　形	（平面）計　量	■	●	●		■	●	◎	◎
	（平面）証明，作図								
	（平面）その他								
	（空間）計　量			●	●			△	△
	（空間）頂点・辺・面，展開図								
	（空間）その他								
データの活用	場合の数，確率		●	●	■	●	●	◎	◎
	データの分析・活用，標本調査								
その他	不 等 式								
	特殊・新傾向問題など								
	融合問題								

●印：１問出題，■印：２問出題，★印：３問以上出題。
※予想欄　◎印：出題されると思われるもの。　△印：出題されるかもしれないもの。

出題傾向と今後への対策　国語

出題内容

2024年度

《第１回併願》

論説文　　小　説

課題文　一戸谷洋志『ＳＮＳの哲学』
二こざわたまこ『教室のゴルディロックスゾーン』

《第２回併願》

論説文　　小　説

課題文　一山口　香『スポーツの価値』／柳川悠二『甲子園と令和の怪物』
二辻村深月『この夏の星を見る』

2023年度

《第１回併願》

論説文　　小　説

課題文　一稲田豊史『映画を早送りで観る人たち』／山口真一『正義を振りかざす「極端な人」の正体』
二額賀　澪『モノクロの夏に帰る』

《第２回併願》

論説文　　小　説

課題文　一北村紗衣『批評の教室』
二原田マハ『翔ぶ少女』

解答形式

《第１回併願》　記　述／マーク／併　用

《第２回併願》　記　述／マーク／併　用

出題傾向

設問は，それぞれの読解問題に10問程度付されており，内容的には標準レベルである。課題文は，少し長めであるが読みやすいものが選ばれている。出題のねらいは，基本的な読解力を見ることにあると考えられる。国語の知識に関するものは，全体の約３割を占めており，言語事項が中心になっている。

今後への対策

読解問題については，論説文と小説を中心に勉強するとよい。基本的な読解力が試されるので，市販の標準的な問題集に取り組むのがよいだろう。国語の知識については，確実に得点したいので，分野ごとに参考書などを使って知識の整理をし，問題集で復習しておくのがよい。

◆◆◆◆ 国語出題分野一覧表 ◆◆◆◆

分野			2022 1回	2022 2回	2023 1回	2023 2回	2024 1回	2024 2回	2025予想※ 1回	2025予想※ 2回
現代文	論説文 説明文	主題・要旨	●	●	●	●		●	◎	◎
		文脈・接続語・指示語・段落関係	●	●	●	●		●	◎	◎
		文章内容	●	●	●	●	●	●	◎	◎
		表　現		●			●	●	△	◎
	随筆 日記 手紙	主題・要旨								
		文脈・接続語・指示語・段落関係								
		文章内容								
		表　現								
		心　情								
	小　説	主題・要旨			●				△	
		文脈・接続語・指示語・段落関係		●						△
		文章内容	●	●	●	●	●	●	◎	◎
		表　現		●	●	●	●		◎	◎
		心　情	●	●	●	●	●	●	◎	◎
		状況・情景								
韻文	詩	内容理解								
		形式・技法								
	俳句 和歌 短歌	内容理解								
		技　法								
古典	古　文	古語・内容理解・現代語訳								
		古典の知識・古典文法								
	漢　文	（漢詩を含む）								
国語の知識	漢字 語句	漢　字	●	●	●	●	●	●	◎	◎
		語句・四字熟語	●	●	●		●	●	◎	◎
		慣用句・ことわざ・故事成語		●	●		●		◎	△
		熟語の構成・漢字の知識								
	文　法	品　詞		●						△
		ことばの単位・文の組み立て								
		敬語・表現技法			●	●		●	△	◎
	文学史									
作文・文章の構成・資料										
その他										

※予想欄　◎印：出題されると思われるもの。　△印：出題されるかもしれないもの。

合格を勝ち取るための

本書の使い方

本書に掲載されている過去問をご覧になって，「難しそう」と感じたかもしれません。でも，大丈夫。ほとんどの受験生が同じように感じるのです。高校入試の出題範囲は中学校の定期テストに比べて広いですし，残りの中学校生活で学ぶはずの，まだ習っていない内容からも出題されているかもしれません。

ですから，初めて本書に取り組む際には，点数を気にする必要はありません。点数は本番で取れればいいのです。

過去問で重要なのは「間違えること」です。自分の弱点を知るために，過去問に取り組むのです。当然，間違った問題をそのままにしておいては意味がありません。

本書には，長年にわたって高校受験に関わってきたベテランスタッフによる詳細な解説がついています。間違えた問題は重点的に解説を読み，何度も解きなおしてください。時にはもう一度，教科書で復習するのもよいでしょう。

別冊として，抜き取って使える解答用紙を収録しました。表示してあるように拡大コピーをとれば，実際の入試と同じ条件で，何度でも過去問に取り組むことができます。特に記述問題では解答欄の大きさがヒントになる場合があります。そうした，本番で使える受験テクニックの練習ができるのも，本書の強みです。

前のページにある「出題傾向と今後への対策」もよく読んで，本校の出題傾向に慣れておきましょう。

2024年度 浦和実業学園高等学校(第1回併願)

【英　語】 (50分) 〈満点：100点〉

(注意) 1, 2 は，リスニング(聞き取り)問題です。試験開始のチャイムが鳴ったら，1ページ目を開き，問題の指示に従って解答してください。

1 放送される三つの英文のうち，写真の説明として最も適当なものを1～3の中から一つずつ選びなさい。英文は二回ずつ放送されます。解答番号は①～④

Picture 1 (①)

1.

2.

3.

Picture 2 (②)

1.

2.

3.

Picture 3 (③)

1 .

2 .

3 .

Picture 4 (④)

1 .

2 .

3 .

([1] の放送終了後，10秒間の休止があります。次の問題に進んで構いません。)

[2] 英語の会話が三つ放送されます。最後の発言に対する相手の応答として最も適当なものを１～４の中から一つずつ選びなさい。会話は二回ずつ放送されます。解答番号は⑤～⑦

(⑤) 1 . Let's ask him what color he will choose.
2 . Shall I choose the color of the roof ?
3 . How often does he build a house ?
4 . How about building a house for Ryo ?

(⑥) 1 . I'll try that. 2 . No problem.
3 . I've had it before. 4 . You had to eat it.

(⑦) 1 . Mr. Mitsuhashi is looking for your phone.
2 . Your smartphone doesn't work well, does it ?
3 . Your smartphone won't show you some pictures.
4 . Do you think Mr. Mitsuhashi remembers us ?

([2] の放送終了後，次の問題に進んで構いません。)

※＜**リスニング問題放送原稿**＞は英語の問題の終わりに付けてあります。

3　次の英文の(　)に入る最も適当なものを１～４の中から一つずつ選びなさい。解答番号は⑧～㉒

(⑧)　Mary (　　) the bus to school every day.

１．take　２．is taking　３．is taken　４．doesn't take

(⑨)　Ken (　　) in New York last summer.

１．stay　２．stayed　３．has stayed　４．is staying

(⑩)　We enjoyed (　　) soccer with Mr. Sato.

１．play　２．playing　３．to play　４．played

(⑪)　It has been (　　) since this morning.

１．raining　２．rained　３．rain　４．to rain

(⑫)　Akihabara is one of (　　　　) among visitors from foreign countries.

１．a popular place　２．the most popular places

３．the popular place　４．more popular places

(⑬)　The baseball player is well known (　　) American people.

１．of　２．at　３．to　４．for

(⑭)　I'm looking for a wallet (　　) I lost yesterday.

１．who　２．whose　３．whom　４．which

(⑮)　You saw Jack yesterday, (　　) you ?

１．were　２．weren't　３．did　４．didn't

(⑯)　(　　) a nice bag you have !

１．How　２．Whose　３．What　４．Which

(⑰)　I have two cars.　One is white, and (　　) is silver.

１．one　２．another　３．other　４．the other

(⑱)　Please give me something (　　).

１．to drinking　２．to drink　３．drank　４．drunk

(⑲)　Hurry up, (　　) you will miss the train.

１．that　２．but　３．and　４．or

(⑳)　A：I want to go snowboarding.

B：We can't because we have had (　　) snow since last month.

１．little　２．a little　３．few　４．a few

(㉑)　A：(　　) have you been these days ?

B：I've been very busy with work.

１．What　２．When　３．Why　４．How

(㉒)　A：Will you open the door ?

B：(　　).

１．All right　２．Yes, please　３．Thank you　４．Goodbye

4　次の日本語に合うように，与えられた語(句)を並べかえて，(　)内で４番目に来るものを１～７の中から一つずつ選びなさい。なお，文頭に来る語も小文字になっている。解答番号は㉓～㉗

(㉓)　公園で走っている女性は私の姉です。

The (１．in　２．is　３．woman　４．the　５．running　６．my　７．park) sister.

(㉔)　あなたは何回その国に行ったことがありますか。

(1. many　2. you　3. to　4. been　5. how　6. times　7. have) that country ?

(㉕)　昨日私は弟が宿題をするのを手伝いました。

(1. my　2. I　3. brother　4. homework　5. his　6. do　7. helped) yesterday.

(㉖)　私と一緒に昼食を食べませんか。

(1. with　2. lunch　3. you　4. have　5. like　6. to　7. would) me ?

(㉗)　彼らはその物語を読んで悲しくなりました。

(1. story　2. the　3. were　4. read　5. sad　6. to　7. they).

5　次の英文を読んで，後の問いに答えなさい。*印の語には注があります。解答番号は㉘～㉞

A clock is a *device used to tell time. Moving ㉘hands on the face of a clock points to the *current hour, minute, and second. A clock can be big enough to be in a giant tower. A clock can also be small enough to [㉙]. It is called a watch. Many clocks are made to be beautiful *objects as well as useful devices.

There are three main types of clocks : *mechanical, *electrical, and atomic. All three have ㉚the same basic parts. They must have a source of power, a device to keep a clock moving regularly, and a way to display the time.

Mechanical clocks get their power from moving weights or springs. These parts are *attached to *gears. The gears are attached to the hands of the clock. As the gears move, they move the hands. Another device attached to the gears keeps them moving at a regular pace.

Electrical clocks get their power from electricity instead of weights or springs. The electricity can come from a battery or from an electrical *socket in a wall. Some electrical clocks have hands, as mechanical clocks do. Others have a digital display, and the hours, minutes, and seconds are shown as numbers. Electrical clocks are the most common type of clock used today.

Atomic clocks measure time by using the waves of *energy given off by atoms—the very small matter that makes up the universe. Atomic clocks normally have digital displays. Because atomic clocks are the most *accurate type of clock, only scientists use them in their work.

In ancient times people measured time by watching the position of the Sun in the sky. The Sun passed over a device with a *column which would create a *shadow. The *length of the shadow would change by the position of the Sun in the sky. The length of a column's shadow *therefore showed the basic time of day. Before long people wanted [㉛]. The first mechanical clock was invented in the mid-1300s. Clocks powered by springs and weights were introduced in the 1500s. Clocks powered by electricity appeared in the late 1800s and early 1900s. Atomic clocks were developed in the 1950s.

*device　装置・工夫　　*current　現在の　　*object　もの　　*mechanical　機械式の
*electrical　電動の　　*attach　取り付ける　　*gear　歯車　　*socket　コンセント
*energy given off by atoms　原子から放出されたエネルギー　　*accurate　正確な　　*column　円柱
*shadow　影　　*length　長さ　　*therefore　それゆえ

(㉘)　下線部㉘の内容として最も適当なものを１～４の中から一つ選びなさい。

1．針　　2．手　　3．ねじ　　4．目もり

(㉙)　[㉙] に入る最も適当なものを1～4の中から一つ選びなさい。

1．put up　　2．wear　　3．store　　4．hand in

(㉚)　下線部㉚の具体的な内容として適当でないものを1～4の中から一つ選びなさい。

1．時間を表示するパーツ

2．時計を規則的に動かすパーツ

3．太陽の位置の変化を読み取る装置

4．時計を動かす動力源

(㉛)　[㉛] に入る最も適当なものを1～4の中から一つ選びなさい。

1．to measure the length of the time

2．to invent digital displays

3．to get more beautiful clocks

4．to tell more accurate time

(㉜)　あなたが「デジタル時計」を購入したい場合どれを選ぶべきか。最も適当なものを1～4の中から一つ選びなさい。

1．a mechanical clock　　2．an electrical clock

3．an atomic clock　　4．a device with a column

(㉝・㉞)　次の英文について，本文の内容に合うものを1～5の中から二つ選びなさい。ただし，解答の順序は問いません。

1．In mechanical clocks, the basic parts are attached to gears.

2．All the electronical clocks have batteries to get their power.

3．Atomic clocks are too small for scientists to use.

4．Ancient people used clocks which got their power from the Sun.

5．In the early 1800s, people didn't have electrical clocks.

6　次の英文を読んで，後の問いに答えなさい。＊印の語には注があります。解答番号は㉟～㊶

In a forest there lived a lion.　He was too old to run fast.　As time went by, it became more difficult for him to hunt.

One day while he was *wandering through the forest *in search of food, he found a *cave.　He *peeped in and smelled the air inside the cave.　"Some animals must be staying here," he said to himself.　He went inside, but the cave was empty.　"㉟I will hide inside and wait for the animal to return," he thought.

The cave was the home of a *jackal.　Every day, the jackal would go out in search of food and return to the cave in the evening to rest.　That evening, the jackal finished his meal and started towards home.　But when he came closer, he felt something wrong.　Everything around him was very quiet.　"Something is wrong," the jackal said to himself.　"Why are all the birds and *insects so silent ?"

Very slowly and carefully, he walked towards his cave.　He looked around him and watched for any signs of danger.　When he got closer to the mouth of the cave, *all his instincts warned him of danger.

"[　㊱　]," thought the jackal.　And he thought of a plan.

The clever jackal called out to the cave.　"Hello my good cave, what happened to you today ?　Why are you so quiet ?"

The jackal's voice *echoed deep inside the cave.　The hungry lion thought to himself, "I think the cave is [㊲] because I am here.　Before the jackal realizes that something is wrong, I should do something."

The jackal continued to call out, "Have you forgotten our *agreement, cave?　You *are supposed to greet me when I return home."　The lion tried to make the sound of his voice *hollow and called out from within the cave, "Welcome home, my friend."

The birds flew away as soon as they heard the lion's *roar, and ㊳<u>the jackal shook with fear</u>. Before the hungry lion could attack him and eat him up, the jackal ran for his life as fast as his legs could carry him.

The lion waited for a long time for the jackal to enter the cave.　But the jackal did not come in, so the lion understood the situation.　He *cursed himself for his foolishness, and he lost his ㊴<u>prey</u>.

＊wander　さまよう　　＊in search of　～を探して　　＊cave　洞窟　　＊peep　のぞく
＊jackal　ジャッカル（イヌ科の動物）　　＊insect　昆虫
＊all his instincts warned him of danger　彼の全ての本能が危険を知らせた　　＊echo　こだまする
＊agreement　契約　　＊be supposed to greet　あいさつすることになっている　　＊hollow　うつろな
＊roar　ほえ声　　＊curse　のろう

(㉟)　下線部㉟の理由として最も適当なものを１～４の中から一つ選びなさい。

1．He was going to rest there until the animal came back.
2．He was going to attack the animal that would come back.
3．He wanted to know what kind of animals lived there.
4．He wanted to ask the animal to live with him there.

(㊱)　[㊱] に入る最も適当なものを１～４の中から一つ選びなさい。

1．I have to make sure that everything is all right
2．I forgot to say hello to my good cave, so it is angry
3．I should not be afraid to go in and check it out
4．I have to leave here as soon as possible

(㊲)　[㊲] に入る最も適当なものを１～４の中から一つ選びなさい。

1．dark　　2．noisy　　3．bright　　4．silent

(㊳)　下線部㊳の理由として最も適当なものを１～４の中から一つ選びなさい。

1．まさかライオンがいるとは思わなかったから
2．ライオンのせいで鳥が飛び去ってしまったから
3．自分の計画が失敗に終わってしまったから
4．洞窟があいさつをする契約を忘れていたから

(㊴)　下線部㊴の内容として最も適当なものを１～４の中から一つ選びなさい。

1．友人　　2．獲物　　3．隠れ家　　4．出口

(㊵・㊶)　次の英文について，本文の内容に合うものを１～５の中から二つ選びなさい。ただし，解答の順序は問いません。

1．The old lion who was very hungry found a cave in the forest and went inside.
2．The jackal noticed that something was wrong and went into the cave carefully.
3．The jackal realized something was happening when the cave did not greet him.
4．The lion heard the jackal's voice and knew his old friend returned.
5．The jackal's plan worked so well that the lion could not get him.

＜リスニング問題放送原稿＞

これから，2024年度，第一回併願入試，リスニング問題を始めます。リスニングの問題は[1]と[2]です。

[1]　放送される三つの英文のうち，写真の説明として最も適当なものを1～3の中から一つずつ選びなさい。英文は二回ずつ放送されます。

(①)

1．Some people are walking on the beach.
2．The boat is sailing to the sea.
3．Some people are talking in front of a boat.

(②)

1．There is no one singing a song.
2．The audience is standing at a show.
3．Two people are playing their instruments.

(③)

1．There are price lists above the ticket machine.
2．There are people waiting in front of the ticket machine.
3．People are passing through the ticket gate.

(④)

1．The man is taking a picture of a pole.
2．The man is painting the pole.
3．The man is putting something on a wall.

[2]　英語の会話が三つ放送されます。最後の発言に対する相手の応答として最も適当なものを1～4の中から一つずつ選びなさい。会話は二回ずつ放送されます。

(⑤)

A：Ryo is thinking of building a house.
B：Nice! If I were him, I would make the roof red. How about you, Yusuke?
A：Let me see ... I would choose green or white, but Ryo will choose the color.
B：You're right. Oh, look! There's Ryo!

(⑥)

A：Excuse me, could you tell me how to order lunch? It's my first time at UJ café.
B：OK. It's very easy. Put money into the ticket machine and push the button for the food you want to order. When you get a ticket, take it to the counter over there.
A：I see. Thank you very much for your help!
B：UJ lunch is the most popular meal among URAJITSU students.

(⑦)

A：It's been 10 years since we graduated from high school.
B：Time has passed so quickly! I can't believe we're 28 years old now!
A：Look! I have some pictures on my phone we took together 10 years ago. We took them with our Japanese teacher, Mr. Mitsuhashi.
B：I miss him so much.

以上でリスニング問題を終わります。引き続き，筆記問題に進んでください。

【数　学】（50分）〈満点：100点〉

（注意）(1) 問題文の中にある ①，②③，$\dfrac{\text{④⑤}}{\text{⑥}}$ などの①，②，③，④，⑤，⑥には，それぞれ０，１，２，…，９の数字または－，±，＜，＞，≦，≧の符号・不等号の中からいずれか１つのみを選びマークしてください。

(2) 解答が分数の形で求められているときは，既約分数で答えてください。

(3) 解答が無理数の形で求められているときは，$\sqrt{}$ の中の数を最小の自然数にして答えてください。

(4) 解答欄が余るときは，その余った欄にはなにも記入しないでください。

(5) 解答欄が不足するときは，不足する部分の数や符号・不等号をマークしないでください。

(6) 定規，コンパス，分度器，電卓，計算機能付き機器等は使用しないでください。

1 次の計算をしなさい。

(1) $-3\times(-6)-9-(-12)=$ ①②

(2) $\dfrac{1}{2}+\dfrac{3}{4}\times\dfrac{5}{6}\div\dfrac{7}{8}=\dfrac{\text{③④}}{\text{⑤⑥}}$

(3) $\sqrt{2}\times\sqrt{6}\times\sqrt{14}\times\sqrt{42}=$ ⑦⑧

(4) $x^2y^3z\times\dfrac{x^5z}{y^7}\div\dfrac{x^4}{y^2z^3}=\dfrac{x^{⑨}z^{⑩}}{y^{⑪}}$

2 次の各問に答えなさい。

(1) １次方程式 $\dfrac{x}{2}-\dfrac{9}{8}=\dfrac{x}{4}+\dfrac{3}{8}$ を満たす解は，$x=$ ⑫ である。

(2) 連立方程式 $\begin{cases}4x-9y+13=0\\3x-5y+15=0\end{cases}$ を満たす解は，$x=$ ⑬⑭⑮，$y=$ ⑯⑰ である。

(3) ２次方程式 $x^2+5x-36=0$ を満たす解は，$x=$ ⑱⑲，⑳ である。

(4) ２次方程式 $3x^2+4x-1=0$ を満たす解は，$x=\dfrac{\text{㉑㉒㉓}\sqrt{\text{㉔}}}{\text{㉕}}$ である。

3 次の各問に答えなさい。

(1) 右図のように，半径が２である円Oの円周上に４点A，B，C，Dがある。∠AOC＝120°，AB∥OC，線分BDは中心Oを通るとき，斜線部の面積の和は $\dfrac{\text{㉖㉗}}{\text{㉘}}\pi$ ㉙㉚$\sqrt{\text{㉛}}$ である。

ただし，π は円周率とする。

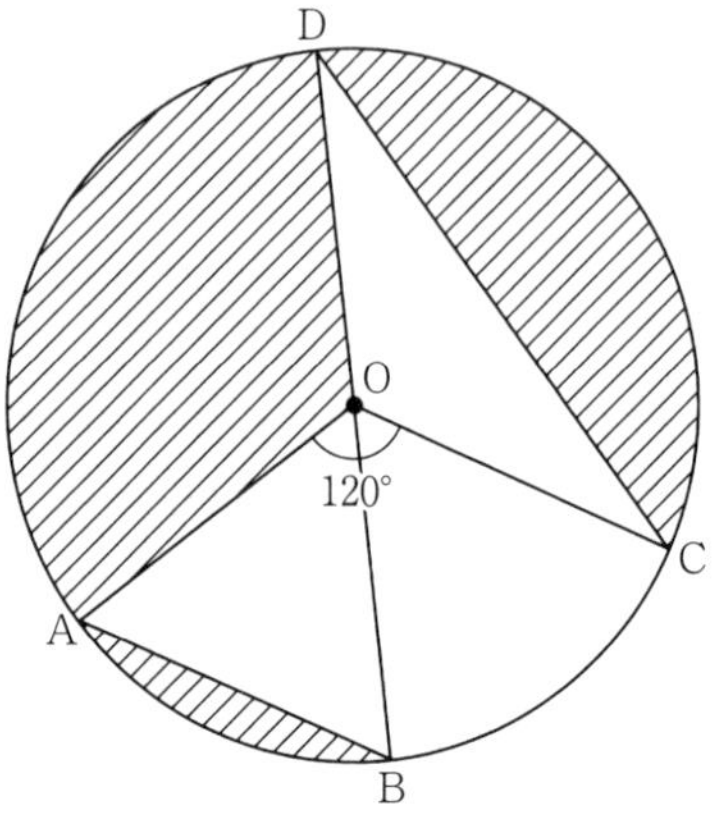

(2) 大小２個のさいころを同時に投げる。大きいさいころの出た目を分母，小さいさいころの出た目を分子とする分数をつくる。この分数の値が0.7より大きく1.8より小さくなる確率は $\dfrac{\text{㉜}}{\text{㉝㉞}}$ である。

(3) 次のページの図のように，１辺の長さが１である正三角形を交互に上下反転しながら横につなげていく。それによってできる四角形について，対角線の長さが初めて8を超えるのは，[㉟][㊱]個目の正三角形を置いたときである。

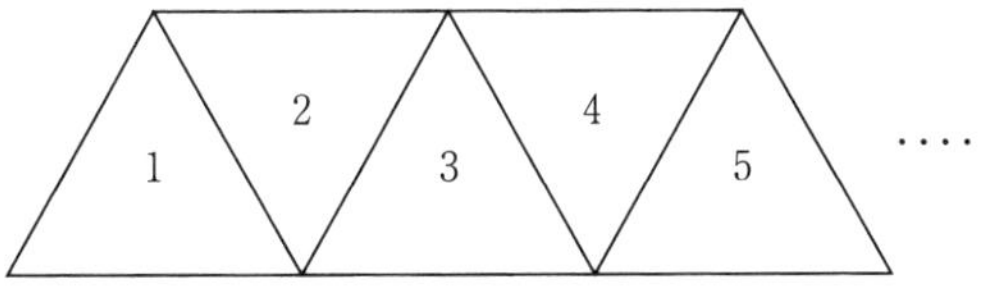

4　下図のように，座標平面上に放物線 $y=\frac{2}{3}x^2$…①と放物線 $y=-2x^2$…②がある。y 軸上に y 座標を -2 とする点Aをとり，さらに放物線①上に x 座標を -1 とする点B，x 座標を3とする点Cをとる。下の各問に答えなさい。

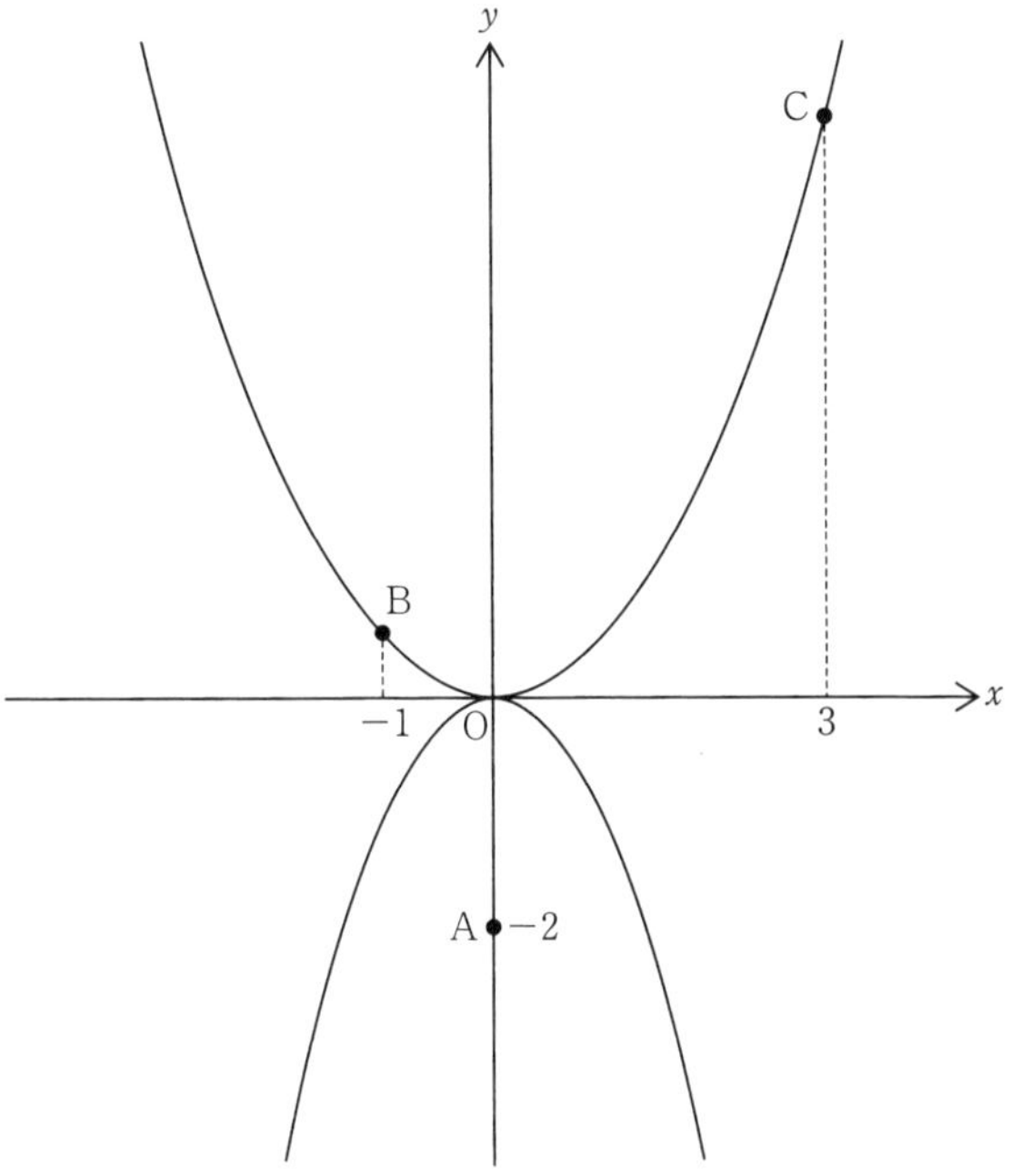

(1)　点Bの y 座標は $\frac{\text{㊲}}{\text{㊳}}$，点Cの y 座標は[㊴]である。

(2)　△ABCの面積は[㊵]である。

(3)　点Cと原点Oを通る直線は△ABCの面積を[㊶]：[㊷]に分ける。ただし，[㊶]>[㊷]とする。

(4)　放物線②上に△ABCと△DBCの面積が等しくなるような点Dをとる。点Dの x 座標は $\frac{\text{㊸㊹㊺}\sqrt{\text{㊻㊼}}}{\text{㊽}}$ である。

生徒Ｆ　いやいや藤村さんも和久井さんもそれなりに濱中さんとは距離を取ってるって。それに[Ⅲ段落]での「私」と伊藤さんとの描写だって、親密そうに見えてほどよい距離感はあるように感じるよ。

先　生　みんな、積極的に発言してくれてありがとう。この小説にはまだまだ続きがあるからね。機会があったらぜひ読んでごらん。また新しい見解が生まれると思うよ。

1　生徒Ａと生徒Ｂ　　2　生徒Ｂと生徒Ｃ
3　生徒Ｄと生徒Ｅ　　4　生徒Ｄと生徒Ｆ

なものを、次の中から選びなさい。解答番号は㉚

1　E　数字　F　素数　　2　E　素数　F　数字
3　E　素数　F　孤独　　4　E　数字　F　孤独

問9　本文全体における表現上の特徴を説明したものとして最も適当なものを、次の中から選びなさい。解答番号は㉛

1　[Ⅰ段落]では登場人物の苦悩が巧みな比喩表現を用いる形で表現されている。また[Ⅱ段落]では登場人物の心情が発話を主体にした形で具体例を示しながら表現されている。さらに[Ⅲ段落]では新たな心境に達した登場人物の心情が情景描写を通しながら表現されている。

2　[Ⅰ段落]では登場人物たちの複雑な心情が会話文を主体に表現されており、[Ⅱ段落]では登場人物の悲痛な思いが過去の回想談の形を通して表現されている。また[Ⅲ段落]では新たな友情を育む登場人物たちの心情が擬人法を多用する形で巧みに表現されている。

3　[Ⅰ段落]では主人公の「私」の優柔不断な性格が会話文を通して正確に表現されている。また[Ⅱ段落]では宇手先生の本音が発話を通してリアルに表現されている。さらに[Ⅲ段落]では登場人物たちの友情の芽生えが情景描写と比喩表現を織り交ぜながら表現されている。

4　[Ⅰ段落]では濱中さんの性格の悪さが会話体を中心に生き生きと表現されており、[Ⅱ段落]ではそのような濱中さんを冷たくあしらった宇手先生の真意が発話を主体に表現されている。また[Ⅲ段落]では「私」の新たな決意が、伊藤さんとの会話を通して明確に表現されている。

問10　次の会話はこの小説を読んだ後の先生と生徒たちの話し合いです。生徒Aから生徒Fの中で、この場面を読んで正しく考察出来ている人の組み合わせはどれですか。後の中から一つ選びなさい。解答番号は㉜

先　生　タイトルにある「ゴルディロックスゾーン」とは、「宇宙の中で生命が誕生するのに適した環境と考えられている天文学上の領域」とか、「惑星がその表面に液体の水を持ち生命を抱くには、恒星とのちょうど良い距離が必要だ」みたいな難しい意味があるようだが、この小説では人間関係における「ちょうど良い距離」みたいな意味合いで用いられているようだね。

生徒A　この小説に出てくる登場人物の誰もが、そういった人間関係の距離感に悩まされている感じですね。特に主人公である「私」は誰とも打ち解けることができないコミュニケーション拒否症の象徴みたいに描かれており、私たち現役中学生としても無視できない人物に思えました。読んでいてとても切ないですよ。

生徒B　確かにそれは言えてるね。主人公の高橋依子は確固たる信念を持っていないどころか、常にクラスの中心人物である濱中さんのことばかり気にしている点で、自分にとっての最適なゴルディロックスゾーンを探すのに懸命になっている気がするよ。

生徒C　伊藤さんに関しては足を怪我したみたいだけど、部活動をやっていた時とは違って、クラスの中心人物である濱中さんにいつも嫌がらせをされながら行動しているみたいで大変そうだ。人と人との距離感って本当に面倒臭いところがあるね。

生徒D　面白い見方だね。でも私はこの小説のキーワードは「距離感」ももちろんだけど、「孤独」って言葉も大事だと思うな。主人公の「私」や伊藤さんもそうだけど、濱中さんや宇手先生、藤村さんや和久井さんも何らかの孤独感を覚えているんじゃないかと思うんだ。

生徒E　でも、藤村さんと和久井さんは「何があっても濱中さんを守る」みたいな雰囲気があって、この三人の距離感はとても濃密な感じがするけどな。

[A] ㉓
1 歯　2 指　3 唇　4 舌

[B] ㉔
1 耳　2 首　3 目　4 肩

問4 ①亜梨沙ぁ、と藤村さんがそれを追いかけるとありますが、[I段落]から読み取れる「藤村さん」の人物像として最も適当なものを、次の中から選びなさい。解答番号は㉕

1 すぐに周りの人たちに同調してしまうなど主体性に欠ける面があるが、誰よりも友人関係を大切に考えている真面目でしっかりした人物。
2 誰に対しても分け隔てなく接する優しい一面を持つ一方で、状況によって自分の損得勘定を重視して行動する、ややずるがしこい人物。
3 その場の空気を読んで臨機応変に対処することができる賢い面を持っている反面、常にグループ内での自分の立ち位置を大事にする人物。
4 自分なりの考えは持っているが、いさかいごとを嫌う面もあり、グループ内で主導権を握っている子には遠慮しがちなところがある、やや気弱な人物。

問5 ②今までの伊藤さんとありますが、[I段落]から推察される「伊藤さん」の様子の変化を説明したものとして最も適当なものを、次の中から選びなさい。解答番号は㉖

1 これまでは部活動に全力で取り組みながら、日々の生活でも自分として正しいと思う行動をとってきたが、今は怪我のため部活動が出来なくなったことで、友人との関係を含め学校生活のペースや信念をやや乱し気味である。
2 これまでは部活動だけを唯一の生きがいとし、クラス内の友人関係などは二の次と考えていたが、最近は足の怪我をきっかけに、希薄だったクラス内での自分の存在感をなんとか高めようと必死でもがいている。
3 これまでは部活動と学級活動をうまく両立させクラス内での友人関係も良好であったが、最近は足の怪我が原因で部内やクラス内での友人関係が完全に壊れてしまい、ずっと孤独感を味わっている。
4 これまでは部活動を最優先に考えてきたため、クラス内での友人は最近知り合った濱中さんだけであったが、今は足の怪我で部活動が出来なくなった上に、濱中さんとの関係もぎくしゃくして悩んでいる。

問6 [C]・[D]に当てはまる言葉として最も適当なものを、後の中からそれぞれ選びなさい。解答番号は㉗・㉘

[C] ㉗
1 本当に頼れるのは
2 宇手先生の一番の味方
3 亜梨沙に立ち向かってくれる人
4 さっきの、起立の声

[D] ㉘
1 げんなりした顔　2 すっきりした顔
3 寂しそうな顔　4 そっけない顔

問7 ③ごめんなさいとありますが、このときの「私」の心情を説明したものとして最も適当なものを、次の中から選びなさい。解答番号は㉙

1 濱中さんたちにいじめられている伊藤さんを助けたいと考えていたが、解決できる力のない自分を情けなく思っている。
2 独りで悩んでいた伊藤さんの気持ちを知りつつ、濱中さんが怖くてずっと無視してきたことを謝りたいと思っている。
3 困っていた伊藤さんに対して何かしてあげたかったが、勇気が出ずに何も出来なかったことを申し訳なく思っている。
4 孤独に苦しんでいた伊藤さんと友達になりたかったが、ずっときっかけがつかめずにいたことを残念に思っている。

問8 [E]・[F]に当てはまる言葉の組み合わせとして最も適当

もちろん、惑星と惑星の間を飛び回るように、とはいかないけど。いちに、いちに、とリズムを取りながら歩くうち、あ、と気づいた。

二本足と、三本足。

これも、[E]だ。伊藤さんに伝えようかと思ったけど、迷って結局やめてしまった。宇手先生の言うように、私達は孤独な生き物だから。私は伊藤さんのすべてを知らない。伊藤さんも、私のすべてを知らない。注4さきちゃんだって濱中さんだって、自分以外の誰とも、それを分かち合うことはできない。

でも、それでも。小さな[F]同士、隣り合って歩いていくことはできるだろうか。例えば数字の、二と三みたいに。そんなことを思いながら、一歩一歩、足を踏みしめる。びゅうっと耳元を吹き抜けた風に紛れて、依子《よりこ》、と誰かが私を呼んだ気がした。

よく知っているはずのその声が、一体誰のものなのか、すぐには思い出せなかった。高橋さん、と伊藤さんから名前を呼ばれて、そちらを振り返る。伊藤さんが言うには、明日は先月の最高気温をさらに更新するらしい。ふと顔を上げると、雲一つない青空が広がっていた。注5影送りでも見られそうな空。夏が、すぐそこまで来ている。

（作問の都合により、一部表記を改めています。）

注1　うてっち…教育実習に来ている宇手先生のあだ名。濱中さんは彼に好意を抱いて接していたが、先日、クラスの皆の前でその思いを拒絶されたことで恥をかかされた気持ちでいる。

注2　先生…宇手先生の中学時代の恩師。宇手先生が教職を目指すきっかけを与えてくれた人。

注3　数独の本…数学のパズルの本。

注4　さきちゃん…「私」にとって小学生の頃からのたった一人の友人だったが、中二の時にクラスが分かれてからなぜか、避けられるようになっている。

注5　影送り…影を凝視した後で空などを見上げ、瞳に映る残影を見て楽しむこと。

問1　傍線部a〜dの漢字の読みとして正しいものを後の中からそれぞれ一つずつ選びなさい。解答番号は⑰〜⑳

a 眼差し　⑰
1 めさ　2 がんざ　3 まなざ　4 まなこさ

b 緩ませる　⑱
1 あたた　2 から　3 なご　4 ゆる

c 強張らせる　⑲
1 こわば　2 つっぱ　3 つよは　4 ごうば

d 微か　⑳
1 わず　2 かす　3 ひそ　4 ゆるや

問2　ア猫撫で声・イばつが悪そうにの本文中での意味として最も適当なものを後の中からそれぞれ選びなさい。解答番号は㉑・㉒

ア 猫撫で声　㉑
1 人の機嫌をとるときに出す、甘くこびるようなやさしい声。
2 猫が人にかまってもらいたいときに出す、もの寂しそうな声。
3 猫を手なずけようとするときに出す、ささやきかけるような声。
4 相手の様子をうかがうときに出す、やや遠慮しがちな声。

イ ばつが悪そうに　㉒
1 つじつまを合わせることが出来なくて、ごまかそうとしている様子。
2 間違いを正すことが出来なくて、途方に暮れている様子。
3 過失を認めることが出来なくて、意固地になっている様子。
4 その場を取りつくろうことが出来なくて、気まずく思っている様子。

問3　[A]・[B]にはそれぞれ体の一部を表す漢字が入ります。最も適当なものを後の中からそれぞれ選びなさい。解答番号は㉓・㉔

伊藤さんは俯《うつむ》いたままだ。その背中が、d微かに震えているように見えた。泣いているようにも、見えた。

「ええと、今日の日直は池田君と――」

先生が黒板を確認しようとした、その時だった。

「――起立」

澄みきった声が、教室に響き渡った。それが男の子の声だったのか、女の子の声だったのか。咄嗟《とっさ》にはわからなかった。もしかしたら藤村さんだったのかもしれないし、和久井さんだったのかもしれない。あるいは彼女らの会話を聞いていた、第三者かもしれない。あるいはそんな事情を知る由《よし》もない、他の誰かだったのかもしれなかった。

「礼」

全員が立ち上がったのを確認して、号令の続きを引き取るように、伊藤さんがつぶやいた。

ぱちぱちぱち、とどこからともなく拍手が沸《わ》き起こった。クラスのみんなはもちろん、後ろの先生達も、戸塚先生も。そして、その中心にいるのは、何が起こっているのかわからないという顔で教壇の前に立つ、宇手先生の姿だった。

［Ⅲ段落］

「高橋さんだと思った」

え、と顔を上げると、伊藤さんが草むらに手をついて、私をじっと見つめていた。

「　C　」

ああ、と頷き、迷った末に首を振る。

「……できなかった。ほんとは、言わなくちゃと思ったのに。声、出さなくちゃって思ったのに。怖くて、できなかったの」

③ごめんなさい、と頭を下げると、伊藤さんは、なんでかちょっとイばつが悪そうにそっぽを向いて、別にそんなのはいいけど、とつぶやいた。少しして、あーあ、と松葉杖を地面に投げ出す。今週の初め、伊藤さんの松葉杖が二本から一本に減った。お医者さんの話では、今月いっぱいで杖なしの生活に戻れるらしい。

「亜梨沙から絶交されちゃったよ。これから面倒臭ぁ」

宇手先生の授業の後、濱中さんと言い争う伊藤さんの姿を見かけた。二人の喧嘩《けんか》は、濱中さんがいつものように癇癪《かんしゃく》を起こし、伊藤さんの机を蹴って教室を去っていく、というお馴染《なじ》みの光景で幕を閉じていた。二人が一体どんな会話を交わしたのか、私にはわからない。けれど伊藤さんは、その口調とは裏腹に、随分　D　をしていた。

伊藤さんが、あつっ、と言いながらブラウスの裾をパタパタと扇《あお》ぐ。太陽の位置はすっかり低くなったというのに、温度がちっとも下がらない。生ぬるい風が、時折思い出したようにこの河川敷を吹き抜けていく。

「そろそろ、行こうか」

よいしょ、と松葉杖片手に立ち上がった伊藤さんが、よろめきながらも足を踏み出した。

「あ、伊藤さん」

横から支えようとすると、伊藤さんはやんわりとした口調で、大丈夫、と首を振った。

「……一人で立てるよ」

そう言って、階段のスロープへと手を伸ばす。

「やることもなくなっちゃったし、夏休みの予定も全部パーだし。まずはこれに慣れるのが先かな」

伊藤さんが、松葉杖をこつんと指で叩いてみせた。

「だから、今はこいつが三本目の足」

その後、伊藤さんは自分の体と松葉杖への重心移動を巧みに使い分けながら、狭い階段をなんなく上りきった。三本目の足、というのもあながち嘘じゃないらしい。

私達はそれから、河原沿いの道を隣り合って歩いた。伊藤さんは三本足、私は二本足で。歩き出して最初の頃は、伊藤さんの歩調に合わせるのが難しかったけど、慣れてしまえばどうってことはない。

か、クラスの雰囲気がぎこちない。

「今日の授業ですが、教科書はしまってもらって結構です」

宇手先生の言葉を受けて、教室がにわかに騒がしくなる。え、まじで？　ラッキー。うてっち、やるじゃん。ていうかこれ、もう寝ていい？　自習ってこと？　その様子を見ていた戸塚先生が、静かに、と手を叩《たた》いた。

「あー、えっと。ここにいる先生方にも相談して、今日の授業は、僕からみなさんへの挨拶《あいさつ》の場とさせてもらうことにしました」

先生はいつも通り、か細い声で私達に語りかけた。声量も滑舌《かつぜつ》も、実習の間に劇的な変化を遂《と》げたようには見えない。

《中略》

「先日、注2先生が亡くなりました。この実習が始まる前のことです」

え、と顔を上げる。先生の表情は変わらず、あくまで淡々とした口調だった。教室に小さなどよめきが広がる。

「一人暮らしのアパートで倒れて、そのまま。先生には家族も、友人も、パートナーと呼べる人もいませんでした。見る人から見れば、さみしい晩年だったのかもしれません。実際、葬儀の席でそんなようなことを言っている人も見かけました。独り身のまま、あんなところでさみしく死んでいくなんて、と。でも、本当にそうでしょうか？　形見分けのために訪れた先生のアパートは、かつての進路指導室と同じ香りがしました。自分で挽《ひ》いたコーヒー豆と、ふちの欠けたマグカップ。台所には、水切りラックの上に食器がきれいに並んでいて。今までに解き終えた注3数独の本と、先生が好きだった銘柄《めいがら》の煙草《たばこ》が、これでもかっていうくらい床に積まれていました。そういうものに囲まれて死んでいったことが、先生にとって不幸なことだったのか。僕にはよく、わかりません」

教室が、しん、と静まり返った。もちろん全員が全員、先生の話を聞いているわけじゃない。大沢君はすでに爆睡しているし、濱中さんは机の下でずっと、自分の爪をいじっていた。それでも、みんなが少しずつ、先生の声に［B］を傾け始めているのがわかった。

「……みなさんは、誰とも分かち合えないさみしさを、何と呼ぶか知っていますか」

孤独です。先生は、誰の言葉を待つでもなく、きっぱりとそう言い切った。

「孤独は、誰とも分かち合うことはできません。自分以外の、誰とも。これも、素数みたいなものですね」

そう言って、ふっと口元をb緩ませる。

「素数は、一と自分自身でしか割り切れない数字です。そんな風に、自分自身でしか割り切ることができない孤独が、この世界にはたくさんあります。でも、大事なのは素数が特別な数字だということではありません。特別な数字が、この世にはあふれ返っている、ということです。先生は、孤独でした。僕も、そうです。そして多分、みなさんも。それは、友達がいるとかいないとか、恋人ができる・できないとは、まったく無関係なことで。そのことを、さみしくない、と言ったら嘘になります。でも僕は、そのさみしさが暗闇の中で時々きれいに光ることを知っています。僕には、孤独のおかげで出会えたものがたくさんあるから」

だから自分の、自分だけの孤独を大切にしてください。その孤独こそ、あなたの人生に光を灯《とも》してくれるものだから。先生はそう言って言葉を切り、深く深く、息を吐いた。

「これで、僕の授業を終わります。ここまで聞いてくれて、ありがとう。みなさん、この一ヶ月間、本当にありがとうございました」

先生が教壇から下りて、ぺこりと頭を下げた。では、日直の人。その瞬間、伊藤さんがぎくりと体をc強張らせるのがわかった。蝋《ろう》燭《そく》の灯が吹き消されたような沈黙が、ふっと教室を包む。あれ、とつぶやいた宇手先生が、きょろきょろと辺りを見回した。

「日直の人」

仲良くしてよ、二人がいちばん長い付き合いなんだから。どうにかして濱中さんを宥《なだ》めようとするけど、濱中さんの気持ちは収まらないらしい。

「あたしはひかりに、なんでも話してるのに。注1うてっちのことだって、全然協力してくんなかったじゃん。ていうか、今もそうだし。この前なんて、あたしが話しかけてんのに無視したんだよ？　今授業中だし、とか言って」

　そんなことないと思うけど、と言いながら、藤村さんの表情はひきつっている。

「あたし、ああいう時に良い子のふりするやつって信用できないんだよね」

　その時だった。ガラガラと教室の扉を開く音が響く。振り返った和久井さんが、あ、と小さく声を漏らした。

「……ひかり」

　伊藤さんは一瞬の空白の後、ごめんごめん、トイレ混んでてさ、と言いながら、こちらに向かって歩いて来た。時々、教室の机や椅子に躓《つまづ》きながら。松葉杖の扱い方に、まだ慣れていないらしい。

「何？　どうしたの？」

　今までの会話は、聞こえていなかったのだろうか。藤村さんや和久井さんが探り探り会話を進めようとする中、さっきまでの激情ぶりが嘘《うそ》のようにのんびりした声で、濱中さんが、ひかり、と伊藤さんを呼んだ。

「今日、女子の日直ってひかりだよね？」

　うん、と伊藤さんが頷《うなず》くと、濱中さんは表情を変えないまま、口を開いた。

「うてっちのこと、無視してくんない？」

　え、と伊藤さんが固まる。

「今日、最後の授業じゃん。偉い人、いっぱい見学に来るんでしょ？　恥かかせてやろうよ」

「……なんで？」

「ムカつくから」

　きっぱりとそう言い切った濱中さんのa眼差しは、まっすぐ伊藤さんをとらえていた。何か言い返しかけた伊藤さんを、ひかり、とア猫撫《な》で声で押しとどめる。

「ちょっといたずらするだけじゃん。なにも殴《なぐ》れとか言ってんじゃないんだから。日直の人、って言われた時に、ちょっと無視するだけ。そんで、あの人がみんなの前で恥かけばいいんだよ。あたしにそうしたみたいに。ねえひかり、わかってる？　あたし、ふられて傷ついてんだよ。友達のために、そのくらいしてくれたってよくない？」

　伊藤さんは一瞬何か口にしかけたものの、それを言葉にすることは叶《かな》わずに、そのままきゅっと[A]を噛《か》み締めた。藤村さんと和久井さんは、おろおろと視線を宙にさ迷わせるだけだ。

「できなかったら、絶交ね」

　軽い口調でそう告げて、濱中さんが自分の席へと戻って行った。①亜梨沙《ありさ》ぁ、と藤村さんがそれを追いかける。和久井さんは二言三言、伊藤さんと話していたけど、伊藤さんが首を振って、それから間もなく二人の会話は終わった。

伊藤さん、どうして。

　②今までの伊藤さんなら、きっぱり断っていたはずだ。なのに伊藤さんは、言わなかった。言えなかったのかもしれない。今もずっと、何もない机の上の一点を見つめている。放っておいたら伊藤さんの体がそのまま、ずぶずぶと椅子ごと沈み込んでいくように見えた。教室の床から、見えない力に引きずられるみたいに。

[Ⅱ段落]

「……今日はいつもと違う雰囲気で、ちょっと緊張しますね」

　宇手先生がそう言って、咳払《せきばら》いを挟んだ。男子の日直は、と言われて、池田君が手を挙げる。すんなり立ち上がり、号令をかけた。起立、礼。これは問題なく、終えることができた。教室の後ろに教頭先生や校長、学年主任といった強面《こわもて》のメンバーが並んでいるせいフィルターバブルの内側にいると、表示された情報がどれほど偏向しているのか、または情報が偏向のない客観的真実であるのかが分からないことになる。

　最後に、フィルターバブルの内側にいることをユーザー自身が選んだわけではないという問題である。テレビや新聞、雑誌を視聴する際、どのようなフィルターを通して世界を見るのかをユーザーは自ら能動的に選んでいる。しかしパーソナライズされたフィルターの場合、自ら選択してフィルターを使用しているのではなく、避けようにも避けにくい状態になっていると指摘している。

（総務省『令和元年版情報通信白書』）

注1　バイラル…拡散することを目的とした動画や画像を中心としたブログなどのメディアのこと。

注2　パリサー…イーライ・パリサー。『閉じこもるインターネット　グーグル・パーソナライズ・民主主義』（2012）によった。

(ii)　アルゴリズムは、私たちが「見たい」とか「知りたい」とか意志する前に、「私」にその情報を届けてしまうのですとありますが、この点は【資料3】ではどのように取り扱われていますか。最も適当なものを次の中から選びなさい。解答番号は⑯

1　「第一に」で始まる段落で問題点が具体的に指摘されている。

2　「第二に」で始まる段落で問題点が具体的に指摘されている。

3　「最後に」で始まる段落で問題点が具体的に指摘されている。

4　「第一に」・「第二に」・「最後に」で始まる三つの段落全てで問題点が具体的に指摘されている。

二　次の文章は、こざわたまこの小説『教室のゴルディロックスゾーン』の一節です。よく読んで後の問いに答えなさい。

［Ⅰ段落］

「ひかり、最近ちょっとうざくない？」

　きっかけは、休み時間に濱中《はまなか》さんが発したその一言だった。藤村さんと和久井さんは黙ってそれを聞いていたけど、近くに座っていただけの私ですら、その場の空気が固まるのがわかった。

「……え、なんかあった？」

　藤村さんが、偵察よろしくジャブを放つ。

「あたしの言ってること、わかるでしょ？」

　えー、どうだろ、と言いながら、藤村さんがへらりと笑う。和久井さんは、しばらく話の成り行きを見守るつもりらしい。

「最近すぐ、みんなでどこどこ行こうよとかしきりたがるし。今まであたしがひかりのこと誘っても、部活、部活、部活で断ってきたのに。なんか都合よくない？　部活が駄目《だめ》になったからすり寄ってきてるみたいな」

　あーまあね、とか言いながら、藤村さんがなんとかして濱中さんの怒りの矛先《ほこさき》を逸《そ》らそうとしているのがわかった。

「大体、怪我《けが》のことだってそうだよ。絶対こっちからは触れるなって空気出してるよね。自分から話す時は自虐《じぎゃく》キツすぎてつっこみづらいし。うちら、ふつうに話聞くって言ってんのに。全然信用されてない気がする」

　そこで初めて、和久井さんが口を開いた。

「……強がってるんじゃないかな。ひかりは、ひかりなりに」

　そうそう、と藤村さんがそれに同調する。

「そうだよ、ひかりってそういうとこあるし」

「ていうかそろそろ戻ってくるんじゃない、あの子。この話、やめない？」

「そうだよ、なんか暗いよ」

4　これまでの出来事を思い出しながら、未来の可能性を考慮するプロセス

問10　自分が見たいものだけを見、自分が知りたいことだけを知ろうとする限り、私たちの視野はどんどん狭くなっていきます。しかも、アルゴリズムは、私たちが「見たい」とか「知りたい」とか意志する前に、「私」にその情報を届けてしまうのですとありますが、これに関して【資料2】・【資料3】を読み、それぞれの問いに答えなさい。

【資料2】

「見たいものしか見ない」という態度に関しては、グーグルマップにかぎらず、注パーソナライゼーションが進んだウェブのユーザー全般に当てはまる問題として、すでにメディア論において指摘されている。見たいものしか見なくなるということは、たとえば政治的な意見の形成という観点では、同じ意見をもった人びとだけで意見を参照し合うと、その意見が強化され、その延長線上にある極端な立場へとシフトしていく「集団分極化」を引き起こす。

（松岡《まつおか》慧祐《けいすけ》『グーグルマップの社会学　―ググられる地図の正体―』）

注　パーソナライゼーション…個人向けに最適化すること。

(i)　自分が見たいものだけを見、自分が知りたいことだけを知ろうとする限り、私たちの視野はどんどん狭くなっていきますとありますが、【資料2】では、「私たちの視野」が「どんどん狭くなってい」くことの危険性としてどのようなことが挙げられていましたか。その内容として最も適当なものを次の中から選びなさい。解答番号は⑮

1　多くの人が同じ情報を共有することで集団化しつつも、その内部では極論同士で激しい分裂を起こしてしまう。

2　自分だけの視点や考え方が正しいと固定化するだけでなく、いずれ社会全体の意見が一元化し、多様性が失われる。

3　自分の意見を補強する情報ばかりを摂取するため、批判的思考のスキルが低下し、偏見や先入観に基づく判断をしてしまう。

4　常に賛成意見を見聞きすることで、自分たちの認識が絶対的に正しく思えてくるだけでなく、一層過激な思考に走りだす。

【資料3】

「フィルターバブル」とは、アルゴリズムがネット利用者個人の検索履歴やクリック履歴を分析し学習することで、個々のユーザーにとっては望むと望まざるとにかかわらず見たい情報が優先的に表示され、利用者の観点に合わない情報からは隔離され、自身の考え方や価値観の「バブル(泡)」の中に孤立するという情報環境を指す。

米国のインターネット活動家であり、注1バイラルメディア"Upworthy"の最高経営責任者でもある注2パリサーは、フィルターバブルの登場により、新たな3つの問題が生じてきたと指摘する。

第一に、ひとりずつ孤立するという問題である。例えば、テレビの専門チャンネルでごく狭い分野を取り扱うものを見る場合でも、自分と同じ価値観や考え方を持つ人が他にも見ているが、インターネットにおけるフィルターバブルの中には自分しかいない。これにより、「情報の共有が体験の共有を生む時代において、フィルターバブルは我々を引き裂く遠心力となる」としている。

第二に、フィルターバブルは目に見えないという問題である。テレビを見る際には自分が何を見るかを選択している限り、なぜその番組が選ばれたのか理解しているが、パーソナライズされた検索エンジンによって表示された結果は、なぜそれが選ばれたのかその根拠が明確に示されることはない。

体的な行動を繰り返す必要があるが、そうした行動自体が「私」にとって貴重な経験となるから。

4　アルゴリズムに頼らない選択は、どのような結果になろうと引き受ける覚悟が要求される一方で、それまでの自分になかった出会いをもたらしてくれるとも言えるから。

問8　⑥その意味で科学的な見方である、と言えますとありますが、ここで述べられている「科学的な見方」について説明した【資料1】を読んだうえで、後の問いに答えなさい。

> 【資料1】
>
> 科学もまた、現象を何らかの同一性によっていい当てようとしてきたが、科学は同一性からできるだけ［　　］を抜こうとしてきた。その意味で、もっとも単純な同一性は実体である。この世界をつくっているものすべてを、実体に還元し、そこに法則を働かせて、すべての現象を導出できれば、メデタシ、メデタシとなる。
>
> ニュートン力学はそういった構想で、世界を理解しようとしてきた。それは惑星の運行とか、物体の落下とかを説明するには、ひじょうに有効であった。近代科学はニュートン力学に端を発するといっても過言ではないが、その成功は実体論に支えられていた。
>
> しかし、科学が発展し、取り扱う現象が複雑になってくると、実体論ではうまく説明できないことが多くなってくる。たとえば、生命現象は、実体論ではうまく説明できない。生物は実体論で説明できるような同一性に還元するには、あまりにも［　　］を孕《はら》んだ存在だからである。
>
> 池《いけ》田《だ》清彦《きよひこ》『構造主義進化論入門』

【資料1】にある二ヶ所の空欄には同じ言葉が入ります。また、その言葉は本文中にも使われている言葉です。当てはまるものとして最も適当なものを次の中から選びなさい。解答番号は⑫

1　時間　　2　予測　　3　責任　　4　状況

問9　⑦生命の創造的進化とありますが、この部分に関する生徒たちの話し合いを読んだうえで、後の問いに答えなさい。

> 生徒A「『創造的』と『進化』に分けて考えてみようか」
>
> 生徒B「『創造的』というのは、今までにない独自性が発揮される、ということだよね。これは人間が［　A　］であることを言い換えたんだろう」
>
> 生徒A「そしてそれが『進化』、つまり変化していくってこと?」
>
> 生徒B「いや、単純に『変化』と置き換えたのではだめだと思う。さっきまでボールだったものが、突然消えたり、ペンになったりするのも『変化』に含まれてしまうからね」
>
> 生徒A「『持続』しつつ変化しないといけないってことか」
>
> 生徒B「つまり『創造的進化』とは、［　B　］ということになる」

空欄［A］・［B］に当てはまる言葉として最も適当なものを、それぞれ後の中から選びなさい。解答番号は、［A］は⑬・［B］は⑭

［A］⑬

1　静的な存在　　2　具体的な存在

3　予測不可能な存在　　4　物質的な存在

［B］⑭

1　新しい環境に適応するために、持続的に学習し成長する過程

2　過去の経験を土台とし、そこに新たな偶然の出会いを統合していくあり方

3　自分の価値観や信念を捨て、新しい考え方を受け入れる動き

1 筆者自身を指していることを強調するため。
2 読者一人ひとりの視点に立って述べるため。
3 ごく一部の人にしか適用されないことを示すため。
4 全くの他人に関することであると前置きするため。

問3 ②こうした形で「私」に届けられるニュースは、たとえば、紙の新聞におけるそれとはまったく異なる性質のものですとありますが、「こうした」の指示内容のうち、「異なる性質」にあたる部分として最も適当なものを次の中から選びなさい。解答番号は⑦

1 「私」に対して優先的に表示されるニュースも
2 一定のアルゴリズムに基づいて
3 「私」にとって価値があると思われる情報が
4 すでに取捨選択されている

問4 ③お金を払って購読するのですとありますが、それはなぜですか。その理由として最も適当なものを次の中から選びなさい。解答番号は⑧

1 新聞紙という限られた容量の中で効率的に情報を伝えてくれるのがありがたいから。
2 新聞を読むだけで世間の人々が興味を持っている事柄を把握できるので手軽だから。
3 新聞記事として選ばれた話題は社会にとって重要な事件であるはずだと信じているから。
4 新聞社が「私」の関心をよく理解した上で紙面を構成してくれていることを評価しているから。

問5 X には筆者による具体例が挙げられていました。その内容として最も適当なものを次の中から選びなさい。解答番号は⑨

1 あるジャンルの漫画をネットで大量に購入すると、アルゴリズムは「この人はこうした漫画の大ファンであり、新刊の発売を知ったら、きっと買うだろう」というふうに「私」を理解し、「あなたへのおすすめ」を並べてきます。
2 ネット上でつながりのある友人の誕生日をあらかじめ登録しておくと、アルゴリズムは「この友人はもうすぐ誕生日であり、きっとお祝いしたいだろう」というふうに「私」を理解し、友だちリストに特別な表示をしてきます。
3 契約していた動画サービスを解除しようとすると、アルゴリズムは「この客は本来動画の視聴に興味があるはずであり、割引サービスを提案したら、きっと契約を延長してくれるだろう」というふうに「私」を理解し、引き止めを図ってきます。
4 旅先で撮影した写真をネット上に保存すると、アルゴリズムは「この写真の人物とあの写真の人物は同一であり、それらを組み合わせたアルバムを提案したら、きっと喜ぶだろう」というふうに「私」を理解し、様々な写真の共通性を指摘してきます。

問6 ④「ハズレ」とありますが、これはどういうものですか。その説明として最も適当なものを次の中から選びなさい。解答番号は⑩

1 確実に起こるもの。
2 既に経験されたもの。
3 偶然に左右されるもの。
4 好みに合わないもの。

問7 ⑤「賭け」と「責任」を伴う偶然の出会いこそが、「私」に新しい経験をもたらしてくれるのではないでしょうかとありますが、これはなぜですか。その理由として最も適当なものを次の中から選びなさい。解答番号は⑪

1 偶然性に身を任せた出会いは失敗することが多く、それでいて責任も求められるという厳しい現実があるが、そうした困難のおかげで人は成長できるから。
2 たとえ「賭け」に負けたとしても、自由意志によって選び取ったものは根本的なところで自分の趣味に即したものであり、新たな素晴らしい経験となってくれるから。
3 運命的な出会いがアルゴリズムから生まれることはなく、主間かは、まだわからない、ということでもあります。明日の「私」が何者であるか、この世界をどのように感じ、どんな気持ちで生きるのかは、予測できません。時間の経過が私たちの存在を、常に新しいもの、別なものに変えていくからです。

　しかしそれは、「私」が一瞬ごとに異なるバラバラな人格になる、ということではありません。確かに、昨日の「私」と今日の「私」、明日の「私」は、それぞれちがった存在です。しかし「私」は記憶によってその時間の経過を自分のなかに宿すことができる、とベルクソンは考えました。つまり、一瞬ごとに新しい存在である人間は、同時に、これまでの自分の歩みを「記憶」という形で保持し、それを更新しつづける存在でもある、ということです。ベルクソンは、そうした記憶に宿る時間のあり方を「持続」と呼んでいます。

　SNSを支配する最適化のアルゴリズムは、このように生きる人間の具体的な時間を、正しく捉えることができません。なぜならアルゴリズムは、あるときに捉えた「私」のデータに基づいて、「私」はどんな場合にも同じ好みを持ち、同じものに関心を寄せ、これまで関心を寄せてきたものにこれからも関心を寄せつづけるだろう、という考えのもとに動作するからです。しかし、それは真実ではありません。私たちは、昨日まで関心があったことに、今日、関心がなくなるかもしれないし、あるいは今日関心がないことに、明日、突然関心を持つかもしれないからです。それこそが、⑦生命の創造的進化にほかならないのです。

（戸《と》谷《や》洋《ひろ》志《し》『SNSの哲学　リアルとオンラインのあいだ』より。
作問の都合により、一部表記を改めています。）

注1　アルゴリズム…データ処理のために組み込まれた、一定の計算手順や処理方法。
注2　レコメンド…おすすめすること。
注3　ベルクソン…アンリ＝ベルクソン（一八五九～一九四一）。フランスの哲学者。

問1　傍線部a～eのカタカナを漢字に直した場合、同じ漢字を用いるものを後の中からそれぞれ一つずつ選びなさい。解答番号は①～⑤

a　イ員会　①
1　難イ度が高い。
2　仕事をイ頼する。
3　イ任状を渡す。
4　イ跡を発掘する。

b　一ショ　②
1　問題解決の端ショを見つける。
2　ショ事情を考えに入れる。
3　残ショが厳しい。
4　警察ショに向かう。

c　欲キュウ　③
1　研キュウ活動に取り組む。
2　キュウ人情報を探す。
3　キュウ収力が高い。
4　キュウ式の機器を売る。

d　事タイ　④
1　台風で危険な状タイになる。
2　タイ力に自信がある。
3　期タイが高まる。
4　脱タイ者が続出する。

e　方シン　⑤
1　病院でシン察を受ける。
2　就シン時刻になる。
3　シン重に振る舞う。
4　羅シン盤を発明する。

問2　①「私」とありますが、「私」がカギカッコでくくられているのはなぜですか。その理由として最も適当なものを次の中から選びなさい。解答番号は⑥

るユーザーが「知り合いかも」と注2レコメンドされるとき、その推薦は、ＳＮＳでの行動履歴から読みとることのできる「私」の友人関係や趣味、関心のありそうな分野を根拠にして行われます。アルゴリズムは、「私」がそのユーザーに関心を持つにちがいないと考えるのであり、そのようなアルゴリズムの推測の範囲のなかで、ＳＮＳにおける他者とのつながりは広がっていきます。

それに対して、現実の世界における出会いには、そうしたアルゴリズムは働いていません。たまたま学校でaイ員会が一bショになった、たまたま道に迷ってしまって道を聞こうと声をかけた、たまたまバーでお酒を飲んでいたら隣にいた……これらはすべて偶然の出会いです。「私」とその人は、そのとき、まったく別の場所にいた可能性も十分にあるのであり、それにもかかわらず、偶然、出会ってしまったのです。

アルゴリズムの働かない、偶然性に満ちた世界のなかで何かを選択することは、常に不確実です。選択をまちがえて④「ハズレ」を引いてしまうかもしれません。その意味において、アルゴリズムの外側で何かを選択することは常に賭けである、と言うことができます。

また、一般に、何かを選択するとき、「私」にはそれを「選ばない」という可能性も開かれています。たとえば書店である本を見かけたとき、それを手にとらないこともできるはずです。それでも「なんだか気になるから」と、その本を手にとるとき、「私」にはある種の責任の感覚が生じます。つまり、「誰にも何も言われずに、自分の意志でその本を選んだのだ」という確信を持つことができるのです。

偶然性を排除するアルゴリズムは、こうした「賭け」と「責任」をも排除します。一方では、アルゴリズムに提案される選択肢だけが選ばれます。それは「賭け」の要素の排除であり、「絶対にハズレを引きたくない」という「私」の欲cキュウを満たすものです。また他方では、「私」がその選択肢のなかから何かを選ぶとき、そこには、「私」が最初から主体的に、自分の責任で選んだわけではないのだ、いわば「選ばされた」のだという意識が生じるのではないでしょうか。

アルゴリズムに基づかない現実の出会いには「ハズレ」もありえます。たとえば偶然になかよくなった人が、実はとても性格が悪かったと後でわかり、話しかけたことを後悔することもあるでしょう。あるいはそのような事dタイを警戒して、そもそも知らない人とは会話をしない、という方eシンを採る人もいるはずです。しかし、書店における本がそうであるように、⑤「賭け」と「責任」を伴う偶然の出会いこそが、「私」に新しい経験をもたらしてくれるのではないでしょうか。偶然出会った人との関係性から、それまでの「私」には考えることもできなかったようなまったく新しい可能性が開かれることだって、少なくないのです。

《中略》

たとえば、多くの人は、小学生のときの「私」も現在の「私」も、どちらも同じ「私」だ、と考えているでしょう。そのとき、その人はおそらく、「私」という変わることのない実体がまずあり、その実体が誕生から小学校時代などを経て現在までの、さまざまな状況を移ってきた、というふうに理解しているのではないでしょうか。それはたとえて言えば、「私」を一つのボールとして捉え、そのボールの置かれる部屋が時につれて移っていく、しかし、同じボールであることに変わりはない、と考えることに似ています。

しかしこれは、「私」をただのモノのように捉える考え方であり、⑥その意味で科学的な見方である、と言えます。それに対して注3ベルクソンは、「人間はあくまでも生命であり、単なるモノではない」という点を強調します。そして生命である以上、「私」もまた、予見不可能な創造的進化を遂げるのです。

もっとシンプルに言えば、このことは、明日の「私」がどんな人

二〇二四年度 浦和実業学園高等学校（第一回併願）

【国語】（五〇分）〈満点：一〇〇点〉

一 次の文章をよく読んで、後の問いに答えなさい。

地震や凶悪犯罪など、緊急性の高い出来事が起こると、Twitter上では多くの人が（おそらくは①「私」がフォローしているユーザーの中の誰かも）それについてつぶやくので、そのニュースが「私」のタイムラインにいち早く表示されます。また、緊急性の高くない出来事であっても、多くの人から読まれていたり、リアクションされていたりするニュースは、いわゆる「トレンド」などとなり、自分で検索していなくてもホーム画面に表示されます。

ですので、何気なくTwitterのタイムラインを開いたとき、話題になっているニュースがあれば、それは向こうから「私」の目に飛びこんでくるのです。そして、その際、「私」に対して優先的に表示されるニュースも、一定の[注1]アルゴリズムに基づいて、「私」にとって価値があると思われる情報がすでに取捨選択されているわけです。

②こうした形で「私」に届けられるニュースは、たとえば、紙の新聞におけるそれとはまったく異なる性質のものです。

新聞では、その日のトップニュースとして一面にどんなニュースを掲載するかを新聞社が判断しています。そして、他のどのニュースをどれくらいの大きさで掲載し、それぞれ何文字の記事にするのか、ということもまた、新聞社が決めています。そうした判断を左右しているのは、アルゴリズムなどではなく、「社会にとって何が重要なのか。何が優先されるべき情報なのか」という、その新聞社が持っている価値観にほかなりません。

新聞は紙です。そこには必ず容量の限界があり、情報を無限に載せることはできません。だから、重要な情報とそうでない情報を区別しなければならないのであり、その判断に、新聞社の会社としての信念が表れるのです。もちろん、読者がどんな情報を知りたいと思っているのか、ということも、新聞社は予測しているでしょう。しかし、「私たちとしてはこうしたことが今の社会にとって重要だと思っている」という会社としての意見がなければ、よい新聞社とは言えません。読者は、そうした新聞社の感覚を信頼するからこそ、その新聞に価値を感じ、③お金を払って購読するのです。

一方、ＳＮＳ上で、アルゴリズムによって表示されるニュースは、誰かの信念に基づいて選ばれているわけではありません。単にたくさんの人が見ているから、画面に表示されているにすぎないのです。しかし、たくさんの人がそれを見ているということ、それに関心を抱いているということが、ニュースの重要性を決めるいちばん大切な要素であるとは限りません。

たとえば、政策に関する難しい話は、それに関する知識がないとなかなか理解できないものです。したがって、もし何らかの難しい、しかし重要な政策が変更されようとしていても、そのニュースは多くの人から好んで見られるものとはならないかもしれません。とはいえ、それが私たちの社会にとって極めて重要な情報であることは明らかです。しかし、そうであるにもかかわらず、あまり多くの人が閲覧しないニュースは、ＳＮＳのアルゴリズムでは価値があると判断されず、画面に表示されにくくなります。その結果、ＳＮＳでニュースをチェックしている人には届かなくなってしまうのです。

自分が見たいものだけを見、自分が知りたいことだけを知ろうとする限り、私たちの視野はどんどん狭くなっていきます。しかも、アルゴリズムは、私たちが「見たい」とか「知りたい」とか意志する前に、「私」にその情報を届けてしまうのです。

X

このことは人間関係においても同様です。ＳＮＳで、「私」にあ

2024年度／浦和実業学園高等学校(第１回併願)

英語解答

1	①	3	②	3	③	1	④	2	
2	⑤	1	⑥	1	⑦	4			
3	⑧	4	⑨	2	⑩	2	⑪	1	
	⑫	2	⑬	3	⑭	4	⑮	4	
	⑯	3	⑰	4	⑱	2	⑲	4	
	⑳	1	㉑	4	㉒	1			
4	㉓	4	㉔	7	㉕	3	㉖	6	
	㉗	6							
5	㉘	1	㉙	2	㉚	3	㉛	4	
	㉜	2	㉝・㉞	1，5					
6	㉟	2	㊱	1	㊲	4	㊳	1	
	㊴	2	㊵・㊶	1，5					

1・**2**〔放送問題〕解説省略

3〔適語(句)選択・語形変化〕

⑧文末の every day「毎日」に注目。毎日するような‘現在の習慣’は現在時制で表す。1は3単現の -s がないので不適。3の受け身は意味が通らない。　「メアリーは毎日通学にバスを使わない」

⑨last summer という明確に過去を表す語句があるので，過去形を選ぶ。　「ケンはこの前の夏，ニューヨークに滞在した」

⑩enjoy は「～すること」の意味の目的語として to不定詞ではなく動名詞(～ing)をとる。　enjoy ～ing「～して楽しむ」　「私たちはサトウ先生とサッカーをして楽しんだ」

⑪have/has been ～ing は「ずっと～している」という意味で，過去のある時点から動作や出来事が続いていることを示す。　「今朝からずっと雨が降っている」

⑫‘one of the＋最上級＋複数名詞’で「最も～な…の１つ」。popular の最上級は，most popular。「秋葉原は外国からの観光客の間で，最も人気のある場所の１つだ」

⑬be known to ～「～に知られている」　「その野球選手はアメリカの人々によく知られている」

⑭適切な関係代名詞を選ぶ。a wallet「財布」が lost の目的語に当たるので，‘人以外’を先行詞とする目的格の関係代名詞を選ぶ。　「私は昨日なくした財布を捜している」

⑮「～ですよね」と念を押したり，確認を求めたりする付加疑問文。肯定文の付加疑問は，文末に‘否定の短縮形＋主語を受ける代名詞＋?’を文末に置く。本問は一般動詞の過去形の文なので，‘否定の短縮形’は didn't となる。　「君は昨日ジャックに会ったんだよね」

⑯‘What (a/an)＋形容詞＋名詞＋主語＋動詞！’の形の感嘆文。感嘆文には‘How＋形容詞〔副詞〕＋主語＋動詞！’の形もある。　「あなたはなんてすてきなバッグを持っているの！」

⑰２つのもの〔人〕について「１つ〔１人〕」を one で表したときの「もう１つ〔１人〕」は，the other で表す。　「私は２台の車を持っている。１台は白で，もう１台はシルバーだ」

⑱something to drink で「何か飲むもの」という意味を表せる。この to drink は to不定詞の形容詞的用法。　「何か飲むものをください」

⑲‘命令文, or ～’で「…しなさい，さもないと～」という意味。なお，‘命令文, and ～’は「…しなさい，そうすれば～」という意味になる。　「急ぎなさい，さもないと電車に乗り遅れるよ」

⑳A：スノーボードに行きたいな。／B：先月からほとんど雪が降っていないから，行けないよ。//snow「雪」は‘数えられない名詞’。‘数えられない名詞’につくのは little。文の意味から「ほとん

どない」を表す little が適切。a little は「少し(ある)」という意味。

㉑A：最近どう？／B：仕事でとても忙しくしているわ。∥How have you been? は「どうしてましたか，元気でしたか」と近況を尋ねる定型表現。

㉒A：ドアを開けてくれる？／B：いいよ。∥Will you ～?「～してくれませんか」という‘依頼’を表す表現。これに対する返答となるのは，All right.「いいですよ」。

4〔整序結合〕

㉓文の骨組みは，The woman is my sister.「女性は私の姉です」。「公園で走っている」は running in the park とまとめて my sister を後ろに置く。my sister running in the park は，現在分詞で始まる語句が前の名詞を修飾する‘名詞＋現在分詞(～ing)＋語句’の形(現在分詞の形容詞的用法)。　The woman running in the park is my sister.

㉔How many times「何回」で始め，‘have/has＋主語＋過去分詞…?’という現在完了の疑問文の形を続ける。　have been to ～「～に行ったことがある」　How many times have you been to that country?

㉕「〈人〉が～するのを手伝う」は‘help＋人＋動詞の原形’で表せる。　I helped my brother do his homework yesterday.

㉖語群から，「あなたは私と一緒に昼食を食べたいですか」と読み換えて，Would you like to ～?「～したいですか」の形をつくる。　Would you like to have lunch with me?

㉗They were sad とした後，「その物語を読んで」は to read the story で表せる。これは「～して」という意味で‘感情の原因’を表す to不定詞の副詞的用法。　They were sad to read the story.

5〔長文読解総合―説明文〕

≪全訳≫❶時計は時を伝えるために使われる装置だ。時計の文字盤で動く針が，現在の時間，分，秒を指し示す。時計は巨大な塔に設置するほど大きいこともある。身につけられるほど小さいこともある。それは腕時計という。多くの時計は，便利な装置であるばかりではなく美しいものでもあるようにつくられている。❷時計には３つの主な種類がある。それは機械式時計，電気式時計，原子時計だ。これら３つは全て，同じ基礎となるパーツを持つ。それらには，動力源，時計を規則的に動かす装置，そして時刻を表示する部分がなければならないのだ。❸機械式時計は，動くおもりやぜんまいから動力を得る。これらの部品は歯車に取りつけられている。歯車は時計の針に取りつけられている。歯車が動くと，針も動く。歯車に取りつけられた別の装置によって，歯車は規則的な速さで動き続ける。❹電気式時計は，おもりやぜんまいの代わりに電気から動力を得ている。電気は電池から，もしくは壁の電気のコンセントから得られる。電気式時計には，機械式時計と同じように針がついているものもある。また，デジタル表示のものもあり，時間，分，秒が数字で表示される。電気式時計は，今日使われている最も一般的な種類の時計だ。❺原子時計は，宇宙を構成する非常に小さな物質である原子から放出されるエネルギーの波を利用することで，時間を測る。原子時計は通常，デジタル表示だ。原子時計は最も正確な種類の時計なので，科学者だけがそれを研究に使う。❻古代においては，人々は空の太陽の位置を観察して，時刻を計測した。太陽が，影をつくる円柱のついた装置の上を通過した。影の長さは，空の太陽の位置によって変化する。それゆえ円柱の影の長さは，日中の最低限の時刻を示していた。やがて，人々はより正確な時刻を知りたいと思うようになった。 最初の機械式時計は，1300年代半ばに発明された。

ぜんまいやおもりで動く時計は，1500年代に登場した。電気で動く時計は，1800年代後半から1900年代前半に現れた。原子時計は1950年代に開発された。

㉘＜**単語の意味**＞時計の face「文字盤」にあり，「時間，分，秒を指し示す」のは，「針」。

㉙＜**適語(句)選択**＞直後に It is called a watch.「それは腕時計という」とある。腕時計は「身につける」ものである。

㉚＜**語句解釈**＞下線部の内容は，直後の文で a source of power「動力源」, a device to keep a clock moving regularly「時計を規則的に動かす装置」, a way to display the time「時間を表示する部分」と具体的に説明されている。

㉛＜**適語句選択**＞空所の前で，日中のおおよその時刻がわかる昔の日時計が紹介されており，空所の後ではその後に発明された，日時計よりも正確な時刻を伝える数々の時計が発明されたことが述べられていることから判断できる。 accurate「正確な」 before long「まもなく」

㉜＜**要旨把握**＞第４段落後半参照。なお，第５段落で紹介されている原子時計は，通常デジタル式であるが，科学者が使うものであり，一般には利用されないものである。

㉝・㉞＜**内容真偽**＞１.「機械式時計では，基礎となる部品は歯車に取りつけられている」…○ 第３段落の内容に一致する。 ２.「電子時計は全て，動力を得るための電池を持つ」…× 第４段落第２文参照。電気のコンセントから動力を得るものもある。 ３.「原子時計は科学者が使うには小さすぎる」…× そのような記述はない。 ４.「昔の人は，太陽から動力を得る時計を使っていた」…× 最終段落第１～４文参照。太陽から動力を得ていたのではない。 ５.「1800年代初頭，人々は電気式時計を持っていなかった」…○ 最終段落最後から２文目の内容に一致する。

6 〔**長文読解総合―物語**〕

≪**全訳**≫❶ある森にライオンが暮らしていた。彼は年を取りすぎていたので速く走ることができなかった。時がたつにつれ，彼が狩りをすることは難しくなっていった。❷ある日，食べ物を求めて森をさまよっている間に，洞窟を見つけた。彼はのぞき込み，洞窟の中の空気のにおいを嗅いだ。「ここに何かしら動物がいるに違いない」と，彼は心の中で思った。中に入ったが，洞窟の中には何もいなかった。「中に隠れて動物が戻ってくるのを待とう」と，彼は思った。❸その洞窟はジャッカルのすみかだった。毎日，ジャッカルは食べ物を探しに出かけ，夜には休むために洞窟に戻った。その晩，ジャッカルは食事を終えて，すみかに向かい始めた。しかし，ジャッカルが家に近づくと，彼は何かがおかしいと感じた。彼の周りの全てがとても静かだった。「何かおかしい」とジャッカルは心の中で思った。「なぜ鳥も虫もみんなこんなに静かなんだ？」❹とてもゆっくりと慎重に，ジャッカルは洞窟の方へ歩いていった。周りを見回し，危険な兆候がないかと警戒した。洞窟の入り口に近づいたとき，彼の全ての本能が危険を知らせた。❺「㊱万事問題ないことを確かめなくては」と，ジャッカルは思った。そして彼はある計画を思いついた。❻賢いジャッカルは洞窟に呼びかけた。「こんにちは，洞窟さん，今日はどうしたんだい？ どうしてそんなに静かなんだい？」❼ジャッカルの声が洞窟の奥深くまでこだました。腹をすかせたライオンは心の中で思った。「俺がここにいるから，洞窟が静かなんだな。何かがおかしいとジャッカルが気づく前に，何かした方がいいな」❽ジャッカルは呼びかけ続けた。「契約を忘れたのかい，洞窟さん。僕が帰ったら君は僕に挨拶することになっているじゃないか」 ライオンは声色をうつろにして，洞窟の中から呼びかけた。「おかえり，友よ」❾鳥たちはライオンのほえ声を聞くやいなや飛び去り，ジャッカルは恐怖で震えた。腹をすかせたライオンが彼を襲って食べ尽くす前に，ジャッカルは自分の命のために，できるだけ速く脚を動かして，逃げた。❿ライオンはジャッカルが洞窟に入ってくるのを長い間待った。しかし，ジャッカルが入ってこなかったので，ライオンは状況を理解した。ライオンは自分の愚かさをのろい，獲物を失った。

㉟＜**文脈把握**＞第２段落第１文より，ライオンはエサとなる動物を探していることがわかる。ライオンは，２．「戻ってくる動物を襲うつもりだった」のである。

㊱＜**適文選択**＞ここまでの内容から，ジャッカルは洞窟の様子がいつもと違うと感じており，とても慎重に行動していることがわかる。この後で洞窟に呼びかけたのも，何か問題があるかどうかを確かめようとするための行動である。‘make sure (that)＋主語＋動詞...’で「～であることを確かめる，確かに～する」という意味を表す。

㊲＜**適語選択**＞洞窟の状態を示す語が入る。ここまでの内容から洞窟が「静か」であることがわかる。quiet「静かな」≒silent

㊳＜**文脈把握**＞下線部は，ライオンの声を聞いたジャッカルの様子を表した文である。shook は shake「震える」の過去形(shake－shook－shaken)

㊴＜**単語の意味**＞下線部を含む文の主語 he はライオンを指す。ジャッカルが逃げてしまったことでライオンが失ったものは，「獲物」である。　prey「獲物」

㊵・㊶＜**内容真偽**＞１．「とても腹をすかせた年老いたライオンは，森の中で洞窟を見つけ，中に入った」…○　第２段落の内容に一致する。　２．「ジャッカルは何かがおかしいと気づき，慎重に洞窟の中に入った」…×　第３～９段落参照。中には入っていない。　３．「ジャッカルは洞窟が彼に挨拶をしなかったので，何かが起こっていることに気づいた」…×　第５，６段落参照。洞窟が挨拶を返すというのはジャッカルが洞窟の中の様子を確かめるために考えたことである。　４．「ライオンはジャッカルの声を聞き，旧友が戻ってきたことを知った」…×　ジャッカルはライオンの友人ではない。　５．「ジャッカルの計画はとてもうまくいったので，ライオンは彼を手に入れることができなかった」…○　第６段落以降の内容に一致する。この work は「うまくいく」という意味。

2024年度／浦和実業学園高等学校（第１回併願）

数学解答

1
- (1) ①…2　②…1
- (2) ③…1　④…7　⑤…1　⑥…4
- (3) ⑦…8　⑧…4
- (4) ⑨…3　⑩…5　⑪…2

2
- (1) 6
- (2) ⑬…−　⑭…1　⑮…0　⑯…−　⑰…3
- (3) ⑱…−　⑲…9　⑳…4
- (4) ㉑…−　㉒…2　㉓…±　㉔…7　㉕…3

3
- (1) ㉖…1　㉗…0　㉘…3　㉙…−　㉚…2　㉛…3
- (2) ㉜…5　㉝…1　㉞…2
- (3) ㉟…1　㊱…6

4
- (1) ㊲…2　㊳…3　㊴…6　(2) 8
- (3) ㊶…4　㊷…3
- (4) ㊸…−　㊹…1　㊺…±　㊻…1　㊼…0　㊽…3

1〔独立小問集合題〕

(1)＜数の計算＞与式$=18-9+12=21$

(2)＜数の計算＞与式$=\dfrac{1}{2}+\dfrac{3}{4}\times\dfrac{5}{6}\times\dfrac{8}{7}=\dfrac{1}{2}+\dfrac{5}{7}=\dfrac{7}{14}+\dfrac{10}{14}=\dfrac{17}{14}$

(3)＜数の計算＞与式$=\sqrt{2}\times\sqrt{2\times3}\times\sqrt{2\times7}\times\sqrt{2\times3\times7}=\sqrt{2^4\times3^2\times7^2}=2^2\times3\times7=84$

(4)＜式の計算＞与式$=x^2y^3z\times\dfrac{x^5z}{y^7}\times\dfrac{y^2z^3}{x^4}=\dfrac{x^3z^5}{y^2}$

2〔独立小問集合題〕

(1)＜一次方程式＞両辺を８倍して，$4x-9=2x+3$，$4x-2x=3+9$，$2x=12$　$\therefore x=6$

(2)＜連立方程式＞$4x-9y+13=0$……①，$3x-5y+15=0$……②とする。①×3より，$12x-27y+39=0$，$12x-27y=-39$……①′　②×4より，$12x-20y+60=0$，$12x-20y=-60$……②′　①′−②′より，$-27y-(-20y)=-39-(-60)$，$-7y=21$　$\therefore y=-3$　これを①に代入して，$4x-9\times(-3)+13=0$，$4x=-40$　$\therefore x=-10$

(3)＜二次方程式＞$(x+9)(x-4)=0$　$\therefore x=-9,\ 4$

(4)＜二次方程式＞解の公式より，$x=\dfrac{-4\pm\sqrt{4^2-4\times3\times(-1)}}{2\times3}=\dfrac{-4\pm\sqrt{28}}{6}=\dfrac{-4\pm2\sqrt{7}}{6}=\dfrac{-2\pm\sqrt{7}}{3}$である。

3〔独立小問集合題〕

図1

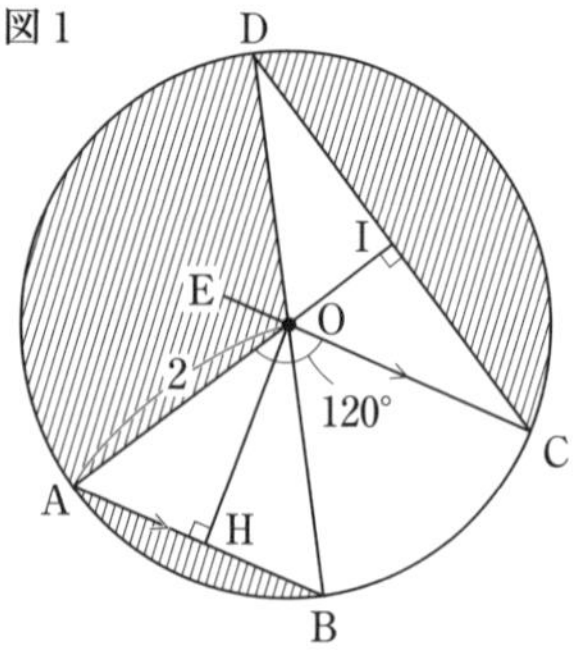

(1)＜平面図形—面積＞右図１で，斜線部の面積の和は，円Ｏの面積から△OAB，おうぎ形OBC，△OCDの面積をひくことで求められる。図１のように，半径COの延長線上に点Ｅをとると，$\angle AOE=180^\circ-\angle AOC=180^\circ-120^\circ=60^\circ$であり，AB∥ECより，錯角は等しいから，$\angle OAB=\angle AOE=60^\circ$となる。△OABはOA＝OBの二等辺三角形だから，$\angle OBA=\angle OAB=60^\circ$となり，△OABは正三角形である。よって，点Ｏから辺ABに垂線OHを引くと，△OAHは３辺の比が$1:2:\sqrt{3}$の直角三角形となるから，$OH=\dfrac{\sqrt{3}}{2}OA=\dfrac{\sqrt{3}}{2}\times2=\sqrt{3}$となる。よって，$\triangle OAB=\dfrac{1}{2}\times AB\times OH=\dfrac{1}{2}\times2\times\sqrt{3}=\sqrt{3}$である。また，おうぎ形OBCの中心角は$\angle BOC=120^\circ-\angle AOB=120^\circ-60^\circ=60^\circ$だから，その面積は$\pi\times2^2\times$

$\frac{60°}{360°}=\frac{2}{3}\pi$ である。さらに，△OCDはOC＝ODの二等辺三角形で，∠COD＝180°−∠BOC＝180°−60°＝120° だから，∠OCD＝∠ODC＝(180°−∠COD)÷2＝(180°−120°)÷2＝30° となる。点Oから辺CDに垂線OIを引くと，点Iは辺CDの中点となり，△OCIは3辺の比が1：2：$\sqrt{3}$ の直角三角形である。これより，$OI=\frac{1}{2}OC=\frac{1}{2}\times2=1$，$CI=\sqrt{3}OI=\sqrt{3}\times1=\sqrt{3}$，$CD=2CI=2\times\sqrt{3}=2\sqrt{3}$ であり，$\triangle OCD=\frac{1}{2}\times CD\times OI=\frac{1}{2}\times2\sqrt{3}\times1=\sqrt{3}$ となる。以上より，斜線部分の面積の和は，$\pi\times2^2-\sqrt{3}-\frac{2}{3}\pi-\sqrt{3}=\frac{10}{3}\pi-2\sqrt{3}$ である。

(2)**＜確率—さいころ＞**大小2個のさいころを投げるとき，それぞれ6通りの目があるから，出る目の組は全部で6×6＝36(通り)ある。大きいさいころと小さいさいころの出た目をそれぞれa，bとする。$a=1$ の場合，$0.7<\frac{b}{1}<1.8$ より，$0.7<b<1.8$ を満たすbは$b=1$の1通りある。$a=2$ の場合，$0.7<\frac{b}{2}<1.8$ より，$1.4<b<3.6$ を満たすbは$b=2$，3の2通りあり，$a=3$ の場合，$0.7<\frac{b}{3}<1.8$ より，$2.1<b<5.4$ を満たすbは$b=3$，4，5の3通り，$a=4$ の場合，$0.7<\frac{b}{4}<1.8$ より，$2.8<b<7.2$ を満たすbは$b=3$，4，5，6の4通り，$a=5$ の場合，$0.7<\frac{b}{5}<1.8$ より，$3.5<b<9$ を満たすbは$b=4$，5，6の3通りあり，$a=6$ の場合，$0.7<\frac{b}{6}<1.8$ より，$4.2<b<10.8$ を満たすbは$b=5$，6の2通りある。以上より，$0.7<\frac{b}{a}<1.8$ となる場合は，1＋2＋3＋4＋3＋2＝15(通り)あるから，求める確率は $\frac{15}{36}=\frac{5}{12}$ である。

(3)**＜平面図形—長さ＞**右図2で，正三角形が2個のときの対角線BC_2の長さと3個のときの対角線AC_3の長さは等しい。同様に，正三角形が4個のときの対角線BC_4の長さと5個のときの対角線AC_5の長さも等しい。これより，対角線の長さが初めて8を超えるのは，正三角形を偶数個つなげたときである。右図3は，正三角形を$2n$個つなげた図形にさらに$2n+1$個目の正三角形EFGをつなげたものである。点Eから辺FGに垂線EHを引くと，△EFHは3辺の比が1：2：$\sqrt{3}$ の直角三角形で，点Hは辺FGの中点となり，$BF=1\times n=n$，$FH=\frac{1}{2}$ だから，$BH=n+\frac{1}{2}$ である。また，$EH=\sqrt{3}FH=\sqrt{3}\times\frac{1}{2}=\frac{\sqrt{3}}{2}$ だから，△BHEで三平方の定理より，$BE^2=BH^2+EH^2=\left(n+\frac{1}{2}\right)^2+\left(\frac{\sqrt{3}}{2}\right)^2=n^2+n+\frac{1}{4}+\frac{3}{4}=n^2+n+1$ となる。よって，BE＝8となるとすると，$8^2=n^2+n+1$ が成り立ち，これを解くと，$n^2+n-63=0$，解の公式より，$n=\frac{-1\pm\sqrt{1^2-4\times1\times(-63)}}{2\times1}=\frac{-1\pm\sqrt{253}}{2}$ となり，$n>1$ だから，$n=\frac{-1+\sqrt{253}}{2}$ である。さらに，nは自然数なので，$\frac{-1+\sqrt{253}}{2}$ を超える最小の自然数を求める。$15^2=225$，$16^2=256$ より，$15<\sqrt{253}<16$ だから，$\frac{-1+15}{2}=7$，$\frac{-1+16}{2}=7.5$ より，$\frac{-1+\sqrt{253}}{2}$ を超える最小の自然数は8である。したがって，$2n=2\times8=16$ より，対角線の長さが初めて8を超えるのは，16番目の正

図2

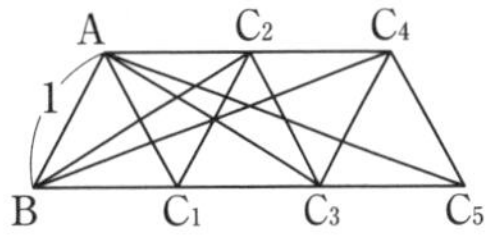

図3

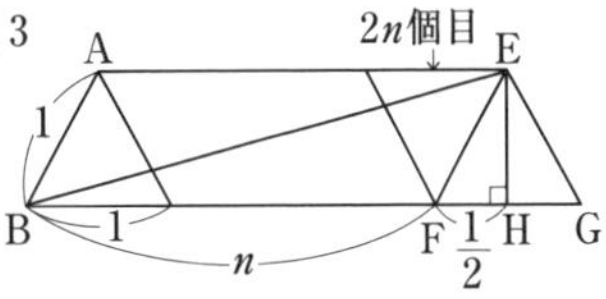

三角形を置いたときである。

4〔**関数—関数 $y=ax^2$ と一次関数のグラフ**〕

≪基本方針の決定≫(3)　まず，線分ABと直線COの交点の座標を求める。　(4)　点Aを通り直線BCに平行な直線を引いて考える。

(1)<**座標**>右図1のように，2点B，Cはともに放物線 $y=\frac{2}{3}x^2$ 上にあるから，点Bの x 座標 -1 を $y=\frac{2}{3}x^2$ に代入すると，点Bの y 座標は，$y=\frac{2}{3}\times(-1)^2=\frac{2}{3}$ となり，点Cの x 座標3を代入すると，点Cの y 座標は，$y=\frac{2}{3}\times3^2=6$ となる。

図1

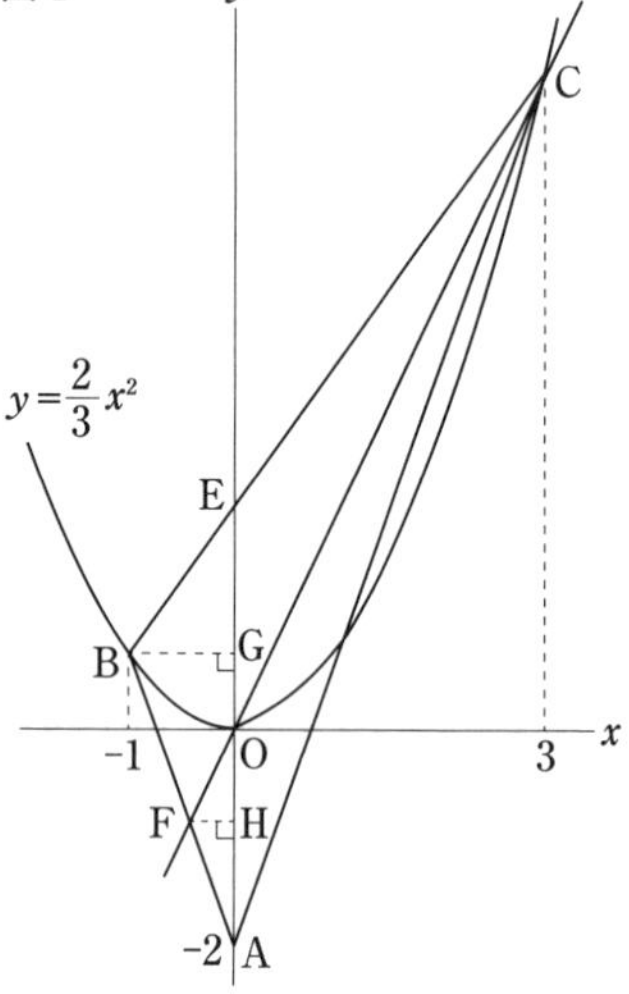

(2)<**面積**>右図1のように，直線BCと y 軸との交点をEとして，△ABC＝△ABE＋△ACEと考える。直線BCの式を $y=ax+b$ とすると，$B\left(-1,\ \frac{2}{3}\right)$ を通るから，$\frac{2}{3}=-a+b$……㋐，C(3, 6)を通るから，$6=3a+b$……㋑が成り立つ。㋐−㋑より，$\frac{2}{3}-6=-a-3a$，$-\frac{16}{3}=-4a$，$4a=\frac{16}{3}$　$\therefore a=\frac{4}{3}$　これを㋐に代入して，$\frac{2}{3}=-\frac{4}{3}+b$　$\therefore b=2$　よって，直線BCの式は $y=\frac{4}{3}x+2$ である。これより，E(0, 2)だから，A(0, −2)より，AE＝2−(−2)＝4となる。△ABEと△ACEの底辺を共有するAEと見ると，2点B，Cの x 座標−1，3より，△ABEの高さは1，△ACEの高さは3となる。したがって，△ABE＝$\frac{1}{2}\times4\times1=2$，△ACE＝$\frac{1}{2}\times4\times3=6$ だから，△ABC＝2＋6＝8である。

(3)<**面積比**>右上図1のように，直線OCと直線ABの交点をFとする。高さの等しい2つの三角形の面積比は底辺の比に等しいから，△CBF：△CAF＝BF：FAである。2点B，Fから y 軸に垂線BG，FHを引くと，BG∥FHより，BF：FA＝GH：HAとなる。2点O(0, 0)，C(3, 6)を通る直線OCの傾きは $\frac{6-0}{3-0}=2$ だから，直線OCの式は $y=2x$ である。また，2点A(0, −2)，$B\left(-1,\ \frac{2}{3}\right)$ を通る直線ABは切片が−2だから，その式は $y=cx-2$ とおける。これが点Bを通るので，$\frac{2}{3}=c\times(-1)-2$, $c=-\frac{8}{3}$ となる。よって，直線ABの式は $y=-\frac{8}{3}x-2$ である。以上より，点Fは，2直線 $y=2x$，$y=-\frac{8}{3}x-2$ の交点であるから，この2式を連立方程式として解くと，$x=-\frac{3}{7}$，$y=-\frac{6}{7}$ となり，$F\left(-\frac{3}{7},\ -\frac{6}{7}\right)$ である。これより，$H\left(0,\ -\frac{6}{7}\right)$ であり，点Bの y 座標より，$G\left(0,\ \frac{2}{3}\right)$ だから，GH＝$\frac{2}{3}-\left(-\frac{6}{7}\right)=\frac{32}{21}$，HA＝$-\frac{6}{7}-(-2)=\frac{8}{7}$ となり，GH：HA＝$\frac{32}{21}:\frac{8}{7}=4:3$ となる。したがって，△CBF：△CAF＝BF：FA＝GH：HA＝4：3となるから，直線OCは△ABCの面積を4：3に分ける。

(4)<**座標**>次ページの図2で，△ABCと△DBCの面積が等しいとき，共有するBCを底辺と見ると，高さが等しいから，AD∥CBである。A(0，-2)を通り，直線BCに平行な直線の傾きは，直線BCの傾きと等しく$\frac{4}{3}$であり，切片が-2だから，その式は$y=\frac{4}{3}x-2$となる。点Dは直線$y=\frac{4}{3}x-2$と放物線$y=-2x^2$の交点だから，2式からyを消去して，$\frac{4}{3}x-2=-2x^2$より，$2x^2+\frac{4}{3}x-2=0$，$3x^2+2x-3=0$となるから，解の公式より，$x=\frac{-2\pm\sqrt{2^2-4\times3\times(-3)}}{2\times3}=\frac{-2\pm\sqrt{40}}{6}=\frac{-2\pm2\sqrt{10}}{6}=\frac{-1\pm\sqrt{10}}{3}$である。よって，点Dの$x$座標は$\frac{-1\pm\sqrt{10}}{3}$である。

図 2

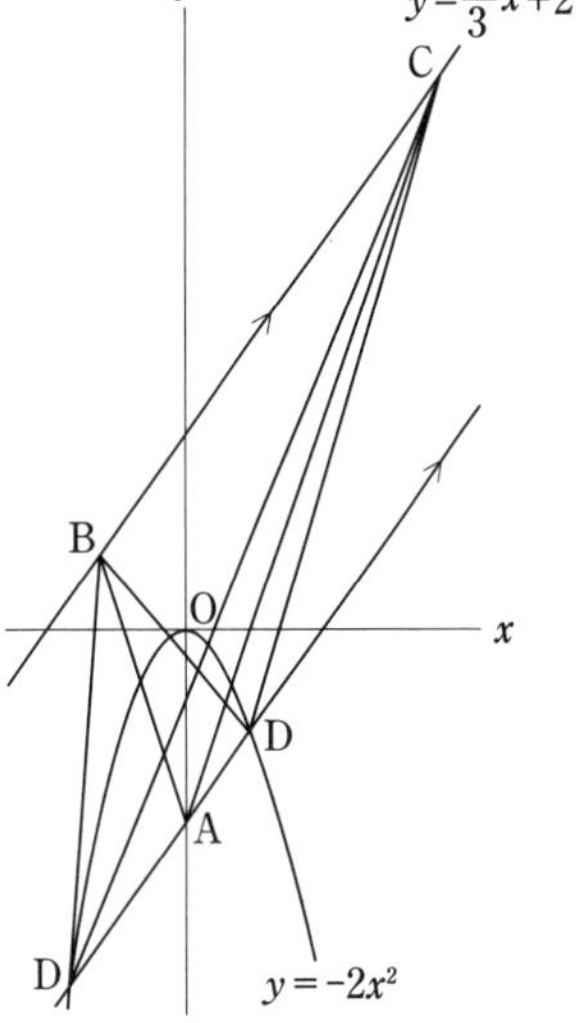

2024年度／浦和実業学園高等学校（第１回併願）

国語解答

一　問１　a…3　b…1　c…2　d…1
e…4
問２　2　問３　2　問４　3
問５　1　問６　4　問７　4
問８　1　問９　A…3　B…2
問10　(i)…4　(ii)…3

二　問１　a…3　b…4　c…1　d…2
問２　ア…1　イ…4
問３　A…3　B…1　問４　4
問５　1　問６　C…4　D…2
問７　3　問８　3　問９　1
問10　4

一〔**論説文の読解―哲学的分野―哲学**〕出典：戸谷洋志『SNSの哲学　リアルとオンラインのあいだ』。

≪本文の概要≫Twitterでは，話題になっているニュースは，自分で検索しなくても，タイムラインやホーム画面に表示される。その際，一定のアルゴリズムに基づいて，「私」にとって価値があると思われる情報が，すでに取捨選択されており，その情報を，私たちが見たいと思う前に「私」に届けてしまう。これは人間関係においても同様で，アルゴリズムは，SNSでの行動履歴から，「私」が関心を持つに違いないと推測したユーザーを，「知り合いかも」と推薦する。それに対して，現実の世界における出会いは，アルゴリズムがはたらかず，偶然性に満ちている。したがって，現実の世界の中で何かを選択することは，常に不確実な賭けで，選択する「私」には，ある種の責任の感覚が生じる。偶然性を排除するアルゴリズムは，こうした「賭け」と「責任」も排除し，アルゴリズムに提案される選択肢だけが選ばれる。アルゴリズムに基づかない現実の出会いには，「ハズレ」もありうるが，「賭け」と「責任」を伴う中で偶然出会った人との関係性から，全く新しい可能性が開かれることも少なくない。生命である「私」は，予見不可能な創造的進化を遂げる。時間の経過が，私たちの存在を，常に新しいもの，別なものに変えていく。アルゴリズムは，こうした人間の具体的な時間を正しくとらえることができず，あるときにとらえたデータに基づいて，「私」は同じものに関心を寄せ続けるだろうという考え方のもとに動作する。だが，私たちの関心の対象は，昨日と今日，今日と明日とで変わるかもしれない。それこそが，生命の創造的進化にほかならない。

問１＜漢字＞a．「委員会」と書く。1は「難易度」，2は「依頼」，4は「遺跡」。　b．「一緒」と書く。2は「諸事情」，3は「残暑」，4は「警察署」。　c．「欲求」と書く。1は「研究」，3は「吸収力」，4は「旧式」。　d．「事態」と書く。2は「体力」，3は「期待」，4は「脱退者」。　e．「方針」と書く。1は「診察」，2は「就寝」，3は「慎重」。

問２＜表現＞「『私』がフォローしているユーザー」や「『私』のタイムライン」など，カギカッコでくくられた「私」は，特定の個人を表現しているのではなく，個々の読者を示している。

問３＜文章内容＞Twitterのタイムラインに届けられるニュースは，「一定のアルゴリズムに基づいて」取捨選択されているが，「紙の新聞」で届けられるニュースは，「アルゴリズムなどでは」なく，「新聞社が持っている価値観」によって選択されている。

問４＜文章内容＞読者は，「こうしたことが今の社会にとって重要だと思っている」という新聞社の感覚に基づく判断を信頼し，その新聞に掲載された記事の内容が「今の社会にとって重要」であることを信じるから，お金を払ってその新聞を購読するのである。

問５＜文章内容＞アルゴリズムは，あるジャンルの漫画をネットで大量に買ったという「私」の「行動履歴」に基づいて，「私」が同じジャンルのほかの漫画にも「関心を持つにちがいない」と判断する。そして，「私」が「『見たい』とか『知りたい』とか」思う前に，そのジャンルの漫画を，「私」に「おすすめ」するのである。

問６＜表現＞アルゴリズムは，「SNSでの行動履歴」から，「『私』の友人関係や趣味，関心のありそうな分野」を読み取ったうえで，確実性の高い選択肢を「私」に示す。それに対して，「偶然性に満ちた世界のなか」で選択したものは，「常に不確実」であり，自分の気に入らないものを引いてしまう可能性もある。

問７＜文章内容＞「アルゴリズムに基づかない現実」での選択は，どのような結果であっても，「自分の意志」で選んだという「ある種の責任の感覚」を生じさせる。そして，偶然の出会いからは，「それまでの『私』には考えることもできなかった」ような，「新しい可能性」が開かれることも少なくない。

問８＜文章内容＞科学では，状況が移っても「変わることのない実体」がまず存在するという見方をする。科学は，「実体」という「もっとも単純な同一性」から，できるだけ時間経過を「抜こうとして」きたのである。だが，生物は，「時間の経過」によって「新しいもの，別なもの」に変化するため，「実体論で説明できるような同一性に還元」できない存在である。

問９＜文章内容＞Ａ．人間は，時がたつにつれて，「常に新しいもの，別なもの」になっていく存在であり，「明日の『私』がどんな人間か」を予測することはできない。　Ｂ．人間は，これまでの自分の経験を「『記憶』という形で保持」し，それを土台にしたうえで，予測できない「偶然の出会い」を経験して，自分自身を「更新しつづける存在」である。

問10＜文章内容＞(i)自分と「同じ意見」だけを見たがって「同じ意見をもった人びとだけで意見を参照し合う」うちに，その意見だけが強化されて，絶対に正しいものだと思い込み，より「極端」な考え方へとシフトしてしまう危険性がある。　(ii)「最後に」で始まる段落で，アルゴリズムの生み出すフィルターバブルの問題の一つとして，「どのようなフィルターを通して世界を見るのか」をユーザーが「自ら選択」することができないため，「避けようにも避けにくい状態」でアルゴリズムの選んだ情報が届けられてしまうことが挙げられている。

二〔**小説の読解**〕出典：こざわたまこ『教室のゴルディロックスゾーン』。

問１＜漢字＞ａ．「眼差し」は，目つきのこと。　ｂ．音読みは「緩急」などの「カン」。　ｃ．「強張らせる」は，緊張などで体や表情を固くする，という意味。　ｄ．音読みは「微量」などの「ビ」。

問２＜語句＞ア．「猫撫で声」は，人の機嫌を取ろうとするときの，こびを含む優しい声のこと。　イ．「ばつが悪い」は，場の収拾がつかず，決まりが悪いさま。

問３＜慣用句＞Ａ．「唇を噛む」は，悔しさや怒りをじっと我慢する，という意味。　Ｂ．「耳を傾ける」は，関心を持って注意深く聞く，という意味。

問４＜文章内容＞濱中さんが伊藤さんについて文句を言ったときに，藤村さんは，「えー，どうだろ」と笑ったり「そんなことないと思うけど」と言ったりと，やんわり否定しており，藤村さんなりに考えを持っていて，むやみに濱中さんに同調しているわけではなかった。その一方で，いざこざが起こるのを恐れて，「あーまあね」などと曖昧な返事をしながら，「なんとかして濱中さんの怒りの矛先を逸らそう」ともしていた。

問５＜文章内容＞伊藤さんは，これまで濱中さんから誘われても，「部活，部活で断ってきた」ほど，部活に熱中してきた。理不尽な頼みごとをされても，今までの伊藤さんならば，間違った行いとして「きっぱり断っていたはず」だった。だが，けがで部活ができなくなってから調子が狂って自分のペースを保てず，伊藤さんは，宇手先生を無視してほしいという濱中さんの頼みも断れなくなっていた。

問６＜文章内容＞Ｃ．伊藤さんが日直としての号令をかけられなかったときに，誰かの「澄みきった声」が，「起立」の号令を代わってくれた。その「起立」の声を，伊藤さんは，「高橋さんだと思った」のである。　Ｄ．伊藤さんは，濱中さんから絶交されて，「これから面倒臭ぁ」と困っているかのような言い方をしたが，「その口調とは裏腹」に，せいせいとした表情をしていた。

問７＜心情＞伊藤さんは，濱中さんから宇手先生を無視するように言われたせいで，先生の授業の終わりの号令をかけられずに困っていた。それを知っていた「私」は，代わりに「起立」と「言わなくちゃと思った」のに「怖くて，できなかった」ため，伊藤さんを助けられなかったことを申し訳なく思った。

問８＜文章内容＞Ｅ．「二本足と，三本足」の二と三も，宇手先生の言っていた，「一と自分自身でしか割り切れない」素数である。　Ｆ．「私達は孤独な生き物」で，「自分以外の誰とも，それを分かち合うことはできない」が，それでも，「小さな」独りきりの人間どうし，「隣り合って歩いていくこと」はできるだろうかと「私」は思った。

問９＜表現＞［Ⅰ段落］では，濱中さんから宇手先生を無視できなければ「絶交」だと言われて，伊藤さんが悩んでいる様子が，「放っておいたら伊藤さんの体がそのまま，ずぶずぶと椅子ごと沈み込んでいくように見えた」と，比喩を用いて表現されている。［Ⅱ段落］では，宇手先生の語る話が中心になっている。宇手先生は，中学時代の恩師がなくなったときの状況を例に挙げ，「自分だけの孤独を大切にして」ほしいという思いを伝えた。［Ⅲ段落］では，「私」は，他人と孤独を「分かち合うこと」はできなくても，「隣り合って歩いていくことはできるだろうか」という心境に至った。その前向きな心境は，影送りの見られそうな，「雲一つない青空」の描写に託されている。

問10＜文章内容＞藤村さんや和久井さんは，濱中さんが伊藤さんの悪口を言っているときには，「えー，どうだろ」と曖昧な返事をしたり，「この話，やめない？」と制止したりして，さりげなく距離を取った。また，「私」は，伊藤さんと隣り合って歩きながらも，「私は伊藤さんのすべてを知らない。伊藤さんも，私のすべてを知らない」と考えていた（生徒Ｅ…×，生徒Ｆ…○）。「私」は，宇手先生を無視してほしいという濱中さんの頼みを断ろうとしない伊藤さんを見て，「伊藤さん，どうして」と考え，伊藤さんの様子を気にしており，濱中さんのことばかり気にしているわけではなかった（生徒Ｂ…×）。宇手先生は，生徒たちに「自分だけの孤独を大切にしてください」と伝えた。その言葉を受けて，「私」は，「私達は孤独な生き物」であり，自分や伊藤さんだけでなく，「さきちゃんだって濱中さんだって，自分以外の誰とも，それを分かち合うことはできない」と，誰もが抱える孤独に思いをはせた（生徒Ｄ…○）。伊藤さんが，けがで部活ができなくなってから，濱中さんにいつも嫌がらせをされているという描写はなく，二人のけんかについては，以前から「濱中さんがいつものように癇癪を起こし，伊藤さんの机を蹴って教室を去っていく」のが「お馴染みの光景」となっていた（生徒Ｃ…×）。「私」は，伊藤さんと距離感を保ちながらも言葉を交わして，一緒に「河原沿いの道を隣り合って」歩いており，他人とのコミュニケーションを拒否してはいない（生徒Ａ…×）。

2024年度 浦和実業学園高等学校(第２回併願)

【英　語】 (50分) 〈満点：100点〉

(注意) [1], [2] は，リスニング(聞き取り)問題です。試験開始のチャイムが鳴ったら，１ページ目を開き，問題の指示に従って解答してください。

[1] 放送される三つの英文のうち，写真の説明として最も適当なものを１～３の中から一つずつ選びなさい。英文は二回ずつ放送されます。解答番号は①～④

Picture 1 (①)

1.

2.

3.

Picture 2 (②)

1.

2.

3.

Picture 3（③）

1．

2．

3．

Picture 4（④）

1．

2．

3．

（1の放送終了後，10秒間の休止があります。次の問題に進んで構いません。）

2　英語の会話が三つ放送されます。最後の発言に対する相手の応答として最も適当なものを1～4の中から一つずつ選びなさい。会話は二回ずつ放送されます。解答番号は⑤～⑦

（⑤）　1．I don't like to wear skirts.　　2．Oh, money is not necessary.
　　　3．Choosing clothes is annoying.　　4．Yeah, that may be true.

（⑥）　1．I hope he doesn't catch a cold.
　　　2．You should go outside and play with him.
　　　3．He may do that to show his sadness.
　　　4．You should ask him to play with us outside.

（⑦）　1．You should try it some time!　You might like it.
　　　2．Insta Live is scary and dangerous.
　　　3．Doing Insta Live almost every day is my hobby.
　　　4．Fumiya doesn't use Instagram, does he?

（2の放送終了後，次の問題に進んで構いません。）

※＜**リスニング問題放送原稿**＞は英語の問題の終わりに付けてあります。

3　次の英文の(　)に入る最も適当なものを１～４の中から一つずつ選びなさい。解答番号は⑧～㉒

(⑧)　Yuka went shopping (　　) some summer clothes.
　１．to buying　２．buys　３．to buy　４．bought

(⑨)　Your train (　　) three minutes ago.
　１．has left　２．leaves　３．left　４．was left

(⑩)　I stopped (　　) video games before dinner.
　１．play　２．played　３．to play　４．playing

(⑪)　We have just (　　) breakfast.
　１．liked　２．ate　３．had　４．took

(⑫)　Which do you like (　　), fish or meat?
　１．well　２．good　３．much　４．better

(⑬)　I saw the top of Mt. Fuji was covered (　　) snow.
　１．on　２．with　３．from　４．at

(⑭)　I know a girl (　　) father is a doctor.
　１．who　２．whose　３．that　４．which

(⑮)　Look! He is a famous movie actor, (　　) he?
　１．did　２．didn't　３．is　４．isn't

(⑯)　(　　) a hot day it is!
　１．What　２．When　３．Where　４．How

(⑰)　She has three dogs. One is male, and (　　) are female.
　１．two　２．other　３．others　４．the others

(⑱)　Who is the woman (　　) on the phone in the corner?
　１．talk　２．to talked　３．talking　４．to talk

(⑲)　Take this medicine, (　　) you will get well.
　１．and　２．or　３．but　４．if

(⑳)　There was (　　) milk in the refrigerator.
　１．any　２．many　３．too　４．no

(㉑)　A：(　　　　) does it take from here to the post office?
　　B：It takes twenty minutes on foot.
　１．How far　２．How long　３．How much　４．How often

(㉒)　A：What day is today?
　　B：(　　　　).
　１．It's December 24th　２．It's sunny today
　３．It's Sunday today　４．It's ten o'clock

4　次の日本語に合うように，与えられた語(句)を並べかえて，(　)内で４番目に来るものを１～７の中から一つずつ選びなさい。なお，文頭に来る語も小文字になっている。解答番号は㉓～㉗

(㉓)　友だちと野球をするのはすごく楽しいです。

　(１．with　２．is　３．baseball　４．a　５．my　６．playing　７．friends) lot of fun.

(㉔)　このゲームはあのゲームよりおもしろいです。

(1. is　2. than　3. more　4. exciting　5. this　6. that　7. game) one.

(㉕) このクラスの中で一番背が高い男の子は誰ですか。

(1. boy　2. this　3. who　4. is　5. in　6. tallest　7. the) class?

(㉖) シンイチが私にくれた時計は高価でした。

(1. me　2. Shinichi　3. was　4. gave　5. expensive　6. the　7. watch).

(㉗) そんなに朝早く起きる必要はないですよ。

You (1. to　2. so　3. have　4. up　5. don't　6. get　7. early) in the morning.

5 次の英文を読んで，後の問いに答えなさい。*印の語には注があります。解答番号は㉘～㉞

Momofuku Ando saw many things in the days after World War Ⅱ. And he felt something large and deep in his heart. When he lived in Osaka, Japan, he was an owner of a factory and two office buildings. But all of them were lost in the war.

One day in 1945, Ando walked through the city. He thought about what to do next. Then he saw a long line of hungry people at a *ramen noodle stand. They were waiting for something to eat. Ando wished [　㉘　]. He wished he could *feed all of Japan, and even the world, with this tasty Japanese fast food.

Ando began working for a bank. Food *shortages continued in Japan, and he continued thinking about feeding everyone with ramen. In 1957, his bank failed, and left him with a feeling of *disappointment. But *failure *focused his mind on doing good. He returned to his dream of feeding every hungry person with tasty ramen noodles. He developed the *belief that [　㉙　] when everyone has enough to eat.

Ando began trying to invent tasty instant ramen that could be *mass-produced, that would not go bad, and that only needed hot water. It wasn't easy, and he had many failures. Drying the noodles always made their *texture bad. One day, his wife was *frying something in hot oil for dinner. Then, *out of ideas, he put some noodles into the oil. He discovered that ㉚frying the noodles worked. Thanks to frying them in oil, they would not go bad and *could be enjoyed days later just by adding hot water. The texture and taste were good, too. Ando's dream almost came true.

His first product, Chikin Ramen (Chicken Ramen), came to stores in 1958. Though it was expensive, people liked it. It became cheaper and more popular all over Japan. After ㉛this success, Ando took instant ramen to the world. *Every time he faced a problem, he solved it with fresh ideas. In the United States, the noodles were made shorter for easier eating with a fork. And Ando used a *Styrofoam cup container to keep "Cup O'Noodles" (now "Cup Noodles") warm.

Ando's company, Nissin, is now one of the most famous food companies in the world. People eat nearly 100 billion packages of ramen a year in the world. Ando's products have even left the earth. Astronaut Soichi Noguchi ate them in space.

Ando's story shows us that success means more than just winning the race. Every time he failed, Ando turned his disappointment and sadness into something positive.

㉜Ando's dream came true, and he gave ramen to the world. But he also taught us that if we work hard and follow our dreams, we can turn failure into success.

*ramen noodle stand　ラーメンの屋台　　*feed　食を提供する　　*shortage　不足
*disappointment　失望　　*failure　失敗　　*focus ～ on . . .　～の焦点を…に合わせる
*belief　信念　　*mass-produce　大量生産する　　*texture　食感　　*fry　揚げる
*out of ideas　無意識のうちに　　*could be enjoyed　楽しめた　　*every time ～　～するたびに
*Styrofoam cup container　発泡スチロール製のカップ容器

(㉘)　[㉘] に入る最も適当なものを１～４の中から一つ選びなさい。
1．he could join the line
2．he could give ramen to them all
3．he could eat ramen to the full
4．he could have a factory and offices again

(㉙)　[㉙] に入る最も適当なものを１～４の中から一つ選びなさい。
1．he will get a lot of money
2．he will be able to work for bank again
3．ramen will be more popular
4．world peace will come

(㉚)　下線部㉚の具体的な内容として最も適当なものを１～４の中から一つ選びなさい。
1．the fried noodles had the same features as other fried foods
2．frying noodles could be another style of cooking
3．the fried noodles were kept in good condition and easy to cook
4．the fried noodles had good texture without hot water

(㉛)　下線部㉛の具体的な内容として最も適当なものを１～４の中から一つ選びなさい。
1．製品の値段が下がり日本中で人気が出てきたこと
2．お湯を加え少し待つだけで食べられること
3．お腹が空いた人たちに無償で提供できるようになったこと
4．銀行業だけでなく食品業でも成功したこと

(㉜)　下線部㉜の具体的な内容として最も適当なものを１～４の中から一つ選びなさい。
1．お湯を加えるだけで食べられるラーメンを開発すること
2．美味しいラーメンをあらゆる人々に食べてもらうこと
3．自身のインスタントラーメンの会社を世界に進出させること
4．宇宙食としてインスタントラーメンの開発をさらに進めること

(㉝・㉞)　次の英文について，本文の内容に合うものを１～５の中から二つ選びなさい。ただし，解答の順序は問いません。
1．Ando wanted everyone to have ramen during food shortages.
2．Ando opened a ramen noodle stand after leaving his bank.
3．Ando thought of the idea to fry noodles after he failed many times.
4．Ando invented a special fork for eating noodles easily.
5．Ando taught us that disappointment is always necessary for success.

6　次の英文を読んで，後の問いに答えなさい。*印の語には注があります。解答番号は㉟～㊶

There was a weak old snake.　One day he found a pond.　Many frogs lived there with their king, queen and little prince.　The snake was very hungry.　He tried to catch some of the frogs, [　㉟　].　"I will have to think of some good way or I will soon die," the snake thought.

Just then he saw the frog prince and his friends. They were busy in their game and did not notice the snake. When they came very close, one of them saw the snake and jumped up, "Oh, a snake !" he shouted in *fear. All of them ran for their lives. But the snake did not move, so the frog prince went up to it. ㊱<u>The snake still did not move.</u> "Can I check *if he is dead ?" said the frog prince and knocked on the snake's head and jumped away quickly.

The snake slowly opened its eyes and said, "Do not worry. I will not get angry with you." The frogs were very surprised. "I once *bit a *sage's son," explained the snake. "The sage got angry and *cursed me to carry frogs on my back for the *rest of my life." When he heard this, the frog prince jumped up with joy. ㊲<u>"Then I will ride on your back,"</u> he said. So the frog prince jumped on top of the snake and *commanded, "Take me to my parents." The king and the queen were surprised at the sight. "Father, look, I am riding a snake," shouted the prince. "Let's ride the snake !" the queen *urged the frog king. So, they all sat on the snake.

"You are moving very slowly," *complained the prince. "I can't move fast because I have not eaten for several days," answered the snake sadly.

"Why haven't you eaten ? The *royal *mount should be fast and strong," said the king. "I can eat only with your *permission," answered the snake. "Your ㊳<u>subjects</u> are my food."

"How can I *permit you to eat us ?" asked the king. "Not the royal frogs," explained the snake. "I cannot permit you to eat my subjects," said the frog king.

The prince cried. "Father, please permit him. I don't want to lose him." Even the queen spoke up. "Permit the snake. We have many subjects."

At last the king had to give him permission. The snake began to eat many frogs every day. Soon he became very strong and healthy. The prince was happy [　　㊴　　].

One day the snake went to the frog king. "I am hungry, king. There are no more frogs left in the pond. So now I am going to eat you all." And the snake *pounced on all the three royal frogs and ate them up.

*fear　恐怖　　*if ～　～かどうか　　*bit　bite(嚙む)の過去形　　*sage　賢者
*curse　のろいをかける　　*rest　残り　　*command　命じる　　*urge　せきたてる
*complain　不平を言う　　*royal　王室の　　*mount　乗り物　　*permission　許可
*permit you to　あなたに～する許可を与える　　*pounce on　～に襲い掛かる

(㉟)　[㉟]に入る最も適当なものを１～４の中から一つ選びなさい。

1．but he was too weak to catch any of them
2．but he was too kind to catch and eat them
3．and he was able to catch some of them easily
4．and he was able to catch most of them luckily

(㊱)　下線部㊱の理由として最も適当なものを１～４の中から一つ選びなさい。

1．お腹が空いて全く動けなかったから
2．カエルをだまそうとしていたから
3．カエルが乗ったのに気づかなかったから
4．賢者にのろいをかけられていたから

(㊲)　下線部㊲の理由として最も適当なものを１～４の中から一つ選びなさい。

1．そのヘビが怖くて逆らえなかったから
2．そのヘビが安全だとわかったから

3．そのヘビがうそつきだと思ったから
4．そのヘビののろいを解きたかったから

(㊳)　下線部㊳の内容として最も適当なものを１～４の中から一つ選びなさい。
1．子ども
2．ごちそう
3．身体
4．家来

(㊴)　[㊴] に入る最も適当なものを１～４の中から一つ選びなさい。
1．to talk with a very polite snake
2．to understand a snake better
3．to ride a snake that moved so fast
4．to see a snake that became bigger

(㊵・㊶)　次の英文について，本文の内容に合うものを１～５の中から二つ選びなさい。ただし，解答の順序は問いません。
1．The hungry snake found frogs in a pond, and he made a plan to catch them.
2．The snake did not move at all, so the prince frog began to attack him.
3．The king and queen were surprised at first, but they also rode on the snake.
4．The snake was so slow because the king did not give him any food.
5．The king gave the snake permission to eat all the frogs in the pond.

＜リスニング問題放送原稿＞

これから，2024年度，第二回併願入試，リスニング問題を始めます。リスニングの問題は[1]と[2]です。

[1]　放送される三つの英文のうち，写真の説明として最も適当なものを１～３の中から一つずつ選びなさい。英文は二回ずつ放送されます。

(①)
1．The woman is riding a bike.
2．The woman is leading a parade.
3．The woman is pushing a bike.

(②)
1．There aren't any cars in the parking lot.
2．Only one car is in a corner of the parking lot.
3．The parking lot is full of cars.

(③)
1．There is a dish in a sink.
2．The dish is very clean.
3．A man is washing some dishes.

(④)
1．They are taking baggage from the counter.
2．Only a woman is carrying baggage.
3．One of the people doesn't have a suitcase.

2 英語の会話が三つ放送されます。最後の発言に対する相手の応答として最も適当なものを１～４の中から一つずつ選びなさい。会話は二回ずつ放送されます。

(⑤)

A： I don't like wearing this uniform. I wish we lived in a world without school uniforms.

B： I don't think so. It saves time in the morning because we don't have to choose what to wear every day.

A： Really? I don't care about the time. I'd rather choose my own clothes every day.

B： But you might spend more money on clothes if we didn't have school uniforms.

(⑥)

A： Look outside Jim. It's snowing. OMG! Yuta is playing outside! I can't believe him!

B： That boy has too much energy.

A： I would much rather stay inside and watch YouTube.

B： Me, too. But he looks happy out there.

(⑦)

A： Hey, look! Fumiya is going live on Instagram now!

B： Nice! I've never seen Insta Live before. Let's watch it!

A： Really? It's very popular these days. I've done it a few times myself.

B： Wow! I think it would be too embarrassing for me.

以上でリスニング問題を終わります。引き続き，筆記問題に進んでください。

【数　学】（50分）〈満点：100点〉

（注意）(1) 問題文の中にある $\boxed{\text{①}}$，$\boxed{\text{②}}\boxed{\text{③}}$，$\dfrac{\boxed{\text{④}}\boxed{\text{⑤}}}{\boxed{\text{⑥}}}$ などの①，②，③，④，⑤，⑥には，それぞれ0，1，2，…，9の数字または－，±，＜，＞，≦，≧の符号・不等号の中から<u>いずれか1つのみ</u>を選びマークしてください。

(2) 解答が分数の形で求められているときは，既約分数で答えてください。

(3) 解答が無理数の形で求められているときは，$\sqrt{}$ の中の数を最小の自然数にして答えてください。

(4) 解答欄が余るときは，その余った欄にはなにも記入しないでください。

(5) 解答欄が不足するときは，不足する部分の数や符号・不等号をマークしないでください。

(6) 定規，コンパス，分度器，電卓，計算機能付き機器等は使用しないでください。

1　次の計算をしなさい。

(1) $2-8\times3^2=\boxed{\text{①}}\boxed{\text{②}}\boxed{\text{③}}$

(2) $\dfrac{2}{3}-\dfrac{5}{4}\div\left(-\dfrac{3}{2}\right)=\dfrac{\boxed{\text{④}}}{\boxed{\text{⑤}}}$

(3) $\sqrt{18}\times2\sqrt{6}\div\sqrt{12}=\boxed{\text{⑥}}$

(4) $(2x^2y^3)^3\div(2xy^2)^2\div x^2y^3=\boxed{\text{⑦}}\,x^{\boxed{\text{⑧}}}y^{\boxed{\text{⑨}}}$

2　次の各問に答えなさい。

(1) 1次方程式 $-\dfrac{6x-11}{3}=\dfrac{7}{2}x$ を満たす解は，$x=\dfrac{\boxed{\text{⑩}}}{\boxed{\text{⑪}}}$ である。

(2) 連立方程式 $\begin{cases}3x+2y=1\\2x+3y=3\end{cases}$ を満たす解は，$x=\dfrac{\boxed{\text{⑫}}\boxed{\text{⑬}}}{\boxed{\text{⑭}}}$，$y=\dfrac{\boxed{\text{⑮}}}{\boxed{\text{⑯}}}$ である。

(3) 2次方程式 $2x(x+4)=14x+9$ を満たす解は，$x=\dfrac{\boxed{\text{⑰}}\boxed{\text{⑱}}\boxed{\text{⑲}}\sqrt{\boxed{\text{⑳}}}}{\boxed{\text{㉑}}}$ である。

(4) 等式 $(2a+3)(a+6)=-10$ を満たす a の2つの値のうち，小さい方の値を $2a^2+6a-7$ に代入すると $\boxed{\text{㉒}}$ となる。

3　次の各問に答えなさい。

(1) 商品が15個入った箱を1箱1200円で何箱か仕入れた。商品を箱から取り出して，1個120円で売ったところ，完売して5400円の利益が出た。

このとき，仕入れた箱は $\boxed{\text{㉓}}$ 箱である。

(2) 大小2個のさいころを同時に投げたとき，大きいさいころの出た目の数を a，小さいさいころの出た目の数を b とする。

$\dfrac{a+b}{b}$ が整数となる確率は $\dfrac{\boxed{\text{㉔}}}{\boxed{\text{㉕}}\boxed{\text{㉖}}}$ である。

(3) 次のページの図のように，∠B＝30°，∠C＝60°である△ABCにおいて，点Aから辺BCに下ろした垂線が辺BCと交わる点をHとし，線分AHを直径とする円と線分AB，ACとの交点をそれぞれD，Eとする。

このとき，△ADE の面積は △ABC の面積の $\dfrac{\boxed{㉗}}{\boxed{㉘}\boxed{㉙}}$ 倍になる。

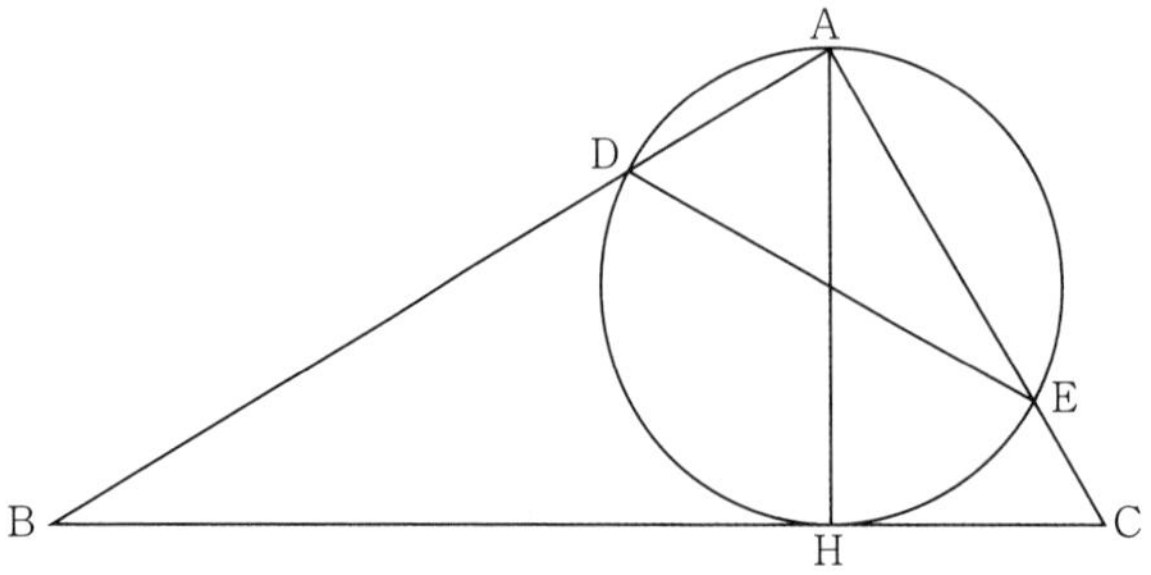

4 　放物線 $y=x^2$ 上に点 A$(-1,\ 1)$，点 $P_n(n,\ n^2)$ がある。ただし，n は 2 以上の自然数とする。点A と点 P_n を通る直線を l とするとき，次の各問に答えなさい。

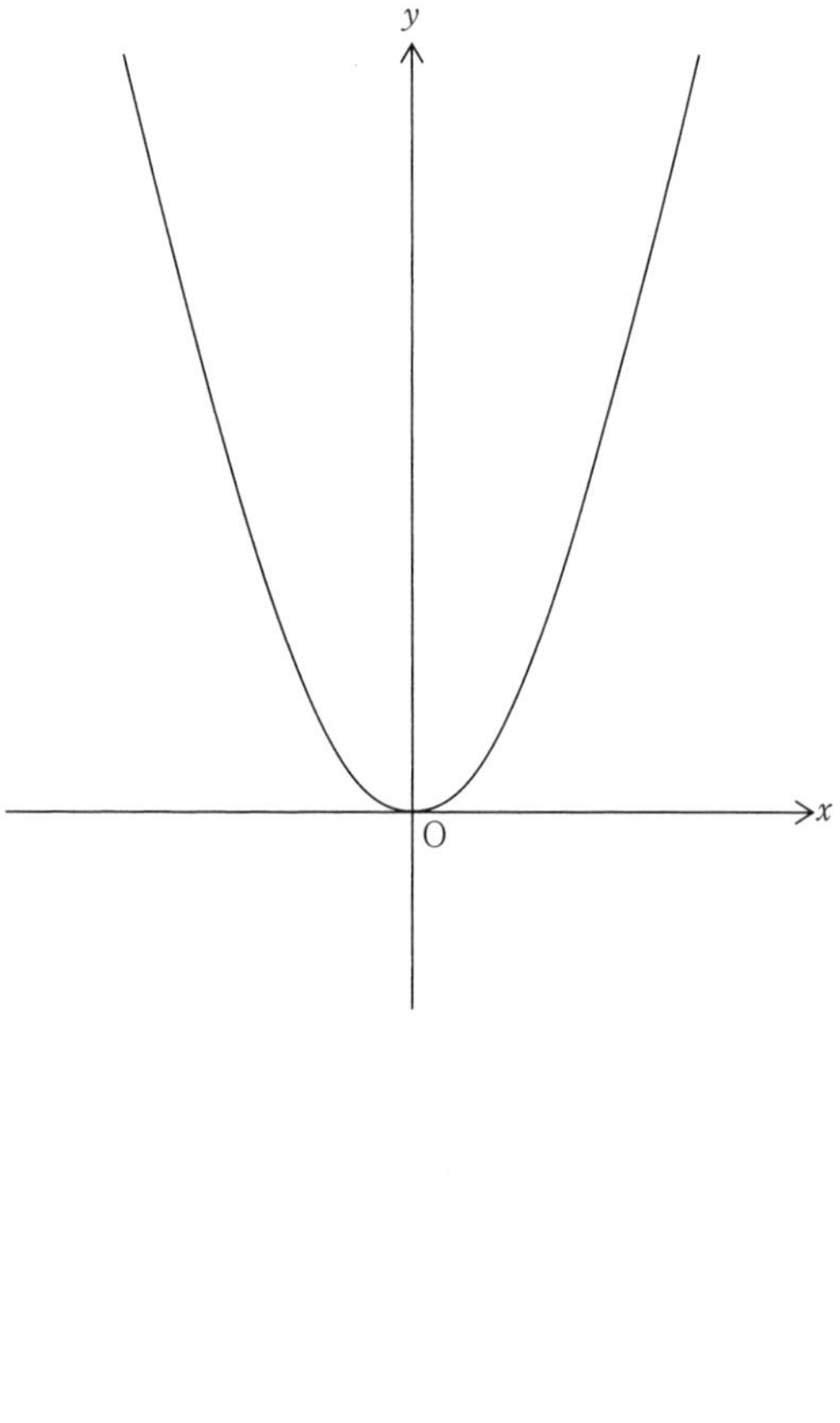

(1) $n=\boxed{㉚}$ のとき，直線 l の傾きは 4，切片は $\boxed{㉛}$ になる。

(2) 原点O，点A，点 P_n を頂点とする $\triangle P_nAO$ の面積を S_n とすると，$S_n=\dfrac{n(n+\boxed{㉜})}{\boxed{㉝}}$ である。

(3) 点A，点O，点 P_n を頂点とする平行四辺形 AOP_nQ をつくる。$S_n=6$ のとき，OQ の長さは $\boxed{㉞}\sqrt{\boxed{㉟}\boxed{㊱}}$ である。

把握しており、亜紗に助言しようとしている。
3　亜紗は凛久が転校することについて自分の気持ちを整理しきれない状態である。晴菜はそのような亜紗に対して、自分も戸惑いながらも先輩として心配し寄り添ってあげようとしている。
4　亜紗は凛久のお姉さんが障がいを持っている事実を隠されていたことに衝撃を受けている状態である。晴菜は凛久の気持ちや状況も理解できるため、二人を仲介しようとしている。

問10　⑧噛みしめていた唇を開くと、ふっ、という笑い声と一緒に情けなく頰も緩んだとありますが、ここについて生徒たちが意見を述べ合いました。次の会話文の空欄を埋めるものとして、最も適当なものを後の選択肢よりそれぞれ選びなさい。ただし、二ヶ所の X には同じ言葉が入ります。解答番号は㉝～㉟

生徒A　傍線部⑧はこのときの亜紗の心情がよく表れている部分だね。亜紗の心情を理解するために、この部分の表現を細かくわけて考えてみようか。
生徒B　それならまず注目しなければいけないところは「噛みしめていた唇を開く」の部分だね。これは晴菜先輩の X を聞いたことを受けて自然ととられた行動だろうから、亜紗の心情を把握するためにはまず理解しないといけない部分といえるよね。
生徒C　なるほど。そうすると「ふっ、という笑い声」にも着目するべきか。 X を耳にして今までの Y されたわけだ。もちろん、晴菜先輩とのやりとりだけでなく、凛久が電車内から立ち去ったことももう一つの原因としては考えられるけれど。
生徒D　それらを受けて、最終的に「頰も緩んだ」のかな。これは傍線部⑧の直前にある晴菜先輩の言葉が嬉しかったと同時に、コロナ禍で人と人との距離が遠くなってしまっていたことも背景にあると思う。晴菜先輩が身体的に接触してくれたことで、 Z な繫がりも感じられ、亜紗が癒されたと考えられるね。

【選択肢】
X ㉝
1　場を和ます優しい言葉
2　現実を突きつける厳しい言葉
3　理想を追い求める気恥ずかしい言葉
4　社会情勢をあざ笑う心にくい言葉

Y ㉞
1　不安が解消　2　怒りが放出
3　悲しみから救済　4　重苦しさから解放

Z ㉟
1　意図的　2　精神的
3　運命的　4　客観的

1　不躾《ぶしつけ》に　　2　不敵に　　3　不器用に　　4　不格好《ぶかっこう》に

b　身が竦むような　㉗

1　怒りに満ちているような
2　悲しみに暮れるような
3　恐怖に支配されるような
4　歓喜に満ちあふれるような

c　躊躇いなく　㉘

1　行儀よく　　2　恥ずかしげもなく
3　あられもなく　　4　思い切りよく

問6　③いろいろ動き出したら、どんどん、家の中、嚙み合わなくなってってとありますが、これはどういうことですか。その説明として最も適当なものを次の中から選びなさい。解答番号は㉙

1　コロナが収束し経済活動も再開しはじめたが、コロナ前とは異なる生活様式を強いられるようになり、以前と同じように家族で団らんすることはできなくなったということ。
2　緊急事態宣言が明けて社会活動が再開されると、コロナへの対応がそれぞれの立場で異なりはじめ、家族内であっても意見が衝突するようになっていったということ。
3　各自がコロナに感染しないよう対策を講じていった結果、その対応は千差万別となってしまったので、家族全員で話し合い、誰もが納得できる統一された感染対策を目指していったということ。
4　会社はコロナの感染拡大前と同じように動きはじめたが、学校では依然としてあらゆるものが自粛されており、家族の生活リズムが合わなくなっていったということ。

問7　④電車の中を選んでそんな大事なことを――とありますが、「凜久」が「電車の中」で話すことになったいきさつとして最も適当なものを次の中から選びなさい。解答番号は㉚

1　望遠鏡完成の目途がたった今、できるかぎり早く転校のことを伝えようと考え、常に話し出す機会をうかがっていた。けれども、転校のことを口にすれば気まずい空気になることはわかっていたので、自分が降車することで話を切り上げられる状況として電車内を意図的に選択した。
2　転校を伝えなければならなかったことは以前より心の内にあった懸念事項であり、電車に乗る前から話さなければいけないと思っていたが、なかなか切り出すことができずにいた。しかし、解散の時間が迫ってきたので、意を決してやっと話せたのが電車の中だった。
3　ナスミス式望遠鏡のフレームが出来上がり、自分だけでなく亜紗や先輩も気分が高揚していたので、この勢いにまかせて秘密にしていたことを一気に話そうと考えた。だが、気持ちが昂《たか》ぶりその興奮のあまり、話す場所にまで配慮する余裕がなくなってしまった。
4　親友である亜紗だけには、転校しなければいけないという秘密を伝えたいと考えていた。しかしながら、そのような重要な話を隠していたと知られれば激しく怒られることは想像できるため、電車の中という周囲の目を気にして叱責されることがない場所で話した。

問8　⑤胸の真ん中を、冷たい槍のようなものが貫く感覚があったとありますが、ここで使われている表現技法として最も適当なものを次の中から選びなさい。解答番号は㉛

1　擬人法　　2　体言止め　　3　隠喩　　4　直喩

問9　⑥亜紗は先輩の顔が見られなかった・⑦晴菜先輩が亜紗の顔を覗き込んでいるとありますが、この状況を説明したものとして最も適当なものを次の中から選びなさい。解答番号は㉜

1　亜紗は凜久が電車の中で重要な話をした理由が理解できずに呆然《ぼうぜん》としている状態である。晴菜も亜紗と全く同じ気持ちのため、二人で凜久に対する不満を共有しようとしている。
2　亜紗は想像もしていなかった凜久の転校について思考が追いつかずに混乱している状態である。晴菜は第三者として状況を在を気にしてできずにいる雰囲気を、亜紗も感じていた。

　先輩の腕がゆっくりと亜紗の肩に伸びてくる。先輩自身もこらえきれなくなったように、車内で一度、ぎゅっと強く亜紗の肩を抱き締め、すぐに離れた。

「ソーシャルディスタンスを破って、接触、すみません」

　先輩の言葉に、気が緩んだ。⑧噛みしめていた唇を開くと、ふっ、という笑い声と一緒に情けなく頬も緩んだ。先輩も、一緒にちょっと笑った。肩に触れた先輩の手の温度や、顔の前を掠めた髪のいい匂いが、嬉しかった。こんなふうに友達や誰かと c 躊躇《ためら》いなく近づいたのはひさしぶりだ。

「学校に、寄っていきますか」

　先輩が言った。

「綿引先生が、まだ残っていると思います」

「――行きたいです」

　亜紗は答えた。


（作問の都合により、一部表記を改めています。）

注1　野呂さん…天文部がナスミス式望遠鏡の部品作成を依頼している研究所の社員。

問1　二重傍線部ア～ウの読み方として正しいものを、後の中からそれぞれ一つずつ選びなさい。解答番号は⑰～⑲

ア頷く　⑰
1　うつむ　2　うなず　3　あざむ　4　かたむ

イ掠めた　⑱
1　かす　2　すく　3　みつ　4　いと

沈ウ黙　⑲
1　つう　2　せい　3　でん　4　もく

問2　A ～ D に入る言葉として最も適当なものを次の中からそれぞれ一つずつ選びなさい。解答番号はAは⑳・Bは㉑・Cは㉒・Dは㉓

1　家の人が心配する　2　本当なのだ
3　情けなかった　4　ふざけてるんだ

問3　①なんでこんな時にとありますが、なぜ「凛久」は今まで転校の話をしなかったのですか。その理由として最も適当なものを次の中から選びなさい。解答番号は㉔

1　大学受験を目前に控える晴菜先輩の勉強の妨げになりたくなかったから。
2　亜紗や晴菜先輩が自分を心配したり転校を引き留めてきたりすることを避けたかったから。
3　天文部で作成しているナスミス式望遠鏡の完成までの目途がつかずに不安だったから。
4　姉の障がいについては他人に口外しないよう両親より厳しく言われていたから。

問4　②すぐに目を逸らすとありますが、このときの「凛久」の心情として最も適当なものを次の中から選びなさい。解答番号は㉕

1　転校することを黙っていたために亜紗だけでなく晴菜先輩にまで責められてしまったので、この場をごまかしてなんとか乗り切ろうと考えている。
2　顧問の綿引先生には望遠鏡の作成について相談していたのに、親友である亜紗には何の話もしないままここまできてしまったので申し訳なく思っている。
3　凛久の姉が障がいを持っており、それにともなって家族の関係性が複雑なものとなってしまっていたので、その事情を口に出すのをためらっている。
4　ナスミス式望遠鏡の完成にむけて大きな前進があり、その喜びを分かち合っている最中に場の空気を乱す発言をしてしまったために心苦しさを覚えている。

問5　波線部a～cの言葉の意味として最も適当なものを後の中からそれぞれ選びなさい。解答番号は㉖～㉘

a 無遠慮に　㉖

準備する予定」

　凛久が頷いた。亜紗の方を見ないまま答えるその横顔に、胸が引き絞られるように痛んだ。それ以上かける言葉が出てこない。

　凛久は言えなかったんだ、と気づく。

　悔しかった。頼ってほしかったし、話してほしかったけれど、さっきの話を聞いてしまったら、それ以上責めることもできなかった。

　お姉さんのことを、『障がい、みたいなのがあって』『麻痺っていうか』と凛久は言った。「障がい」や「麻痺」は、本来なら、凛久の中では、お姉さんについて当たり前に使っている日常の言葉なんじゃないか。だけど、亜紗や晴菜先輩が動揺したり、困るんじゃないかと思って、あんなふうに「みたいなの」とか「っていうか」というぼかすような言い方をしたんじゃないか。そんなふうに言わせてしまったことが、途轍《とてつ》もなく悔しかった。

　そして、亜紗はまんまと凛久が心配した通りに萎縮した気持ちになっている。こうなることがわかっていたから、凛久は言えなかったんだ。

　[D]。でも、聞くのが怖い。自分が何か無神経な言い方をして、凛久やお姉さんを傷つけてしまうんじゃないかと思ったら。

　わずかな沈ゥ黙の後で、凛久が言った。

「あ、で、二人にお願いがあるんだけど」

「なんですか」

　晴菜先輩が答える。

　凛久の家がある駅まで、あと、一駅。凛久が言う。

「ナスミス式望遠鏡が無事に完成したら、その観測会に、うちの姉ちゃん、呼んでもいいですか？　綿引《わたひき》先生にも、前から、それ、相談してて」
　⑤胸の真ん中を、冷たい槍のようなものが貫く感覚があった。人って、何かショックを受ける時には、本当にこんなふうに体が衝撃を受けたように感じるのか、と驚いてしまう。

「もちろん」

　晴菜先輩が答える。だけど、その先輩の声も、いつもと少し違って、緊張しているように感じた。

「よかった」

　凛久が言う。先輩に軽く、頭を下げる。

「ありがとうございます」

　車内のアナウンスが駅名を告げる。電車が速度を緩め、止まる。

　真面目な話をすることに慣れていない凛久が、バツが悪そうに、だけどようやく亜紗を正面から見た。

「じゃ、オレはここで。いきなりこんな重い話して、すみません。亜紗も――ごめんな」

「……いいけど」

　引き留めたかった。

　普段ならそうできた。お前、それだけ話して、ここであっさり別れるとかできると思ってんのか――胸ぐらをつかんでそうする自分が思い浮かんだけど、体が凍ってしまったみたいに動かない。凛久の帰りを待っているお姉さんや、家族がいるんだ、と思ったら、自分なんかがそうしていいかわからなかった。

　重い話なんて、言わせてしまったことが、申し訳なくて、泣きたいくらい――自分にイライラする。

　凛久が電車を降りる。まだ言いたいことがあるし、話したいことがあるのに凛久が「じゃ」と手を振って、ホームを歩き出す。他に降りた人たちとともに歩き出し、その姿が見えなくなるまで、亜紗も晴菜先輩も、ホームの方をただ見てしまう。

「……亜紗ちゃん」

　晴菜先輩が話しかけてきたのは、電車が再び動き出してからだった。⑥亜紗は先輩の顔が見られなかった。唇を噛みしめ自分の内側からこみ上げてくる感情に耐えるので精一杯だった。⑦晴菜先輩が亜紗の顔を覗き込んでいる。先輩だってきっと凛久に対して言いたいこと、聞きたいことがいっぱいだったろうに、同学年の亜紗の存に車の中で寝泊まりするように言われたりとか、ケンカ、多くなってきて。父さんも、母さんのこと心配しすぎだって怒ったり、でもま、仕事だから、仕方ないんだけど」

「凛久くんのお父さんは何をしている人なんですか」

「システム開発の仕事なんですけど、仕事に必要な機器が会社にしかないから、やっぱ出社はしないとならなくて」

　凛久の目がまだ遠い。亜紗たちをまともに見ない。

「春の緊急事態宣言の頃はまだよかったんです。一斉に世の中のいろんなことが止まったから、父さんの仕事も開発が止まって家にいられたし、母さんも、父さんに家のこと手伝ってもらえるのは助かってたし。でも、宣言が解除されて③いろいろ動き出したら、どんどん、家の中、噛《か》み合わなくなってって」

　何も言えないまま、亜紗には凛久を見つめることしかできなかった。

「だけど、一番の理由は、やっぱ、あれかな」

　凛久が呟《つぶや》くように言う。

「夏休みのちょっと前、父さんの会社の同僚でその——陽性の人が出て」

　周りの耳を気にしたのか、「コロナ」ではなく、「陽性」という言葉を凛久がわざと選んだように、亜紗には聞こえた。驚き、それと同時にb身が竦《すく》むような感覚があった。テレビで感染者数が報じられても、亜紗の身近には罹患《りかん》した人は誰もいない。

「母さんは、父さんに、家に絶対に帰ってこないでほしい、とか、しばらく、どこか借りて住んでほしいとか、そんなふうに言ったんだけど、だけど、父さんはその人とはそこまで近くで仕事してたわけじゃないし、濃厚接触者とかそういうのでもないから大丈夫だって言って。でも、母さんは、私たちはともかく、カエデを危険にさらすのかって」

　カエデ、というのが、お姉さんの名前なのだろう。凛久の家での様子が、その名を聞いてより鮮明になる。


「そんなわけでいろいろ意見の不一致が生まれて、離婚、することに。でも、年内はこっちにいるから、ナスミス式望遠鏡の完成には、ギリギリ間に合うと思うんだ。よかった、注1野呂《のろ》さんが約束守ってくれて。今日もひさしぶりに会えて、ちょっと感激っていうか、嬉しかったよな」

　凛久が言う。強がって言っているわけじゃなくて、心から安堵《あんど》した表情に見えた。その顔を見て、わかった。

　なんで今、このタイミングでそんな話をするんだと亜紗は思っていた。もっと前から転校の話はきっと出ていたはずなのに、なんで、④電車の中を選んでそんな大事なことを——と。でもきっと、凛久は、今だからこそ話した。

　望遠鏡を完成させられると確信が持てた、今だから。亜紗たちと作るのが間に合いそうで、ほっとしたから、だからきっと言ったんだ。

　電車が凛久の住む最寄り駅に近づいてくる。高校のある駅より手前。亜紗や晴菜先輩が降りるのより、凛久の方が先に降りるのだ。

「年内って、十二月まではまだ茨城にいるってこと？」

　亜紗が尋ねる。聞きたいこと、言いたいことがたくさんあった。どうして、どうして、どうして。頭の中で、大きなサイレンみたいな音がずっとしているみたいだ。考えたいのに、その音が邪魔をして、うまく言葉が見つからない。

　本当は聞きたかった。

　一番聞きたい言葉は別にあった。

　——凛久、どうして教えてくれなかったの。

　亜紗は何も知らなかった。家のことも、お姉さんのことも、転校のことも。

　何も気づけなかった。

「うん。引っ越すの年末で、一月から新しい学校に通えるように

「本当です。残念ながら」

晴菜先輩の方を見て、凛久が軽く言う。マスク越しでも、ようやくちょっと笑ったのがわかって——その顔を見たら、切羽詰まった真剣な顔をされていた時より、逆にちゃんとわかった。


［B］、と。


「転校って、どうして」

ようやく言えた。凛久が亜紗を見る。目が合い、だけど、一瞬の間の後で凛久が②すぐに目を逸《そ》らす。まるで、逃げるように。

「その、——だいぶ前から、親がうまくいってなくて」

亜紗も晴菜先輩も言葉が継げなかった。車窓の向こうに目をやった凛久が、途切れ途切れに続ける。

「離婚、することになって。で、オレと姉ちゃんは、父さん、こっちに残して、母さんの実家のある香川に行くことにしたから、引っ越す、ことになった」

「香川……」

日本地図が咄嗟に頭に浮かぶ。四国地方。亜紗は、香川はもちろん、四国のどの県にも行ったことがない。

「凛久くんだけ、こっちに残るのはダメなんですか」

晴菜先輩が聞いた。聞いてくれた、と亜紗は思う。自分では、とてもそんなこと、思っても言えない。窓の外を見ていた凛久の視線がこちらに戻ってくる。晴菜先輩がもう一度聞いた。

「凛久くんの家の事情に、踏み込んだようなことを言ったり、聞いたりしてしまうようで申し訳ないのですが、凛久くんは、卒業まであと一年半です。お父さんが茨城に残るのだったら、凛久くんだけ、卒業まではこっちにいてもよいのではないかと思ったのですが」

亜紗はア頷くこともできずに、だけど、気持ちは先輩と同じ思いでただ黙って凛久を見た。凛久がちょっと困ったように先輩を、それから亜紗のことも見た。だけど首を振る。

「それもまぁ、考えないわけじゃなかったんですけど……あー、どっから話せばいいかな。あの、うち、姉ちゃんいて」

凛久の声が、さっきよりさらに気まずそうに、ちょっと早口になった。

「姉ちゃんがちょっとその、障がい、みたいなのがあって」

亜紗は静かに息を呑《の》んだ。わざとそうしたわけじゃなくて、本当に、喉の内側が膨らむようになって、そのまま呼吸が止まった。

そこまで言うと、凛久の表情がふっと緩んだように思えた。どうしてだろう、と思う間に、凛久がマスクの上から右頬《ほお》をかいた。

「香川には、ばあちゃんや親戚もいるから、まぁ、大丈夫かな、とは思うんですけど、姉ちゃんのこと、やっぱり母さんひとりじゃ大変だから、オレもいないとって感じで」

「お姉さんの障がいって」

障がい、という言葉を遣う時、自分がそう言っていいのかどうかわからないような——そんな思いが胸をイ掠めた。よく知らない自分がa無遠慮にその言葉を口にしていいのかどうかわからない、という迷いのような感覚があって、そんなふうに思うこと自体が凛久や凛久の家族に対して失礼なんじゃないかと思ってしまう。

凛久が「あー」と声を出してから、答える。

「小学生の時に、脊髄《せきずい》に腫瘍《しゅよう》ができて、手術して今はもう元気なんだけど、下半身に麻痺《まひ》っていうか、そういうのが残って。普段は全然、普通にしてるんだけど、ただ、姉ちゃんがもしコロナにかかったら、普通の人がかかるよりいろいろ大変だろうからって、うちの母さん、結構、今、ナーバスになっててさ。オレや母さんがかかった場合も、姉ちゃんの介助、できる人いなくなっちゃうし。それもあって、離婚や引っ越しの話に」

引っかかる記憶があった。凛久が夜あまり遅くなれない、［C］、と話していたこと。その分、日曜日に作業をしたがっていたこと。

「母さんはいろいろ気を遣ってるのに、うち、父さんはそのあたり、結構、通常通りだったっていうか……。仕事も、ニュースでやってるみたいなリモート勤務にならなかったし、残業も多くて、母さん

4　全日本柔道連盟が、小学生を対象とした全国大会を廃止したことには驚いたな。だけど、礼儀を重んじる武道の世界では、勝敗を決することは全く意味のないことなのかもしれないね。

Y　⑯

1　もし佐々木選手が強豪私立高校に進学していたら、確実にケガをしていただろうね。岩手県大会の決勝でも、学校の期待を一身に背負った佐々木選手は、ケガを隠して登板しただろうね。

2　國保さんも「私立高校の監督は大変だ」と言っているし、勝利至上主義は個人の思想にとどまらず、その学校が置かれた立場や様々な人の思惑等が絡《から》んだ、複雑な問題だということがわかったよ。

3　國保さんに倣《なら》って佐々木選手に無理をさせないようにした千葉ロッテマリーンズの監督は、素晴らしいね。このように、高校とプロが協力し合っていけば、勝利至上主義もいつかはなくなるんじゃないかな。

4　佐々木選手は二〇二三年三月に開催されたＷＢＣ（野球の世界大会）に代表選手として選ばれて、日本の優勝に貢献していたよ。そう考えると、佐々木選手の「将来」を守った國保さんは、陰の立役者と言えるね。

二

次の文章は、辻村《つじむら》深月《みづき》の小説『この夏の星を見る』の一節です。凛久《りく》と亜紗《あさ》、晴菜《はるな》は天文部に所属しており、自分たちで『ナスミス式望遠鏡』を作っています。そして、その部品の作成を外部の工場に依頼していました。コロナウイルス感染拡大の影響で営業を停止していた工場が再稼働《さいかどう》し、依頼していた部品が完成したという連絡を受けたために、三人で視察に訪れた後、帰宅している場面です。よく読んで後の問いに答えなさい。

その帰り道のことだったのだ。

バスから電車に乗り換えた頃から、凛久は口数が少なかった。だから、亜紗と晴菜先輩が部のことや、先輩の受験のこと、他にも最近観ておもしろかった動画の話なんかをしていたら――ふいに、凛久が言った。

「二人に、話があるんだけど」

「うん。何、改まって」

いつになく真剣な顔つきに亜紗は咄嗟《とっさ》に、「えっ、告白だったらどうしよう」と思った。やめろよ、そんなの、今更気まずいから――晴菜先輩にだとしても、可能性は低いと思うけれど亜紗にだとしても、そんなの、付き合っても付き合わないとしても気まずいじゃん――みたいなことまでつい考えてしまった亜紗の耳に、次の瞬間、その言葉が届いた。

「オレ、転校する」

凛久と転校。

[A]――とまず思った。それくらい、亜紗の中ではない考えだった。

凛久がここから、天文部からいなくなるなんて想像できない。晴菜先輩が驚きに目を見開いている。だけど、亜紗は、どんな表情を作るべきか、どんな感情を持ち、どんな反応を返すのが正しいのか、思考の一切が停止した。

「……は？」

という一言が自分の喉から出るまで、すごく時間がかかった。凛久の顔は笑っていなかった。ふざけている様子はまるでなかった。

「本当なんですか？」

晴菜先輩が言った。つくばからの帰りの電車は帰宅する高校生やサラリーマンの姿などもあり、そこそこ混んでいた。三人とも座れていなくて、ドアの前に立ったままだ。①なんでこんな時に、電車の中でこんな話をするんだと信じられない気持ちで、目の前の、つり革をつかむ凛久を見る。

問10　⑤「エースと心中」を選ばなかったとありますが、佐々木選手を出場させないという決断に対する筆者の考えを説明したものとして最も適当なものを次の中から選びなさい。解答番号は⑬

1　高校生が160キロのボールを投げることによる身体への負担の大きさは、誰もが想像できた。そのため、ケガのリスクを考えて登板させないという決断は多くの人が納得するものである。

2　エースを登板させずに負けることによる世間からの批判は十分予想できた。しかし、ケガをする未来を見事に予想し、選手の将来を守ることのできたこの決断は、称賛に値するものだろう。

3　選手がケガをするであろうことを事前に察知する力は、指導者であれば誰もが備わっていなければならない。そのため、佐々木選手を試合に出さないことは、指導者として当然の決断である。

4　選手層が薄いチームが結果を出すためには特定の選手に頼りがちになる。しかし、決勝でエースの登板を回避したことは、目前にした優勝を逃す可能性の高い、勇気ある決断であっただろう。

問11　⑥青年監督の功績とありますが、國保監督の決断が野球界に与えた影響を説明したものとして最も適当なものを次の中から選びなさい。解答番号は⑭

1　酷暑の時期での大会開催や学校ごとによる環境の差など、部活動における問題点を浮き彫りにした。

2　ケガのリスクを避けながら佐々木選手の指導にあたることで、野球界を代表する選手に育て上げた。

3　選手の身体を第一に考えた采配を振るい、勝利至上主義的な考え方を改めるきっかけとなった。

4　勝利よりも選手の将来を気遣う判断をすることで、多くの人が同じような行動をとるようになった。

問12　【文章Ⅰ】・【文章Ⅱ】を読んだ三人の高校生がそれぞれ意見を述べ合いました。本文の趣旨を踏まえ、［X］・［Y］に入る発言として最も適当なものを後の中からそれぞれ選びなさい。解答番号はXは⑮・Yは⑯

生徒A　これらの文章は、スポーツ界に存在する「勝利至上主義」を中心に話が進んでいたね。様々な事例が挙げられていて、とても興味深かったよ。

生徒B　まず、【文章Ⅰ】の冒頭で、勝利至上主義は子どもにも影響を与えるという話があったね。

［　　　X　　　］

生徒C　《中略》以降の文章を読んで、勝利至上主義をなくすことは簡単ではないなと思ったよ。スポーツは、選手や指導者など、多くの人が関わることで成立しているものなんだね。

生徒A　たしかにそうだね。それは【文章Ⅱ】からも読み取れるよ。

［　　　Y　　　］

生徒B　勝利至上主義をめぐる問題は、今後も議論が必要になりそうだね。

［X］　⑮

1　小学校の徒競走の話はよく耳にするよ。勝利至上主義を否定しているようで、実は勝敗にこだわった主張であるという部分に納得したな。物事の本質を理解していないって、怖いことだね。

2　ゴルフのハンディキャップの話は初めて聞いた。実力差に応じて差をつけるというのは、上手な人の目線で作られた制度であって、勝利至上主義につながる可能性のある、良くない考え方だと思うな。

3　甲子園で負けたチームにも拍手が送られるシーンは感動的だよね。選手たちは努力が認められたことに喜び、「負けた悔しさをバネに、次こそは勝ちたい」と、前に進んでいけるようになるだろうね。

にもかかわらず結果よりも選手の将来を優先する決断が下されたという点。

3　中学時代から将来プロの世界で活躍することを周囲から期待されていたことで、選手が自ら自分の身体にかかる負担を考慮しながら、日々の練習や大会に臨むようになり故障を防いだという点。

4　指導者や保護者といった選手の身近にいる大人が、チームのために身体を張ってプレーすることを否定した結果、勝利至上主義につながる危険性のあるシステムを変えることができたという点。

問5　[Ⅰ]に次のA～Dの四つの文を並べ替えて入れたとき、正しい順番となるものを後の中から選びなさい。解答番号は⑧

A　もちろん、勝利を追い求めてトップを目指したいという子どももいますし、その夢を否定するということではありません。

B　ただ、すべての子どもたちを一律に「勝利」に向かわせる必要はないし、子どもの時期は勝利至上主義ではないスポーツの価値を伝える環境を戦略的につくっていくことが求められます。

C　しかし、全国大会というものがあれば頂点を目指したくなるのが人間の性《さが》です。

D　若年層の全国大会については「指導者がいきすぎた勝利至上主義にならないように気をつければ、続けても良いのではないか」という意見もあります。

1　A→C→B→D　　2　B→C→D→A
3　C→A→B→D　　4　D→C→A→B

問6　④平等かもしれませんが公平とは言えないでしょうとありますが、この表現からうかがえる筆者の考えを説明したものとして最も適当なものを次の中から選びなさい。解答番号は⑨

1　皆が全国大会を目指して頑張れるシステムに対しては賛同しているが、順位を確定させることで選手のモチベーションが低下してしまうことを恐れている。

2　実力に関係なく全員が同じ土俵で戦うことはできるが、一方的な試合展開が生じる可能性のある仕組みにスポーツの楽しさを見出せるのか疑問を感じている。

3　誰もが努力をしているにもかかわらず、ピアノのコンクールのように才能が認められた一部の人にしか出場する資格を与えないことに嫌悪感を抱いている。

4　勝利を目指して努力する権利は誰もが持っているのに、強豪チームだけが良い環境で競技に打ち込んでいるという現状を変えていく必要性を訴えている。

問7　[Ⅱ]に入る四字熟語として最も適当なものを次の中から選びなさい。解答番号は⑩

1　初志貫徹《しょしかんてつ》　　2　孤軍奮闘《こぐんふんとう》
3　切磋琢磨《せっさたくま》　　4　一致団結《いっちだんけつ》

問8　【文章Ⅰ】の内容から、筆者はどのような点に「スポーツの価値」を感じていることがわかりますか。その説明として適当ではないものを次の中から一つ選びなさい。解答番号は⑪

1　努力をすることが試合で良いプレーへとつながり、勝つ喜びを経験できる点。

2　勝敗を決めようとしないことで、選手がプレーすることを純粋に楽しめる点。

3　スポーツを通して様々な人と出会い、その存在を認める心が育まれる点。

4　実力や結果よりも過程を重要視することにより、皆が競技に打ち込める点。

問9　[A]～[C]に当てはまる言葉の組み合わせとして、最も適当なものを次の中から選びなさい。解答番号は⑫

1　A　つまり　　B　だが　　C　ゆえに
2　A　したがって　　B　また　　C　けれども
3　A　すなわち　　B　だから　　C　しかし
4　A　しかも　　B　ただし　　C　そのため

のエース格となっている。完全試合を目前にしながら降板した時も、千葉ロッテの指揮官である井口資仁《いぐちただひと》の判断が支持されたのは、最速164キロにまで進化している怪物のさらなる飛躍を期待しているからだ。多くの野球ファンが、あの日の國保のような温かい目で佐々木の成長を見守っている。

かくして、投げない怪物は覚醒した。それは國保の英断があったからであり、野球界に一石を投じた⑥青年監督の功績は計り知れない。

（柳川悠二《やながわゆうじ》『甲子園と令和の怪物』より。
作問の都合により一部表記を改めています。）

注4　大船渡の青年監督…國保陽平のこと。二〇一七年四月より岩手県立大船渡高校野球部の顧問に就任。

問1　二重傍線部a～dのカタカナを漢字に直した場合、同じ漢字を用いるものを後の中からそれぞれ一つずつ選びなさい。解答番号は①～④

風aチョウ　①

1　嵐の予チョウを感じる。
2　手チョウに予定を書き込む。
3　新曲を試チョウする。
4　緊張で頬《ほお》が紅チョウする。

反bソク　②

1　校ソクは必ず守る。　2　質問の回答を催ソクする。
3　合間に休ソクを取る。　4　仲間の結ソクが固い。

cオウ行　③

1　中オウを突破する。　2　環境に適オウする。
3　縦オウに走り回る。　4　西オウの文化を勉強する。

dヘン成　④

1　借りたものをヘン却する。
2　ヘン見を持ってはいけない。
3　家の周ヘンを警備する。
4　長ヘン小説を執筆する。

問2　①皆が拍手するのはどのようなときでしょうかとありますが、この問いに対する筆者の答えとして最も適当なものを次の中から選びなさい。解答番号は⑤

1　選手の努力によって好プレーが生まれたとき。
2　負けた選手の悔しさが観客に伝わったとき。
3　選手が懸命にプレーする姿に感銘《かんめい》を受けたとき。
4　観戦する試合が競《せ》った展開になり白熱したとき。

問3　②本当の意味でのスポーツの繁栄につながるとありますが、どのようにしていくことが「繁栄につながる」と筆者は考えていますか。その説明として最も適当なものを次の中から選びなさい。解答番号は⑥

1　試合での勝利よりもプレーする楽しさを優先させることで競技者のリタイアを防ぎ、競技人口を維持していくこと。
2　社会で通用する礼儀などが身につくというスポーツの重要性を社会に浸透させ、競技人口の増加を図っていくこと。
3　競技人口が減ってしまうとしても、勝利至上主義の人間を排除していくことで各種競技の発展を目指していくこと。
4　勝利を最優先せずに、初心者も競技の楽しさを実感できるような環境を作っていき、競技人口を増やしていくこと。

問4　③千葉ロッテマリーンズの佐々木朗希投手のケースとありますが、このケースのどのような点に、筆者は注目していますか。その説明として最も適当なものを次の中から選びなさい。解答番号は⑦

1　指導者が選手の将来の可能性にいち早く気づいて、学生時代に身体に負担がかからないように指導してきたことで、プロ選手になってからその才能を開花させて活躍するようになったという点。
2　多くの指導者や選手が、勝利を欲するあまり身体に負担がかかったとしても試合に出場することを選択するなかで、大舞台ないでしょう。たとえば、ピアノのコンクールであれば、多くは教室の発表会のみで、全国規模のコンクールを目指すのは、才能が認められた一部の子どもたちです。それがスポーツではなぜか、皆が全国大会を目指すことになるのは、システム的な問題だと思います。

子どもたちのスポーツの大会はトーナメント制ではなく、レベルごとにdヘン成する小規模なリーグ戦を設け、同じくらいの競技力の相手と競い合う楽しさを経験させていくことが大切ではないでしょうか。イギリスの少年サッカーやパブリックスクールのラグビー校で行われているように、地区ごとのリーグ戦やスクールマッチを行えば、一回で叩きのめされて終わりではなく、ホームアンドアウェーで何度も対戦を重ねられます。子どもたち同士の交流を深められますし、互いに良いところを学び合い、「今日は負けたけど、今度はもっと相手を研究して、勝ってやろう」と［Ⅱ］することもできるでしょう。そして、そのリーグで優勝したら、上のリーグに昇格する仕組みをつくれば、そのスポーツ全体の競技力向上にもつながっていくはずです。

(山口《やまぐち》　香《かおり》『スポーツの価値』より。
作問の都合により一部表記を改めています。)

注1　ハンディキャップ…スポーツやゲーム等において競技者間の実力差が大きい場合に、その差を調整するために事前に設けられる制度のこと。

注2　完全試合…野球の試合において、相手チームの打者を一度も出塁させずに勝利すること。

注3　登板…野球の試合で投手として出場すること。

【文章Ⅱ】

日本の高校球児は7月に地方大会を戦う。加盟校の多い都道府県では6試合から7試合程度、勝ち抜かなければならない。そして8月に阪神甲子園球場で17日間(休養日を含む)にわたって開催される全国高等学校野球選手権大会では、最大で6試合を戦うことになる。日本特有のビッグトーナメントは、酷暑の時期に短期間で争われるため、選手層が厚いとは言えない公立校などは、どうしてもエースに頼りがちになってしまう。［A］、監督は「エースと心中」を選ばざるを得なくなる。

だが、注4大船渡《おおふなと》の青年監督は、２０１９年の岩手大会決勝で、甲子園切符に手が届きかけながら⑤「エースと心中」を選ばなかった。

もし國保《こくぼ》が甲子園出場を義務づけられて招聘《しょうへい》された私立の監督なら下せない決断だろう。

「それはあるかもしれません。私立の監督さんは大変だと思います」

選手のケガを予知することなど不可能だ。しかし、2年半という時間を共にしてきた指導者ならば、予測することは可能かもしれない。仲間の夢を背負った孤高のエースは、ケガのリスクを顧みずに、甲子園を目前にすればマウンドに上がり、平時と同じようにベストピッチを心がけるに決まっている。だからこそ、すべての責任を負い、批判の矢面に立とうとも、歯止めをかけるべき人物が必要なのだ。それが、大船渡における國保の役割だった。

もし、佐々木があの日、登板していたとしても、ケガを負うことなく試合を終えられた可能性は高い。［B］、たとえ数%であってもケガの恐れがあったのなら、投げさせない。そう國保は判断したのだ。

あの日の決断は大論争となり、國保は批判された。だが、國保の決断によって、骨格の成長が止まっていない、身長１９０センチで細身の高校球児が、１６０キロ超のボールを投げられてしまうリスクを日本中が認識した。［C］、ドラフト1位で佐々木を迎え入れた千葉ロッテは、1年目の佐々木に対し一軍に帯同させながら実戦登板を急かさず、体作りを徹底した。2年目に初めて対外試合に登板し、5月に一軍デビュー、初勝利を飾った。それ以降は、およそ2週間に一度のペースで先発させ、ダイヤの原石を磨いていく。

そして、3年目のシーズン序盤に完全試合を達成し、千葉ロッテ納得しない保護者から、罵声《ばせい》が浴びせられることもあります。全国大会でこのような光景が繰り広げられるというのでは、礼に始まり礼に終わる柔道の精神はどこへいったのかと言われても、仕方がありません。

《中略》

また、目先の勝ちばかりが優先されて、長期的な育成は二の次になってしまうという弊害《へいがい》も目立ちます。たとえば柔道は体重で階級を分けますが、勝つための戦略として、減量して有利な階級に出場しようとするケースもあります。成長期には、無理な減量をせずに必要なエネルギーを摂って練習、試合に臨むことが望ましいことは言うまでもありません。たとえ、その試合では勝ったとしても、無理な減量をした歪《ゆが》みはどこかで必ず出てきます。そうならないように子どもの心身を守る責任は、大人にあるはずです。

甲子園で、怪我《けが》を押してマウンドに立つエースピッチャーを「根性がある」「よく頑張った」と褒《ほ》め称えることも、似たようなケースと言えます。予選も含めて連投が続く体には当然、大きな負担がかかるわけですが、チームの勝利がかかっているとあれば、無理をしてでも投げたいと本人は思い、指導者を含めた周りも「本人がやりたいと言っている」「彼が投げなければ勝てない」と、マウンドに送り出します。しかし、そうやって無理をしたことがプロ入り後の故障や怪我につながり、短い選手生命で終わるリスクを、送り出す側はどれだけ考慮しているでしょうか。

その意味で、二〇二二年四月、日本プロ野球史上最年少で注2完全試合を達成した、③千葉ロッテマリーンズの佐々木朗希《ささきろうき》投手のケースは、非常に示唆《しさ》に富むと思います。中学時代から将来の可能性を期待されていた佐々木投手は、中学最後の総体では怪我を治すことを優先し、甲子園出場を懸けた岩手県大会決勝でも、指導者の判断で注3登板せず、チームは甲子園出場を逃しました。

佐々木投手にとって、自分が出れば勝てるかもしれない大事な試合をベンチで見守ることは、苦しい選択だったでしょう。しかし、そのとき「将来」を優先したことが、今の活躍につながっているのは間違いないと思います。大事に育てれば佐々木投手のようになれるのかどうかはまた別の話ですが、子どもの将来の可能性を考慮するというのは、佐々木投手のような逸材《いつざい》だけにあてはまる話ではありません。

子ども本人は「無理をしてでも、この試合に勝ちたい」と言うかもしれませんが、指導者や保護者は長い目で見て、その子にとってそれが本当に良いのかどうか、慎重な判断をすべきでしょう。ただ、勝利至上主義がcオウ行する中で個々にまかせていては、目先の勝ちを優先する方向に流れてしまう可能性が大きい。そうした現状の下では、やはり球数制限などのルールやシステムをつくり、スポーツ界の仕組みとして子どもを守っていくしかないと私は思います。

I

その意味でも、全国大会を頂点とし、負けたら終わりのノックアウト方式であるトーナメント制にはさまざまな問題があります。

トーナメント制の予選でよく見るのは、強豪チームと対戦した弱小チームが、一方的なゲーム展開で大敗するという試合です。強豪チームの指導者は「相手が誰でも、手を抜かないで一生懸命やれ」と言いますが、ずっと格上の相手からこてんぱんにやられる方も、大量点を奪える強豪チームも、そこから得られるものは多くないのではないかと感じます。

そもそも、強豪チームは精鋭を集め、優秀な指導者を招き、練習時間や食事メニューのサポートも含めた競技力強化に力を入れているのですから、それができない公立学校の運動部のチームが対戦して勝つのは至難の業です。それなのに、強豪チームも弱小チームも同じ条件で戦うというのは、④平等かもしれませんが公平とは言え

二〇二四年度 浦和実業学園高等学校（第二回併願）

【国　語】（五〇分）〈満点：一〇〇点〉

一　次の【文章Ⅰ】・【文章Ⅱ】をよく読んで、後の問いに答えなさい。

【文章Ⅰ】

今の世の中では「多様性が大事」と言いながら、実際は「勝利こそすべて」という教育観からなかなか抜け出せていないように思います。

たとえば、受験勉強が苦しいのは、学ぶことの楽しさが脇に追いやられ、合格することが至上の目的になってしまっているからでしょう。中学受験の日に、鉢巻《はちまき》をした塾の先生たちが校門の前で「頑張ってこいよ！」と叱咤《しった》する風景は、「必ず勝て！」と選手を送り出すスポーツの指導者を彷彿《ほうふつ》させます。こうした風ａチョウを変えていくためにも、スポーツがいち早く勝利至上主義ではない価値を示すことは大きな意義があるはずです。

私も勝つことは大好きですし、勝つことがスポーツの楽しさの一つだということは否定しません。ただ、それだけが価値とされることで潰されていったり、スポーツが嫌いになったりする子どもたちが大勢いるということを考えれば、勝ち負けを超えたスポーツの楽しさを、もっと共有していくことが必要です。

勝つことを追求することが良くないといっても、小学校の徒競走で順位をつけず、みんなで手をつないでゴールするというようなことではありません。「順位をつけたら、負ける子がかわいそう」というのは、結局、勝つことが一番良いと思っていることの裏返しだと思います。

では、勝ち負けには関係なく、①皆が拍手するのはどのようなときでしょうか。足が遅くても一生懸命走る子や、転んでもあきらめずにゴールを目指す姿に、見ている人は「頑張れ」と応援し、満場の拍手で称《たた》えます。甲子園で接戦の末負けたチームに、勝ったチームより大きな拍手が送られるのは、勝利にはあと一歩だったけれども、精一杯力を尽くしたことに清々しさを感じるからでしょう。ゴルフは注1ハンディキャップを設定して上級者と初心者などが競い合えるようにしています。平等ではなく公平性の観点と、皆が楽しめることを大事にする、スポーツの根源が示されているのかもしれません。

一生懸命やることに価値があるということが根付いていれば、徒競走に順位をつけても、一等の子にも最下位の子にも等しく拍手するということになるはずです。それがひいては、足の速い子もいれば遅い子もいて、それぞれを認めるという、多様性のある社会にもつながっていくのではないでしょうか。

日本ではどの競技団体も、普及よりも強化にかける資金や熱量が圧倒的に多い現状があります。しかし、金メダリストを目指そうと思う人はほんの一握りなのですから、そうではない多数派を大切にし、裾野《すその》を広げ層を厚くしていくことこそが、②本当の意味でのスポーツの繁栄につながると思います。

柔道を例に取れば、金メダルが最優先、強ければ子どもが憧れて柔道をやるという考え方が根強くあるのですが、それはあまりにも短絡的な考えです。私は「いくら金メダルをたくさん獲ったとしても、それだけでは柔道をやる子どもは増えませんよ」と言い続けてきましたが、実際、日本の柔道人口は減り続ける一方です。

その意味でも、これまでどの競技にも増して勝ちにこだわってきた柔道が、二〇二二年三月に小学生を対象とした個人の全国小学生学年別柔道大会廃止を決めたのは、英断だったと思います。全日本柔道連盟（全柔連）が全国大会廃止の理由として挙げたのは、いきすぎた勝利至上主義が見られるということでした。実際、基礎的な技をしっかり教えるよりも、相手の反ｂソクを誘うなど勝つためのノウハウに走る指導者がいるのも事実です。会場では、審判の判定に

2024年度／浦和実業学園高等学校（第２回併願）

英語解答

1	① 3	② 2	③ 1	④ 3	4	㉓ 5	㉔ 3	㉕ 6	㉖ 4
2	⑤ 4	⑥ 1	⑦ 1			㉗ 6			
3	⑧ 3	⑨ 3	⑩ 4	⑪ 3	5	㉘ 2	㉙ 4	㉚ 3	㉛ 1
	⑫ 4	⑬ 2	⑭ 2	⑮ 4		㉜ 2	㉝・㉞ 1，3		
	⑯ 1	⑰ 4	⑱ 3	⑲ 1	6	㉟ 1	㊱ 2	㊲ 2	㊳ 4
	⑳ 4	㉑ 2	㉒ 3			㊴ 3	㊵・㊶ 1，3		

1・**2**〔放送問題〕解説省略

3〔適語（句）選択・語形変化〕

⑧to buy some summer clothes で「夏用の服を買うために」という意味になる。to 以下は「～するために」という‘目的’を表す to不定詞の副詞的用法。　「ユカは夏用の服を買うため，買い物に行った」

⑨three minutes ago「３分前」という明確に過去を表す語句があるので，過去形を選ぶ。４の受け身は意味が通らない。現在完了形は明確に過去を表す語（句）とは一緒に使えないことに注意。leave－left－left　「君の電車は３分前に出発したよ」

⑩stop は「～すること」の意味の目的語に to不定詞ではなく動名詞（～ing）をとる。stop ～ing で「～するのをやめる」。　*cf.* ‘stop＋to不定詞’「～するために立ち止まる」　「私は夕食の前にテレビゲームをするのをやめた」

⑪前に have があるので，‘have/has＋過去分詞’の現在完了形の文（just「ちょうど」があるので「～したところだ」の意味の‘完了’用法）。選択肢の中で過去分詞は liked と had だが，liked では意味が通らない。　have－had－had　「私たちはちょうど朝食を食べたところだ」

⑫‘Which do you like better, *A* or *B*?’で「*A* と *B* ではどちらの方が好きですか」。　「魚と肉では，どちらの方がお好きですか」

⑬be covered with ～「～で覆われている」　「富士山の頂上が雪で覆われているのがわかった」

⑭I know a girl. と Her father is a doctor. という２つの文を，関係代名詞を使って１文にしたもの。所有格の Her の代わりとなるのは，所有格の関係代名詞 whose。　「私は，父親が医者である女の子を知っている」

⑮「～ですよね」と念を押したり，確認を求めたりする付加疑問文。肯定文の付加疑問は，文末に‘否定の短縮形＋主語を受ける代名詞＋?’を文末に置く。本問の述語動詞は is なので‘否定の短縮形’は isn't となる。　「見て！　彼は有名な映画俳優だよね」

⑯‘What (a/an)＋形容詞＋名詞＋主語＋動詞！’の形の感嘆文。感嘆文には‘How＋形容詞〔副詞〕＋主語＋動詞！’の形もある。　「なんて暑い日なんだろう！」

⑰３つ以上のもの〔人〕について「１つ〔１人〕」を one で表したとき，「その他全てのもの〔人〕」は the others で表す。　「彼女はイヌを３匹飼っている。１匹はオスで，他は全てメスだ」

⑱「電話で話している女性」という意味になればよい。「～している」の意味を表すのは現在分詞（～ing）。the woman talking on the phone in the corner は，現在分詞で始まる語句が前の名詞を修飾する‘名詞＋現在分詞（～ing）＋語句’の形（現在分詞の形容詞的用法）。　「その角のところで電話で話している女性は誰ですか」

⑲‘命令文, and ～’「…しなさい，そうすれば～」の形。なお，‘命令文, or ～’は「…しなさい，さも

ないと～」という意味を表す。　「この薬を飲みなさい，そうすればよくなるよ」

⑳‘no＋名詞’「少しの～もない」の形。no は‘数えられる名詞’にも‘数えられない名詞’にも使うことができる。肯定文での any は「どんな～でも」の意味なので，ここでは不可。milk は‘数えられない名詞’なので‘数えられる名詞’に使う many も不可。また，副詞 too「あまりに～すぎる」の後には形容詞または副詞がくるのでこれも不可。　「冷蔵庫には全く牛乳がなかった」

㉑Ａ：ここから郵便局までどのくらいかかりますか？／Ｂ：歩いて20分かかります。∥Ｂが所要時間を答えている。‘所要時間’を尋ねる疑問詞は how long「どのくらい(長く)」。

㉒Ａ：今日は何曜日ですか？／Ｂ：今日は日曜日です。∥What day is (it) today? は‘曜日’を尋ねる表現。

4〔整序結合〕

㉓主語の「友だちと野球をすること」は，playing を動名詞として使って Playing baseball with my friends とまとめられる。動詞は is。‘be動詞＋(a lot of) fun’で「(とても)楽しい」という意味。　Playing baseball with my friends is a lot of fun.

㉔「～より…だ」は‘比較級＋than ～’の形で表せる。exciting の比較級は more exciting。that one の one は繰り返しを避けるため，game の代わりに使われている代名詞。　This game is more exciting than that one.

㉕「～は誰ですか」は Who is ～? で表せる。「一番背の高い男の子」は‘the＋最上級＋名詞’の形にまとめる。　Who is the tallest boy in this class?

㉖文の骨組みは The watch was expensive「時計は高価でした」。「時計」を修飾する「シンイチが私にくれた」は Shinichi gave me とまとめ，The watch の後に置く。The watch Shinichi gave me は watch と Shinichi の間に目的格の関係代名詞が省略された‘名詞＋主語＋動詞…’の形。　The watch Shinichi gave me was expensive.

㉗「～する必要はない」は don’t have to ～，「そんなに早く」は so early でそれぞれ表せる。You don’t have to get up so early in the morning.

5〔長文読解総合─伝記〕

≪全訳≫❶安藤百福は第二次世界大戦後の日々で，多くのものを目にした。そして，心の中に大きく深いものを感じた。日本の大阪に住んでいたとき，彼は１つの工場と２つのオフィスビルのオーナーだった。しかし，それらは全て戦争で失われた。❷1945年のある日，安藤は街を歩いた。彼は次に何をすべきかについて考えた。そのときラーメンの屋台で，おなかをすかせた人々の長い行列を目にした。彼らは何か食べる物を待っていた。安藤は，㉘自分が彼ら全員にラーメンをあげられたらいいのに，と思った。日本の，ひいては世界のあらゆる人に，このおいしい日本のファストフードを提供できたらいいのに，と思った。❸安藤は銀行で働き始めた。日本では食料不足が続き，彼はみんなにラーメンを提供することについて考え続けた。1957年，彼の銀行が倒産し，彼に失望の感情を残した。しかし，失敗により，良い行いをすることに心を集中できるようになった。彼は，おなかをすかせた全ての人々においしいラーメンを提供するという夢に立ち戻ったのだ。彼は，全ての人に食べる物が十分あるときに㉙世界平和がやってくる，という信念を持つようになった。❹安藤は，大量生産することができ，腐らず，お湯だけを必要とする，おいしいインスタントラーメンを発明しようと努力し始めた。それは簡単なことではなく，彼は何度も失敗した。麺を乾燥させるといつも食感が悪くなった。ある日，彼の妻が夕食に，熱い油で何かを揚げていた。そのとき無意識のうちに，彼は麺を油の中に入れた。彼は，麺を油で揚げるとうまくいくことを発見した。油で揚げたおかげで，麺は腐ることなく，その後何日かたった後でもお湯を加えるだけで楽しむことができた。食感も味もよかった。安藤の夢はほぼ実現した。

❺1958年，彼の最初の商品である「チキンラーメン」が店頭に並んだ。値段は高かったが，人々はそれを気に入った。それは安くなり，日本中で人気が出た。この成功の後，安藤はインスタントラーメンを世界に広めた。彼は問題に直面するたびに，斬新なアイデアでそれを解決した。アメリカでは，フォークで食べやすいように麺を短くした。そして，安藤は「カップ・オー・ヌードル」(現在の「カップヌードル」)を温かくしておくために発泡スチロール製のカップ容器を使った。❻安藤の会社である日清は，今や世界で最も有名な食品会社の１つだ。世界で年間およそ1000億食のラーメンが食べられている。安藤の製品は地球を出てもいる。宇宙飛行士の野口聡一氏が宇宙で食べたのだ。❼安藤の物語は，成功とは単に競争に勝つこと以上のものであるということを，私たちに示してくれる。失敗するたびに，安藤は失望と悲しみをポジティブなものに変えた。❽安藤の夢は実現し，彼はラーメンを世界に与えた。しかし彼は，懸命に努力して夢を追いかければ，失敗を成功に変えることができるということを，私たちに教えてもくれたのだ。

㉘**＜適文選択＞**空所を含む文は‘主語＋wish ～’「～ならいいのに」という‘現在実現困難な願望’を表す仮定法過去の文。同じ形で書かれている直後の文の内容から，安藤は行列をつくっている人たちにラーメンを提供したいと考えたのだとわかる。２の them はラーメンの屋台の行列に並んでいる人々を指す。

㉙**＜適文選択＞**直後に続く when 以下の「全ての人に食べる物が十分あるとき」に起きることとして適切なものを選ぶ。belief that ～で「～という信念」という意味(この that は‘同格’を表す接続詞)。

㉚**＜英文解釈＞**直後の２文の内容から，揚げたことで問題が解決したことがわかる。この内容を表すのは，３.「油で揚げられた麺は，良い状態で保存され，調理するのが簡単だった」。下線部の work は「うまくいく」という意味。

㉛**＜指示語＞**「この成功」なので，前に出ている成功した内容を探す。下線部の前では，チキンラーメンの成功が述べられている。１はこの直前の文の内容を表している。

㉜**＜要旨把握＞**第３段落第５文参照。安藤の夢は「おなかをすかせた全ての人々においしいラーメンを提供する」ことである。

㉝・㉞**＜内容真偽＞**１.「安藤は食料不足の間，みんなにラーメンを食べてほしかった」…○　第２段落の内容に一致する。　２.「安藤は銀行を辞めた後，ラーメン屋を開いた」…×　そのような記述はない。　３.「安藤は何度も失敗した後，麺を揚げるというアイデアを思いついた」…○　第４段落の内容に一致する。　４.「安藤は麺を食べやすくするための特別なフォークを発明した」…×　そのような記述はない。　５.「安藤は，成功のためには失望が常に必要であることを私たちに教えてくれた」…×　そのような記述はない。

6 〔長文読解総合─物語〕

≪全訳≫❶弱った年寄りのヘビがいた。ある日，彼は池を見つけた。そこにはたくさんのカエルが，王と王妃，そして幼い王子とともに暮らしていた。ヘビはとてもおなかがすいていた。ヘビはカエルを数匹捕まえようとした㉟が，とても弱っていたので，１匹も捕まえることができなかった。「何かいい方法を考えなければ，私はすぐに死んでしまう」とヘビは思った。❷ちょうどそのとき，彼はカエルの王子とその友人たちを目にした。彼らはゲームに忙しく，ヘビに気がつかなかった。彼らがすぐ近くまで来たとき，そのうちの１匹がヘビを見て跳び上がった。「わあ，ヘビだ！」と彼は恐怖で叫んだ。彼らはみんな命を守るために走って逃げた。しかし，ヘビが動かなかったので，カエルの王子はヘビに近づいた。それでもヘビは動かなかった。「死んでいるかどうか確かめてみるかな？」とカエルの王子は言い，ヘビの頭をたたくと，すぐにジャンプして離れた。❸ヘビはゆっくりと目を開けて言った。「心配いりません。あなたに怒りはしません」　カエルたちはとても驚いた。「私は昔，賢者の息子をかみました」とヘビは説明した。「賢者は怒って，私に残りの生涯，カエルを背に乗せて運ぶ呪いをかけたのです」　カエルの王子はこれを聞くと，喜びで跳び上がった。「じゃあ，僕があなたの背に乗るよ」と，彼は言った。そこでカエルの王子は，ヘビの上に跳び乗り，命令した。「僕を両親のところに連れていくんだ」　王と王妃はその光景に驚いた。「父さん，見て，僕はヘビに乗っているんだよ」と，王子は叫んだ。「ヘビに乗りましょう！」と，王妃はカエルの王を促した。それで，彼らはみんなヘビの上に座った。❹「動くのがとても遅いな」と，王子は文句を言った。「数日間何も食べていないから，速く動けないのです」とヘビは悲しそうに答えた。❺「なぜ食べていないんだ？　王室の乗り物は速くて強くないとなあ」と，王は言った。「食べられるのは，あなたの許可があるときだけです」とヘビは答えた。「あなたの家来は私の食べ物ですから」❻「どうしたらお前に自分たちを食べてよいという許可を与えられるというのだ」と，王は尋ねた。「王室のカエルではありません」とヘビは説明した。「私の家来を食べる許可を与えることはできない」と，カエルの王は言った。❼王子は叫んだ。「父さん，どうか許可を与えてください。僕は彼を失いたくないのです」　王妃までもが声をあげた。「ヘビに許可を与えてください。私たちには多くの家来がいるのですから」❽とうとう，王はヘビに許可を与えなければならなくなった。ヘビは毎日たくさんのカエルを食べ始めた。やがて彼はとても強く，健康になった。王子はとても速く動くヘビに乗れて喜んだ。❾ある日，ヘビはカエルの王様のもとへ行った。「王よ，私はおなかがすきました。池にはもうカエルが残っていません。だから，今からあなたたちをみんな食べることにします」　ヘビは3匹の王室のカエルに襲い掛かり，食べてしまった。

㉟**＜適文選択＞**直後の文の内容から，カエルを捕まえることができなかったと判断できる。捕まえようとしたが，弱りすぎていて捕まえられなかったのである。　‘too ～ to …’「～すぎて…できない，…するには～すぎる」

㊱**＜文脈把握＞**本文後半の内容から，ヘビは食料を得るために，カエルの王の一家に取り入ったことがわかる。

㊲**＜文脈把握＞**この前で，ヘビが賢者に呪いをかけられていると聞いて，カエルの王子は喜んでいる。呪いをかけられているからヘビは安全だと思ったのである。

㊳**＜単語の意味＞**下線部を含む文は，カエルの王に対するヘビの発言。この発言に対し，王が「自分たち(カエル)を食べる許可を与えることはできない」という内容の返事をすると，ヘビは「王室のカエルではありません」と答えていることから，subjectsが指すのは，王室以外のカエルのことだとわかる。このsubject(s)は「家来，家臣」の意味。

㊴**＜適語句選択＞**be happy to ～は「～してうれしい」という意味(この to ～は‘感情の原因’を表す to不定詞の副詞的用法)。ヘビが毎日カエルを食べて元気になった結果，ヘビは速く動くことができるようになり，その背中に乗っていたカエルの王子は喜んだのである。

㊵・㊶**＜内容真偽＞**1．「腹をすかせたヘビは池でカエルを見つけ，捕まえる計画を立てた」…○　ヘビはカエルをだます計画を立てそれを成功させた。　2．「ヘビが全く動かなかったので，カエルの王子はヘビを襲い始めた」…×　第2段落最終文参照。ヘビの頭をたたいただけで，襲ってはいない。　3．「王と王妃は，最初は驚いたものの，彼らもヘビに乗った」…○　第3段落終盤の内容に一致する。　4．「王が食べ物をくれなかったので，ヘビはとても遅かった」…×　第4段落参照。ヘビの動きが遅かったのは，数日間何も食べていなかったから。　5．「王はヘビに，池のカエルを全て食べる許可を与えた」…×　第6～8段落参照。「池のカエル全て」ではなく，家来のカエルを食べる許可は与えた。「池のカエル」には王室のカエルも含まれる(第1段落第2，3文)。

2024年度／浦和実業学園高等学校（第２回併願）

数学解答

1 (1) ①…－　②…7　③…0
(2) ④…3　⑤…2　(3) 6
(4) ⑦…2　⑧…2　⑨…2

2 (1) ⑩…2　⑪…3
(2) ⑫…－　⑬…3　⑭…5　⑮…7
⑯…5
(3) ⑰…3　⑱…±　⑲…3　⑳…3
㉑…2
(4) 1

3 (1) 9　(2) ㉔…7　㉕…1　㉖…8
(3) ㉗…3　㉘…1　㉙…6

4 (1) ㉚…5　㉛…5
(2) ㉜…1　㉝…2
(3) ㉞…2　㉟…2　㊱…6

1〔独立小問集合題〕

(1)＜数の計算＞与式$=2-8\times9=2-72=-70$

(2)＜数の計算＞与式$=\dfrac{2}{3}-\dfrac{5}{4}\times\left(-\dfrac{2}{3}\right)=\dfrac{2}{3}-\left(-\dfrac{5}{6}\right)=\dfrac{4}{6}+\dfrac{5}{6}=\dfrac{9}{6}=\dfrac{3}{2}$

(3)＜数の計算＞与式$=\dfrac{\sqrt{18}\times2\sqrt{6}}{\sqrt{12}}=2\sqrt{\dfrac{18\times6}{12}}=2\sqrt{9}=2\times3=6$

(4)＜式の計算＞与式$=8x^6y^9\div4x^2y^4\div x^2y^3=\dfrac{8x^6y^9}{4x^2y^4\times x^2y^3}=2x^2y^2$

2〔独立小問集合題〕

(1)＜一次方程式＞両辺に6をかけて，$-2(6x-11)=21x$より，$-12x+22=21x$，$-33x=-22$　$\therefore x=\dfrac{2}{3}$

(2)＜連立方程式＞$3x+2y=1$……㋐，$2x+3y=3$……㋑とする。㋐×2－㋑×3より，$4y-9y=2-9$，$-5y=-7$　$\therefore y=\dfrac{7}{5}$　これを㋑に代入して，$2x+3\times\dfrac{7}{5}=3$，$10x+21=15$，$10x=-6$　$\therefore x=-\dfrac{3}{5}$

(3)＜二次方程式＞$2x^2+8x=14x+9$，$2x^2-6x-9=0$　解の公式より，$x=\dfrac{-(-6)\pm\sqrt{(-6)^2-4\times2\times(-9)}}{2\times2}=\dfrac{6\pm\sqrt{108}}{4}=\dfrac{6\pm6\sqrt{3}}{4}=\dfrac{3\pm3\sqrt{3}}{2}$である。

(4)＜二次方程式―解の利用＞$2a^2+12a+3a+18=-10$，$2a^2+15a+28=0$　解の公式より，$a=\dfrac{-15\pm\sqrt{15^2-4\times2\times28}}{2\times2}=\dfrac{-15\pm\sqrt{1}}{4}=\dfrac{-15\pm1}{4}$となる。よって，$a=\dfrac{-15+1}{4}=-\dfrac{7}{2}$，$a=\dfrac{-15-1}{4}=-4$だから，小さい方は$a=-4$である。したがって，$2a^2+6a-7=2\times(-4)^2+6\times(-4)-7=32-24-7=1$となる。

3〔独立小問集合題〕

(1)＜一次方程式の応用＞仕入れた箱の数をx箱とすると，仕入れた商品の数は$15x$個，仕入れ額は$1200x$円となる。よって，1個120円で$15x$個売れたことから，利益について，$120\times15x-1200x=5400$が成り立つ。これを解くと，$1800x-1200x=5400$，$600x=5400$　$\therefore x=9$　したがって，仕入れた箱は9箱である。

(2)＜確率―さいころ＞a，bは1から6までの整数だから，aとbの組は全部で$6\times6=36$（通り）あり，どれが起こることも同様に確からしい。$\dfrac{a+b}{b}=\dfrac{a}{b}+1$が整数となるのは，$a$が$b$の倍数のときで，$a=1$のとき，$b=1$の1通り，$a=2$のとき，$b=1$，2の2通り，$a=3$のとき，$b=1$，3の2通り，$a=4$のとき，$b=1$，2，4の3通り，$a=5$のとき，$b=1$，5の2通り，$a=6$のとき，$b=1$，2，3，6

の4通りだから，$1+2+2+3+2+4=14$(通り)ある。よって，求める確率は$\frac{14}{36}=\frac{7}{18}$である。

(3)＜**平面図形—面積比**＞右図のように，2点D，Hを結ぶと，線分AHは直径だから，$\angle ADH=\angle BDH=90°$である。これより，$\triangle BDH$で，$\angle BHD=180°-\angle BDH-\angle DBH=180°-90°-30°=60°$となる。よって，$\angle AHD=\angle AHB-\angle BHD=90°-60°=30°$となるから，$\overset{\frown}{AD}$に対する円周角について，$\angle AED=\angle AHD=30°$である。

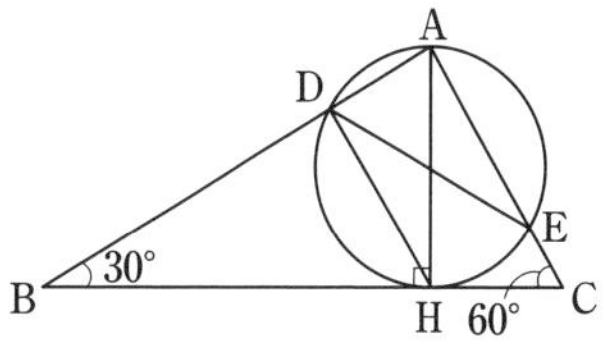

また，$\triangle ABC$で，$\angle BAC=180°-30°-60°=90°$だから，$\triangle ABC$と$\triangle AED$は相似で，ともに3辺の比が$1:2:\sqrt{3}$の直角三角形であり，DEは円の直径となる。ここで，$AH=DE=a$とおくと，$\triangle HAC$と$\triangle HBA$も3辺の比が$1:2:\sqrt{3}$の直角三角形だから，$HC=\frac{1}{\sqrt{3}}AH=\frac{\sqrt{3}}{3}a$，$HB=\sqrt{3}AH=\sqrt{3}a$となるから，$CB=HC+HB=\frac{\sqrt{3}}{3}a+\sqrt{3}a=\frac{4\sqrt{3}}{3}a$と表せる。したがって，$\triangle AED$と$\triangle ABC$の相似比は，$DE:CB=a:\frac{4\sqrt{3}}{3}a=\sqrt{3}:4$となるから，面積比は，$(\sqrt{3})^2:4^2=3:16$となる。以上より，$\triangle ADE$の面積は$\triangle ABC$の面積の$\frac{3}{16}$倍である。

4 〔関数—関数$y=ax^2$と一次関数のグラフ〕

≪基本方針の決定≫(2)　2点A，P_nからx軸に垂線を引いて台形をつくり，$\triangle P_nAO$以外の三角形の面積をひく。　(3)　平行四辺形の対角線はそれぞれの中点で交わることを利用する。

(1)＜**x座標，切片**＞まず，放物線$y=x^2$上の2点$A(-1,\ 1)$，$P_n(n,\ n^2)$を通る直線lの傾きが4より，放物線$y=x^2$において，xの値が-1からnまで増加するときの変化の割合は4である。よって，$\frac{n^2-1}{n-(-1)}=4$が成り立ち，$\frac{(n+1)(n-1)}{n+1}=4$より，$n-1=4$，$n=5$となる。次に，直線lは傾きが4だから，切片をbとすると，その式は$y=4x+b$と表される。これが$A(-1,\ 1)$を通るから，$1=4\times(-1)+b$，$b=5$となり，切片は5である。

(2)＜**面積**＞右図1の$\triangle P_nAO$で，2点A，P_nからそれぞれx軸に垂線AH，P_nIを引く。このとき，$\triangle P_nAO$は台形$AHIP_n$から$\triangle OAH$と$\triangle OP_nI$を除いたものである。$A(-1,\ 1)$，$P_n(n,\ n^2)$より，$AH=1$，$P_nI=n^2$，$OH=1$，$OI=n$，$HI=n-(-1)=n+1$だから，$\triangle P_nAO$の面積S_nは，$S_n=\frac{1}{2}(1+n^2)(n+1)-\frac{1}{2}\times1\times1-\frac{1}{2}\times n\times n^2=\frac{1}{2}(n+1+n^3+n^2-1-n^3)=\frac{1}{2}(n^2+n)=\frac{n(n+1)}{2}$である。

図1

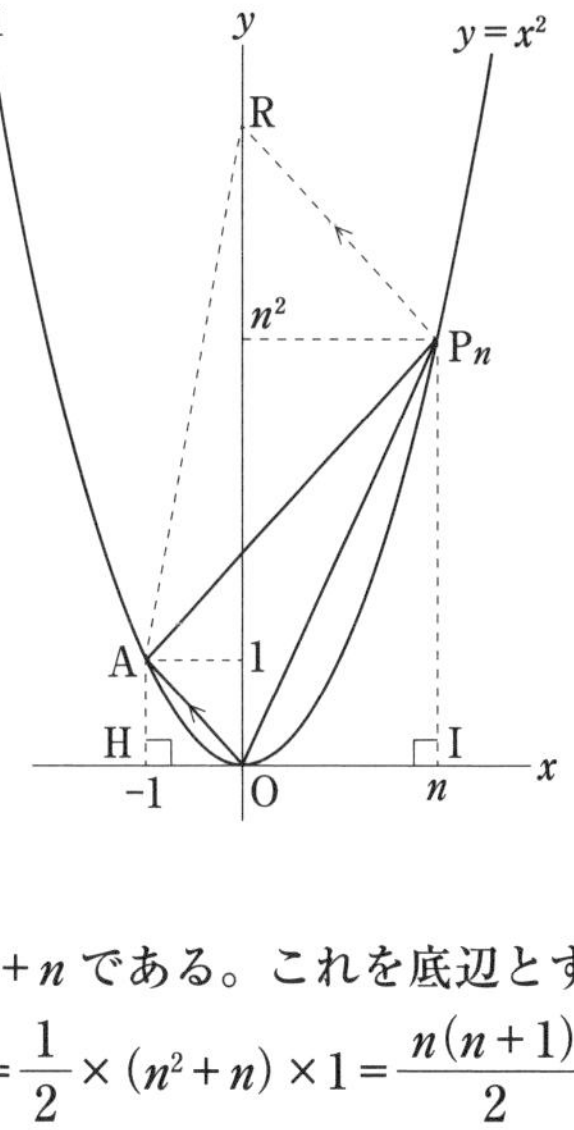

≪別解≫図1で，$P_n(n,\ n^2)$を通り辺OAに平行な直線とy軸との交点をRとすると，$\triangle P_nAO=\triangle RAO$となる。直線OAの傾きは$\frac{-1}{1}=-1$だから，直線$P_nR$の式は$y=-x+k$と表される。これが点$P_n$を通るから，$n^2=-n+k$より，$k=n^2+n$となり，$OR=n^2+n$である。これを底辺とすると，$\triangle RAO$の高さは1になる。よって，$\triangle P_nAO$の面積$S_n$は，$S_n=\frac{1}{2}\times(n^2+n)\times1=\frac{n(n+1)}{2}$となる。

(3)＜**長さ**＞(2)より，$S_n=\frac{n(n+1)}{2}$だから，$S_n=6$のとき，$\frac{n(n+1)}{2}=6$が成り立ち，$n^2+n=12$より，

$n^2+n-12=0$，$(n-3)(n+4)=0$，$n=3$，-4 となる。よって，n は2以上の自然数だから，$n=3$ であり，$n^2=3^2=9$ より，$P_3(3,\ 9)$ である。右図2の平行四辺形 AOP_3Q で，対角線の交点をMとすると，点Mは2本の対角線 AP_3，OQ の中点である。対角線 AP_3 の中点Mの x 座標は $\dfrac{-1+3}{2}=1$，y 座標は $\dfrac{1+9}{2}=5$ だから，M(1，5)である。また，OQ＝2OM となるから，点Mから y 軸に垂線 MJ を引き，OM の長さを求める。△OMJ で，点Mの座標より，MJ＝1，OJ＝5だから，三平方の定理より，$OM=\sqrt{MJ^2+OJ^2}=\sqrt{1^2+5^2}=\sqrt{26}$ となる。したがって，$OQ=2OM=2\times\sqrt{26}=2\sqrt{26}$ である。

図2

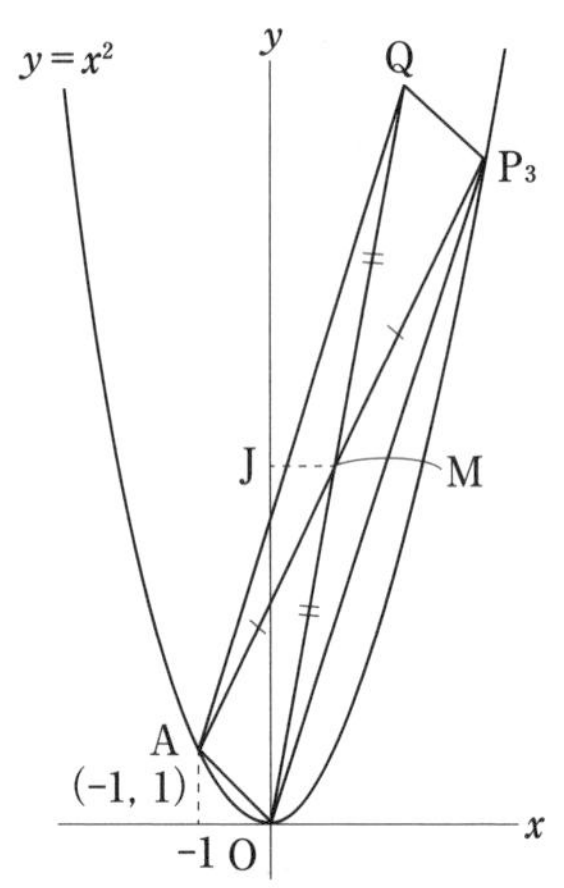

2024年度／浦和実業学園高等学校（第２回併願）

国語解答

一　問１　a…４　b…１　c…３　d…４

問２　３　　問３　４　　問４　２

問５　４　　問６　２　　問７　３

問８　２　　問９　１　　問10　４

問11　３　　問12　X…１　Y…２

二　問１　ア…２　イ…１　ウ…４

問２　A…４　B…２　C…１　D…３

問３　３　　問４　３

問５　a…１　b…３　c…４

問６　２　　問７　２　　問８　４

問９　３

問10　X…１　Y…４　Z…２

一〔論説文の読解―教育・心理学的分野―教育〕出典：山口香『スポーツの価値』／柳川悠二『甲子園と令和の怪物』。

≪本文の概要≫【文章Ⅰ】今の世の中は，「勝利こそすべて」という教育観から抜け出せていない。その風潮を変えるため，一生懸命やることに価値があるという考えを重視し，勝ち負けを超えたスポーツの楽しさをもっと共有して，スポーツの裾野を広げ，層を厚くすることが必要である。また，目先の勝ちばかりが優先されて，子どもたちに無理をさせ，長期的な育成が二の次になるという弊害も目立つ。この弊害に対しては，ルールやシステムをつくり，スポーツ界の仕組みとして，子どもを守るしかない。その意味でも，トーナメント制には問題がある。強豪チームも弱小チームも同じ条件で戦うのは，公平ではない。レベルごとの小規模なリーグ戦によって，同じくらいの競技力の相手と競い合う楽しさを経験させることが，大切ではないか。そのリーグで優勝したら，上のリーグに昇格する仕組みをつくれば，スポーツ全体の競技力向上にもつながるはずである。

【文章Ⅱ】日本の高校球児は，７月に地方大会，８月に全国高等学校野球選手権大会を戦う。日本特有のビッグトーナメントでは，選手層の薄い公立校などの監督は，「エースと心中」を選ばざるをえなくなる。だが，2019年，大船渡の國保監督は，甲子園切符に手が届きかけながら，「エースと心中」を選ばなかった。その決断によって，骨格の成長が止まっていない細身の高校球児が，160キロ超のボールを投げるリスクを日本中が認識した。佐々木朗希を迎えた千葉ロッテは，１年目は登板を急《せ》かさずに体づくりを徹底した。佐々木は，３年目に完全試合を達成し，千葉ロッテのエース格になっている。この結果は，國保の英断があったからであり，野球界に一石を投じた功績は計り知れない。

問１＜漢字＞a．「風潮」と書く。１は「予兆」，２は「手帳」，３は「試聴」。　b．「反則」と書く。２は「催促」，３は「休息」，４は「結束」。　c．「横行」と書く。１は「中央」，２は「適応」，４は「西欧」。　d．「編成」と書く。１は「返却」，２は「偏見」，３は「周辺」。

問２＜文章内容＞「足が遅くても一生懸命走る子や，転んでもあきらめずにゴールを目指す姿」に心を打たれたり，甲子園で接戦の末負けたチームが「精一杯力を尽くしたこと」に清々《すがすが》しさを感じたりしたときに，見ている人は拍手を送る。

問３＜文章内容＞勝利至上主義に陥らず，「金メダリストを目指そうと思う人」以外の，多数派の初心者が「勝ち負けを超えたスポーツの楽しさ」を共有できるような環境をつくって，競技人口の「裾野を広げ層を厚くしていくこと」が，本当の意味でのスポーツの繁栄につながる。

問４＜文章内容＞これまでは，勝利を優先するあまり，選手がけがをしても，選手本人が「無理をしてでも投げたい」と考えたり，指導者が「彼が投げなければ勝てない」と考えたりして，試合に出場するケースが多かった。だが，「甲子園出場を懸けた岩手県大会決勝」での佐々木は，「将来の可能性を考慮」した「指導者の判断」で，登板しなかった。

問５＜文脈＞「若年層の全国大会」は，「続けても良いのではないか」という意見もあるが，全国大会があれば，「頂点を目指したくなるのが人間の性」である。もちろん，「勝利を追い求めてトップを目指したいという子ども」もいるが，「すべての子どもたちを一律に『勝利』に向かわせる必要」はない。そして，「勝利至上主義ではないスポーツの価値を伝える環境」をつくることを考えると，「トーナメント制にはさまざまな問題」があるといえる。

問６＜表現＞トーナメント制の大会では，「強豪チームも弱小チームも」その実力を問わず，平等に「同じ条件で戦う」ことはできるが，弱小チームが競技力強化に力を入れている強豪チームに「一方的なゲーム展開で大敗する」ことにもつながる。そうした状況では，スポーツを楽しむことは難しく，「得られるもの」も多くはないのではないかと，「私」は疑問を感じている。

問７＜四字熟語＞「切磋琢磨」は，互いに励まし合い，競い合ってともに実力を高めていくこと。「初志貫徹」は，最初に誓った志や目標を最後まで貫き通すこと。「孤軍奮闘」は，誰からの助けもなく，一人で必死にがんばること。「一致団結」は，共通の目的を達成するために，全員が心を一つにして力を合わせること。

問８＜主題＞「私」は，「勝つことがスポーツの楽しさの一つ」と考えており，勝敗を決めること自体を否定してはいない。また，「順位をつけたら，負ける子がかわいそう」という発想は，「勝つことが一番良いと思っていることの裏返し」だと考えている(２…×)。「勝利至上主義」を超えて，過程において「一生懸命やることに価値がある」と考え，「皆が楽しめることを大事にする」ことが，「スポーツの根源」である(４…○)。スポーツを通して「同じくらいの競技力の相手と競い合う楽しさ」を知り，「子どもたち同士の交流」を深め，互いに学んで，「今度はもっと相手を研究して，勝ってやろう」という思いでさらなる努力をしていくことが大切であり，それがスポーツ全体の競技力の向上にもつながる(１・３…○)。

問９＜接続語＞Ａ．「選手層が厚いとは言えない公立校などは，どうしてもエースに頼りがちになって」しまい，言い換えれば「監督は『エースと心中』を選ばざるを得なくなる」のである。　Ｂ．佐々木は「登板していたとしても，ケガを負うことなく試合を終えられた可能性は高い」が，それに反して，「たとえ数％であってもケガの恐れがあったのなら，投げさせない」と國保は判断した。　Ｃ．「骨格の成長が止まっていない，身長190センチで細身の高校球児が，160キロ超のボールを投げられてしまうリスク」を認識したため，千葉ロッテは，「１年目の佐々木に対し一軍に帯同させながら実戦登板を急かさず，体作りを徹底」した。

問10＜文章内容＞「選手層が厚いとは言えない公立校など」が大会で勝ち進むためには，「エースに頼りがち」になる。だが，2019年の岩手大会決勝で，國保は，エースである佐々木の「ケガのリスク」を考慮し，登板を避けた。この判断は批判されたが，「國保の英断」があったからこそ，佐々木は千葉ロッテのエースとして「覚醒した」のである。

問11＜文章内容＞國保は，「骨格の成長が止まっていない」佐々木の「ケガのリスク」を考えて，岩手大会決勝での佐々木の登板を避けた。選手の身体と将来の成長を優先する方針を示したことで，勝利至上主義でエースに負担をかけることの多かった野球界のあり方が見直されたのである。

問12＜文章内容＞Ｘ．「順位をつけたら，負ける子がかわいそう」という考えは，「勝つことが一番良いと思っていることの裏返し」で，勝利至上主義から脱していない。　Ｙ．國保は，勝利より選手の身体を優先し，佐々木の登板を避けたが，この決断は，「甲子園出場を義務づけられて招聘された私立の監督」にはできない。「勝利至上主義」の問題は，選手や監督の思想だけでなく，私立校と公立校の環境の違いや，関係者の思惑などが関わるため，解決は容易ではない。

二 〔小説の読解〕出典：辻村深月『この夏の星を見る』。

問１＜漢字＞ア．「頷く」は，同意や承知などの意思を示すために首を縦に振る，という意味。　イ．「掠める」は，すれすれまで近づいてすぐに通り過ぎる，という意味。　ウ．「沈黙」は，黙り込んで，口をきかないこと。

問２＜文章内容＞Ａ．凛久が「転校する」というのは，ふざけていると思うくらい，「亜紗の中ではない考え」だった。　Ｂ．凛久が転校するなど想像できなかったが，「本当です。残念ながら」と凛久が「軽く」言って「ちょっと笑った」のを見たとき，亜紗は，本当に転校するのだとわかった。　Ｃ．凛久が，家の人が心配するから「夜あまり遅くなれない」と話していたという，「引っかかる記憶」が亜紗にはあった。　Ｄ．亜紗は，「凛久が心配した通りに」自分が「萎縮した気持ち」になってしまったことを，情けないと感じた。

問３＜文章内容＞凛久は「望遠鏡を完成させられると確信が持て」て，「心から安堵」できた今だからこそ，転校することを話したのだと，亜紗は理解した。凛久は，今まで「ナスミス式望遠鏡の完成」がいつになるかがわからずに不安を感じていて，転校することを口に出せなかったのである。

問４＜心情＞「コロナ」の影響で，姉の障がいに関する両親の方針が「噛み合わなくなって」しまったために離婚に至ったという複雑な事情をどのように説明するか，凛久は迷い，ためらっていた。そのため，亜紗から「転校って，どうして」ときかれて，「逃げるように」目をそらしたのである。

問５＜語句＞ａ．「無遠慮」は，相手の気持ちを顧みずに思うがままに振る舞うこと。　ｂ．「身が竦む」は，恐怖などで体が動かなくなる，という意味。　ｃ．「躊躇い」は，迷ってぐずぐずすること。

問６＜文章内容＞緊急事態宣言が解除された後，凛久の父の会社の同僚で「陽性の人が出て」しまった。凛久の姉を「危険にさらす」ことを恐れた母が，父に「家に絶対に帰ってこないでほしい」と言い出し，父が「濃厚接触者とかそういうのでもないから大丈夫」と反論するなど，「コロナ」への対応に関して，家族の中で「いろいろ意見の不一致」が生まれたのである。

問７＜文章内容＞転校の話はもっと前から出ていたが，凛久は，亜紗や晴菜先輩が「動揺したり，困るんじゃないか」という思いもあって，なかなか事情を言えなかった。だが，電車に乗った後，亜紗と晴菜先輩より「凛久の方が先に降りる」ことを考え，降車の前に伝えなければならないと決心した結果，凛久は，電車の中で話すことになってしまった。

問８＜表現技法＞「直喩」は，「～ようだ」や「～みたいだ」などの比喩であることを明示する言葉を用いて，あるものを別のものにたとえる表現技法。「擬人法」は，人間でない事物の様子を，人間にたとえる表現技法。「体言止め」は，文末を名詞で終わらせる表現技法。「隠喩」は，比喩であることを明示する言葉を用いずに，あるものを別のものに直接たとえる表現技法。

問９＜心情＞亜紗は，凛久の転校の話を聞いて，「自分の内側からこみ上げてくる感情に耐えるので精一杯」で，混乱する気持ちを整理できずにいた。晴菜先輩も「凛久に対して言いたいこと，聞きたいこと」がたくさんあるはずだが，亜紗の気持ちを「気にして」おり，自分の気持ちを抑えて亜紗に寄り添おうとしてくれているのだと，亜紗は感じた。

問10＜心情＞亜紗を気づかって肩を抱きしめてくれた晴菜先輩は，「ソーシャルディスタンスを破って，接触，すみません」と冗談めかした言い方をして，場の空気をやわらげようとした（…Ｘ）。その言葉を聞いた亜紗は，凛久の転校の話で重く張りつめていた心がやわらぎ，「ふっ，という笑い声」が自然にもれた（…Ｙ）。また，「誰かと躊躇いなく近づいたのはひさしぶりだ」と感じ，「コロナ」で遠ざかっていた他人との距離が縮んだだけでなく，心のつながりも実感した（…Ｚ）。

2024年度 浦和実業学園高等学校（第３回併願）

【英　語】（50分）〈満点：100点〉

（注意）［1］，［2］は，リスニング（聞き取り）問題です。試験開始のチャイムが鳴ったら，１ページ目を開き，問題の指示に従って解答してください。

［1］　放送される三つの英文のうち，写真の説明として最も適当なものを１～３の中から一つずつ選びなさい。英文は二回ずつ放送されます。解答番号は①～④

Picture 1（①）

1．

2．

3．

Picture 2（②）

1．

2．

3．

Picture 3（③）

1．

2．

3．

Picture 4（④）

1．

2．

3．

（1 の放送終了後，10秒間の休止があります。次の問題に進んで構いません。）

2　英語の会話が三つ放送されます。最後の発言に対する相手の応答として最も適当なものを１～４の中から一つずつ選びなさい。会話は二回ずつ放送されます。解答番号は⑤～⑦

（⑤）
1．You say your vacation has already started?
2．I'll help you if you receive a lot of homework.
3．My score was written on the whiteboard.
4．I'm happy because he is like an angel to everyone.

（⑥）
1．Junko doesn't know how to speak English.
2．Have you already seen Junko's video?
3．We've known each other for 10 years.
4．I wish I could be friends with Junko.

（⑦）
1．I'll do my best to win the next baseball game.
2．I've learned that winning is important to baseball lovers.
3．Reina will work hard to keep winning, I guess.
4．Playing baseball with Reina makes us happy.

（2 の放送終了後，次の問題に進んで構いません。）

※＜**リスニング問題放送原稿**＞は英語の問題の終わりに付けてあります。

3　次の英文の(　)に入る最も適当なものを１～４の中から一つずつ選びなさい。解答番号は⑧～㉒

(⑧)　Lisa sometimes (　　) to Seattle.
　１．goes　２．is going　３．visits　４．is visiting

(⑨)　I (　　) well yesterday.
　１．sleep　２．is sleeping　３．has slept　４．slept

(⑩)　Ken wanted (　　) video games with you.
　１．played　２．playing　３．to play　４．play

(⑪)　My son has been studying (　　) three hours.
　１．since　２．for　３．yet　４．before

(⑫)　This storm is (　　) than the one we had last year.
　１．heavy　２．bad　３．worse　４．the worst

(⑬)　I was so surprised (　　) the news.
　１．at　２．to　３．in　４．from

(⑭)　I have a friend who (　　) a monkey.
　１．having　２．have　３．has　４．to have

(⑮)　Tom doesn't tell lies, (　　) he?
　１．is　２．isn't　３．does　４．doesn't

(⑯)　Many people want to go (　　) for sightseeing.
　１．foreign　２．global　３．world　４．abroad

(⑰)　Koji will go to Tokyo Disney Land if it (　　) sunny tomorrow.
　１．is　２．was　３．will be　４．would be

(⑱)　Let's interview the man (　　) on that bench.
　１．sitting　２．to sit　３．sit　４．sat

(⑲)　Mr. Akiyama is interested (　　) Spanish.
　１．in　２．from　３．on　４．by

(⑳)　To improve your English, I think it is important to speak English every day. (　　) do you think?
　１．When　２．Which　３．How　４．What

(㉑)　A：What time is it?
　　B：It's ten (　　) five.
　１．with　２．past　３．from　４．over

(㉒)　A：Don't you like coffee?
　　B：(　　　　). But Tom likes it.
　１．Yes, I do　２．No, I don't
　３．Yes, you do　４．No, you don't

4　次の日本語に合うように，与えられた語(句)を並べかえて，(　)内で４番目に来るものを１～７の中から一つずつ選びなさい。なお，文頭に来る語も小文字になっている。解答番号は㉓～㉗

(㉓)　カオルはとても親切なので，みんな彼女のことが好きです。

(1. very　2. is　3. likes　4. everyone　5. because　6. she　7. Kaoru) kind.

(㉔) この夏あなたは何をするつもりですか。

(1. to　2. you　3. going　4. do　5. are　6. this　7. what) summer?

(㉕) 私はその言葉の使い方がわかりません。

(1. use　2. to　3. I　4. don't　5. the word　6. how　7. know).

(㉖) カズが撮ったこの美しい写真を見てください。

(1. by　2. look at　3. this　4. taken　5. photo　6. Kazu　7. beautiful).

(㉗) その部屋に子どもたちは何人いますか。

(1. many　2. the　3. are　4. how　5. there　6. in　7. children) room?

5 次の英文を読んで，後の問いに答えなさい。*印の語には注があります。解答番号は㉘～㉞

A submarine is a kind of ship that can go underwater. Submarines are called subs for short. *Militaries and scientists use submarines to travel deep under the ocean.

Militaries use submarines to patrol ocean waters and to attack *enemy ships [㉘] times of war. Military submarines are usually very large. They may carry more than 100 people. They also carry *weapons.

Scientists usually use smaller submarines. These submarines may have [㉙], cameras, and other tools to help scientists study the underwater world.

A submarine has huge tanks, called ballast tanks, that allow it to go down and up to *float. The tanks fill with water to give the submarine the weight it needs to go down. When the submarine is ready to go up, the ballast tanks release the water and fill with air. ㉚<u>This</u> makes the ship light enough for it to float.

For power, submarines use engines, batteries, *nuclear power *sources, or a combination of these. *Propellers push submarines through the water.

A submarine's *crew uses special *equipment to find the way through deep, dark oceans. To find enemy submarines or other targets, submarines may use ㉛<u>sonar</u>. Sonar equipment *locates *objects by picking up sound waves. Other equipment provides clean air and fresh water to the crew. A *Dutch inventor named Cornelis Drebbel built the first working submarine in 1620. It could reach a *depth of 15 feet (4.5 meters).

The U.S. inventor David Bushnell built a submarine that he ran in 1776. In 1800 the famous U.S. inventor Robert Fulton built the *Nautilus*. This was a small submarine for attacking enemy ships.

Other inventors [㉜]. By the early 1900s submarines had both a *diesel engine and battery-powered electric motors. The diesel engine ran the submarine on the *surface. The electric motors ran it underwater. Militaries used these diesel-electric submarines in World War Ⅰ (1914-18) and World War Ⅱ (1939-45).

The U.S. *Navy started using the first nuclear-powered submarine in 1954. It was named the USS *Nautilus*.

*military　軍隊　　*enemy　敵　　*weapon　兵器　　*float　浮かぶ　　*nuclear　原子力の

＊source　源　＊propeller　(船の)スクリュー　＊crew　乗組員　＊equipment　装備
＊locate　位置を探し当てる　＊object　物体　＊Dutch　オランダの　＊depth　深さ
＊diesel engine　ディーゼルエンジン　＊surface　表面　＊Navy　海軍

(㉘)　[㉘]に入る最も適当なものを１～４の中から一つ選びなさい。
　１．when　２．during　３．until　４．without

(㉙)　[㉙]に入る最も適当なものを１～４の中から一つ選びなさい。
　１．boats　２．weapons　３．robot arms　４．ballast tanks

(㉚)　下線部㉚の内容として以下の文の空所に入る最も適当なものを１～４の中から一つ選びなさい。

　「バラストタンク[　　　　]。」
　１．に水を満たすこと　２．から水を抜き空気を満たすこと
　３．から水と空気を抜くこと　４．に重りを載せること

(㉛)　下線部㉛の機能として適当でないものを１～４の中から一つ選びなさい。
　１．音波で物体を探す　２．暗闇で進路を見つける
　３．敵の潜水艦を見つける　４．空気と水を乗組員に供給する

(㉜)　[㉜]に入る最も適当なものを１～４の中から一つ選びなさい。
　１．tried to make diesel-, battery-, and nuclear-powered submarines
　２．built nuclear-powered submarines with Robert Fulton
　３．were not interested in making other kinds of ships anymore
　４．developed the ability to run away from enemy ships

(㉝・㉞)　次の英文について，本文の内容に合うものを１～５の中から二つ選びなさい。ただし，解答の順序は問いません。
　１．Scientists usually use military submarines to patrol ocean waters.
　２．All submarines can carry more than 100 people.
　３．Submarines move forward by turning propellers.
　４．The submarine a Dutch inventor built in 1620 could reach a depth of 4.5 feet.
　５．Diesel-electric submarines use electric motors as a power source underwater.

6　次の英文を読んで，後の問いに答えなさい。＊印の語には注があります。解答番号は㉟～㊶

A man and his wife lived in a small village. They had a little son. One day, when he was returning home, he found a baby ＊mongoose crying next to its mother's dead body. "[㉟]," thought the man. He picked it up and took it home with him.

The mongoose grew up with a lot of love in the man's house. He slept next to the boy in the ＊cradle, drank milk and played with the boy every day. Both the boy and the mongoose grew up, and their friendship changed to a relationship between two brothers.

The mongoose grew up fast and ＊as days went by, the wife began to get ＊doubts in her mind. "After all, this is a wild animal. ＊Sooner or later it will show ㊱its true colors," she thought to herself. She put the mongoose's bed separately and would watch him carefully.

One day when the man was away, the wife decided to go to the river to get a pot of water. Her son was sleeping in his cradle. The mongoose was also sleeping on the floor at the foot of the cradle. "㊲This should take only a few moments. I hope I can trust that mongoose not to ＊harm my little son," she said to herself and after a final look at them both, she hurried down to the river.

Suddenly, the mongoose woke up. He heard a very small noise. When he looked at the wall, a large black snake *crawled in through a hole there. "The snake will harm my brother. Mother and father are away. I will have to protect my little brother," thought the mongoose, when the snake came towards the cradle.

The brave little mongoose attacked on the huge black snake. After a long fight, the little mongoose finally *managed to kill the snake.

Just then, the wife returned. He ran out to meet his mother. He tried to tell her what he did! But *as soon as the wife saw blood on the mongoose's mouth, she thought, "[㊳]." *In a fit of anger, the wife threw the pot that was full of water on the mongoose. It died right there.

When she entered the house, the wife was amazed. Her little son was sleeping in his cradle and a huge black snake was dead on the floor!

㊴"Oh, what have I done," cried the wife. "I killed that little mongoose who saved the life of my precious son."

*mongoose　マングース（ネコイタチ）　*cradle　ゆりかご　*as days went by　日が経つにつれて
*doubt　疑い　*sooner or later　遅かれ早かれ　*harm　傷つける　*crawl　はう
*manage to ～　なんとか～する　*as soon as ～　～するとすぐに　*in a fit of ～　～の発作に襲われて

(㉟)　[㉟] に入る最も適当なものを１～４の中から一つ選びなさい。
1．If I leave it here, it will surely die
2．If I leave it here, its father will help it
3．If I take it home, my son will get angry
4．If I take it home, I will be in big trouble

(㊱)　下線部㊱の内容として最も適当なものを１～４の中から一つ選びなさい。
1．信頼　　2．興味　　3．毛色　　4．本性

(㊲)　下線部㊲の内容として最も適当なものを１～４の中から一つ選びなさい。
1．夫が出かけていて家にいないこと　　2．息子がゆりかごの中で寝ていること
3．マングースが息子のそばにいること　　4．自分が川まで水をくみに行くこと

(㊳)　[㊳] に入る最も適当なものを１～４の中から一つ選びなさい。
1．This brave mongoose has saved my son's life
2．This bad animal has killed my little son
3．The mongoose has eaten our meat in the kitchen
4．Something has happened to this small mongoose

(㊴)　下線部㊴の理由として最も適当なものを１～４の中から一つ選びなさい。
1．大切な息子を置いて川まで出かけてしまったから
2．息子を助けるためにマングースを殺してしまったから
3．ヘビが入ってくるような穴を放置してしまったから
4．自分が勘違いをしてしまったことに気づいたから

(㊵・㊶)　次の英文について，本文の内容に合うものを１～５の中から二つ選びなさい。ただし，解答の順序は問いません。
1．The mongoose that the man picked up spent time with his son.
2．The wife was always happy to have the mongoose by her son's side.
3．The wife didn't worry about her son, so she went to the river.
4．The mongoose killed the huge snake that attacked the boy in the cradle.
5．The wife killed the mongoose with the pot while her son was sleeping.

＜リスニング問題放送原稿＞

これから，2024年度，第三回併願入試，リスニング問題を始めます。リスニングの問題は1と2です。

1　放送される三つの英文のうち，写真の説明として最も適当なものを１～３の中から一つずつ選びなさい。英文は二回ずつ放送されます。

(①)

1．The door of the train has just closed.

2．The platform is full of people.

3．A man is getting on the train.

(②)

1．A movie is showing on the screen.

2．A man is holding a portable fan.

3．The keyboard is in front of the screen.

(③)

1．Some chairs are facing each other.

2．Some chairs are placed facing the same direction.

3．Some chairs are folded and cleaned up.

(④)

1．Flags are waving in the wind.

2．There are no flags on the poles.

3．There are no trees behind the poles.

2　英語の会話が三つ放送されます。最後の発言に対する相手の応答として，最も適当なものを１～４の中から一つずつ選びなさい。会話は二回ずつ放送されます。

(⑤)

A：Tests are over!　Our vacation is coming soon!　Hey, you look so sad.　What's wrong?

B：Mr. Tezuka's science test was very difficult.　I did my best, but I'm sure I got a bad score.

A：I heard he gives students a lot of homework if scores aren't good.

B：I know.　I hope he doesn't give me any homework.

(⑥)

A：Hi, Mary.　What are you watching now?

B：I'm interested in Japanese culture.　This YouTuber introduces Japanese culture in English.

A：I know her!　She is my friend, Junko!　She is very good at speaking English.

B：I'm really surprised to learn that you are friends.

(⑦)

A：Hey, Daisuke.　Reina looks really angry.　What happened to her?

B：Uhm . . ., her favorite baseball team lost yesterday's game.

A：What?　Is she angry for such a small thing?　I'm not a baseball fan, so it's difficult for me to understand her feelings!

B：For baseball lovers like her, losing a game is a big thing.

【数　学】（50分）〈満点：100点〉

（注意）(1) 問題文の中にある $\boxed{①}$，$\boxed{②}\boxed{③}$，$\dfrac{\boxed{④}\boxed{⑤}}{\boxed{⑥}}$ などの①，②，③，④，⑤，⑥には，それぞれ０，１，２，…，９の数字または－，±，＜，＞，≦，≧ の符号・不等号の中からいずれか１つのみを選びマークしてください。

(2) 解答が分数の形で求められているときは，既約分数で答えてください。

(3) 解答が無理数の形で求められているときは，$\sqrt{}$ の中の数を最小の自然数にして答えてください。

(4) 解答欄が余るときは，その余った欄にはなにも記入しないでください。

(5) 解答欄が不足するときは，不足する部分の数や符号・不等号をマークしないでください。

(6) 定規，コンパス，分度器，電卓，計算機能付き機器等は使用しないでください。

1　次の計算をしなさい。

(1) $\dfrac{3}{2}+\dfrac{2}{3}-\dfrac{7}{6}=\boxed{①}$

(2) $-3^2+5-1^2=\boxed{②}\boxed{③}$

(3) $(2x^3y^2)^3\div4x^4y\times2(x^2y)^2=\boxed{④}\,x^{\boxed{⑤}}y^{\boxed{⑥}}$

(4) $a=2$，$b=-2$ のとき，$a\sqrt{a^2}-b\sqrt{b^2}=\boxed{⑦}$

2　次の各問に答えなさい。

(1) $5:(2x-1)=7:(x+1)$ を満たす x の値は，$x=\dfrac{\boxed{⑧}}{\boxed{⑨}}$ である。

(2) １次方程式 $\dfrac{1}{4}(x+3)=\dfrac{1}{3}x-\dfrac{5}{6}$ を満たす解は，$x=\boxed{⑩}\boxed{⑪}$ である。

(3) 連立方程式 $\begin{cases}3y=2x+1\\3x=2y-9\end{cases}$ を満たす解は，$x=\boxed{⑫}\boxed{⑬}$，$y=\boxed{⑭}\boxed{⑮}$ である。

(4) ２次方程式 $(3-x)^2=6(3-x)$ を満たす解は，$x=\boxed{⑯}\boxed{⑰}$ である。

3　次の各問に答えなさい。

(1) １個のさいころを投げて，出た目の数を m とするとき，x^2-m が因数分解できる確率は $\dfrac{\boxed{⑱}}{\boxed{⑲}}$ である。

また，大小２個のさいころを同時に投げて，出た目の数をそれぞれ a，b とするとき，x^2+ax+b が因数分解できる確率は $\dfrac{\boxed{⑳}}{\boxed{㉑}\boxed{㉒}}$ である。

(2) 次のページの図のように，２つの円P，Qが２点A，Bで交わっている。点Pを中心とする円Pは線分AB，点Qを中心とする円Qは線分BCをそれぞれ直径とし，AB＝12，BC＝$6\sqrt{6}$ である。また，円P上に∠ABC＝∠DBCとなる点Dをとり，ADとBCの交点をEとする。

AE：ED＝3：1のとき，AC＝$\boxed{㉓}\sqrt{\boxed{㉔}}$，ED＝$\boxed{㉕}\sqrt{\boxed{㉖}}$，BE＝$\boxed{㉗}\sqrt{\boxed{㉘}}$ である。

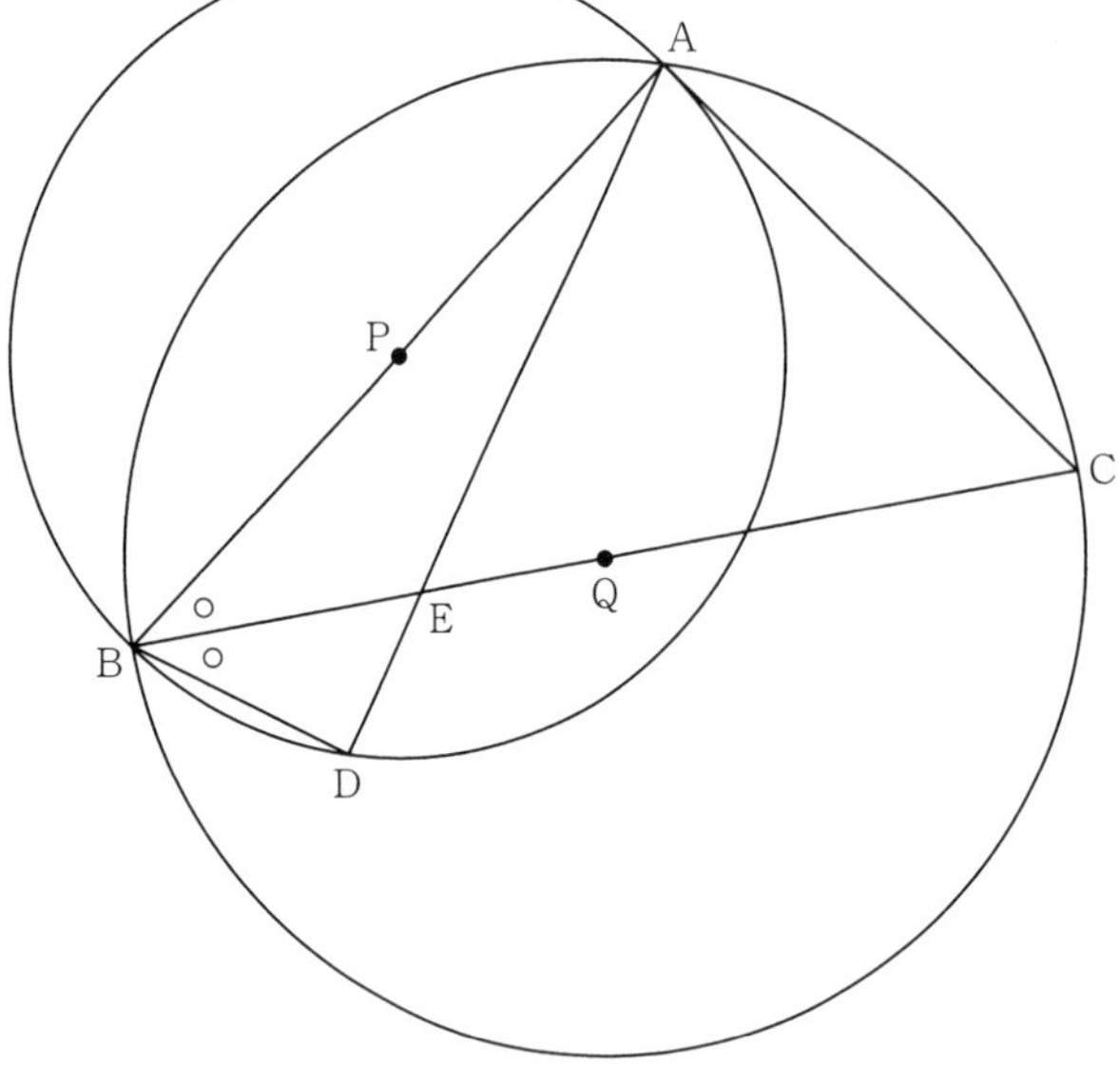

(3)　時速 90 km で走行する全長 200 m の普通電車と時速 120 km で走行する全長 100 m の快速電車が同じ鉄橋を渡りきるのにかかる時間を比べたところ，その差はちょうど16秒だった。

　このとき，鉄橋の長さは [㉙][㉚][㉛][㉜] m，快速電車が鉄橋を渡りきるのにかかる時間は [㉝][㉞] 秒である。

4　右図のように，原点Oを頂点にもち，x 軸上の正の部分に OA＝10 となる点Aをとり，BC＝4，AB＝OC＝$3\sqrt{5}$ の等脚台形OABCをつくる。

　さらに，x 軸上の正の部分に点P，y 軸上の正の部分に点Qをとり，AB∥PQ となるように △OPQ をつくる。次の各問に答えなさい。

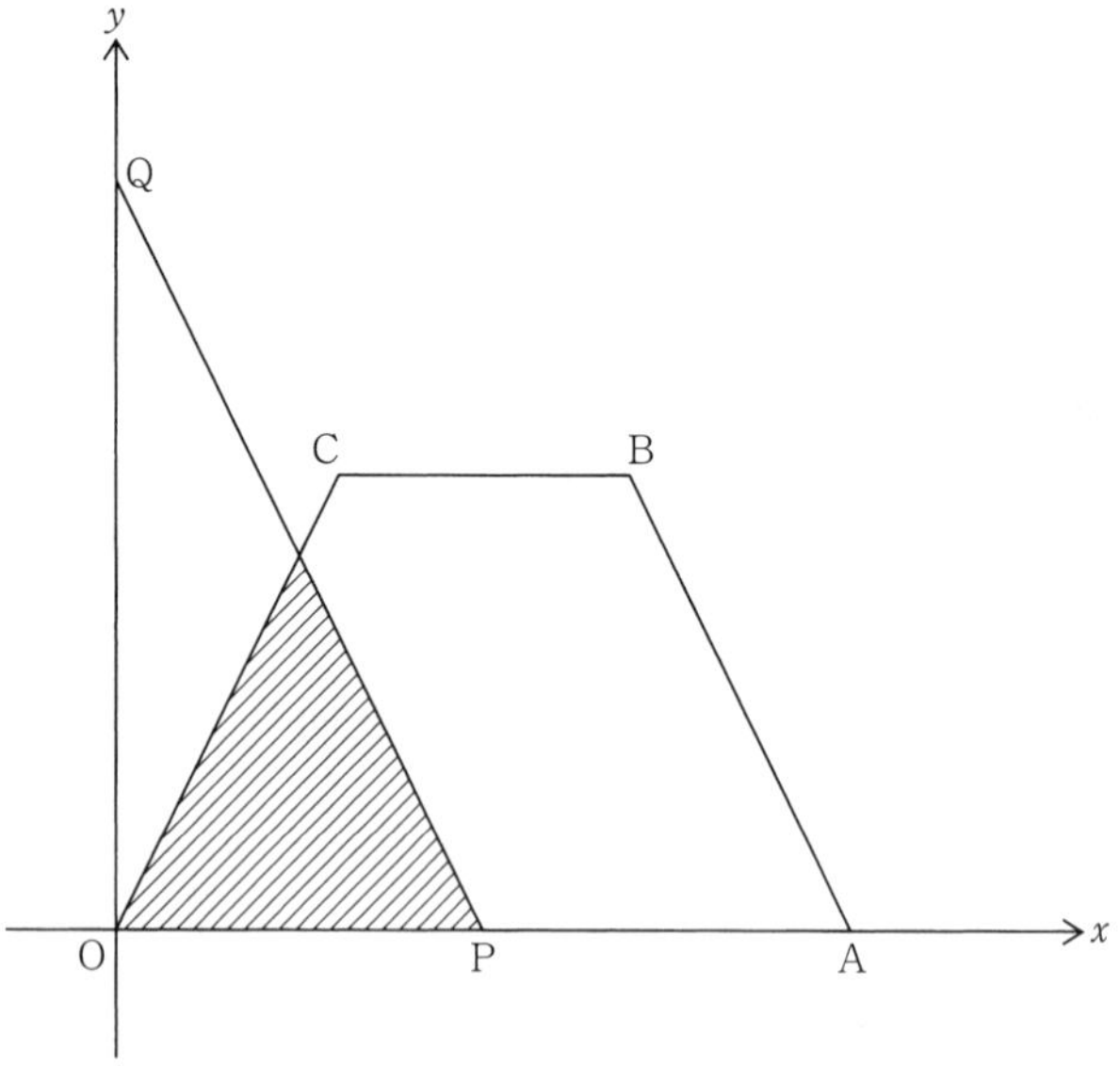

(1)　点Bの座標は，([㉟], [㊱])である。

(2)　等脚台形OABCと △OPQ が重なる部分の図形の面積を S とする。

　(i)　$S=14$ のとき，

　　OP＝[㊲]$\sqrt{[㊳]}$ である。

　(ii)　$S=33$ のとき，

　　OP＝$\dfrac{[㊴][㊵]}{[㊶]}$ である。

決まり文句なんだろう。数字の世界から相手を意味づけて理解しようとする博士の習慣には驚いたよ。

生徒B　そうだね。自分から他者と積極的に交流を持ったり相手に踏み込んだりということはしないけれど、数学については多弁である様子も読み取れるよ。言葉で表現するだけではなく、表情や動作にも数学への愛が表れているね。

生徒C　【第二部】で登場する「ルート」について、博士は彼のことを本当に愛おしく感じていることが伝わってくる。博士は自分に友達がいなかったことをとても後悔しているから、友達を作ることの大切さを「ルート」に向けて優しく教えてくれているよね。

生徒D　「ルート」という記号を子供の愛称にする博士の行動から、数学を机上の学問としてではなく、身近で親しみを感じるものとして考えていることがわかるよ。限りなく広がっている数学の世界への尊敬と愛情が、博士の根底に流れているような気がする。

1　生徒A　　2　生徒B　　3　生徒C　　4　生徒D

今日という日を永遠に残しておきたいという気持ち。

問8 ⑦数字の右手でそろそろと握手する相手とありますが、これはどういうことですか。その説明として最も適当なものを次の中から選びなさい。解答番号は㉖

1 博士にとって「私」はルートのように無条件で愛される対象ではなく、数字の質問によって相手の様子を博士なりに把握してから距離を縮めるような、多少緊張感を伴う対象であるということ。

2 共に過ごした時間が毎朝リセットされてしまうことで、博士は「私」を思い出すのに時間がかかるため、博士とルートのような数字の質問を抜きにした親しい間柄にはいつまでたってもなれないということ。

3 子供であるルートが最初から愛される存在であることとは反対に、「私」を始めとする大人は博士にとっては恐怖の対象であるため、数字の質問によって距離を取って敬遠されるような相手であるということ。

4 人見知りの博士は数字の質問を繰り出すことで相手を支配しようとする癖があったが、それは「私」に対しても同様であり、ルートのように最初から手放しで受け入れられる関係性にはなりにくいということ。

問9 ⑧食卓で博士は見事なマナーを見せた・⑨博士はルートにいろいろな質問をしたとありますが、これらの部分から読み取れる「博士」の性格や信条として適当ではないものを次の中から一つ選びなさい。解答番号は㉗

1 何よりもまず子供が楽しいと思える時間を過ごせるよう気を配る、配慮を絶やさない人物。

2 相手が誰であれその場にふさわしいと感じられる行動を取るよう努める、義務感の強い人物。

3 目の前の小さな子供を一人の人間として尊重し、丁寧に耳を傾けるという、誠実さを持つ人物。

4 大人として恥ずかしくない行動を見せ続けなければならないという、使命感の強い人物。

問10 二ヶ所の［Y］に当てはまる言葉として最も適当なものを次の中から選びなさい。解答番号は㉘

1 記憶　2 言語　3 空想　4 数字

問11 文章全体から読み取れる「私」の人物像を説明したものとして、最も適当なものを次の中から選びなさい。解答番号は㉙

1 仕事に対して丁寧に取り組みつつも、融通の利かない頑固な面を持つ人物である。博士の記憶に対しては戸惑いながらも受け入れ、適応していこうという努力が垣間見られる。先入観で人を判断することのない冷静さと優しさが感じられる。

2 苦手意識のある物事に対して果敢《かかん》に挑戦し、粘り強く地道に努力を続ける人物である。博士に対しても背伸びをせず自然体で会話することで、相手をリラックスさせることができる。また相手の言葉の裏にある真意を推し量る思慮深さも持っている。

3 自分や周りの損得に敏感な、堅実な人物である。ルールを守ることを重要視し、そこから外れる行いを良しとしない厳しさを持つ。食事に関する博士の申し出に対しても自分だけが得をしようとせず、正しい道筋で許可を得ようとする規範的な面がある。

4 自分のやり方を押し付けるのではなく、相手に合わせて適切に行動を変えていく柔軟な人物である。博士の苦手な物への工夫や名札の付け替えといったことへの配慮を欠かさないなど、相手に対する真摯《しんし》な思いやりの気持ちを備えている。

問12 この文章を読んだ生徒たちが、内容について会話をしています。本文を正しく理解していない人物は誰ですか。後の中から一つ選びなさい。解答番号は㉚

生徒A 【第一部】での博士は、自分の暮らしを守りながら静かに過ごしていることが読み取れるね。「君の靴のサイズはいくつかね」という質問は、博士が初対面の人に投げかける

2　博士の知り得ない情報をついうっかり口に出してしまい、自己嫌悪に陥ったから。

3　自分の不用意な発言により、博士の機嫌を損ねてしまうことが想定されたから。

4　自分の博識を誇示しているように聞こえてしまい、恥ずかしくなったから。

問3　③私たちが何の心配もなく話せるのは、数学についてだけだったとありますが、「私」の数学への思いはどのように変化していきましたか。その説明として最も適当なものを次の中から選びなさい。解答番号は㉑

1　気兼ねしない話題として必要に駆られて選んだものだったが、数学の奥深さに少なからず興味を惹《ひ》かれていった。博士の上手な教え方と相まって、数字の不思議さ自体にも関心を寄せるようになった。

2　博士を喜ばせたいと考える一心で選んだ話題ではあったが、意外にも学生時代の嫌な思い出を幸せなものへと塗り替えることができた。博士への感謝の思いとともに数学への関心が強くなった。

3　苦肉の策として選択した数学の話題は本当なら触れたくないものだったが、話が深まるにつれて数字への興味が呼び起こされていった。専門的な内容でも理解することができた喜びを感じ、達成感を得られるようになった。

4　仕方なく投げかけた話題が思いのほか喜ばれたことに満足し、次第に数学そのものへの関心が高まった。繰り返し質問したことに対しても丁寧に答えてくれることに感激し、自ら進んで研究するようになった。

問4　④博士は食卓についているか、安楽椅子で寛いでいる。私はガスレンジの鍋をかき混ぜているか、流しで食器を洗っているとありますが、この表現から推察されることとして最も適当なものを次の中から選びなさい。解答番号は㉒

1　博士と「私」の動作を同時に並べて描写することによって、立場は違えども二人が同じ時間を共有していることが示されている。

2　現在形の表現を重ねることによって、博士と「私」の親しい会話が日常的に様々な場所で繰り返されていることが示されている。

3　博士と「私」の居場所に明確な距離を持たせることによって、親しみを感じないうわべだけの関係性であることが示されている。

4　二人の様子が同じようなリズムで繰り返されることによって、博士も「私」も食堂での時間に飽き飽きしていることが示されている。

問5　X に当てはまる言葉として最も適当なものを次の中から選びなさい。解答番号は㉓

1　重々しさ　2　悲しみ　3　激しさ　4　いたわり

問6　⑤実に寛大な記号、ルートだとありますが、ここで使用されている表現技法として最も適当なものを次の中から選びなさい。解答番号は㉔

1　直喩　2　擬人法　3　倒置法　4　対句法

問7　⑥早速博士は袖口のメモの続きにその記号を書き加えたとありますが、この動作からは「博士」のどのような気持ちを読み取ることができますか。その説明として最も適当なものを次の中から選びなさい。解答番号は㉕

1　ルートとの出会いはこれまでの暮らしの中で最も貴重な経験であり、自分が付けた愛称を誇りたいという気持ち。

2　ルートとの出会いを本当にうれしく感じ、ルート記号の素晴らしさを彼自身にぜひとも知らしめておきたいという気持ち。

3　ルートとの出会いは自分にとって喜ばしいものであり、この瞬間の素敵な思いを書き留めずにはいられないという気持ち。

4　ルートとの出会いが孤独な自分への贈り物のように感じられ、

「博士もそうだった？」

「いや、残念ながら、おじさんの場合は、どうやら、余計な方向にエネルギーを無駄遣いしてしまったらしい」

「余計な方向、って？」

「一番の友だちがいたんだが、ちょっとした事情があって、一緒に缶けりをしたり、野球をしたり、身体を動かす遊びができなかったんだ」

「友だちは、病気だったんだね」

「反対だよ。病気どころか、大きくて、強くて、びくともしない。でも、彼の住んでいる場所が頭の中だったから、頭の中だけで遊ぶしか仕様がなかった。エネルギーをそっちに注ぎ込みすぎて、骨にまで回らなかったようだ」

「あっ、分かった。その友だちは［Y］だね。博士は算数の偉い先生だって、ママから聞いたよ」

「君は賢いなあ、実に勘がいい。そう、［Y］より他に、友だちがいなかったんだ。だから子供のうちは、骨を活発に活動させねばならない。いいかい？ 嫌いなものを残すようではいけないよ。お腹が一杯にならない時は、遠慮せずおじさんの分を取って構わないんだからね」

「うん、ありがとう」

ルートは普段と違う夕食を大いに楽しんでいた。博士の質問に答え、彼を満足させるためにご飯をお代わりし、その合間には、好奇心を抑えきれない様子で部屋をきょろきょろ見回したり、気づかれないよう用心しつつ、背広のメモにそっと目をやったりした。

（作問の都合上、一部表記を改めています。）

注1　宮沢首相…平成初期に就任した第七十八代首相宮澤《みやざわ》喜《き》一《いち》のこと。後の「三木武夫」は昭和後期の第六十六代首相である。

注2　バルセロナオリンピック…一九九二年開催。後の「ミュンヘン」は一九七二年開催である。

注3　友愛数…二つの自然数の関係において、その数自身を除いた約数の和が相手の数と等しくなるものを指す。「私」は、自分の誕生日である二月二十日（２２０）と、「博士」の腕時計に刻まれている数字（２８４）が友愛数であることを「博士」に教えられ感銘を受けるとともに、他の組み合わせを自分でも見つけ出そうと試行錯誤していた。

注4　うってつけの愛称…「私」の息子は頭のてっぺんが平らな形をしており、息子自身はそれまで自分の頭の形を気にして帽子をかぶることが多かった。

問1　①袖口に留めた似顔絵付きのメモは、私が初対面の人間でない事実を博士に教えるだけで、一緒に過ごした時間を蘇らせる手助けにはならなかったとありますが、これはどういうことですか。その説明として最も適当なものを次の中から選びなさい。解答番号は⑲

1　袖口のメモにより「私」の人物像や性格を知らせることはできても、過去の記憶をもう一度呼び起こし感情を動かすまでには至らなかったということ。

2　袖口のメモにより「私」が誰であるかを知らせることはできても、これまで積み重ねた時間を共有し心を通じ合わせることは叶わなかったということ。

3　袖口のメモのおかげで博士から不審に思われずに済んだものの、一向に距離が縮まらないことへのもどかしさが次第に強まっていたということ。

4　袖口のメモのおかげで安心して博士と接することができるようになったが、家政婦としては仕事がしにくく、いずれメモを止めさせたいということ。

問2　②後悔したとありますが、「私」はなぜそのような気持ちになったのですか。その理由として最も適当なものを次の中から選びなさい。解答番号は⑳

1　博士の感じる苦痛を想像すると、気安く最新情報を話すことにためらいを感じたから。

頭を撫《な》でながら、本名を知るよりも前に、彼に注4うってつけの愛称をつけた。

「君はルートだよ。どんな数字でも嫌がらず自分の中にかくまってやる、⑤実に寛大な記号、ルートだ」

⑥早速博士は袖口のメモの続きにその記号を書き加えた。

《新しい家政婦さん　　と、その息子10歳　√》

ある時私は博士の負担を少しでも軽くするために、名札を作った。彼が自分の身体にメモを貼るだけでなく、こちらも自分が何者かを示す名札を付けていれば、いちいち余計な気遣いをし合わなくてもいいと思ったのだ。息子は校門を出ると、学校の名札と√の名札を付け替えるようにした。どんなにぼんやりしていても、否応《いやおう》なく目に飛び込んでくる立派な名札だった。しかし思ったほどの変化は生じなかった。博士にとってやはり私は、いつまでたっても⑦数字の右手でそろそろと握手する相手であり、息子はただもうそこにいるだけで、抱擁すべき相手だった。

すぐに息子は博士独自の歓迎方法に慣れ、それを喜ぶようになった。自ら帽子を脱ぎ、頭のてっぺんを自慢げに突き出し、自分がいかにルートにふさわしいかを示した。歓迎の言葉とともに、ルート記号の偉大さを讃えるのを、博士は決して忘れなかった。

博士が初めて、私の作った食事に手を合わせ、「いただきます」と言ってくれたのも、息子と三人で取った最初の夕食の席だった。夜六時に一人分の食事を用意し、後片付けを終えて七時に帰るのが契約だったが、息子が加わった途端、博士はこのスケジュールに異議を唱えた。

「お腹を空かせた子供の前で、大の大人が一人だけパクパクものを食うなど、もってのほか。仕事が終わって、家に帰ってから作っていたのでは、ルートが晩ご飯にありつけるのは八時になってしまう。それはいかん。非効率的であるだけでなく、道理にも合わない。子供は八時には、もうベッドへ入っていなくちゃ駄目だ。大人には子供の睡眠時間を削る権利などありはしない。人類が誕生して以来、子供はいつの時代でも、眠っている間に育つものなのだ」

元数学者にしては科学的根拠のない異議だった。取り敢《あ》えず私と息子の夕食代は、お給料から引いてもらうよう、あとで組合長と相談することにした。

⑧食卓で博士は見事なマナーを見せた。姿勢を正し、余計な音は立てず、テーブルにもナプキンにも、スープ一滴こぼさなかった。これほど立派に振る舞えるのに、どうして私と二人の時にはあんなにも不作法なのか、不思議だった。

「何ていう名前の学校に通っているのかな」

「担任の先生は優しいかい」

「今日の給食は何だった?」

「将来は何になるんだい?　おじさんに教えてくれないかな」

チキンのソテーにレモンを絞り、付け合わせのインゲンを取り分けながら、⑨博士はルートにいろいろな質問をした。過去や未来に関わる質問でも躊躇《ちゅうちょ》しなかった。食事の場をできるだけ和ませようと努めているのが伝わってきた。ルートの答えがどんなに素っ気なくとも、熱心に耳を傾ける態度は崩さなかった。初老の元数学者と、三十前の子持ち家政婦と、小学生の男の子が、気まずい沈黙に悩まされず夕食を一緒にできたのは、博士のおかげだった。

だからといって、ただ単に子供のご機嫌を取っていたのではなかった。テーブルに肘《ひじ》をついたり、食器をぶつけたり、ルートが何かマナー違反をすると(博士自身が普段やっていることばかりだったが)、さり気なく注意もした。

「たっぷり食べなくちゃいけないよ。子供は大きくなるのが仕事だ」

「僕、クラスで一番背が低いんだ」

「気にすることはない。今はエネルギーを蓄える時で、それが爆発すれば、一気に大きくなれる。そのうち骨の伸びる音が、ギシギシ聞こえてくるようになるよ」

と、気掛かりだった。「今朝の新聞に出ていましたけど、注1宮沢首相が……」と言い掛けて口をつぐんだり（博士の知っている首相は三《み》木《き》武《たけ》夫《お》までだった）、「夏の注2バルセロナオリンピックまでに、テレビを買ったらいかがですか」などとつい言ってしまったりするたび（彼にとってオリンピックはミュンヘンが最後のはずだった）、②後悔した。

しかし表面上、博士は気にしている様子を見せなかった。会話がついて行けない方向へ進んだときは、怒りもせず、焦りもせず、再び自分が発言できる状態になるまで待つだけのことだった。ただ、私の身の上については尋ねようとしなかった。この仕事をはじめてどれくらいになるのか、どこの出身か、家族はいるのか、一切聞かなかった。たぶん、同じ質問を何度もしてしまい、煩《わずら》わしい思いをさせるのではと危《き》惧《ぐ》していたからだろう。

つまり③私たちが何の心配もなく話せるのは、数学についてだけだった。学校へ行っていた頃から数学は教科書を見ただけで寒気がするくらい嫌いだったが、博士が教えてくれる数の問題は、素直に頭に入った。家政婦として雇い主の興味に合わせようとしたからではなく、教え方が上手だったせいだ。数式を前にして彼が発する驚嘆のため息や、美を讃《たた》える言葉や、瞳の輝きは、それだけで意味深かった。

一度教えたことを忘れてくれるおかげで、遠慮なく何度でも同じ質問ができるのも重要なポイントだった。普通の生徒が一回で分かることを、私は五回、十回説明してもらってようやく理解できる有様だった。

「注3友愛数を最初に見つけた人は立派ですね」

「そうとも。ピュタゴラスだよ。紀元前六世紀の話だ」

「そんなに昔から数字はあったんですか」

「もちろん。江戸時代の終わり頃にでも生まれたと思っていたのかね。数は人間の出現する以前から、いや、この世が出現する前からもう存在していたんだ」

私たちが話をするのは食堂と決まっていた。④博士は食卓についているか、安楽《あんらく》椅《い》子《す》で寛《くつろ》いでいる。私はガスレンジの鍋をかき混ぜているか、流しで食器を洗っている。

「はあ、そうなんですか。数字は人間が発明したものかと思っていました」

「いいや違う。自分たちで発明したのなら、誰も苦労はしないし、数学者だって必要ない。数の誕生の過程を目にした者は一人もいない。気が付いた時には、もう既にそこにあったんだ」

【第二部】

本当に私が警戒心を解き、博士を信用するようになったのは、博士と息子が出会った、最初の瞬間からだった。

前の晩約束したとおり、私は息子に地図を渡し、学校から真っすぐ博士の家へ来るよう言い含めていた。仕事場に子供を引き入れるのは組合の就業規則に引っ掛かるだろうし、気は進まなかったのだが、あの博士の迫力には逆らえなかった。

ランドセルを背負ったままの息子が玄関に姿を現わした時、博士は笑顔を浮かべ、両腕を一杯に広げて彼を抱擁《ほうよう》した。《……と、その息子10歳》のメモを指し示し、事の成り行きを説明する暇もなかった。その両腕には、目の前にいるか弱い者をかばおうとする、　X　があふれていた。自分の息子がこんなふうに誰かに抱擁されている姿を目のあたりにできるのは、幸せなことだった。それどころか、ああ、自分もこんなふうに博士から迎えられたいなあ、という気にさえなるのだった。

「遠い所、よく来てくれた。ありがとう、ありがとう」

博士は言った。初対面の私に毎朝必ず繰り出す、数字の質問さえしなかった。

息子は思いがけない歓迎ぶりに困惑し、身体を強《こわ》ばらせていたが、口元だけはゆるませ、彼なりに相手の熱意に応えようとしていた。それから博士は息子の帽子を取り（タイガースのマーク入り帽子）、

1　A　いわば　B　まったく　C　しかし　D　もちろん
2　A　しかし　B　すこしも　C　かりに　D　たとえば
3　A　要するに　B　もちろん　C　もしも　D　ところが
4　A　つまり　B　けっして　C　もちろん　D　しかし

問10　この文章の内容に**合致するものには**「**1**」を、**合致しないものには**「**2**」を選びなさい。解答番号は⑭～⑱

(ⅰ)　⑭　インフォデミックとは、事実に即した情報と事実と異なる情報とがSNSなどで広まり、人々の思考を大いに乱す現象で、特にコロナ禍において人々に注目された。

(ⅱ)　⑮　自分の価値判断の基準を広げるためには、読書や芸術に接することや異なる立場の人々と交流するだけでなく、自分には無益な情報や陰謀論にも精通することが重要である。

(ⅲ)　⑯　動物の血は情報選別の妨げになるので、これを制御するために自制心が必要であるが、同時に動物の血は仕事での成果を上げる力になり、困難な状況を克服しやすくなる。

(ⅳ)　⑰　負けないことを目標に設定して過程に最善を尽くす姿勢を持ち続けることが、今の経済界に広がっている結果至上主義を一掃するために最も重要なことである。

(ⅴ)　⑱　良い結果につなげようという目標を持ちながらも、過程においては公正であることを忘れずに、一心不乱に努力を積み重ねることで、おのずと最善の結果が生まれる。

二

次の文章は、小川洋子《おがわようこ》『博士の愛した数式』の一節です。家政婦として働きながら一人で子供を育てている主人公の「私」は、事故により八十分しか記憶がもたなくなった元数学者の「博士」の世話をするよう、「博士」の義理の姉である「未亡人」に頼まれました。「私」の仕事中、十歳の息子は夜の七時過ぎまで一人きりで過ごすことになっていましたが、そのことを初めて知りひどく心配した「博士」は、明日からここに連れてくることや母親のそばで一緒に過ごすことを強い口調で約束させました。そして、「博士」はその約束を忘れないようにするために紙にメモをして洋服に付けました。よく読んで、後の問いに答えなさい。

【第一部】

家が小さく、来客がないばかりか電話さえ一度として鳴らず、作る食事は、食べ物に興味のない小食の男用一人分だけということで、博士のケースは家政婦の労働基準からすれば楽な部類だった。決められた時間内でできるだけ効率のよい働きをするよう求められてきたかつての経験と比べ、掃除でも洗濯でも料理でも、丁寧に時間を掛けてできるのがうれしかった。博士が新しい懸賞問題に取り組み始める時期を見極め、邪魔をしないコツもつかめてきた。私は食卓を心行くまで専用ニスで磨き上げ、ベッドのマットレスをパッチワークで縫い、どううまく誤魔化して人参《にんじん》を食べてもらおうかと知恵を絞った。

ただ一番の困難は、博士の記憶の仕組みを把握することだった。未亡人によると、彼の記憶は一九七五年で停止しているらしいが、例えば彼にとっての昨日はいつになるのか、明日を予測できるのか、この不自由さがどれくらいの苦痛をもたらしているのか分からなかった。

①何日経っても私の存在を覚えられないのは間違いないようだった。袖口《そでぐち》に留めた似顔絵付きのメモは、私が初対面の人間でない事実を博士に教えるだけで、一緒に過ごした時間を蘇らせる手助けにはならなかった。

買い物に出る時はできるだけ一時間二十分以内で戻ってくるように努めた。数学者にふさわしく、脳味噌《のうみそ》に設置された八十分の計測器は時計以上に正確だった。「行ってまいります」と玄関を出てから、一時間十八分後に帰宅すれば、「やあ、お帰り。ご苦労だったね」と言って迎えてくれた。ところが一時間二十二分かかってしまうと、第一声は「君の靴のサイズはいくつかね」に逆戻りだった。

私は自分が知らず知らずのうちに不用意な発言をしてはいないか

号で答えなさい。解答番号は⑪

先　生「この部分では、具体例としてゴリラの社会性が挙げられていますが、筆者はなぜこの具体例を出したのでしょうか？」

生徒Ａ「はい。喧嘩になった場合でも集団の中で関係が悪くならないような仕組みができている例を挙げたかったのだと思います。」

生徒Ｂ「それだけでは答えとして不十分だと思うよ。そのゴリラ社会の仕組みを知って、人間はどのように参考にしていけばよいのか、というところまで考えなくちゃ。」

生徒Ｃ「なるほどね。そうすると『　Ｙ　』という筆者の考えを補強するためにゴリラ社会の例を挙げた、ということだね。」

先　生「みんな、積極的に発言してくれてありがとう。いくつかの良い答えが出てきましたが、どれも大切な事だと思います。」

1　勝つことだけを目指すと結果主義になりやすく、周囲との関係も悪くなりやすい。しかし、負けないことを目標にすると純粋な精神で継続的に物事に取り組むことができるようになる

2　相手と対等であろうとすると自分の給料や他者の評価が気になりやすい。もし負けてしまうと相手に恨みや憎しみを抱き、それまでの集団の秩序が乱れてしまう恐れもある

3　勝つことだけを目標にしている人は勝てなくなると止めてしまうことが多い。負けても諦めずに継続する心の強さを持つことで、相手を思いやることができるようになる

4　お互いに対等でいたいという思いはゴリラ社会と人間社会に共通する。さらに、喧嘩を仲裁する仕組みにも共通点があるので、全体のバランスを整えることができている

問8　⑥「終わりよければすべてよし」とありますが、筆者は本文中でこの言葉をどのように解釈していますか。その説明として最も適当なものを次の中から選びなさい。解答番号は⑫

1　本来は「物事は結末さえよければ過程がまずくても問題にならない」という意味であり、筆者は「途中経過で不正を働いても周囲の人々を結果的に幸せにするならば許されるという意味を持つ言葉」としたうえで、「結果という明確な目標を見据えたうえで、過程の一つひとつに没頭する姿勢を具現化した言葉」としている。

2　本来は「結果がよければその途中経過では何があろうとも許される」という意味だが、筆者は「一部の結果主義の人達からは目的達成への手段を選ばないための口実として使われやすい言葉」としたうえで、「結果を明確に意識したうえでその結果に結びつけるための努力の仕方を考えることが重要であることを示す言葉」としている。

3　本来は「物事の結末が大事であり過程は問題にならない」という意味であり、筆者は「自分たちの利益のために弱者を犠牲にするような、結果さえよければ過程は無視するという意味を持つ言葉」としたうえで、「結果ばかりに囚われず過程の一つひとつに最善の手を尽くすべきだと考える筆者とは相反する言葉」としている。

4　本来は「最終的に良い結果が見込めるのであれば、途中経過での不正行為も見逃してもらえる」という意味だが、筆者は「結果がよければ経過はどうでもいいという誤解を受けやすい言葉」としたうえで、「適切な手段を用いて最善を尽くすことが大切であり、結果を追求しつつも正しい方法で目的に向かうことを説いた言葉」としている。

問9　Ａ～Ｄに当てはまる言葉の組み合わせとして、最も適当なものを次の中から選びなさい。解答番号は⑬

さい。解答番号は⑥

1　関係の浅いものでも自分の修養に役立たせること。

2　秀逸なものを用いて平凡なものの質を高めること。

3　有益なものとそうでないものが存在していること。

4　一見すると良いものだが実際には役に立たないこと。

問4　③そうした脳の傾向とありますが、それはどのような傾向ですか。その説明として最も適当なものを次の中から選びなさい。解答番号は⑦

1　思考力や判断力といった理性よりも、想像力や直観力といった感性を優先する傾向。

2　自分にとって都合のよい情報を選《え》りごのんで収集し、それを正しいと思い込む傾向。

3　真実も虚偽《きょぎ》も含んだ大量の情報が、それを選ぶ人間の意識や考えを混乱させる傾向。

4　自分が賛同したい意見だけに耳を傾けて、反論してくる人には攻撃的になる傾向。

問5　④動物の血をコントロールする術も身につけておく必要があるとありますが、それが必要である理由を説明したものとして、最も適当なものを次の中から選びなさい。解答番号は⑧

1　目の前にあるマシュマロを食べてしまいたいという動物の血を自制する心の強さが、生育環境や経済状況をも乗り越えて、将来の自分を高学歴に導くということを証明するため。

2　自分にとって好ましい情報を選びたいという本能的な衝動に抗い、情報の真偽を自らの知識と経験によってのみ判断することで、ものごとをバランスよく見るセンスを向上させるため。

3　社会的な集団の中で争いが起こった際に、相手から恨みや憎しみを向けられるほどに打ちのめしてしまい、お互いの対等な関係を崩壊させてしまうことの無いようにするため。

4　人間に本来備わっている感情や欲望などに流されずに、客観的な判断を理性的に行うことで情報の真偽を判断する力を高め、根拠に乏しい誤った情報に惑わされないようにするため。

問6　⑤マシュマロ実験とありますが、筆者はこの実験をどのようなことの裏付けとして挙げていますか。その説明として最も適当なものを次の中から選びなさい。解答番号は⑨

1　二つのマシュマロを手に入れた子どもを追跡調査すると社会的・経済的地位が高くなっていたことに着目し、自分を律する習慣が仕事の成果を上げるだけでなく、困難を乗り越える手助けにもなることの裏付けとしている。

2　再現試験の結果、子どもの育つ経済的背景も社会での成功への影響がある点に着目し、幼少期の生育環境による影響よりもその後の40年の継続した努力の方が社会的成功への影響が大きいことの裏付けとしている。

3　欲求を抑制する工夫として子ども自身が目をふさいだり机を蹴ったりする点に着目し、欲求の我慢は心への負担が大きすぎるので、欲求を律する姿勢を目指す方が心身の成長に適しているということの裏付けとしている。

4　二つのマシュマロを手に入れた子供が全体の3分の1しかいないことに着目し、大人の目を気にして理性の血を優先させる子どもは少数派であり同級生たちからも距離を置かれてしまうことの裏付けとしている。

問7　本文中の［　］で囲まれた部分について、後の各問いに答えなさい。

(1)　［X］に入る言葉として最も適当なものを次の中から選びなさい。解答番号は⑩

1　手玉に取る

2　矛を収める

3　雌雄を決する

4　拍車をかける

(2)　次の会話は、この部分を読んだ先生と生徒との会話です。［Y］に入る内容として最も適当なものを後の中から選び、記をたくさん売っても「すべてよし」とはなりません。弱者を犠牲にして利益を上げても、絶対に「すべてよし」ではありません。

[A]、結果主義に走りすぎると、公正であるべき土俵《どひょう》を見失い、目的のために手段を選ばずとなって、よからぬ過程を踏むことになりかねません。

大事なのは、結果という目標を見据えながらも、一つひとつの過程において最善を尽くすことです。[B]、目的のために過程をおかしなほうへ曲げたり、疎かにしたりしないことです。

今はことさら効率や結果が求められる風潮があるゆえに、結果を出すことへの圧力は増しているように感じられます。

しかし、結果ばかりに囚われず、過程の一つひとつにおいて最善の手を打つという姿勢でやっていれば、自ずといい結果が生まれるはずです。

[C]、ベストを尽くしたものの、そのときの環境や条件によっては、思うような結果に恵まれないこともあるでしょう。

[D]、その努力はけっして無駄にはなりません。そこでなされた努力は、また次に生きてきます。

目標となる結果を意識し、そこから努力の仕方を考えることは当然必要ですが、何でもありの結果至上主義にならないよう、気をつけないといけません。

目標を頭に叩《たた》き込んだら、いったんそれを忘れるくらいに、過程の一つひとつにベストを尽くす。その積み重ねが、最善の結果をもたらしてくれるのです。

（丹羽《にわ》宇一郎《ういちろう》『仕事がなくなる！』より。
作問の都合上、一部表記を改めています。）

注1　陰謀論…出来事や状況に対して、偏見や不十分な証拠に基づいて「邪悪な組織が関与している」と断定したり信じたりしようとするもの。

注2　リテラシー…その分野に関する十分な知識や情報を収集し、かつ有効活用できる能力のこと。

注3　運用益…資産を保有している間に継続的に得られる収益のこと。

注4　按配…物事の具合・様子・程合いを考えて、程よく処理すること。

問1　二重傍線部a～dのカタカナを漢字に直した場合、同じ漢字を用いるものを後の中からそれぞれ一つずつ選びなさい。解答番号は①～④

a ガイ念　①
1　ガイ略をまとめる。　2　権利を侵ガイする。
3　条件にガイ当する。　4　弾ガイ裁判を起こす。

b ボウ大　②
1　ボウ力をふるう。　2　気体がボウ張する。
3　工ボウで働く。　4　多ボウな日々を送る。

c テン型　③
1　物語がテン開する。　2　テン然の魚を食べる。
3　式テンに参加する。　4　車輪が回テンする。

d カン和　④
1　カン容な態度をとる。　2　構造の不備を補カンする。
3　勇カンな人と会う。　4　カン慢な動きをする。

問2　①自分の価値判断の基準とありますが、これを広げるために必要なことは何ですか。その説明として適当ではないものを次の中から一つ選びなさい。解答番号は⑤

1　読書を通じて得た考え方を用いて、落ち着いて物事を見つめる姿勢を養うこと。
2　芸術の美に触れることを通じて、物事の本質や全体をつかむ力を育むこと。
3　世間に出回る真偽不明かつ大量の情報が正しいか否かを、バランスよく判断すること。
4　他人の様々な意見を注意深く聞き取り、自分の見解を深める努力を怠らないこと。

問3　②玉石混淆の意味として最も適当なものを次の中から選びな

マロを手に入れられるかどうかは「子どもの育つ社会的・経済的背景」も影響することもわかりましたが、それでも自制心と社会的成果には、一定の関連性があるのは確かだと思います。

　自制心があれば、それだけ努力ができる力があるわけですから、仕事で成果を出しやすくなるのは当然と言えます。もっとも、自制心を持つことの意義はそれだけではありません。

　仕事で壁に阻まれたり、困難な状況に陥ったりしたときは、しばしば忍耐が求められます。耐える力、すなわち自制心とは、言い換えれば自分に打ち勝つ力です。

　このとき、自分に打ち勝つ力のある人ほど、普段から自分を律する習慣を持っているはずです。

　動物の血を優先させ、欲望の赴くままに生きれば、自分勝手な振る舞いになり、周囲との軋轢《あつれき》が生まれ、最後は孤立してしまうでしょう。

　自分の欲望を「律する」という姿勢を忘れず、自分に勝つ力を備えている人は、荒ぶる動物の血を手なずけることができます。

　一方で「我慢する」という感覚だと、ストレスがたまったり、心が折れてしまうことがあるかもしれません。ですから「我慢」よりは、「いい注4按配《あんばい》に整える」という感覚を伴う「律する」姿勢のほうが、動物の血をうまくコントロールできるように思います。

　自分を上手に律する習慣を日頃から身につけていれば、仕事において成果を上げやすくなるだけでなく、困難な出来事があったときにも、必ずや役に立つはずです。

　ゴリラの研究で知られる京都大学前総長の山極壽一《やまぎわじゅいち》さんによれば、ゴリラは争いになったとき、相手に「勝つこと」より、「負けないこと」を考えるそうです。

　その理由は、ゴリラは相手と対等でありたいと考える、社会的な生き物だからです。対等であろうとするのは、勝ってしまうと相手の恨みや憎しみを買って、グループの秩序が乱れるからだそうです。

　オスのゴリラ同士で喧嘩《けんか》になったときは、対等であろうとするために歯止めが利かなくなり、メスや子どもが仲裁に入って［　X　］といいます。

　つまり、ゴリラは群れ全体で、喧嘩している片方が勝って関係が悪化することのないような仕組みをつくっているというわけです。

　ゴリラのように、人間も勝つことを目標にするのではなく、負けないようにすることを重んじたほうが有意義な人生を送れるのではないか、と私は思います。

　勝つことを目標にすると、お金が欲しいとか、早く評価を得たいなどの邪念が入りやすくなります。その点、負けないことを目標にすると、純粋な気持ちでものごとに打ち込めるので、結果的に長く保てると思います。

　勝つことだけを目指している人は、勝てなくなればそれで終わりですが、負けないということには勝たなくてはいけないという目標がないので、限界がありません。

　負けないとは、自分の心に負けないことも意味するため、最終的に心の強さにも関係しますが、そういう姿勢でいたほうが、敗者を徹底的に打ち負かしてしまうようなこともなく、全体のバランスからしてもいいのでしょう。

勝つことを目標とせず、常に負けないようにする姿勢は、行きすぎた結果主義を戒めることにもつながります。

⑥「終わりよければすべてよし」という言葉があります。これを終わり、すなわち結果がよければ過程はどうでもいいととらえる人がいるかもしれませんが、それは誤解です。

　会社が自分たちの利益のために、業界のルールを捻《ね》じ曲げて商品だけを知ろうとするという傾向があります。つまり人は、自分の欲望を土台にし、そこから見たい世界を切り取っているのです。

たとえば、株の注3運用益で生活をしている人が、政府の金融dカン和策によって株価が上がり、大きな利得を手にすることがあれば、もしその対策に明らかな弊害があったとしても、その経済対策を全面的に支持するでしょう。

ＳＮＳの普及は、③そうした脳の傾向に拍車をかけています。いわゆる「エコーチェンバー」という現象がそうです。

エコーチェンバーとは、ＳＮＳを利用する際、自分と似た興味・関心を持つユーザーをフォローし、次に自分から同様の意見を発信すると、また自分と似た意見が返ってきて増幅される状況を、閉じた小部屋で音が反響する物理現象にたとえたものです。

ときには根拠のない陰謀論のように、自分の意見や思想が多くの人から肯定されることで、それが正しいものだと勘違いすることも起こります。エコーチェンバーによって自分の意見や考えは揺るぎない正しいものとして固定されていくのです。

このように人は情報や知識といったものを、理性ではなく、自分の欲望に従って選びとる生き物だという認識を持つ必要があります。

たとえば、政治や社会の問題といったものが、一つの意見でまとまることはまずありません。必ずさまざまな意見や立場があります。

そこには客観性を持って理性的に考える人がいる一方で、社会が損害を被ったとしても、自分の立場や利得だけを考えて意見を主張する人もいます。後者の場合、こう考えたほうが自分にとって得だというような、動物の血を優先しているわけです。

理性の血を忘れ、感情に任せて情報に接すると、それらに対して正しく向き合えなくなるのです。年老いた親がいつのまにか陰謀論を信じるようになっていて驚いたという話を耳にすることがありますが、加齢で自制心が弱まり、理性の血が動物の血に負けてしまったのかもしれません。

おかしな情報に振り回されないためには、幅広い知識や、ものごとをバランスよく見るセンスを身につけるだけでなく、④動物の血をコントロールする術《すべ》も身につけておく必要があるということです。

動物の血をコントロールするのは自制心です。この自制心が人生にどのような影響を与えるかを調べた「⑤マシュマロ実験」という有名な実験があります。

元スタンフォード大学教授で、現在コロンビア大で心理学を教えるウォルター・ミシェル教授が、１９７０年に子ども時代の自制心と社会的成果の関連性を調査したものです。マシュマロ実験は１８６人の４歳児が机と椅子があるだけの部屋に一人ずつ通され、実験者が子どもにマシュマロを一つ差し出し、「私はちょっと用がある。食べてもいいけど、15分後に戻ってくるまでに我慢できれば、もう一つあげる。私がいない間に食べたら、もう一つはなしだよ」と言って部屋を出ていき、その子どもたちの行動を観察するというものです。

一人残された子どもたちは、マシュマロを見ないように目をふさいだり、机を蹴ったり、小さな縫いぐるみのように撫《な》でたりして、誘惑に抗《あらが》います。15分間我慢して二つのマシュマロを手に入れた子どもは、全体の約3分の1でした。

その後、40年にわたって追跡調査をすると、二つ目のマシュマロを手に入れた子どもは、大学進学適性試験（ＳＡＴ）のスコアが平均点より２１０ポイントも上回っており、45歳のときは自分の希望する仕事に就いていたり、社会的・経済的地位が高い人の割合が目立って高かったのです。

このことから自制心の強い子どもは、そうではない子どもと比べ、勉強や仕事において成果を上げる割合が明らかに多いことがわかりました。

その後、別の専門家が再現試験を行ったところ、二つ目のマシュ

二〇二四年度

浦和実業学園高等学校（第三回併願）

【国語】（五〇分）〈満点：一〇〇点〉

一 次の文章をよく読んで、後の問いに答えなさい。

コロナ禍においては、「インフォデミック(infodemic)」という aガイ念が注目されました。インフォデミックとは、情報(information)と感染症の広がりを意味するエピデミック(epidemic)を組み合わせた造語で、SNSなどを通して不確かな情報と正確な情報が広まる現象のことです。

コロナ禍が広がっていく過程においては、ウイルスの特性、ワクチン接種やマスクなどの対策に対して、何が正しくて何が間違っているのか定かではないさまざまな情報が溢《あふ》れ、どの情報に接しているかによって、立場や意見が大きく分かれました。

なかにはフェイク情報に踊らされ、注1陰謀論めいた見解に傾く人もたくさんいます。

このように、真実とフェイクが入り交じったSNSなどによる大量の情報が、人々の意識や考えを混乱させる現象は、世界中で起きています。

アメリカのトランプ前大統領の発言が象徴的ですが、日本でも新型コロナウイルスに関しては、何が本当かわからないという状況がSNSによって増幅されました。

まさに「anything can happen」。どの情報が正しいかわからず、bボウ大な情報の海のなかで的確な判断をすることがいかに困難か、しみじみ感じている人も多いでしょう。

そうなると何よりも大事なのは、自分の頭できちんと考え、正しく判断し、行動することです。

そのためには「①自分の価値判断の基準」をいかに広げるかがポイントになります。

そのために必要なのは、まずは読書。本を読むことで思考力を身につけ、ものごとを冷静に見つめ、きちんと判断する力を培う。読めば読むほど、不可解な「人間の本質」についても理解できるようになります。次に音楽などの芸術に接して感性を研ぎすまし、想像力を広げ、直観力を磨く。そしてさまざまな立場や異なる見解を持った人たちと、できるだけ多く接し、彼らの言うことに耳を傾ける。

そうした努力で「自分の価値判断の基準」を広げていくのです。

「自分の価値判断の基準」が確固たるものになれば、バランスのとれた判断ができますから、この情報はおかしいとか間違っているといった、情報に対する注2リテラシーが高くなるのです。

②玉石混淆《ぎょくせきこんこう》の情報に惑わされないために、もう一つ大事なことがあります。それは、人間が持っている「動物の血」を律することです。

人間には本質として、「理性の血」と、自然の本能とも言える「動物の血」が入り交じっています。

どれほど理性的な人であっても、根底には必ず動物の血が流れています。動物の血は、ときとして自分が生き延びるために人の命を奪うことまであり、それゆえ常に理性の血によってコントロールされなくてはなりません。

際限のない欲望、快楽、怒り、嫉妬《しっと》、憎しみといったものは、動物の血がなせるものです。そうしたものがあるからこそ人間らしさも生まれるのですが、それがコントロールできないほど表に出てくるのは問題です。戦争は、そのcテン型例とも言えるでしょう。

では、情報リテラシーと動物の血との間には、どのような関係があるのでしょうか。

先ほど、情報リテラシーを高めるには動物の血を律する必要があると述べたのは、自分の欲望に従って情報に接していると、偏った正しくない情報に傾く危険があるからです。

人間には本質として、自分が見たいものだけを見、知りたいもの

英語解答

1 ①　3　②　3　③　2　④　2

2 ⑤　2　⑥　3　⑦　2

3 ⑧　1　⑨　4　⑩　3　⑪　2
⑫　3　⑬　1　⑭　3　⑮　3
⑯　4　⑰　1　⑱　1　⑲　1
⑳　4　㉑　2　㉒　2

4 ㉓　5　㉔　3　㉕　6　㉖　5
㉗　3

5 ㉘　2　㉙　3　㉚　2　㉛　4
㉜　1　㉝・㉞　3，5

6 ㉟　1　㊱　4　㊲　4　㊳　2
㊴　4　㊵・㊶　1，5

数学解答

1 (1)　1　(2)　②…－　③…5
(3)　④…4　⑤…9　⑥…7　(4)　8

2 (1)　⑧…4　⑨…3
(2)　⑩…1　⑪…9
(3)　⑫…－　⑬…5　⑭…－　⑮…3
(4)　⑯…±　⑰…3

3 (1)　⑱…1　⑲…3　⑳…7　㉑…3
㉒…6
(2)　㉓…6　㉔…2　㉕…2　㉖…2
㉗…2　㉘…6
(3)　㉙…1　㉚…1　㉛…0　㉜…0
㉝…3　㉞…6

4 (1)　㉟…7　㊱…6
(2)　(i)　㊲…2　㊳…7
(ii)　㊴…1　㊵…7　㊶…2

国語解答

一 問１　a…1　b…2　c…3　d…4
問２　3　問３　3　問４　2
問５　4　問６　1
問７　(1)…2　(2)…1　問８　3
問９　4
問10　(i)…1　(ii)…2　(iii)…2　(iv)…2
(v)…1

二 問１　2　問２　2　問３　1
問４　1　問５　4　問６　2
問７　3　問８　1　問９　2
問10　4　問11　4　問12　3

2023年度　浦和実業学園高等学校（第１回併願）

【英　語】　（50分）〈満点：100点〉

（注意）　1，2は，リスニング（聞き取り）問題です。試験開始のチャイムが鳴ったら，１ページ目を開き，問題の指示に従って解答してください。

1　放送される三つの英文のうち，写真の説明として最も適当なものを１～３の中から一つずつ選びなさい。英文は二回ずつ放送されます。解答番号は①～④

Picture 1（①）

1.

2.

3.

Picture 2（②）

1.

2.

3.

Picture 3（③）

1．

2．

3．

Picture 4（④）

1．

2．

3．

（1 の放送終了後，10秒間の休止があります。次の問題に進んで構いません。）

2 英語の会話が三つ放送されます。最後の発言に対する相手の応答として最も適当なものを１～４の中から一つずつ選びなさい。会話は二回ずつ放送されます。解答番号は⑤～⑦

（⑤） 1．That's a good idea. But I don't know what size to get.
2．A sweater is a nice present. I want to know her favorite color.
3．I'll take your advice and buy something other than clothes.
4．Sounds good. You should buy a sweater before winter comes.

（⑥） 1．No, I can't open the window. The lock is broken.
2．I want to be here. I don't feel hot.
3．I'd like to, but the meeting will start soon.
4．Yes, you can leave the room right now.

（⑦） 1．You're right. I think you'll be here on time.
2．Hmmm. OK. I'll wait until you get here.
3．That's too bad. You're on the wrong train.
4．Give me the reason. Why are you going to be late？

（2 の放送終了後，次の問題に進んで構いません。）

※＜**リスニング問題放送原稿**＞は英語の問題の終わりに付けてあります。

3 次の英文の(　)に入る最も適当なものを1～4の中から一つずつ選びなさい。解答番号は⑧～㉒

(⑧) The full moon (　　) last night.

1. was seen　　2. saw
3. was seeing　　4. has seen

(⑨) Ken and I (　　) to the radio then.

1. were listening　　2. was listening
3. listening　　4. has listened

(⑩) She was happy (　　) that.

1. to hear　　2. to hearing
3. heard　　4. hears

(⑪) All the students stopped (　　) and looked at Mr. Smith.

1. talk　　2. talking
3. talked　　4. to talking

(⑫) I can't play the piano (　　) as my sister.

1. better　　2. as good
3. as well　　4. best

(⑬) This smart phone is (　　).

1. myself　　2. my　　3. me　　4. mine

(⑭) We had (　　) snow last year.

1. a few　　2. many　　3. much　　4. a lot

(⑮) My grandmother made the cake (　　) me.

1. to　　2. by　　3. of　　4. for

(⑯) (　　) here, and you can see the beautiful rainbow.

1. Came　　2. Come　　3. Will come　　4. Comes

(⑰) Mr. Tanaka will go to Hawaii next year, (　　) he ?

1. doesn't　　2. isn't　　3. won't　　4. didn't

(⑱) Has the baseball game (　　) yet ?

1. begun　　2. began　　3. begin　　4. beginning

(⑲) That mountain (　　) with snow is Mt. Akagi.

1. cover　　2. to cover
3. covering　　4. covered

(⑳) A : (　　　　) countries have you visited ?
B : I've visited eight countries.

1. How often　　2. How many
3. How much　　4. How long

(㉑) A : (　　) bus goes to Minami Urawa station ?
B : Blue one does.

1. Which　　2. Where　　3. How　　4. When

(㉒) A : (　　) took these pictures ?
B : Mr. Suzuki did.

1. What　　2. Where　　3. When　　4. Who

4　次の日本語に合うように，与えられた語(句)を並べかえて，(　)内で４番目に来るものを１～７の中から一つずつ選びなさい。なお，文頭に来る語も小文字になっている。解答番号は㉓～㉗

(㉓)　ここは私が昨年訪れた街です。

(1．last year　2．I　3．is　4．this　5．the　6．visited　7．town).

(㉔)　彼女は昨日あまりに疲れていたので，勉強することができませんでした。

She (1．study　2．she　3．was　4．that　5．so　6．couldn't　7．tired) yesterday.

(㉕)　どれくらいこの国に滞在する予定ですか。

(1．long　2．to　3．stay　4．are　5．going　6．you　7．how) in this country?

(㉖)　放課後に映画を見に行きませんか。

(1．we　2．to　3．shall　4．see　5．go　6．movie　7．a) after school?

(㉗)　あなたの学校までの道を教えていただけますか。

(1．me　2．tell　3．way　4．could　5．the　6．to　7．you) your school?

5　次の英文を読んで，後の問いに答えなさい。＊印の語には注があります。解答番号は㉘～㉞

A young boy from a poor *neighborhood was selling candy door-to-door to get money for school. One day, he had only one dollar, but he was so hungry that he wanted to ask for a meal at the next house. When a woman of middle age opened the door, ㉘he lost his nerve and asked for a glass of water *instead. The woman was not wealthy, but she thought he was hungry. She brought him a large glass of milk.

"This is all I have," he said as he slowly finished the milk and took the dollar out of his pocket. The woman *replied, "*You don't owe me anything. My mother taught me never to take money for ［ ㉙ ］. Be strong, young man. You'll be great in the future." When the boy left the woman's house, he felt stronger in his body and was *encouraged by her kindness.

After that day, the woman sometimes thought about the boy and her *impressions from that day. ㉚It was a happy memory for her as she never had any children of her own.

*In time, she got older and finally fell ill. The doctors did not know what was wrong so they sent her to a hospital in the city.

The woman needed a difficult *operation. When she woke up, she was very happy to be alive but she knew she faced ㉛another challenge. Without *health insurance or any family, she knew she would have to pay off her *medical *bills for the *rest of her life.

The next day, a doctor knocked on her door. A medical bill was in his hand. He smiled when he gave it to her. "Open it, please." She was *nervous as she opened it. The bill inside said, "Paid in full with ［ ㉜ ］." Then she recognized the boy.

＊neighborhood　地区　＊instead　代わりに　＊reply　答える
＊You don't owe me anything.　なにも気にしなくていいのよ。　＊encourage　励ます　＊impression　印象
＊in time　時が過ぎて　＊operation　手術　＊health insurance　健康保険　＊medical　医療の
＊bill　請求(書)　＊rest　残り　＊nervous　緊張して

(㉘)　下線部㉘の意味として最も適当なものを１～４の中から一つ選びなさい。

1．少年は図々しかった　　　2．少年はおじけづいた
3．少年は気を失いかけた　　4．少年はとても空腹だった

(㉙)　[㉙] に入る最も適当なものを１～４の中から一つ選びなさい。
1．sadness　　2．happiness　　3．kindness　　4．business

(㉚)　下線部㉚の理由として最も適当なものを１～４の中から一つ選びなさい。
1．自分に子どもができたように感じたから
2．少年に大きなグラス一杯の水をあげたから
3．少年が心身ともに強くなったから
4．少年が牛乳を全て飲みほしたから

(㉛)　下線部㉛の内容として最も適当なものを１～４の中から一つ選びなさい。
1．She will not be healthy again.
2．She will take another operation.
3．She will never meet the young boy.
4．She will have to pay for the operation.

(㉜)　[㉜] に入る最も適当なものを１～４の中から一つ選びなさい。
1．one glass of milk　　2．your insurance
3．medical bills　　4．your life

(㉝・㉞)　次の英文について，本文の内容に合うものを１～５の中から二つ選びなさい。ただし，解答の順序は問いません。
1．The boy was so hungry that he asked for a meal at the woman's house.
2．The boy took out one dollar for the glass of milk and the woman got it.
3．When the boy left the woman's house, he felt powerful in his body and heart.
4．She didn't have to pay the medical bills because her family was very rich.
5．The boy became a doctor and the woman met him in the hospital.

6　次の英文を読んで，後の問いに答えなさい。＊印の語には注があります。解答番号は㉟～㊶

*Once upon a time, there was a thirteen-year-old boy [㉟].　Every week, Joe and his friend Daniel would *meet up to go to the local McDonalds, and order a Big Mac with fries and a *fizzy drink.

Joe really liked hamburgers and during the week he couldn't stop thinking about the burger he would eat the *following weekend.　One night, he even dreamed about a burger because he was thinking about it so much . . .

In Joe's dream, a burger with *grated cheese *appeared, and ㊱it said to him, "Eat burgers. They're delicious !"　So Joe took the two hamburgers that appeared in his dream, and *gobbled them down.　But suddenly he began to feel sick because he ate too much, too quickly and his *tummy was hurting.　Just before waking up, Joe looked at himself in the mirror and saw that he had a big tummy like Santa Claus, so ㊲he shouted, "Noooooo !!"　He woke up and ran to the bathroom mirror to check his tummy.　It was just a dream.

The next day, like every Sunday, Joe and Daniel met up by the park to go for a burger, but that day ㊳a surprising thing happened.

When they were going into the restaurant, Joe stopped at the door and said, "Daniel, I don't want a burger today.　If we *keep on eating so many of them, we'll get fat or sick.　So, shall we change the burger for a salad today ?"

Daniel was so surprised and said, "So we're never going to eat burgers again ?"

"*Course we are ! I'm trying to say that we should eat salads more often. And by doing so, our *diet will be healthier. Don't you think ?"

"Yeah, [㊴]. Let's get a nice salad then," said Daniel with a smile.

The boys realized that fast food is delicious—but you should only eat it *from time to time and *instead eat a lot more vegetables for a healthy diet.

＊Once upon a time　昔々　＊meet up　待ち合わせる　＊fizzy drink　炭酸飲料　＊following　次の
＊grated cheese　粉チーズ　＊appear　現れる　＊gobble ～ down　～をがつがつ食べる
＊tummy　おなか　＊keep on　～し続ける　＊Course we are !　もちろん食べるよ！　＊diet　食事
＊from time to time　時々　＊instead　代わりに

(㉟)　[㉟] に入る最も適当なものを１～４の中から一つ選びなさい。

1．who loved to eat hamburgers and chips in fast-food restaurants
2．who didn't have any friends to go to the McDonalds with him
3．who didn't like going to the McDonalds to eat hamburgers
4．who was always thinking of the food that his friends were eating

(㊱)　下線部㊱の内容として最も適当なものを１～４の中から一つ選びなさい。

1．Joe's dream　2．A burger　3．A mirror　4．McDonalds

(㊲)　下線部㊲の理由として最も適当なものを１～４の中から一つ選びなさい。

1．サンタクロースになっていたから
2．目を覚ますことが出来なかったから
3．おなかがとても大きくなっていたから
4．我慢できないほどおなかが痛かったから

(㊳)　下線部㊳の内容として最も適当なものを１～４の中から一つ選びなさい。

1．ダニエルが公園でジョーと合流した後に，ハンバーガー屋に行ったこと
2．ダニエルがサラダを食べ続けることで，より健康になれると考えたこと
3．ジョーが健康のため今後はハンバーガーを一生食べないと言ったこと
4．ジョーがハンバーガーの代わりにサラダを食べようと提案したこと

(㊴)　[㊴] に入る最も適当なものを１～４の中から一つ選びなさい。

1．I can't understand your idea
2．I think you're right
3．I've already had healthy food
4．I don't agree with you

(㊵・㊶)　次の英文について，本文の内容に合うものを１～５の中から二つ選びなさい。ただし，解答の順序は問いません。

1．Joe and Daniel had a dream to eat a Big Mac with fries and a fizzy drink together.
2．Joe thought he had a big tummy because he ate too many hamburgers, but it was just a dream.
3．Joe's tummy didn't become big like Santa Claus, so he kept on eating hamburgers every day.
4．Daniel was surprised at Joe's idea of eating a salad, but he agreed to his offer.
5．Joe and Daniel thought that eating fast food was bad, so they began to eat vegetables every day.

＜リスニング問題放送原稿＞

これから，2023年度，第一回併願入試，リスニング問題を始めます。リスニングの問題は 1 と 2 です。

1　放送される三つの英文のうち，写真の説明として最も適当なものを1～3の中から一つずつ選びなさい。英文は二回ずつ放送されます。

(①)

1. This table is good for teatime outside.
2. This bench is used to do exercise.
3. This desk has a playing tool for kids.

(②)

1. Drivers are talking in the parking area.
2. There are many cars in front of the building.
3. Some cars are parked outside of the parking spaces.

(③)

1. They are running on the busy street.
2. They are carrying backpacks.
3. They are walking along the river.

(④)

1. They are talking about something and smiling.
2. They are watching a movie in a theater.
3. They are watching something on a computer.

2　英語の会話が三つ放送されます。最後の発言に対する相手の応答として最も適当なものを1～4の中から一つずつ選びなさい。会話は二回ずつ放送されます。

(⑤)

A : What should I buy for Mary's birthday?
B : She likes pink, so how about a pink bag?
A : Hmmm, but I think she already has a nice one . . .
B : Well, how about a sweater or something?

(⑥)

B : Tomo, can I open this window?
A : Sure, go ahead. Do you feel hot?
B : Yes. There are too many students in this small room for the meeting.
A : How about leaving the room to cool down for a while?

(⑦)

B : Hi, Satoshi. What's up?
A : Hi, Kumi. I'm going to be a little late . . .
B : Really? Late again?
A : I'm so sorry. I missed the train I was going to take.

以上でリスニング問題を終わります。引き続き，筆記問題に進んでください。

【数　学】 （50分）〈満点：100点〉

（注意）(1) 問題文の中にある $\boxed{\text{①}}$，$\boxed{\text{②}}\boxed{\text{③}}$，$\dfrac{\boxed{\text{④}}\boxed{\text{⑤}}}{\boxed{\text{⑥}}}$ などの①，②，③，④，⑤，⑥には，それぞれ 0，1，2，…，9 の数字または −，±，<，>，≦，≧ の符号・不等号の中からいずれか1つのみを選びマークしてください。

(2) 解答が分数の形で求められているときは，既約分数で答えてください。

(3) 解答が無理数の形で求められているときは，$\sqrt{}$ の中の数を最小の自然数にして答えてください。

(4) 解答欄が余るときは，その余った欄にはなにも記入しないでください。

(5) 解答欄が不足するときは，不足する部分の数や符号・不等号をマークしないでください。

(6) 定規，コンパス，分度器，電卓，計算機能付き機器等は使用しないでください。

1 次の計算をしなさい。

(1) $2-6\div2=\boxed{\text{①}}\boxed{\text{②}}$

(2) $-\dfrac{1}{4}-\left(\dfrac{1}{2}-\dfrac{1}{3}\right)=\dfrac{\boxed{\text{③}}\boxed{\text{④}}}{\boxed{\text{⑤}}\boxed{\text{⑥}}}$

(3) $\dfrac{4}{9}\div\dfrac{4}{\sqrt{3}}\div\dfrac{2}{\sqrt{3}}=\dfrac{\boxed{\text{⑦}}}{\boxed{\text{⑧}}}$

(4) $(2\sqrt{2}\,ab^2)^2\div(\sqrt{3}\,ab^2)^3\times9a^6b^4=\boxed{\text{⑨}}\sqrt{\boxed{\text{⑩}}}\,a^{\boxed{\text{⑪}}}b^{\boxed{\text{⑫}}}$

2 次の各問に答えなさい。

(1) 1次方程式 $12-4x=4(x-3)$ を満たす解は，$x=\boxed{\text{⑬}}$ である。

(2) 連立方程式 $\begin{cases}x-2y=-2\\2x-3y=1\end{cases}$ を満たす解は，$x=\boxed{\text{⑭}}$，$y=\boxed{\text{⑮}}$ である。

(3) 2次方程式 $2x^2+10x+9=0$ を満たす解は，$x=\dfrac{\boxed{\text{⑯}}\boxed{\text{⑰}}\boxed{\text{⑱}}\sqrt{\boxed{\text{⑲}}}}{\boxed{\text{⑳}}}$ である。

(4) $x=2023$，$y=2017$ のとき，$x^2-y^2=\boxed{\text{㉑}}\boxed{\text{㉒}}\times1010$ である。

3 次の各問に答えなさい。

(1) 大小2つのさいころを同時に投げて，大きいさいころの出た目を十の位，小さいさいころの出た目を一の位とする2桁の数を考えるとき，この数が素数になる確率は $\dfrac{\boxed{\text{㉓}}}{\boxed{\text{㉔}}}$ である。

(2) 右図のような直円すいの展開図において，おうぎ形の半径が5，円の半径が3であるとき，おうぎ形の中心角は $\boxed{\text{㉕}}\boxed{\text{㉖}}\boxed{\text{㉗}}^\circ$ である。

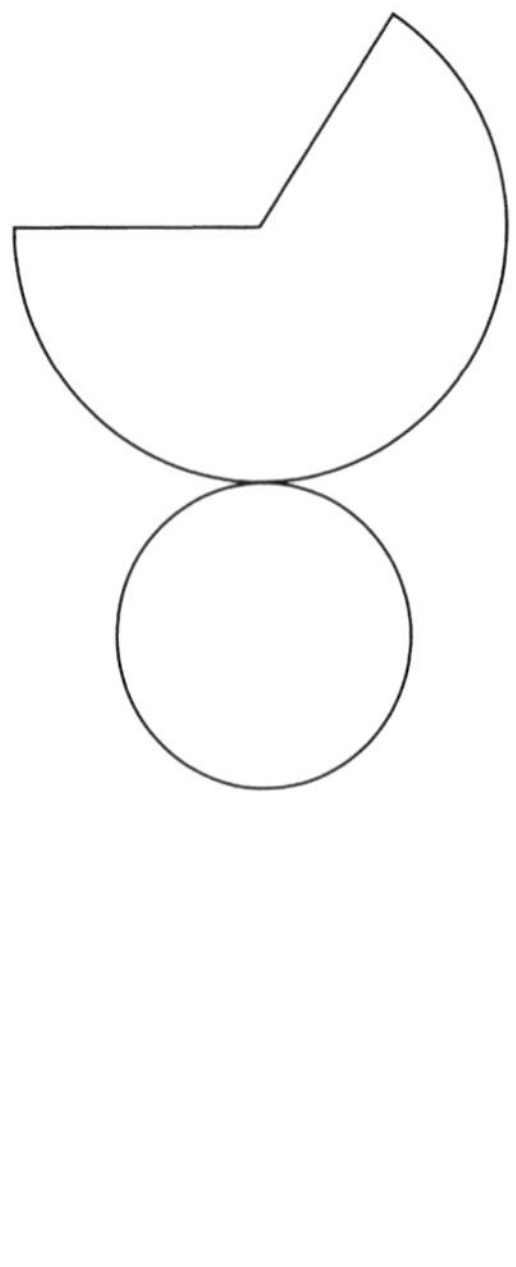

(3) 下図のような点Oを中心とする円において，Oを通る2つの線分AC，BDが垂直に交わっている。弧ABの中点をE，線分ACと線分DEの交点をFとするとき，EF：FD＝［㉘］：$\sqrt{［㉙］}$である。

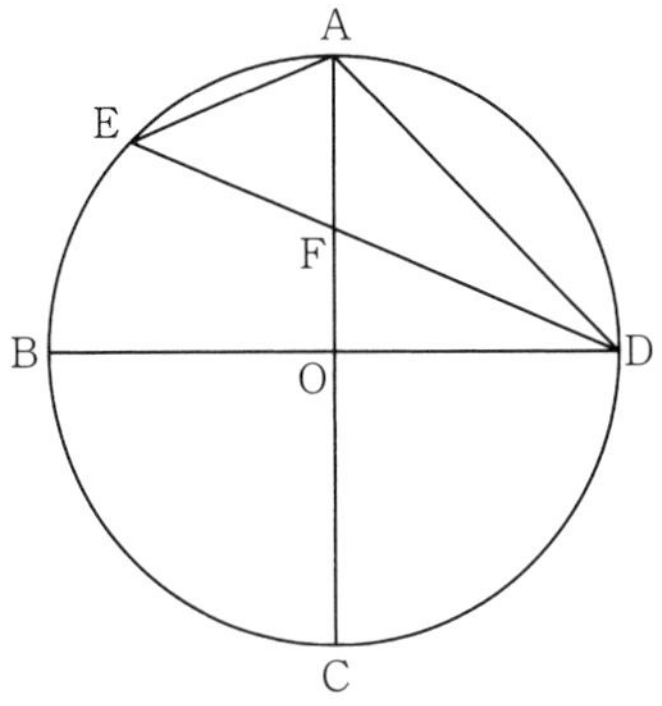

4 下図のような放物線$y=x^2$がある。4点A，B，C，Dがこの放物線上の点であるとき，後の各問に答えなさい。

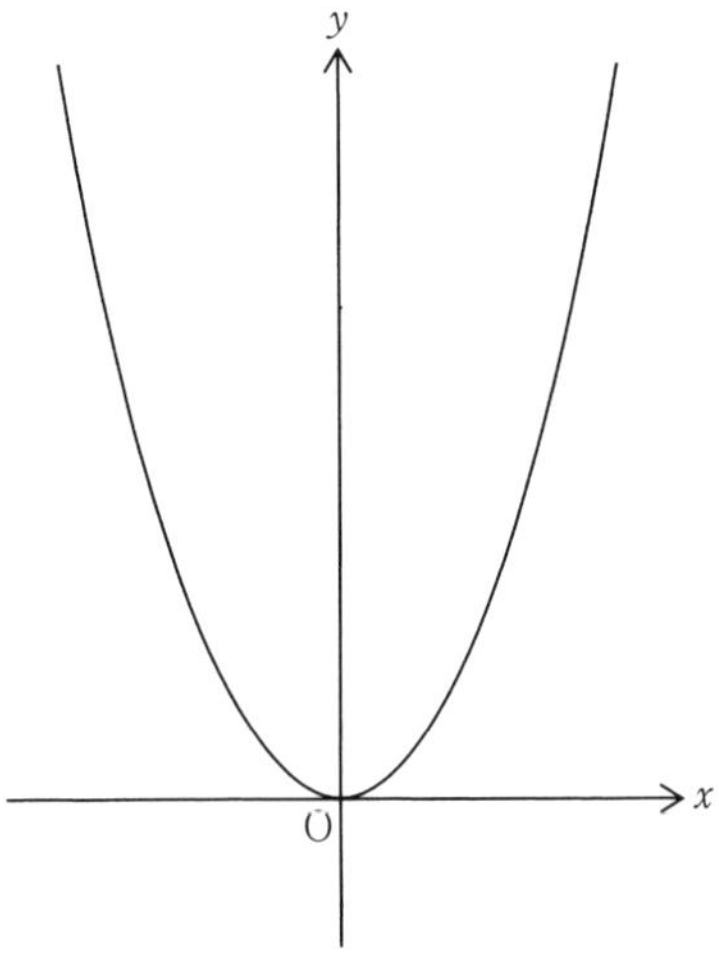

(1) 直線ABを表す式が$y=x+6$であるとき，点Aの座標は(［㉚］，［㉛］)である。
ただし，点Aのx座標は点Bのx座標より値が大きいものとする。

(2) 点Bのy座標と点Dのy座標が同じ値でAB∥DCとなる点Cの座標は(［㉜］［㉝］，［㉞］)である。

(3) 直線ADと直線BCの交点をEとするとき，四角形ABCDと△DCEの面積の比は［㉟］［㊱］：［㊲］である。

きっと終戦を連想させる言葉として使われているんじゃないかな。太平洋戦争の写真をきっかけに前に進んでいく主人公のように、戦争の悲惨さを知り、自分たちにできることを考えていくべきだということを「夏に帰る」とタイトルの中で表現したのかもしれないね。

生徒C　日本の過去だけではなくて、今の時代に目を向けることも大切だよ。今まさに戦争をしている国があって、それで苦しむ人々がたくさんいるという事実から目をそらしてはいけない。戦争を他人事にせず、いま私たちにできることが何なのかをしっかりと考えていかないとね。

生徒D　その通りだね。「飛鳥」が過去の過ちを乗り越えたように、今の日本も太平洋戦争のつらい経験を次に生かさないといけないね。幸い今の日本は平和を維持しているので、これからもずっとこの状態を続けていくためには戦争についての知識や理解を深めないといけないね。

1　生徒A　2　生徒B　3　生徒C　4　生徒D

飛鳥に苦言を言おうとしているため重たい空気が流れている。

問6 ④聞かない方がいいな、と思ったとありますが、それはなぜですか。その説明として最も適当なものを次の中から選びなさい。解答番号は㉕

1 特攻隊員について話したがらない祖母に隊員の生死を聞くことは、祖母の苦い過去を再び呼び起こしてしまう罪深い行為であるから。

2 特攻隊員の最後はどうなったのかという質問をすることによって、戦争に対する認識が不足していることを祖母に見透かされてしまうから。

3 特攻隊員がどうなったかは予想がついていたが、もしかしたら生き延びたかもしれないというわずかな希望を打ち砕くことになるから。

4 特攻隊員の生死を聞くことで、多くの人が命を落とした戦争について架空の作文を書いたことの罪深さを改めて実感することになるから。

問7 ⑤認知症によって記憶が流れ落ちてしまったのか。モノクロ写真が、色を当時に置いてきてしまったように。とありますが、ここで使われている表現技法として適当ではないものを次の中から選びなさい。解答番号は㉖

1 直喩　2 倒置法　3 擬人法　4 体言止め

問8 X・Y に当てはまる言葉の組み合わせとして最も適当なものを次の中から選びなさい。解答番号は㉗

1 X 経験者　Y 専門家
2 X 熟練者　Y 自信家
3 X 支配者　Y 政治家
4 X 哲学者　Y 研究家

問9 ⑥この言葉を否定する道理が、嘲笑っていい理由が、この世にあるわけがないとありますが、ここから読み取れる「飛鳥」の考えとして最も適当なものを次の中から選びなさい。解答番号は㉘

1 戦争について詳しくなればなるほど、戦争をしてはいけないという主張に説得力が増す。

2 戦争をするなという意見を非難するような言動にも、時には耳を傾けなければならない。

3 戦争をしてはいけないと主張することに、戦争に関する深い知識や経験の有無は関係ない。

4 戦争を経験したことのある国だからこそ、日本は戦争反対と主張し続けていく義務がある。

問10 【文章Ⅰ】の特徴を説明したものとして最も適当なものを次の中から選びなさい。解答番号は㉙

1 食事の場面やテレビの内容の描写が、戦争という重い話題を少しでも軽くする効果を生んでいる。

2 モノクロ写真とカラー化された写真を並べて描写することで、カラー写真特有の臨場感を読者に想像させている。

3 回想シーンを挿入することで、「飛鳥」の戦争に関する思いが昔から今まで続いていることが表現されている。

4 祖母が快活に話す場面は、「飛鳥」の悩みが周囲から見ると深刻なものではないことを暗示している。

問11 【文章Ⅰ】、【文章Ⅱ】を読んだ四人の高校生が、この作品についてそれぞれ意見を述べました。四人の中で明らかに誤読している生徒は誰ですか。最も適当なものを後の中から一つ選びなさい。解答番号は㉚

生徒A　日本が終戦を迎えてから長い年月が過ぎ、その時代を生きた人たちから実際の話を聞くことは難しいことがよくわかったよ。だからこそ現存する資料は貴重であり、過去と今を繋ぐ「モノクロ写真」が重要な役割を担っているね。タイトルにも出てくるぐらいだから、作中での重要度も高いはずだよ。

生徒B　日本は八月十五日を終戦記念日にしているし、「夏」は戦争をするな。⑥この言葉を否定する道理が、嘲笑《あざわら》っていい理由が、この世にあるわけがない。

（作問の都合により一部表記を改めています。）

注1　戦争の作文…「飛鳥」が小学五年生の時に出された課題。「祖父母に戦争体験を聞く」というものだったが、祖父は「覚えていない」と言い、祖母は戦後生まれで戦争を体験していなかったことから、嘘の作文を書いた。その作文が市のコンクールで最優秀賞を取ってしまった。

注2　ゲラ…制作途中の本を試し刷りしたもの。

注3　キャプション…写真に添えられた説明文。

問1　波線部a～cの本文中での意味として正しいものを後の中からそれぞれ一つずつ選びなさい。解答番号は⑰～⑲

a　しげしげと　⑰

1　ぼんやりと　　2　興奮して

3　あやしげに　　4　じっくりと

b　脳裏を掠めなかった　⑱

1　意識にのぼらなかった

2　強い衝撃を受けなかった

3　鮮明に思い出さなかった

4　事実を隠そうとしなかった

c　後ろ指を指される　⑲

1　後悔をする　　2　非難を受ける

3　後押しされる　　4　やりづらくなる

問2　①堪らず苦笑したとありますが、この時の「飛鳥」の心情として最も適当なものを次の中から選びなさい。解答番号は⑳

1　萎縮《いしゅく》している　　2　迷っている

3　呆れている　　4　苛立《いらだ》っている

問3　②その傲慢さを世間に突きつけるとありますが、ここでの「飛鳥」の意図を説明したものとして最も適当なものを次の中から選びなさい。解答番号は㉑

1　モノクロ写真から得られる情報だけで当時のことを理解した気になっている世間に対して、カラー化された写真から得られる新たな情報をもとに、世間の持つ戦争についての認識は間違っていると主張しようとしている。

2　モノクロ写真というだけで戦時中を現代とは隔たったものとしてとらえる世間に対して、戦時中の世界も同じように色づいていて、今とたしかに繋《つな》がっているものであるということを伝えようとしている。

3　モノクロ写真では戦時中のことを実感できないがゆえに戦争を遠い過去のものとしている世間に対して、今も戦争で苦しむ人々がいて、いつまた日本が戦禍に巻き込まれるかわからないという警鐘を鳴らそうとしている。

4　モノクロ写真によって戦争の時代と現代との結びつきを拒否している世間に対して、その認識を改めるための知識や理解を深められるように、戦時中のカラー写真を世に広めていこうとしている。

問4　Ⅰ・Ⅱに入る言葉として最も適当なものを次の中からそれぞれ一つずつ選びなさい。解答番号はⅠは㉒・Ⅱは㉓

1　頭　　2　目　　3　手　　4　腹　　5　胸

問5　③野球中継しか聞こえない時間が、妙に長く感じたとありますが、この場面の様子を説明したものとして最も適当なものを次の中から選びなさい。解答番号は㉔

1　飛鳥は作文を捏造したことに対して祖父が怒っているのではないかと思い、祖父と目を合わせることができないでいる。

2　作文の捏造は祖父から戦争体験を聞けなかったせいだとふて腐れている飛鳥に、祖父は何も言うことができず困惑している。

3　飛鳥は自分が捏造した作文に対する祖父の怒りが目に見えてわかったため、どんな言葉が飛んできてもいいように身構えている。

4　作文を捏造した飛鳥のことを怒った両親に加えて、祖父までにして蘇《よみがえ》った。コーヒーにミルクを垂らしたみたいに、現実と記憶がぐるぐると混じり合って、溶けて一つになっていく。

母が「見てくださいよお義父さん！　飛鳥ったらこんな嘘《うそ》の作文書いて！」と、飛鳥の作文を祖父に手渡した。ああ、そうだ。祖父だ。祖父はリビングにいたんだ。祖父は野球中継を見ていた。両親に叱《しか》られた飛鳥は、この場所で……ダイニングの椅子の上でふて腐れて顔を伏せていた。

祖父は、飛鳥の作文に目を通した。③野球中継しか聞こえない時間が、妙に長く感じた。

「こんくらいであんまギャーギャー言ってやんな」

その瞬間、テレビから歓声とアナウンサーの「ホームラン！」という絶叫が聞こえた。どうやら、九回裏で阪神が大逆転したらしい。直後、巨人ファンの祖父は「もういい！　阪神優勝！」と叫んで、風呂に入ってしまった。母は呆《あき》れていたが、飛鳥は怒られなかったことに、ほっと［Ⅱ］を撫《な》で下ろした。小学生の飛鳥が、原稿用紙片手に「戦争の話を聞いて作文書けだって」と祖父に駆け寄ったとき、祖父は、本当に覚えていなかったのだろうか。一瞬でも、下宿していた昭一という青年の姿がb脳裏を掠《かす》めなかったのだろうか。掠めた上で、「覚えてるわけねえっぺ」と言ったのだろうか。

もし、そうなのだとしたら……いや、どちらだろうと関係ない。たとえ孫だろうと、他人の過去を塗り潰していい理由にはならない。

「その人って、どうなったのかな」

④聞かない方がいいな、と思った。聞くということは、小学生の自分の罪深さを再確認することだ。わかっていた。わかっていたのに。

「そりゃあ、死んじゃったよ。特攻隊だったから。随分たってから、東北のその人の実家から手紙が来たんだって。まあ、下宿先だもん、そんなもんだよね」

あっさり答えた祖母に、言葉が続かなかった。手を乗せたままの天丼の器は、まだ温かい。

祖父は、四時過ぎに送迎車で帰ってきた。「ああー、つまんなかった」と書き殴ったような不機嫌な顔で、祖父は和室に向かってずんずん歩いていった。行きより少しだけ元気になっているように見えなくもなかった。

「昭和元年生まれの昭一さん」

和室で祖父と一緒に大音量でニュース番組を見ながら、聞いた。

「祖父ちゃん、覚えてる？」

「知らね」

不機嫌な顔のまま、祖父は答えた。覚えているのか、本当に覚えていないのか。もしくは、⑤認知症によって記憶が流れ落ちてしまったのか。モノクロ写真が、色を当時に置いてきてしまったように。

「ごめんね、祖父ちゃん」

本当なら、小学五年生のあの日に言わねばならなかったことを、二十八歳にしてやっと口にできた。

【文章Ⅱ】

自分に戦争を語る資格があるのかと考えた。

深い知識も経験もないくせに、昨日まで戦争なんて気にもしなかったくせに。

そんな風にc後ろ指を指される気がした。

それでも、僕達は今、考えないといけない。

［X］じゃない。［Y］じゃない。何の権力も持ってない。

それでも、何かを。自分にできる何かを。

そう思う人の勇気を、この本は後押しする。

過去の戦争を知り、今、すべきことを考えよう。

僕達は他人を想うことができる。今、目の前にいる人を、およそ八十年前に戦時下を生きた人々を、地球の裏側で苦しむ人々を、想うことができる。

昨夜のことを、さも今思いだしたかのような口振りで聞いた。本当は、掃除をしているときからずっとタイミングをうかがっていた。

「ショウイチ？」

「昨日、夜中に祖父ちゃんが言ってたから」

ざる蕎麦《そば》を平らげ、天井の蓋《ふた》を開ける前に、祖父の寝室から『時をかける色彩』のゲラを持ってきた。五人の特攻隊員達が写るページを、祖母に差し出す。

「別にその写真の人とは関係ないっぽいんだけど、それ見ていきなり――」

「ああ、昭和元年生まれの昭一さん」

飛鳥の言葉を奪うように、祖母は[I]を丸くする。カラッと晴れた秋の陽気のような、ひらめきに溢《あふ》れた声だった。

開けかけた天井の蓋を、飛鳥は静かに戻した。

「……祖母ちゃん、知ってるの？」

「いや、全然知らないけど、昭和元年生まれの昭一さんは知ってる。茨城のお義父《とう》さん、お義母《かあ》さんから聞いたことがあるから。むかーしむかしだけどね」

うんうん、と頷《うなず》きながら話す祖母の姿は、説得力満点だった。少なくとも、祖父のおぼろげな呟《つぶや》きより、ずっと。

「その昭一さんって、親戚《しんせき》なの？　僕、名前すら知らないんだけど」

「親戚じゃなくてねえ、何て言えばいいのかな……茨城のお家に下宿してた飛行機のパイロット、かなあ」

「……パイロット？」

「祖父ちゃんの家があったあたりね、陸軍の飛行学校があったの。戦闘機のパイロットになりたい若い子がいろんなところから集まってきて、訓練するところ。陸軍で最初の特攻隊が飛んでいったところだよ」

ゲラにプリントされた特攻隊員の写真を、祖母は頬杖《ほおづえ》を突いて見下ろす。「特攻隊」という言葉に、明らかに祖母の声のトーンが変わった。

「下宿するもんなんだね……そういう人達って」

そんなことしか言えない自分を、猛烈に、浅はかだと思った。

「祖母ちゃんも、飛鳥の曽祖父《ひいじい》ちゃん達から聞いただけだから、ちゃんとは知らないんだけどね。学生の数が増えて、学校の寮に入りきれなくなっちゃって、地元の人が世話してあげてたの。祖父ちゃんの家のあたりは海も近いし、暖かいから、あの時代でも食べ物にあんまり困ってなかったんだって」

だから、地元の人々は――祖父の家は、飛行学校の学生を下宿させるだけの余裕があった。当時下宿していた飛行兵の名前が昭一。昭和元年生まれだから昭一。苗字は聞いたことがないから、祖母にもわからないという。

「その人がいたのって、祖父ちゃんが五歳とか、それくらいのときだよね？　祖父ちゃん、一緒に住んでたってことだよね？」

「そりゃあ、下宿させてたんだからね。一緒にご飯食べたりしてるでしょうよ」

「でも、小学生のときに僕が作文に書くからって聞きに行っても、何も覚えてないって……」

だから、捏造《ねつぞう》した。小学生の僕は、愚かにも祖父ちゃんの戦争体験を捏造して作文を書いた。

「この写真見て思い出したんでしょ。この中の誰かに似てたのかも」

祖母がゲラの中の五人を順番に指さす。誰も彼も違う表情をしている。彼らはこの写真を撮った時点で、自分が自爆攻撃をする運命にあると覚悟していたのだろうか。それすら察することができない人間が未来を生きていると知ったら、どう思うだろう。

「覚えてなかったのかな」

眉間《みけん》に皺《しわ》を寄せたら、瞳の奥が不思議と熱を持った。目の前にある何てことないリビングの風景が、記憶の底にある映像と重なる。捏造作文のことを家族に打ち明けたときのことが、渦を巻くよう祖父は「ほーん」と相槌《あいづち》を打ったきり、何も言わず再び横になった。しばらくいびきは聞こえてこず、衣擦《きぬず》れの音もはっきりしていたから、飛鳥は迷いに迷ってもう一度声をかけた。

「祖父《じい》ちゃんさ、僕が子供の頃、注1戦争の作文を書いたの、覚えてる?」

「知らね」

投げ捨てるようなリアクションに、①堪《たま》らず苦笑した。

「今読んでる本、太平洋戦争の頃の写真集なんだ。モノクロ写真に色をつけてるんだよ」

注2ゲラを挟んでいたダブルクリップを外して、適当なページを一枚、祖父に見えるようにかざしてやる。読書灯で照らすと、戦前に撮られた家族写真が、暗がりを振り払って色鮮やかに浮かび上がる。

「はあん」

この時代のカラー写真が珍しいのか、それとも当時の人々の風貌《ふうぼう》や服装に懐かしさを感じたのか、祖父の声に少しだけ艶《つや》が出た。

「コンピューターと人の力で、こんなに綺麗《きれい》にカラー写真にできるんだって」

もう何枚か、ゲラを見せてやる。明治神宮に参拝する軍服姿の子供。端切《はぎ》れを持ち寄って下駄《げた》の鼻緒を作る女性達。アメリカの日系人収容所——。

「ショウイチさん」

突然、祖父がそんなことを言った。

「……え?」

祖父が見ていたのは、航空服に身を包んだ五人の青年を写した写真だった。注3キャプションを確認すると、撮影されたのは一九四四年で、五人は離陸直前の特攻隊員だと書いてある。

航空眼鏡を額に装着した五人の表情は、緊張気味の者もいれば強《こわ》ばっている者もいるし、笑みを浮かべている者までいた。シャッターが切られる瞬間にそれぞれが表情を引き締めた様子や、撮影後に吐息をついて笑う姿までが、見えた気がする。

彼らの後ろには、戦闘機が一機。この中の誰かが、これに乗って命を落としたのかもしれない。

「ショウイチさん」

祖父がまた同じ名前を呼ぶ。写真のキャプションには、五人の名前も書いてあった。もちろん、ショウイチなんて名前の男はいない。

「祖父ちゃん、この写真にショウイチさんは、いないよ」

ショウイチさんって誰? 飛鳥の問いに、祖父は答えなかった。

ふがふがと鼻が詰まったような声を上げたと思ったら、湿ったおならを一回して、いびきをかき出してしまった。

しばらく祖父の顔を覗《のぞ》き込んでいたが、タヌキ寝入りではないとわかって、飛鳥は床に敷かれた布団に戻った。

「一九四四年だから、この頃生きてるもんな、祖父ちゃん」

写真に顔を近づけ、遠ざけ、読書灯の光に透かしたりして、aしげしげと眺めた。

「カラーだったんだよなあ、戦時中だって」

自分達は当たり前に色彩豊かな日々を生きていて、普段目にする写真も映像も、何もかも高画質で、カラーで、鮮明で美しい。戦時中と今を結びつけられないのは——そこに知識や理解を超えた隔たりがあるように思えてしまうのは、自分達の生きる世界が色鮮やかすぎるからなのかもしれない。

世界はずっとカラーだった。写真に収まる瞬間に色が抜け落ちてモノクロになっただけ。なのに最初から色のない世界だったかのように感じてしまうのは、きっと、傲慢《ごうまん》だ。

けれど、②その傲慢さを世間に突きつけるなんて大役を、僕がやっていいのだろうか。そんな資格があるのだろうか。

【中略】

「祖母《ばあ》ちゃん、うちの親戚にショウイチさんなんて人、いる?」

ら。

4　最近は皆、自分の意見を述べることに対し萎縮しており、賛成派と反対派の密な議論がなおざりにされてしまっているから。

問12　次の文章は、生徒が【文章Ⅰ】と【文章Ⅱ】の内容を踏まえてまとめたレポートの一部です。［ウ］・［エ］に当てはまる言葉として最も適当なものを、後の中からそれぞれ一つずつ選びなさい。解答番号は［⑮］・［⑯］

> 二つの文章を読んで、世の中では大多数の人たちが常識だと思っているようなことに対して、全く違った捉え方をする人たちがいたり、またその捉え方が逆に力を持ったりすることがあるのだ、ということがわかりました。前者については【文章Ⅰ】の［　ウ　］という内容から、また後者については【文章Ⅱ】の［　エ　］という内容から読み取りました。

［ウ］［⑮］

1　映画やドラマを倍速視聴したり、好きなシーンだけを繰り返し視聴したりする人たちは、感情移入したり予想外の展開を楽しむのを目的とするのではなく、あくまで心地良さや快適さを重視する人たちなのだ

2　映画やドラマを倍速視聴したり、好きなシーンだけを繰り返し視聴したりする人たちは、思っていたのと違う展開になることを期待して、日常では味わえない感情の揺さぶりを求めている人たちなのだ

3　映画やドラマを倍速視聴したり、好きなシーンだけを繰り返し視聴したりする人たちは、周囲の人が自分と同様にあくまでコスパを最も重要視する感性を持っていると信じ切っている人たちなのだ

4　映画やドラマを倍速視聴したり、好きなシーンだけを繰り返し視聴したりする人たちは、オープンワールドゲームを楽しむことで得られるドキドキ感やドッキリ感を求めるのを好む人たちなのだ

［エ］［⑯］

1　NHKの行った調査の内容が時代錯誤であるという声が高まったことで、調査をやり直すことになった

2　少数派の目立った批判意見だけが注目された結果、座った二宮金次郎の像が作られることになった

3　二宮金次郎の像を見て少数派の人が歩きスマホを連想し、像の危険性を強力に訴えることになった

4　ネットの情報は常に極端な意見となっているため、我々には冷静な判断が求められることになった

二

次の【文章Ⅰ】、【文章Ⅱ】はともに額賀澪《ぬかがみお》『モノクロの夏に帰る』の一節です。書店員である黒瀬《くろせ》飛鳥《あすか》は、戦時中のモノクロ写真をAIによってカラー化した写真集である『時をかける色彩』を自分の勤める店で売り出すことを依頼されます。【文章Ⅱ】は、作中で「飛鳥」が書いた紹介文です。よく読んで、後の問いに答えなさい。

【文章Ⅰ】

「まあだ寝ねえのか」

突然、祖父が寝返りを打った。息切れを起こすような咳《せき》の後、ベッド横のテーブルに手を伸ばす。飛鳥は慌《あわ》ててそこに置かれた水のペットボトルを取ってやった。

認知症の症状なのかはわからないが、祖父は夜中によく目を覚ます。大声で家族を呼ぶときもあり、そのたびに両親と祖母が二階から様子を見にくる。誰かが来るまで叫び声が止まないこともある。だから飛鳥は実家に来るたび、祖父の部屋で寝ることにしている。両親と祖母の安眠に、少しは貢献したかった。

「何してんだ」

唇を湿らす程度の水を飲んで、祖父が聞いてくる。言葉の一つ一つが潰《つぶ》れたような、濁った声色だった。

「仕事、かな。もうすぐ出る本の内容をチェックしてるんだ」

1　ＴＶ番組のドッキリ企画を見ることができない人。
2　他人の失敗を自分と重ねてしまう人。
3　泣く映画かどうかを先に知ってから見る人。
4　予想外の展開をおもしろがる人。

問5　③映像作品の良し悪しを判断する基準が「登場人物に共感できるかどうか」に寄りすぎている昨今の傾向とありますが、このような傾向を生んでいる原因を説明したものとして最も適当なものを、次の中から選びなさい。解答番号は⑧

1　他人と共感することに常に畏怖や驚嘆を伴い、その価値観を尊重するということに恥ずかしさをおぼえつつも、同時に楽しさを実感できるような人が増えているから。
2　ＴＶ番組のドッキリ企画のようにフィクションの中の出来事とわかっていても、自分自身の心が乱されるものでないと共感できず、楽しめない人が増えているから。
3　他人が失敗したり恥をかいたりしている様子に共感することは、自分自身の優位性を実感できるように思える反面、快適さを感じることができないと思う人が増えているから。
4　共感できない考え方と向き合うことに不慣れな上、それを理解しようとするのはとても疲れることであり、快適さを感じることができないと考える人が増えているから。

問6　[X]に次のA～Dの四つの文を並べ替えて入れたとき、正しい順番となるものを後の中から選びなさい。解答番号は⑨

A　もしくは、そういう人間を安直に「敵認定」する。
B　結果、自分の考えを補強してくれる物語や言説だけを求め、ただただそれを強化することになる。
C　彼らは「自分とは違う感じ方をする人間がこの世にいる」というきわめて当たり前の事実を、なぜか忘れてしまう。
D　その先にあるのは、他者視点の圧倒的な欠如だ。他者に対する想像力の喪失だ。

1　A→C→D→B　　2　C→B→A→D
3　B→D→C→A　　4　B→C→D→A

問7　[Y]に当てはまる漢字一字を次の中から一つ選びなさい。解答番号は⑩

1　霧　2　霜　3　雪　4　露

問8　④映像視聴とありますが、本文でいう「倍速視聴」の対象となる映像として最も適当なものを次の中から選びなさい。解答番号は⑪

1　映画やドラマの映像
2　ＴｉｋＴｏｋの映像
3　インスタグラムの映像
4　オープンワールドゲームの世界の映像

問9　[Z]に当てはまる言葉として最も適当なものを、次の中から選びなさい。解答番号は⑫

1　共感性羞恥　　2　感情移入
3　経済運転　　4　倍速視聴

問10　[ア]・[イ]に当てはまる言葉の組み合わせとして最も適当なものを、次の中から選びなさい。解答番号は⑬

1　ア　ところで　イ　かりに
2　ア　もちろん　イ　しかし
3　ア　たとえば　イ　だから
4　ア　たとえ　イ　さらに

問11　⑤「極端な人」とありますが、作者はこのような人がでてくるのは何が原因と考えていますか。その説明として最も適当なものを次の中から選びなさい。解答番号は⑭

1　多くの人たちが二宮金次郎の像を見て、小学生たちがまねをしたら大変だと考え、お互いに同調するようになるから。
2　昔と違い現代は至る所に危険が潜んでいるので、身を守るためには極端なくらい慎重にならないといけないから。
3　現代は批判要素の濃い意見や情報が偏った形で発信されやすく、時にそれが少数派であっても重視されがちな傾向にあるか

（山口真一《やまぐちしんいち》『正義を振りかざす「極端な人」の正体』より。
作問の都合により、一部表記を改めています。）

注1　ラノベ…ライトノベル。本文では「漫画やアニメ調の挿絵や表紙を用い、純文学に比べて読みやすさと娯楽性が特徴的な小説」の意。
注2　ヒアリング…ここでは相手の要望や意見、意向などを聞き取ること。
注3　『校閲ガール』や『賭けグルイ』…ともにTVドラマのタイトル。
注4　オープンワールドゲーム…舞台となる広大な仮想世界を自由に動き回るタイプのゲーム。目的は設定されているが、その世界でどのように過ごすかはプレイヤーの自由とされる。

問1　傍線部a～dのカタカナを漢字に直した場合、同じ漢字を用いるものを後の中からそれぞれ一つずつ選びなさい。解答番号は①～④

a　コウ成　①
1　日本海コウの深さ。
2　雑誌の定期コウ読。
3　虚コウを見破る。
4　金融恐コウが起こる。

b　ソ害　②
1　ソ国を守る戦い。
2　計画をソ止する。
3　ソ品を進呈する。
4　ソ撃犯を逮捕した。

c　コク使　③
1　残コクな仕打ち。
2　コク物を輸出する。
3　深コクな悩み。
4　弱点をコク服する。

d　過ジョウ　④
1　ジョウ車券を買う。
2　余ジョウ米を分ける。
3　ジョウ水器を買う。
4　酒をジョウ造する。

問2　二重傍線部「目の当たり」の「目」と同じ読み方をするものを次の中から一つ選びなさい。解答番号は⑤
1　帽子を目深にかぶる。
2　目抜き通りを歩く。
3　目配せをする。
4　目頭を押さえる。

問3　①彼女にとって好ましい物語とありますが、それに相当する物語として最も適当なものを、次の中から選びなさい。解答番号は⑥
1　高貴な男性と婚約していた女性が、ある日突然婚約を解消された。その後多くの苦難を乗り越えながら過ごしているうち、名もなき画家との恋に落ちたが、最終的にはこの恋も実ることはなかったという物語。
2　主人公の死をきっかけに、彼の残した土地や財産をめぐって複数の親族同士が骨肉の争いを繰り広げることになった。いがみ合う親族の前に、弁護士とともに主人公の実の息子が現れて事態はますます混乱するという物語。
3　ある実在した歴史上の有名な戦国武将を主人公に据《す》え、その生い立ちからすべてを史実に沿って忠実に再現する形で、彼が幾多の戦いに勝ち続け、最後は見事に天下統一を果たすまでを描くという物語。
4　ある高校の弱小野球部が、一人の天才打者の入部によって強豪校と互角の力をつけてきた。地区予選決勝を目前に彼が怪我をして大ピンチに陥ったが、九回裏、彼の逆転ホームランで甲子園出場を決めるという物語。

問4　②共感性羞恥を強く感じる人とありますが、これに当てはまらない人として最も適当なものを次の中から選びなさい。解答番号は⑦

の、それを無視して世界に〝居続ける〞だけでも楽しめるように設計されている。コロナ禍の日本で大人気を博した『あつまれ、どうぶつの森』（Nintendo Switch）は、カテゴリ上オープンワールドゲームではないものの、同じような「居続けるだけで楽しい」効能をプレイヤーにもたらした。

ゲームのクリア、すなわち物語を終了させて終わりではない。

「do」ではなく「be」。

それをゲームでやるのではなく、物語上結末のある映像作品で、視聴者が勝手に切り出す行為として表出したのが『シーン単位の繰り返し視聴』だ。

（稲田豊史《いなだとよし》『映画を早送りで観る人たち』より。
作問の都合により、一部表記を改めています。）

【文章Ⅱ】

NHKが以前、こんな調査をしたことがある。

問い：本を読みながら歩く二宮金次郎の像は、子どもがまねたら危険なので座った像にすべきだ。

回答：（同感できる・同感できない）

もしかしたらあなたは今、「何の話だ?」と思ったかもしれない。ここで言っている二宮金次郎の像とは、小学校などに置いてある、あの薪を背負いながら本を読んでいる像に他ならない。

実は、これは大まじめに議論されているものなのだ。

確かに、像は歩きながら本を読んでいる。これを現代風にスマートフォンに置き換えて、歩きスマホを推奨《すいしょう》していると捉《とら》えられたら子供に悪影響があるかもしれない。しかし、子供というのは薪を背負って歩きながら本を読んでいる像を見て、自分も歩きスマホをしようと思うものなのだろうか。また、少なくとも本は昔からあったわけで、その理論でいうと昔から歩き読書を推奨していた危険な像ということになってしまう。

この議論、毎日新聞が報じているところによると、少なくとも2012年から存在するようだ。そして2016年にNHKが先述のように調査したところによると、「同感できる」と答えた人は23％で、「同感できない」と答えた人は66％であった。おそらく、これを読んでいる読者の中でも、大体そのような意見分布になるのかと思う。

ここまでであれば、そういう意見も世の中にはあるという話で終わりである。ちょっとした笑い話に使えるかもしれない。

ところが、これを実際に座らせたり、撤去したりした学校が複数存在するのだ。つまり、23％側の意見を採用し、予算を投じて、像を撤去したり、座った二宮金次郎の像を新たに造ったりしたのである。

なぜこのようなことが起こってしまったのか。理由の1つに、ここでも発信のアンバランスさが考えられる。23％の人は問題意識をもって現状を批判し、変えようとしている人たちである。当然声が大きく、多くの発信をする。その一方で、66％の人にとってみれば二宮金次郎の像が歩いているのは当然のことであり、取り立てて情報発信しようとは思わない。その結果、学校に届く声は23％の人の声ばかりになる。

［ア］、少数派だからといって無視していいということにはならないし、賛成派と反対派で密な議論を繰り返した末にそのような結論に至った学校もあったかもしれない。［イ］、目立つ批判意見に流されて座らされてしまったのだとしたら、それは残念な結果である。

ネットでも現実でも、自分の耳に届く情報は常に偏っている。批判や極端な意見ほど発信されやすいというのはどこでも同じなのである。自分の接している情報の偏りに常に目を配り、過dジョウな萎縮《いしゅく》をしないようにしなければならない。そうでなければ、⑤「極端な人」はさらに力を増していき、やがて彼らによる超萎縮社会が到来してしまうだろう。

「見ていてつらくなるシーンは、カットしたいと思います」

驚いた講師が理由を聞くと「観ている人を嫌な気分にさせたくないじゃないですか」との答え。

彼はまた、オリジナルシナリオを書く課題でこう言い放った。

「男は書けません。女の子が出てくるシナリオを書きます」

仰天した講師がまたもその理由を聞くと、「かわいい女の子にしか興味ないので」。

彼を「変だ」というのは簡単だが、世の中には、ただただ観客の快適、あるいは快楽を満たすことに全精力を注いだ商業作品が（小林雄次氏いわく、特にアニメやラノベに）山ほどあるのも事実だ。その事実を前にして、彼をどう責めることができようか。

そしてこの話でもっとも驚くべきなのは、この彼が「自分がシナリオを書く作品の観客は、自分と完全に同じ感性の持ち主である」と、［Y］ほども疑っていないということである。

映像視聴にあたって「気持ちを揺さぶられたくない」に類する気分として、「なるべく心を使いたくない」という意見も大学生から寄せられた。「通常速度で観て表現の微妙なニュアンスを受け取るには集中して心を使わなければならず、しんどいし疲れる。倍速でざっくり内容を把握したり、映像だけを楽しんだりするほうが快適」といった声もあった。

もっと直接的に「倍速視聴は感情移入しにくくなるから良い」という大学生もいた。普通に考えれば、感情移入が b ソ害されるのは作品鑑賞にとってマイナスのはずだが、心を揺さぶられないフラットな気持ちで鑑賞するためには、そのほうがいい。心のカロリーをあまり使いたくない。感情を節約したい。経済運転でいきたい。そのためには、あえて作品世界に入り込まないほうがいい、というわけだ。

彼らは日々大量の情報と物語を摂取するあまり、疲れている。ゆえに、コンテンツに対してはもっと淡白に接したい。毎日とんかつやステーキやカレーでもたれた胃が、味の薄いおかゆを求めるようなもの。脂っこい料理や刺激物は避け、消化器を c コク使しなくてもよいものを摂取したいというわけだ。

若者たちにとって「カロリーを使わず経済運転で延々と動画を観る行為」は、スマホアプリとして供給される短尺ビデオ投稿プラットフォーム・ＴｉｋＴｏｋ（ティックトック）やインスタグラムの「リール（短尺動画がランダムで次々と流れてくる機能）」で慣れっこだ。ある大学生は、この行為を「感情の変化ほぼなしで暇つぶしができる」とした上で、倍速視聴・10秒飛ばし習慣に結びつける。曰《いわ》く、ＴｉｋＴｏｋやインスタグラムをダラダラ観るような人にとって、④映像視聴は感情を揺さぶられる性質のものではない。それゆえ映画やドラマを観る際にも、無意識のうちに「感情を揺さぶられない」ような倍速視聴や10秒飛ばしをしてしまうのではないか。

第1章で注3『校閲《こうえつ》ガール』や『賭《か》けグルイ』を繰り返し観ると話してくれた女子大学生Aさんは、同じものを繰り返し見る理由を「新しいものを観るのは体力がいるので」と説明していた。体力を使わない快適な鑑賞。これも［Z］、〝胃に優しい食事〟のひとつだ。

その意味で、好きなシーン「だけ」を繰り返し、気が済むまで観続けるのは快適主義の究極だ。ヒアリングした大学生たちも、各々《おのおの》に好きな作品のフェイバリットシーンを何回も何十回も観る。その理由は「心地いいから」「スカッとするから」「癒《い》やされるから」「骨の髄《ずい》まで味わいたいから」とさまざま。ここにおいて映像は「作品」ではなく、機能性食品のようなものだ。服用すれば、必ず期待通りの効果が現れる。

作品を鑑賞する行為が「do」なら、シーン単位の繰り返し視聴は「be」だ。意欲的・能動的に観ることが目的なのではなく、浸っていて心地良い状態であることに価値を見出す。

その意味で繰り返し視聴には、第2章で脚本家の佐藤大氏が指摘した注4オープンワールドゲームに近い効能がある。

ある種のオープンワールドゲームは、ストーリーは存在するもの

二〇二三年度 浦和実業学園高等学校（第一回併願）

【国　語】〈五〇分〉〈満点：一〇〇点〉

一　次の【文章Ⅰ】・【文章Ⅱ】をよく読んで、後の問いに答えなさい。

【文章Ⅰ】

映像視聴の快楽主義が極まっていくと、注1ラノベ同様「自分が想定した展開を見たい」という視聴者のワガママが顔を出し始める。その理由としてよく聞くのが、「気持ちを乱されたくない」だ。

注2ヒアリングしたある女性(30代)は、ドラマを観《み》る場合はあらすじを先に最後まで読む。先々に出てくる登場人物の顔と名前とプロフィールもすべて頭に入れておく。その上で第1話から見始める。「ミステリーもので、『この人、殺されるのかな？　助かるのかな？』ってドキドキするのが苦手なんです。突然殺されてびっくりさせられるのも嫌。込み入った話についていけなくなって『え、これどういう意味だっけ？』ってなるのも気持ち悪いから避けたい。娯楽のために観てるのに、それだと全然楽しめないじゃないですか」

彼女にとっては、「めくるめく展開」や「予想もしないどんでん返し」や「複雑で込み入った物語」はすべて不快。ゆえに避けたいのだ。

①彼女にとって好ましい物語とは、「思っていた通りになる」物語である。である以上、「思っていた通りの話はつまらないですよね」とか、「思っていたのと違う展開になるからおもしろいんじゃないですか？」と言ったところで、説得することはできない。ジェットコースターが苦手な人に「あんなに楽しいのに、なんで？」と聞くのに等しい。愚問《ぐもん》である。

ある大学生は、「高校生の妹が『心が揺さぶられるのが嫌だから、泣く映画かどうか先に知ってから観たい』と言っていて驚いた」と報告してくれた。これも「気持ちを乱されたくない」の一形態だ。

「心が揺さぶられる」状態を避けるメンタリティのバリエーションとして、昨今は「共感性《きょうかんせい》羞恥《しゅうち》」がポピュラーな感覚として共感者を増やしつつある。他人が失敗したり、恥をかいたりしているのを見ると、それがフィクションの中の出来事であっても自分まで恥ずかしい気持ちになってしまうというものだ。②共感性羞恥を強く感じる人は、TV番組のドッキリ企画すら見ることができない。楽しめないのだ。ある種の人々が映像作品に求める「快適主義」に近いものがある。

そもそも、③映像作品の良し悪《あ》しを判断する基準が「登場人物に共感できるかどうか」に寄りすぎている昨今の傾向も、気にかかる。たしかに、共感できるかどうかは物語の魅力のひとつではある。しかし一方で、到底共感できない人物の行動を目の当たりにすることで、人間という存在がいかに多様で複雑であるかを、畏怖《いふ》や敬意や驚嘆とともに理解する。これも鑑賞行為の豊かさを a コウ成する、欠くべからざる要素だろう。

この世界には自分とまったく考えの異なる「他者」がいて、彼らは自分とまったく異なる行動原理に従って生きている。その価値観に同意する必要はないが、その価値観の存在は認めなければならないし、尊重しなければならない。尊重には「向き合い、理解する」義務も含まれる。しかし、物語や言説の価値を共感だけに求める者は、「共感できない価値観に向き合い、理解に努める」ことに慣れていない。それには大きなエネルギーを要する上、コスパが悪い(快適ではない)からだ。

X

やや特殊ではあるが、こんなケースを紹介しておこう。とある脚本家ワークショップでの話。ある既存の小説を映像用のシナリオに脚色するという課題で、脚本家志望の20代男性が担当講師に言った。

2023年度／浦和実業学園高等学校（第１回併願）

英語解答

1	① 2	② 2	③ 2	④ 3	4	㉓ 7	㉔ 4	㉕ 6	㉖ 2
2	⑤ 1	⑥ 3	⑦ 2			㉗ 1			
3	⑧ 1	⑨ 1	⑩ 1	⑪ 2	5	㉘ 2	㉙ 3	㉚ 1	㉛ 4
	⑫ 3	⑬ 4	⑭ 3	⑮ 4		㉜ 1	㉝・㉞ 3, 5		
	⑯ 2	⑰ 3	⑱ 1	⑲ 4	6	㉟ 1	㊱ 2	㊲ 3	㊳ 4
	⑳ 2	㉑ 1	㉒ 4			㊴ 2	㊵・㊶ 2, 4		

1・**2**〔放送問題〕解説省略

3〔適語（句）選択・語形変化〕

⑧「月」は「見られる〔見られた〕」という関係になるので，‘be動詞＋過去分詞’の受け身にする。see－saw－seen　「昨晩は満月が見られた」

⑨文末の then「そのとき」より，過去のある時点における進行中の動作を表す過去進行形（was/were ～ing）にする。主語が Ken and I と複数なので，be動詞は were となる。　「ケンと私はそのときラジオを聴いていた」

⑩be happy to ～で「～してうれしい，喜んで～する」。この ‘to ～’ は，‘感情の原因’ を表す to不定詞の副詞的用法。　「彼女はそれを聞いてうれしかった」

⑪stop ～ing で「～するのをやめる」という意味を表せる。　「生徒たちはみんな，話すのをやめてスミス先生を見た」

⑫‘not as ～ as …’ で「…ほど～ない」。‘～’ には形容詞または副詞の原級が入る。動詞 play を修飾するのは副詞の well。　「私は姉〔妹〕ほど上手にピアノを弾けない」

⑬This smart phone＝mine「私のもの」という関係。　I－my－me－mine　「このスマートフォンは私のものだ」

⑭選択肢の中で，snow「雪」のような ‘数えられない名詞’ につくのは much。4 は a lot of であれば正しい。a few と many は ‘数えられる名詞’ に使う。　「昨年はたくさん雪が降った」

⑮‘make＋物＋for＋人’「〈人〉に〈物〉をつくる」の形。この形で前置詞に for を用いる動詞は他に buy，find，cook などがある。一方，前置詞に to を用いる動詞は give，send，show，lend，tell などがある。　「祖母は私にケーキをつくってくれた」

⑯‘命令文，and ～’「…しなさい，そうすれば～」の形。　「ここへ来て。そうすればきれいな虹が見られるよ」

⑰付加疑問文。肯定文の付加疑問は ‘否定の短縮形＋主語を受ける代名詞＋?’。will の否定形は won't。　「タナカさんは来年ハワイに行くんだよね」

⑱‘完了’ を表す現在完了形（have/has＋過去分詞）の疑問文。begin の過去分詞は begun。　begin－began－begun　「野球の試合はもう始まりましたか」

⑲The mountain covered with snow で「雪で覆われた山」となる。これは過去分詞 covered で始まる語句が前の名詞 The mountain を修飾する ‘名詞＋過去分詞＋語句’「～された〔されている〕

…」の形。　「雪に覆われたあの山はアカギ山だ」

⑳‘数’を尋ねる疑問詞は how many。　A：これまでに何か国を訪れましたか？／B：８か国です。

㉑選択肢の中で直後に名詞を続けられるのは，which のみ。　A：どのバスが南浦和駅へ行きますか？／B：青いバスです。

㉒疑問詞が主語の疑問文。主語となる‘人’を尋ねる疑問詞は who「誰」。　A：誰がこれらの写真を撮ったの？／B：スズキさんです。

4〔整序結合〕

㉓「私が昨年訪れた街」は‘名詞＋主語＋動詞…’の形で the town I visited last year と表せる。the town と I の間に目的格の関係代名詞が省略された形。　This is the town I visited last year.

㉔‘so ～ that＋主語＋cannot …’「あまりに～なので…できない」の形をつくる。過去の文なので cannot は couldn't になる。　She was so tired that she couldn't study yesterday.

㉕How long「どれくらい」で始め，be going to ～「～する予定だ」を疑問文の形にして続ける。　How long are you going to stay in this country?

㉖「～しませんか」は Shall we ～?。「～しに行く」は，‘目的’を表す副詞的用法の to不定詞を使って go to see a movie とする。　Shall we go to see a movie after school?

㉗「～していただけますか」は Could you ～?。動詞部分は‘tell＋人＋物事’「〈人〉に〈物事〉を教える」の順に並べる。「～への道」は the way to ～。　Could you tell me the way to your school?

5〔長文読解総合―物語〕

≪全訳≫❶貧しい地区に住む少年は，学費を得るために一軒一軒回ってキャンディーを売っていた。ある日，彼は１ドルしか持っていなかったが，とてもおなかがすいていたので，次の家で食事を頼みたいと思った。中年の女性がドアを開けると，彼はしり込みしてしまい，(食事の)代わりに１杯の水を求めた。その女性は裕福ではなかったが，彼がおなかをすかせていると思った。彼女は大きなグラスに入った牛乳を持ってきた。❷「僕が持っているのはこれだけなんです」　彼はゆっくりと牛乳を飲み干すと，ポケットから１ドルを取り出してこう言った。女性はこう答えた。「あなたは私にいっさい借りはないの。母から親切心に対してお金を取ってはいけないと教わったわ。強くなるのよ，若い人。将来，立派になるのよ」　少年は女性の家を出たとき，体が強くなったように感じ，女性の優しさに励まされた。❸その日以降，女性はときどき少年のことを，そしてその日に彼女が抱いた印象を思った。彼女には子どもがいなかったので，それは彼女にとって幸せな思い出だった。❹やがて，彼女は年を取り，ついに病に倒れた。医者たちは彼女のどこが悪いのかわからず，彼女は市内の病院へ送られた。❺女性には難しい手術が必要だった。目覚めたとき，彼女は生きていることをとても喜んだが，もう１つの試練に直面していることを知った。健康保険もなく家族もいなかったので，彼女は生涯医療費を払い続けなければならないとわかっていた。❻翌日，１人の医師が彼女の部屋のドアをノックした。彼の手には医療費の請求書が握られていた。彼はそれを彼女に渡すとき，ほほ笑んだ。「開けてください」　彼女はそれを開けるとき，緊張した。中の請求書には「牛乳１杯で全額支払い済み」と書かれていた。そのとき，彼女はその男性が誰だかわかったのだった。

㉘＜英文解釈＞食事を頼むつもりだったが実際には１杯の水しか頼めなかったのだから，いざ頼むというときになってしり込みしてしまったのだと考えられる。　lose ～'s nerve「おじけづく，し

り込みする」

㉙＜**適語選択**＞牛乳代を払おうとした少年に，牛乳代はいらないと伝えている場面。母親からのアドバイスは，「親切」にしてあげたからという理由でお金をもらってはいけない，ということだと考えられる。

㉚＜**文脈把握**＞直後の as 以下を参照。この as は「～なので」という‘理由’を表す用法。

㉛＜**語句解釈**＞直後の文が another challenge の具体的な内容になっている。4．「彼女は手術代を払わなければならない」が，その内容に該当する。

㉜＜**適語句選択**＞空所を含む部分は，医療費の請求書に書かれていた内容。女性はそれを見て，目の前の医師が以前に牛乳をあげた少年だとわかったことから，医師は，あのとき1杯の牛乳をもらったお礼として女性の手術代を肩代わりし，そのことを請求書に記したのだとわかる。

㉝・㉞＜**内容真偽**＞1．「少年はおなかがすいていたので，女性の家で食事を求めた」…×　第1段落第3文参照。　2．「少年は1杯の牛乳に対して1ドルを取り出し，女性はそれを受け取った」…×　第2段落第2，3文参照。　3．「少年は女性の家を出たとき，身体と心に力を感じた」…○　第2段落最終文に一致する。　4．「彼女の家族は裕福だったので，彼女は医療費を支払わなくてよかった」…×　第5段落最終文参照。　5．「少年は医者になり，女性は病院で彼に会った」…○　最終段落の内容に一致する。

6〔**長文読解総合―物語**〕

≪**全訳**≫❶昔々，ファストフード店でハンバーガーとポテトを食べるのが大好きな13歳の少年がいた。毎週，ジョーと友人のダニエルは待ち合わせて地元のマクドナルドに行き，ビッグマックにポテトと炭酸飲料を注文した。❷ジョーはハンバーガーがとても好きで，平日は次の週末に食べるハンバーガーのことを考えずにはいられなかった。ある晩，彼はハンバーガーのことを考えすぎて，ハンバーガーの夢まで見た…。❸ジョーの夢には，粉チーズが入ったハンバーガーが登場し，それが「ハンバーガーを食べて。おいしいよ！」と彼に言った。そこでジョーは，夢に出てきた2つのハンバーガーを手に取り，がつがつと食べた。しかし，あまりにも速くたくさん食べたために，急に気分が悪くなって，おなかが痛くなった。目覚める直前，ジョーは鏡に映った自分を見て，おなかがサンタクロースのように大きくなっていることがわかり，「ノーーー！！」と叫んだ。彼は目が覚めると，自分のおなかをチェックするためにバスルームの鏡へと走った。それはただの夢だった。❹翌日，ジョーとダニエルはいつもの日曜日のように公園のそばで待ち合わせをしてハンバーガーを食べに行ったが，その日，驚くべきことが起きた。❺レストランに入ろうとしたとき，ジョーがドアの前で立ち止まり，「ダニエル，今日は，ハンバーガーが欲しくないんだ。こんなにたくさん食べ続けていたら，太ったり病気になったりする。だから，今日はハンバーガーをサラダに変えようよ」と言った。❻ダニエルはとても驚いて，「じゃあ，ハンバーガーは二度と食べないってこと？」と言った。❼「もちろん食べるよ！　僕が言おうとしてるのは，もっとサラダを食べるべきだってことなんだ。そして，そうすることで，僕たちの食事はより健康的になる。そう思わない？」❽「うん，㊴君の言うとおりだと思う。じゃあ，おいしいサラダを食べよう」と，ダニエルは笑顔で言った。❾ファストフードはおいしいけれど，ときどき食べるだけにして，その代わり，健康的な食事のために，野菜をもっとたくさん食べる方がいいということを少年たちはわかったのだった。

㉟＜**適語句選択**＞直後の文の友達と毎週ハンバーガーを食べに出かけるという内容から，ハンバーガーが好きな少年の話だと考えられる。

㊱＜**指示語**＞ここに当てはめて意味が通る単数のものを探す。同じ文の前半にある単数名詞の a burger with grated cheese が該当する。ハンバーガーが話すというのは通常では考えられないが，これは夢の中の話である。

㊲＜**文脈把握**＞直前の so「だから」に着目。この so の前後は‘理由’→‘結果’の関係になるので，so の前の内容が下線部㊲の理由となる。

㊳＜**語句解釈**＞a surprising thing の内容は，続く第5段落で具体的に書かれている。

㊴＜**適文選択**＞直後で Let's get a nice salad then「じゃあ，おいしいサラダを食べよう」と言っていることから，ダニエルはハンバーガーの代わりにサラダを食べようというジョーの提案を受け入れたのだとわかる。

㊵・㊶＜**内容真偽**＞1.「ジョーとダニエルは，一緒にビッグマックとフライドポテトを食べ，炭酸飲料を飲むという夢を持っていた」…×　第1段落第2文参照。夢ではなく，実際にしていたことである。　2.「ジョーはハンバーガーの食べすぎでおなかが大きくなったと思っていたが，それはただの夢だった」…○　第3段落後半の内容に一致する。　3.「ジョーのおなかはサンタクロースのように大きくはならなかったので，彼は毎日ハンバーガーを食べ続けた」…×　第5段落参照。　4.「ダニエルは，サラダを食べるというジョーのアイデアに驚いたが，彼の申し出に同意した」…○　第5～8段落の内容に一致する。　5.「ジョーとダニエルはファストフードを食べるのはよくないと思い，毎日野菜を食べ始めた」…×　最終段落参照。より野菜を食べるようになったと考えられるが，毎日食べるという記述はない。

数学解答

1 (1) ①…－　②…１
(2) ③…－　④…５　⑤…１　⑥…２
(3) ⑦…１　⑧…６
(4) ⑨…８　⑩…３　⑪…５　⑫…２

2 (1) ３　(2) ⑭…８　⑮…５
(3) ⑯…－　⑰…５　⑱…±　⑲…７
⑳…２
(4) ㉑…２　㉒…４

3 (1) ㉓…２　㉔…９
(2) ㉕…２　㉖…１　㉗…６
(3) ㉘…１　㉙…２

4 (1) ㉚…３　㉛…９
(2) ㉜…－　㉝…１　㉞…１
(3) ㉟…１　㊱…６　㊲…９

1 〔独立小問集合題〕

(1)＜数の計算＞与式 $=2-3=-1$

(2)＜数の計算＞与式 $=-\frac{1}{4}-\left(\frac{3}{6}-\frac{2}{6}\right)=-\frac{1}{4}-\frac{1}{6}=-\frac{3}{12}-\frac{2}{12}=-\frac{5}{12}=\frac{-5}{12}$

(3)＜数の計算＞与式 $=\frac{4}{9}\times\frac{\sqrt{3}}{4}\times\frac{\sqrt{3}}{2}=\frac{3}{9\times2}=\frac{1}{6}$

(4)＜式の計算＞$(2\sqrt{2}ab^2)^2=2\sqrt{2}ab^2\times2\sqrt{2}ab^2=8a^2b^4$，$(\sqrt{3}ab^2)^3=\sqrt{3}ab^2\times\sqrt{3}ab^2\times\sqrt{3}ab^2=3\sqrt{3}a^3b^6$ より，与式 $=8a^2b^4\div3\sqrt{3}a^3b^6\times9a^6b^4=\frac{8a^2b^4\times9a^6b^4}{3\sqrt{3}a^3b^6}=\frac{24a^5b^2}{\sqrt{3}}=\frac{24a^5b^2\times\sqrt{3}}{\sqrt{3}\times\sqrt{3}}=\frac{24\sqrt{3}a^5b^2}{3}=8\sqrt{3}a^5b^2$ となる。

2 〔独立小問集合題〕

(1)＜一次方程式＞$12-4x=4x-12$，$-4x-4x=-12-12$，$-8x=-24$　$\therefore x=3$

(2)＜連立方程式＞$x-2y=-2$……㋐，$2x-3y=1$……㋑とする。㋑－㋐×２より，$-3y-(-4y)=1-(-4)$　$\therefore y=5$　これを㋐に代入して，$x-2\times5=-2$，$x-10=-2$　$\therefore x=8$

(3)＜二次方程式＞解の公式より，$x=\frac{-10\pm\sqrt{10^2-4\times2\times9}}{2\times2}=\frac{-10\pm\sqrt{28}}{4}=\frac{-10\pm2\sqrt{7}}{4}=\frac{-5\pm\sqrt{7}}{2}$ となる。

(4)＜数の計算＞与式 $=x^2-y^2=(x-y)(x+y)$ と因数分解できる。$x=2023$，$y=2017$ のとき，与式 $=(2023-2017)(2023+2017)=6\times4040=6\times4\times1010=24\times1010$ である。

3 〔独立小問集合題〕

(1)＜確率―さいころ＞大小２つのさいころを同時に投げるとき，それぞれ１～６の６通りの目の出方があるから，目の出方は全部で $6\times6=36$(通り)あり，２けたの整数は36個できる。このときできる２けたの整数のうち，素数は11，13，23，31，41，43，53，61の８個ある。よって，求める確率は $\frac{8}{36}=\frac{2}{9}$ である。

(2)＜平面図形―角度＞円錐の展開図では，側面となる半径５のおうぎ形の弧の長さと底面となる半径３の円周の長さは等しい。よって，おうぎ形の中心角の大きさを a とすると，$2\pi\times5\times\frac{a}{360^\circ}=2\pi\times3$ が成り立ち，$5\times\frac{a}{360^\circ}=3$，$\frac{a}{360^\circ}=\frac{3}{5}$，$a=\frac{3}{5}\times360^\circ=216^\circ$ となる。

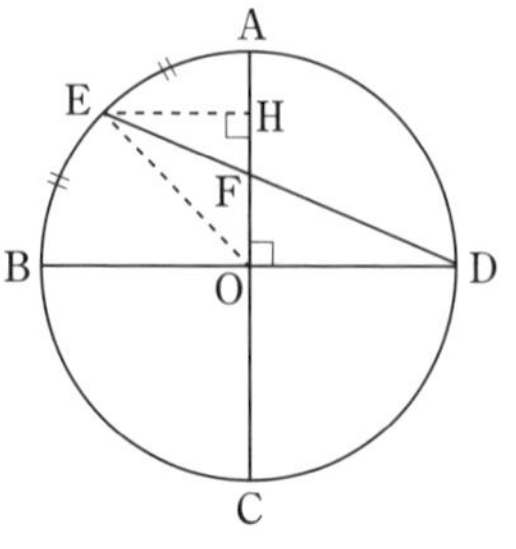

(3)＜平面図形―長さの比＞右図で，点Ｏと点Ｅを結び，点Ｅから線分AOに垂線EHを引く。△EFHと△DFOで，∠EHF＝∠DOF＝90°であり，対頂角より∠EFH＝∠DFOだから，２組の角がそれぞれ等しく，△EFH

∽△DFOとなる。よって，EF：DF＝EH：DOである。$\overset{\frown}{AE}=\overset{\frown}{BE}$より，∠AOE＝∠BOE＝90°÷2＝45°だから，△OEHは直角二等辺三角形となり，EH：EO＝1：$\sqrt{2}$である。したがって，EO＝DOだから，EH：DO＝EH：EO＝1：$\sqrt{2}$となり，EF：FD＝1：$\sqrt{2}$である。

4 〔**関数―関数 $y=ax^2$ と一次関数のグラフ**〕

(1)＜**座標**＞点Aのx座標は点Bのx座標の値より大きいから，放物線$y=x^2$上の点A，Bは右図1のようになる。2点A，Bは放物線$y=x^2$と直線$y=x+6$の交点だから，2式からyを消去して，$x^2=x+6$より，$x^2-x-6=0$，$(x+2)(x-3)=0$　$\therefore x=-2$，3　よって，点Aのx座標は3だから，$y=3^2=9$より，A(3，9)である。

図1

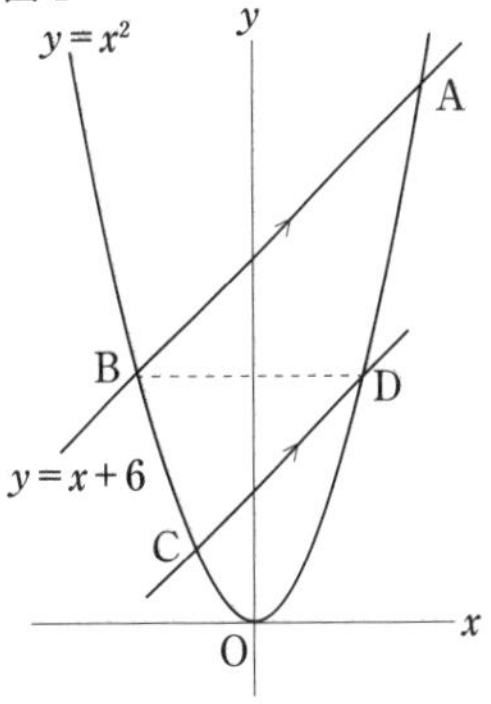

(2)＜**座標**＞(1)のとき，点Bのx座標は-2だから，$y=(-2)^2=4$より，B$(-2, 4)$である。右図1で，放物線$y=x^2$上の点Bと点Dのy座標が同じとき，点Dはy軸について点Bと対称な点となるから，D(2，4)である。AB∥DCより，直線DCの傾きは直線ABの傾き1と等しいので，直線DCの式は$y=x+b$とおける。これがD(2，4)を通ることより，$y=x+b$に$x=2$，$y=4$を代入すると，$4=2+b$，$b=2$となり，直線DCの式は$y=x+2$である。よって，点Cは放物線$y=x^2$と直線$y=x+2$の交点だから，2式からyを消去して，$x^2=x+2$より，$x^2-x-2=0$，$(x+1)(x-2)=0$　$\therefore x=-1$，2　よって，点Cのx座標は-1であり，$y=(-1)^2=1$より，C$(-1，1)$である。

(3)＜**面積比**＞右図2で，(1)，(2)より，A(3，9)，B$(-2，4)$，C$(-1，1)$，D(2，4)である。また，(2)より，AB∥DCだから，△ABE∽△DCEとなる。点Aを通りy軸に平行な直線に点Bから垂線BHを引き，点Dを通りy軸に平行な直線に点Cから垂線CIを引く。AH＝9－4＝5，BH＝3－(－2)＝5，DI＝4－1＝3，CI＝2－(－1)＝3より，△ABHと△DCIは相似な直角二等辺三角形で，相似比は，AB：DC＝AH：DI＝5：3となる。よって，△ABEと△DCEの相似比も，AB：DC＝5：3だから，△ABE：△DCE＝5^2：3^2＝25：9となり，〔四角形ABCD〕：△DCE＝(△ABE－△DCE)：△DCE＝(25－9)：9＝16：9である。

図2

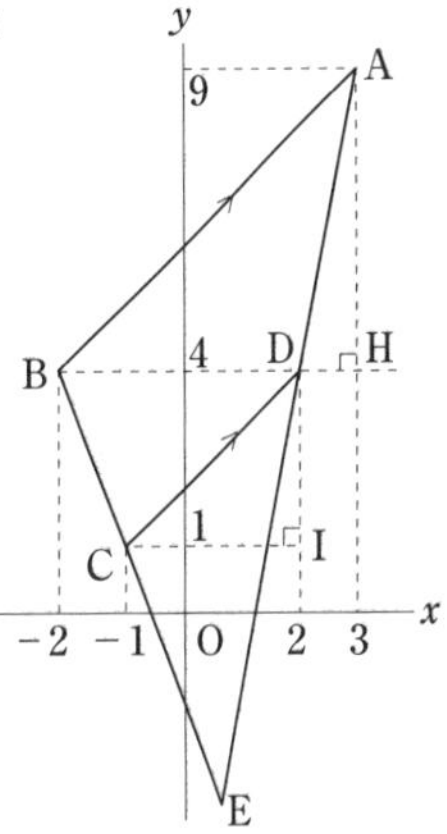

国語解答

一　問１　a…3　b…2　c…1　d…2
問２　1　問３　3　問４　4
問５　4　問６　3　問７　4
問８　1　問９　3　問10　2
問11　3　問12　ウ…1　エ…2

二　問１　a…4　b…1　c…2
問２　3　問３　2
問４　Ⅰ…2　Ⅱ…5　問５　1
問６　4　問７　4　問８　1
問９　3　問10　3　問11　4

一〔論説文の読解―社会学的分野―現代社会〕出典；稲田豊史『映画を早送りで観る人たち　ファスト映画・ネタバレ―コンテンツ消費の現在形』／山口真一『正義を振りかざす「極端な人」の正体』。

≪本文の概要≫【文章Ⅰ】映像視聴の快楽主義が高まり，心が揺さぶられることのない，思っていたとおりになる物語を好ましいと思う人々が現れた。その背景には，共感性羞恥を感じる人が増えていることもある。登場人物に共感できるかどうかは，物語の魅力の一つだが，共感できない価値観を持つ人物がいることで，人間という存在が多様で複雑であることを，畏怖や敬意や驚嘆とともに理解するということも，鑑賞行為の豊かさを支えるのに必要なはずである。しかし，大量の情報と物語の摂取に疲れている人々は，体力を使わない鑑賞を求める。そうした人々は，意欲的・能動的に映像を見るのではなく，浸っていて心地よい状態であることに価値を見出しているのである。その意味で，シーン単位の繰り返し視聴は，快適主義の究極といえる。

【文章Ⅱ】ネットでも現実でも，批判や極端な意見ほど，発信されやすい。だから，自分が接している情報は偏っていないかということに目を配り，過剰な萎縮をしないようにする必要がある。

問１＜漢字＞a.「構成」と書く。１は「海溝」，２は「購読」，４は「恐慌」。　b.「阻害」と書く。１は「祖国」，３は「粗品」，４は「狙撃」。　c.「酷使」と書く。２は「穀物」，３は「深刻」，４は「克服」。　d.「過剰」と書く。１は「乗車」，３は「浄水」，４は「醸造」。

問２＜漢字＞「目の当たり」は「まのあたり」と読む。眼前のこと。「目深」は「まぶか」，「目抜き」は「めぬき」，「目配せ」は「めくばせ」，「目頭」は「めがしら」と読む。

問３＜文章内容＞「彼女」にとって好ましい物語とは，「めくるめく展開」や「予想もしないどんでん返し」や「複雑で込み入った物語」ではなく（１・２・４…×），「思っていた通りになる」物語である（３…○）。

問４＜文章内容＞共感性羞恥を強く感じる人は，「他人が失敗したり，恥をかいたりしている」のを，自分のことのように恥ずかしく感じて，「TV番組のドッキリ企画すら見ることができない」のである（１・２…○）。共感性羞恥を強く感じる人は，心を揺さぶられる状態を避ける「快適主義」に近いため，予想外の展開をおもしろがったりはしないのである（３…○，４…×）。

問５＜文章内容＞「共感できない価値観に向き合い，理解に努める」ためには，大きなエネルギーを必要として，それは快適ではない。そのため，快適を求めて，「物語や言説の価値を共感だけに求める者」が増え，その結果，映像作品の良し悪しの基準が「登場人物に共感できるかどうか」に寄りすぎてしまうと考えられる。

問６＜文脈＞「共感できない価値観に向き合い，理解に努める」ことをしないのは，それには大きなエネルギーを要し,「快適ではない」からである。その結果,快適に感じられる「自分の考えを補強してくれる物語や言説だけ」を求めることになる(…B)。それを続けていると,「他者に対する想像力」を「喪失」することになる(…D)。他者に対する想像力を失うと,「自分とは違う感じ方をする人間がこの世にいる」という当たり前の事実を「忘れてしまう」か(…C),あるいは,そういう「自分とは違う感じ方をする人間」を安直に「敵認定」してしまうことになる(…A)。

問7＜語句＞「露ほども」は,打ち消しの表現を伴って,少しばかりも,という意味。「露ほども疑っていない」は,少しも疑っていない,という意味。

問8＜文章内容＞TikTokやインスタグラムのリールは,「カロリーを使わず経済運転」で見る対象である。オープンワールドゲームは,「居続けるだけで楽しい」ものである。一方,映画やドラマは,通常速度で見ると「表現の微妙なニュアンスを受け取るには集中して心を使わなければ」ならず,疲れるので,疲れないためには,倍速視聴することになるのである。

問9＜文章内容＞倍速視聴が,「感情を節約」した「経済運転」であるように,同じものを繰り返し見るのも,「体力を使わない快適な鑑賞」であり「経済運転」なのである。

問10＜接続語＞ア.66%の人は積極的に情報発信しないので,「学校に届く声は23%の人の声ばかり」になるが,言うまでもなく,「少数派だからといって無視していいということ」ではない。　イ.賛成派と反対派で議論を繰り返した末に,像の撤去や,座った二宮金次郎の像を新たにつくるという「結論に至った学校もあったかもしれない」けれども,議論の結果ではなく「目立つ批判意見に流されてしまった」のだとしたら,残念な結果である。

問11＜文章内容＞「問題意識をもって現状を批判し,変えようとしている人たち」は「多くの発信をする」し,ネットでも現実でも「批判や極端な意見ほど発信されやすい」ものである。また,「目立つ批判意見」に流されるということも,起こりやすい。しかし,流されて極端な意見を受け入れていると,ますます極端な意見を発信する人は,力を得て増えるのである。

問12＜要旨＞ウ.映像視聴において,「心を揺さぶられないフラットな気持ち」で鑑賞したいという人々がいて,そういう人々にとっては,「倍速視聴は感情移入しにくくなるから良い」のである。また,好きなシーンを繰り返して見るのも,「心地良い状態」でいるためである。　エ.本を読みながら歩く二宮金次郎の像は危険であるという意見に同感できる人は,同感できない人の66%に対して23%と少数だったにもかかわらず,「23%側の意見を採用」して,像を撤去したり座った二宮金次郎の像をつくったりした学校が,複数存在するのである。

二〔小説の読解〕出典:額賀澪『モノクロの夏に帰る』。

問1. **a＜語句＞**「しげしげと」は,視線をそらさずに,よく見つめるさま。　**b＜語句＞**「脳裏」は,頭の中,心の中のこと。「掠める」は,考えがかすかに現れる,という意味。「意識にのぼる」は,それまで気づいていなかった事柄が認識される,という意味。　**c＜慣用句＞**「後ろ指を指される」は,悪口を言われる,非難される,という意味。

問2＜心情＞飛鳥が子どもの頃に戦争の作文を書いたのを覚えているかと祖父にきいたところ,祖父は思い出そうともせずに,「知らね」と答えた。飛鳥は,祖父の反応を「投げ捨てるよう」だと感じ,あきれて思わず苦笑いしたのである。

問3＜文章内容＞戦時中の世界にも当然色があったのに,写真がモノクロだから戦時中の世界もモノクロだったかのように感じて「隔たりがあるように」考えてしまうのは傲慢であると，飛鳥は思った。戦時中のモノクロ写真をカラーにした本は，戦時中の世界も色彩豊かであり今と隔たりのない世界であるということを人々に伝えることになるのではないかと，飛鳥は思ったのである。

問４＜慣用句＞Ⅰ．「目を丸くする」は，驚いて目を大きく見開いて見る，という意味。　Ⅱ．「胸を撫で下ろす」は，心を占めていた心配事がなくなり，安心する，という意味。

問５＜文章内容＞飛鳥が祖父の戦争体験を捏造して作文を書いたことに対して，母は飛鳥をしかり，作文を祖父に渡した。祖父が黙って飛鳥の作文を読んでいるので，聞こえる音は，テレビの野球中継だけである。体験を捏造されたのだから，当然，祖父が怒り出すだろうと思っている飛鳥には，祖父が作文を読んでいる時間が，とても長い時間のように感じられた。

問６＜文章内容＞昭一さんが戦死していたならば，祖父は，家に下宿していた青年が特攻隊員として戦死したという体験をしていたことになる。昭一さんについて聞くことは，祖父の戦争体験について聞くことであり，祖父の戦争体験を捏造したという「小学生の自分の罪深さを再確認することだ」と，飛鳥は思ったのである。

問７＜表現技法＞通常は「モノクロ写真が，色を当時に置いてきてしまった」ように，「認知症によって記憶が流れ落ちてしまったのか」となる。語順を逆にする「倒置法」が使われている。また，「ように」という語を用いて直接にたとえる「直喩」が使われている。さらに，「写真」が色を「置いてきてしまった」と，人間以外のものを人間に見立てて表現する「擬人法」が使われている。

問８＜文章内容＞戦争について「経験もない」し(…Ｘ)，「深い知識」もないけれども(…Ｙ)，戦争をしないために，「自分にできる何か」を気づかせる本であると，飛鳥は本の紹介文で訴えかけている。

問９＜文章内容＞飛鳥は，深い知識も経験もなく，戦争を気にしたこともなかった自分が「戦争を語る資格があるのか」と考えた。しかし，「僕達は他人を想《おも》うことができる」のであり，「戦争をするな」と主張することに，語る資格など必要なく，知識も経験もないくせになどと非難される理由もいっさいないと，飛鳥は思ったのである。

問10＜表現＞祖父がモノクロ写真から戦時中に下宿していた昭一さんを思い出したのかもしれないという話から，祖父の戦争体験を捏造した作文を家族に打ち明けたときの話が描かれることで，飛鳥が，戦争体験の捏造の罪深さを感じ続けていたことや，戦争というものについて考え続けていたことが表されている。

問11＜要旨＞現代の人々が，カラー化した戦時中の「モノクロ写真」を見ることによって，戦時中と今を結びつけて考えることができるのではないかと，飛鳥は考えている(Ａ…○)。本の紹介文で，飛鳥は，他人を思うことはできるのであり，戦争について深い知識や経験がなくても，「八十年前に戦時下を生きた人々」や現在「地球の裏側で苦しむ人々」を思い「自分にできる何か」を，「今，すべきことを考えよう」と訴えかけている(Ｂ・Ｃ…○，Ｄ…×)。

2023年度　浦和実業学園高等学校(第２回併願)

【英　語】（50分）〈満点：100点〉

（注意）１，２は，リスニング(聞き取り)問題です。試験開始のチャイムが鳴ったら，１ページ目を開き，問題の指示に従って解答してください。

１　放送される三つの英文のうち，写真の説明として最も適当なものを１～３の中から一つずつ選びなさい。英文は二回ずつ放送されます。解答番号は①～④

Picture 1（①）

1．

2．

3．

Picture 2（②）

1．

2．

3．

Picture 3 (③)

1.

2.

3.

Picture 4 (④)

1.

2.

3.

(1 の放送終了後，10秒間の休止があります。次の問題に進んで構いません。)

2 英語の会話が三つ放送されます。最後の発言に対する相手の応答として最も適当なものを１～４の中から一つずつ選びなさい。会話は二回ずつ放送されます。解答番号は⑤～⑦

(⑤) 1. No, thanks. It's too crowded to order more.
2. That sounds good. I'll have another piece.
3. Thank you so much. Can I have some tea?
4. No, thank you. I'm very full, but also thirsty.

(⑥) 1. That's a better idea. I'll buy you a cup of coffee there.
2. The library is not so far, but it may be crowded.
3. I'm glad to hear that you also haven't finished your homework.
4. I'll meet you there after I've done my homework.

(⑦) 1. Wow! Have you already bought milk there?
2. I see. I'll go to the nearest supermarket.
3. OK, I will. Do you want anything else?
4. That's good. I'll eat French toast there.

(2 の放送終了後，次の問題に進んで構いません。)

※<**リスニング問題放送原稿**>は英語の問題の終わりに付けてあります。

3　次の英文の(　)に入る最も適当なものを1～4の中から一つずつ選びなさい。解答番号は⑧～㉒

(⑧) That cat (　　) Tom by his family.
1. calls　2. is calling
3. has called　4. is called

(⑨) I (　　) to walk my dog in the park tomorrow.
1. will　2. has been　3. am going　4. able

(⑩) My brother looked for books (　　) in the train.
1. reading　2. to read
3. to reading　4. reads

(⑪) Thank you for (　　) our restaurant.
1. visit　2. to visit　3. visited　4. visiting

(⑫) This is (　　) room in our school.
1. a more big　2. the biggest
3. as big as　4. the most big

(⑬) The picture book (　　) is on the table is my brother's.
1. it　2. which　3. who　4. one

(⑭) He has (　　) work to do today.
1. many　2. a few　3. a lot of　4. few

(⑮) Look at the big poster (　　) the wall.
1. to　2. on　3. at　4. from

(⑯) (　　) exciting this game is!
1. How　2. Why　3. When　4. What an

(⑰) He likes English, (　　) he?
1. does　2. doesn't　3. is　4. isn't

(⑱) My daughter (　　) her homework just now.
1. is finished　2. is going to finish
3. has finished　4. will finish

(⑲) The book (　　) to me by my uncle is interesting.
1. give　2. to give　3. giving　4. given

(⑳) A: (　　) lock the door when I leave?
B: No, you don't have to.
1. Did it　2. Do you　3. Is it　4. Shall I

(㉑) A: (　　) does it take from here to Urawa station?
B: It takes 15 minutes.
1. How long　2. How much
3. How tall　4. How far

(㉒) A: Would you like a glass of water?
B: (　　).
1. Take care　2. Here you are
3. Yes, please　4. You're welcome

4　次の日本語に合うように，与えられた語(句)を並べかえて，(　)内で４番目に来るものを１～７の中から一つずつ選びなさい。なお，文頭に来る語も小文字になっている。解答番号は㉓～㉗

(㉓)　私はヨシコにまた会うのを楽しみにしています。

(1. looking　2. seeing　3. I　4. Yoshiko　5. forward　6. am　7. to) again.

(㉔)　私たちは彼女の死の知らせに驚きました。

(1. were　2. news　3. at　4. of　5. the　6. surprised　7. we) her death.

(㉕)　これは私が今まで読んだ中で一番おもしろい本です。
This is (1. that　2. book　3. I　4. interesting　5. have　6. most　7. the) ever read.

(㉖)　秋山さんはまだ友だちに手紙を送っていません。
Mr. Akiyama (1. has　2. sent　3. letter　4. not　5. his friend　6. to　7. a) yet.

(㉗)　私は彼がそのテストに合格したと聞いてうれしかったです。
I (1. he　2. was　3. passed　4. hear　5. glad　6. that　7. to) the test.

5　次の英文を読んで，後の問いに答えなさい。*印の語には注があります。解答番号は㉘～㉞

As you know, the Disney brand is big, but it continues to feel small and special. Why? Because the Walt Disney Company believes that everything is important—from big ideas, like making Disney movies, to the smallest *detail, like ㉘not selling chewing gum at its theme parks to keep them clean. *Walt Disney himself had an eye for detail and believed in giving an experience, not in selling products. Walt thought that other companies could make his products easily, but a magical experience was unique and [　㉙　].

For example, Walt Disney World Resort is the most magical place in the world. We can learn how Disney *considers the *impact of everything that *is associated with its brand there. When visitors enter the front gates of each theme park, cast members *greet them by waving big Mickey Mouse hands and giving maps, *buttons, and stickers, while Disney characters create unique photo *opportunities. It's a friendly way for greeting, but there is another reason for their actions. ㉚Cast members are trying to keep guests' attention so everyone doesn't rush off to the same big attractions. *Meanwhile, the stores on Main Street *give off sweet smells of candy and cinnamon to keep the mood fun and exciting. With the good smells, children will ask their parents to buy sweets for them. Think about all the garbage produced at Walt Disney World every day. Cast members always pick up every piece of it, so ㉛it's hard to find any garbage anywhere. Also, the bottoms of the trash cans connect to underground *tunnels that *suck the garbage away, so you don't know where it goes. Guests never see a garbage truck or an *overflowing garbage can during their visit. Even the street sweepers are trained by Disney's animators to take their simple *broom and bucket of water and quietly paint a Goofy or Mickey Mouse in water on the *pavement while guests wait in line. It's a moment of magic for just a few seconds before it ㉜evaporates in the hot sun.

*detail　細部　*Walt Disney　ミッキーマウスの生みの親　*consider　よく考える
*impact　影響　*be associated with　～を連想する　*greet　挨拶をする

＊button　バッジ　　＊opportunity　機会　　＊meanwhile　その合い間に

＊give off　発する　　＊tunnel　トンネル　　＊suck　吸う

＊overflow　いっぱいになってあふれる　　＊broom　ほうき　　＊pavement　歩道

(㉘)　下線部㉘の理由として最も適当なものを１～４の中から一つ選びなさい。

1．値段の高い食べ物を買ってもらうため
2．ガムの売り上げがあまりよくないため
3．園内をガムで汚さないようにするため
4．来場者に特別な経験をしてほしいため

(㉙)　[㉙]に入る最も適当なものを１～４の中から一つ選びなさい。

1．was soon forgotten by visitors
2．led to great sales in its products
3．was also made easily by other companies
4．stayed in your heart forever

(㉚)　下線部㉚の結果，起こる内容として最も適当なものを１～４の中から一つ選びなさい。

1．Many people will not gather at one place.
2．People can feel excited when they get on an attraction.
3．The company can easily sell a lot of sweets to children.
4．Excited people will never throw garbage away.

(㉛)　下線部㉛の内容として最も適当なものを１～４の中から一つ選びなさい。

1．園内のどこかでゴミを見かけること
2．毎日たくさんのゴミを処分すること
3．落ちている小さなゴミを集めること
4．ゴミを処分する方法を考えつくこと

(㉜)　下線部㉜の意味として最も適当なものを１～４の中から一つ選びなさい。

1．心に残る　　2．蒸発する
3．絵を描く　　4．訓練する

(㉝・㉞)　次の英文について，本文の内容に合うものを１～５の中から二つ選びなさい。ただし，解答の順序は問いません。

1．The Walt Disney Company is so huge that it is only interested in big businesses.
2．The Walt Disney Company thinks that it is also important to do small things.
3．The bottom of the garbage cans has a system which can suck and take garbage away.
4．Garbage cans are always full because visitors buy a lot of products and food.
5．After cast members finish training to be painters, their paintings are displayed in attractions.

6　次の英文を読んで，後の問いに答えなさい。＊印の語には注があります。解答番号は㉟～㊶

One quiet afternoon, something *extraordinary happened. "*OOOOOOOOOOIIIIINNK," cried a little pig. He *seemed to feel *pain.

"*Why don't you [㉟] your animals?" Sarah shouted.

"*What's the matter, *Gub-Gub?" Dr. Dolittle asked.

"He ate something bad, of course," Sarah said.

"No, he hurt his foot," the doctor said.

"How did you know ㊱<u>that</u>?" Sarah asked.

"Well, I think Gub-Gub told me," he answered.

"Are you crazy ?" she shouted. "Animals can't talk !"

"Maybe ㊲I am crazy," Dr. Dolittle said to himself.

"No, you're not. You're talking to me right now !" Polynesia said.

"But you're a *parrot," the doctor *replied.

"You understood Gub-Gub," Polynesia continued.

"But that's impossible !" Dr. Dolittle sat up.

"Dr. Dolittle, you have the gift," the parrot said.

"What gift ?" the doctor asked.

"You can understand the animal language," she answered.

Dr. Dolittle was very excited. "I didn't know animals have their own language !" he said to Polynesia.

"Most humans don't. But animals speak to each other just like people do," she said.

"Animals also talk to people all the time."

After that, Dr. Dolittle studied the animal language with Polynesia's help. ㊳It wasn't easy to learn the animal language. Dr. Dolittle made many mistakes. "This one wants to live in the garden, but the other one doesn't," the doctor *observed.

Soon Dr. Dolittle could speak and understand the animal language perfectly. One day, ㊴a horse cried and said, "Oh, please help me."

"I'll help you," Dr. Dolittle gently answered.

"You can speak our language ?" the horse *whispered.

"Yes. Now tell me what the problem is," said the doctor.

"I'm so thirsty and hot, but the old man won't give me any water !" *complained the horse.

"You can have some water from my garden," Dr. Dolittle *offered.

"You seem to understand animals," the old man said. "You should be an animal doctor."

＊extraordinary　普通でない　＊OOOOOOOOOOIIIIINNK　豚の叫び声　＊seem to　～のように思える
＊pain　痛み　＊why don't you　～したらどうなの　＊what's the matter　どうしたの
＊Gub-Gub　グブグブ(豚の名前)　＊parrot　オウム　＊reply　返答する　＊observe　観察する
＊whisper　ささやく　＊complain　不満を言う　＊offer　提案する

(㉟)　[㉟] に入る最も適当なものを１～４の中から一つ選びなさい。

1．talk about　　2．take care of

3．throw away　　4．write to

(㊱)　下線部㊱の内容として最も適当なものを１～４の中から一つ選びなさい。

1．Polynesia could speak human language.

2．Sarah understood the animal language.

3．Gub-Gub's foot was damaged.

4．Dr. Dolittle ate something bad.

(㊲)　下線部㊲の理由として最も適当なものを１～４の中から一つ選びなさい。

1．Dr. Dolittle seemed to understand Gub-Gub's words.

2．Dr. Dolittle always tried to make Sarah very angry.

3．Dr. Dolittle could not understand Polynesia's feelings.

4．Dr. Dolittle began to cry like a pig.

(㊳)　下線部㊳の内容として最も適当なものを１～４の中から一つ選びなさい。
1．ポリネシアを助けること
2．動物の言葉を学ぶこと
3．人間の言葉を理解すること
4．動物同士で会話すること

(㊴)　下線部㊴の理由として最も適当なものを１～４の中から一つ選びなさい。
1．動物の言葉が分かる人間が近づいてきたから
2．医者に誤った診断をされてしまったから
3．庭に住まわせてもらえなかったから
4．のどが渇いているのに水が飲めなかったから

(㊵・㊶)　次の英文について，本文の内容に合うものを１～５の中から二つ選びなさい。ただし，解答の順序は問いません。
1．The little pig named Gub-Gub cried because he ate something bad.
2．Sarah told Dr. Dolittle to get an ability to understand the animal language.
3．Dr. Dolittle made many mistakes to understand the animal language.
4．Most people didn't know animals had their own language.
5．Dr. Dolittle told the old man to be an animal doctor like him.

＜リスニング問題放送原稿＞

これから，2023年度，第二回併願入試，リスニング問題を始めます。リスニングの問題は[1]と[2]です。

[1]　放送される三つの英文のうち，写真の説明として最も適当なものを１～３の中から一つずつ選びなさい。英文は二回ずつ放送されます。

(①)
1．By using this elevator, you can move to the platform.
2．Only station staff can use this elevator.
3．This elevator will take you to the next station.

(②)
1．There aren't bicycles with seats for kids.
2．Many bicycles have seats for kids.
3．This shop sells many kinds of motor bikes.

(③)
1．A man is writing something in the car.
2．A man wearing a jacket is writing something.
3．A man is talking on the phone in front of the car.

(④)
1．They are having lunch at the office.
2．They are talking about something while using gestures.
3．They are having a meeting with computers.

2 英語の会話が三つ放送されます。最後の発言に対する相手の応答として最も適当なものを１～４の中から一つずつ選びなさい。会話は二回ずつ放送されます。

(⑤)

A : The pizza you made tastes really good. I think it's the best pizza I've ever had!

B : I'm glad you like it. Would you like some more?

A : I'd love to eat more, but I'm full.

B : Well, how about something to drink?

(⑥)

B : If you have time, can you help me with my homework?

A : All right. Where can we study?

B : The library is the best place to study, isn't it?

A : We can't talk there. Let's go to the coffee shop near the station.

(⑦)

A : We don't have any milk.

B : Oh no! We can't make French toast without milk.

A : I'll get some at the supermarket.

B : It's not open yet, though. Maybe you should go to the convenience store.

以上でリスニング問題を終わります。引き続き，筆記問題に進んでください。

【数　学】（50分）〈満点：100点〉

（注意）(1) 問題文の中にある $\boxed{①}$，$\boxed{②}\boxed{③}$，$\dfrac{\boxed{④}\boxed{⑤}}{\boxed{⑥}}$ などの①，②，③，④，⑤，⑥には，それぞれ0，1，2，…，9の数字または－，±，＜，＞，≦，≧ の符号・不等号の中からいずれか1つのみを選びマークしてください。

(2) 解答が分数の形で求められているときは，既約分数で答えてください。

(3) 解答が無理数の形で求められているときは，$\sqrt{\quad}$ の中の数を最小の自然数にして答えてください。

(4) 解答欄が余るときは，その余った欄にはなにも記入しないでください。

(5) 解答欄が不足するときは，不足する部分の数や符号・不等号をマークしないでください。

(6) 定規，コンパス，分度器，電卓，計算機能付き機器等は使用しないでください。

1 次の計算をしなさい。

(1) $\dfrac{2}{3}+\dfrac{3}{7}-\dfrac{1}{6}=\dfrac{\boxed{①}\boxed{②}}{\boxed{③}\boxed{④}}$

(2) $3-2^2-(-1)^3=\boxed{⑤}$

(3) $\dfrac{a}{3}+4b-\dfrac{a-3b}{2}=\dfrac{\boxed{⑥}a+\boxed{⑦}\boxed{⑧}b}{\boxed{⑨}}$

(4) $x=\sqrt{2}+\sqrt{3}$，$y=\sqrt{2}-\sqrt{3}$ のとき，$x^3y-xy^3=\boxed{⑩}\boxed{⑪}\sqrt{\boxed{⑫}}$

2 次の各問に答えなさい。

(1) 1次方程式 $1-\dfrac{x}{5}=0.4(x-0.2)$ を満たす解は，$x=\dfrac{\boxed{⑬}}{\boxed{⑭}}$ である。

(2) 連立方程式 $\begin{cases}\dfrac{3}{2}x+2y=21\\ \dfrac{2}{3}x-3y=21\end{cases}$ を満たす解は，$x=\boxed{⑮}\boxed{⑯}$，$y=\boxed{⑰}\boxed{⑱}$ である。

(3) 2次方程式 $x^2-2x-7=0$ を満たす解は，$x=\boxed{⑲}\boxed{⑳}\boxed{㉑}\sqrt{\boxed{㉒}}$ である。

(4) 2次方程式 $(2x-1)^2-5(2x-1)-6=0$ を満たす解は，$x=\boxed{㉓}$，$\dfrac{\boxed{㉔}}{\boxed{㉕}}$ である。

3 次の各問に答えなさい。

(1) 太郎君がボールを的に当てるゲームを行い，100回投げた時点で32回当てることができたので，命中率は3割2分になった。

このとき，次の各問に答えなさい。

(ア) 150回投げた時点で命中率をちょうど4割にするには，残り50回の投球では $\boxed{㉖}$ 割 $\boxed{㉗}$ 分の命中率が必要である。

(イ) 100回投げた後もこのゲームを続け，できるだけ少ない投球数で4割を超える命中率にするためには，あと $\boxed{㉘}\boxed{㉙}$ 回投げる必要がある。

(2) 大小2つのさいころを同時に投げ，大きいさいころの出た目の数を a，小さいさいころの出た目の数を b とする。x の1次方程式 $ax-b=0$…①を満たす解について，次の各問に答えなさい。

(ア)　方程式①を満たす解が整数になる確率は，$\dfrac{\boxed{\text{㉚}}}{\boxed{\text{㉛}}\boxed{\text{㉜}}}$ である。

(イ)　方程式①を満たす解が１より大きくなる確率は，$\dfrac{\boxed{\text{㉝}}}{\boxed{\text{㉞}}\boxed{\text{㉟}}}$ である。

(3)　下図のような立体の展開図において，２つの円 O_1，O_2 の半径の比は $1:3$，AB＝BC＝10 である。
展開図を組み立てたときにできる立体の表面積が 390π のとき，円 O_2 の半径は $\boxed{\text{㊱}}$ である。ただし，円周率を π とする。

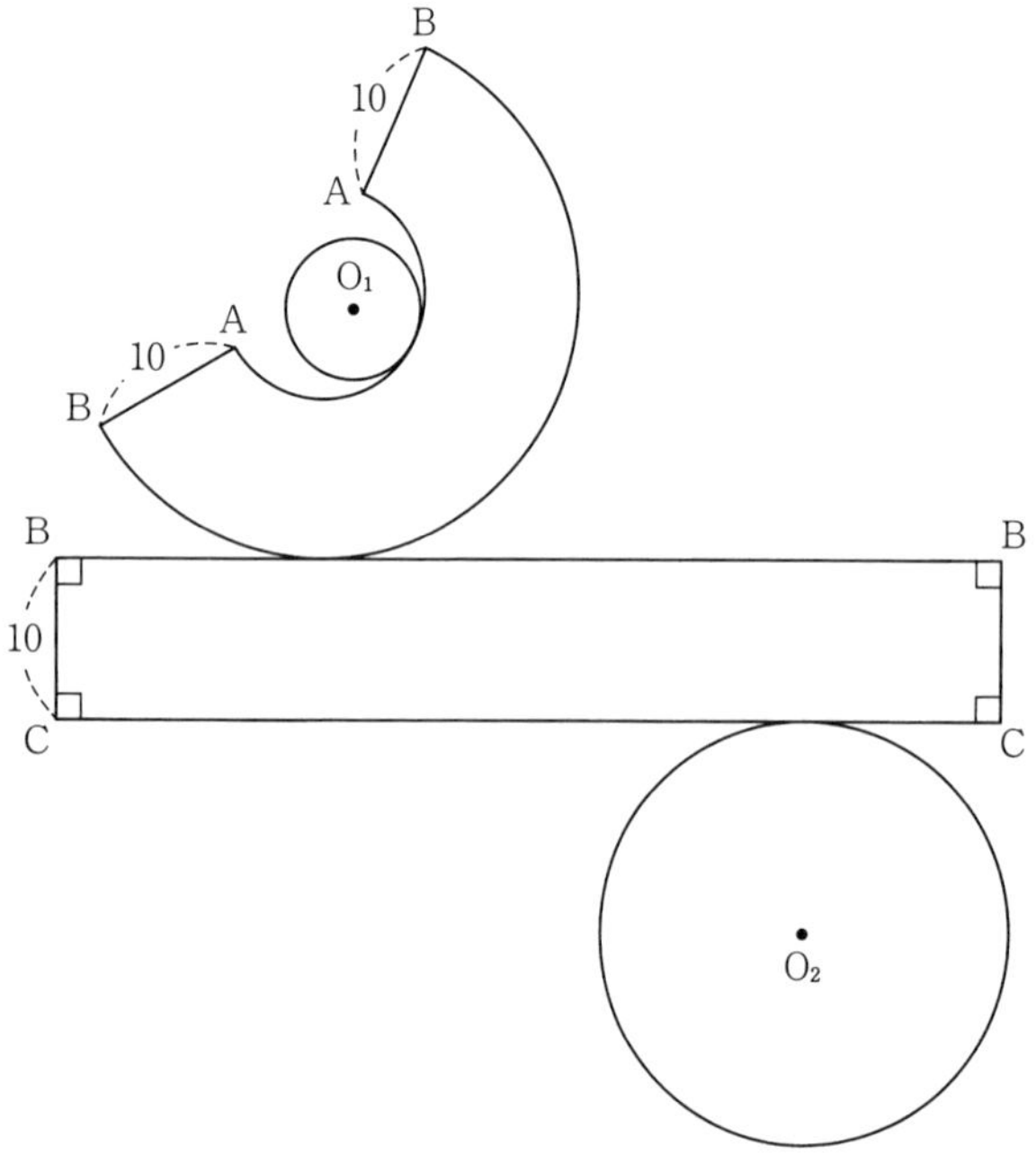

4　下図のように，放物線 $y=ax^2$ と直線 $y=2x+b$ が２点Ｐ，Ｑで交わっている。点Ｐ，Ｑから x 軸に下した垂線と x 軸との交点をそれぞれＡ，Ｂとするとき，後の各問に答えなさい。
ただし，$a>0$，$b>0$ とする。

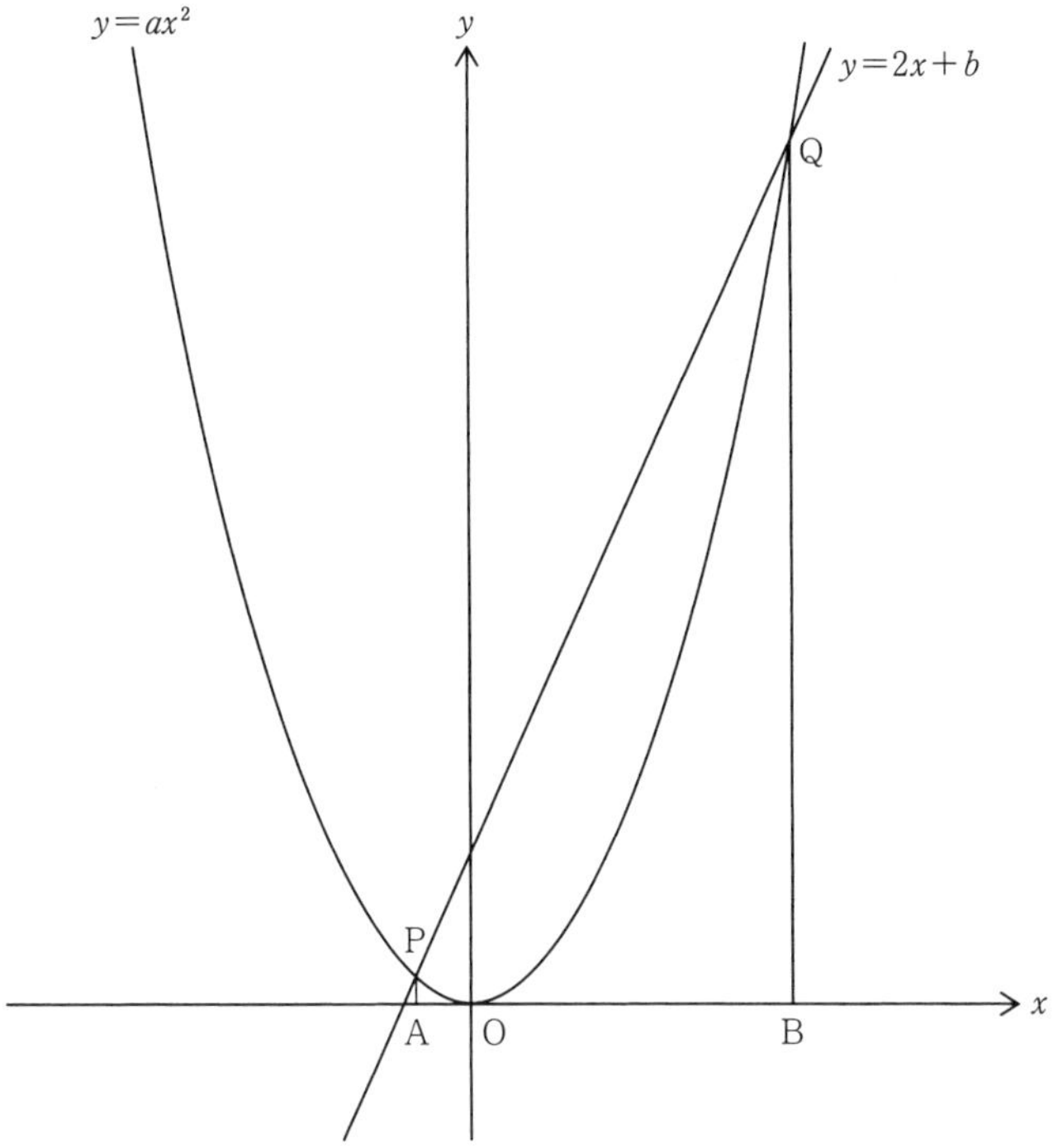

(1)　$a=\dfrac{1}{3}$，$b=9$ のとき，２つの交点Ｐ，Ｑの座標はそれぞれ P(㊲ ㊳ , ㊴)，Q(㊵ , ㊶ ㊷)である。

(2)　$a=2$，OA：OB＝1：4 のとき，$b=\dfrac{㊸}{㊹}$ である。

(3)　$PQ=10\sqrt{5}$，$\triangle POQ$ の面積が $\dfrac{45}{4}$，A$(-1,\ 0)$のとき，$a=\dfrac{㊺}{㊻}$，$b=\dfrac{㊼}{㊽}$ である。

問11　【第1部】【第2部】を読んだ生徒たちが意見を述べ合いました。それは本文の内容を正しく理解できていない生徒が一人います。それは誰ですか。後の中から選びなさい。解答番号は㉘

生徒Ａ　全体的にひらがなが多用されていて読みやすい文章になっているよね。私は【第1部】の学校での子どもたちの会話に注目してみたよ。ここは、幼さとともに、子どもが持つ純粋さと残酷さを表現しているように感じるな。あと、どちらの文章も丹華の心情を中心に描いているね。

生徒Ｂ　私は文章全体を通して方言が使われていることに注目したよ。一般的には標準語で書かれることが多いけど、この小説はあえて方言を使用することによって、兵庫県という舞台設定や人物像を分かりやすくする効果を出しているんじゃないかな。これによって臨場感や現実感が増していると思うわ。

生徒Ｃ　僕は【第1部】を読んでみて、丹華が味わっている震災のつらさを表現している文章だと感じたな。登校時や、クラスの子にこそこそ話をされている場面は、丹華の苦しみがリアルに伝わってくるよ。一方で、【第2部】は丹華が陽太への恋に悩む様子を具体的な表現を用いて描いているな。どちらも丹華の苦悩が伝わってくる文章になっているね。

生徒Ｄ　丹華って、震災によるけがが原因で他人に対する自己表現が苦手になってしまった人物だと感じたよ。そんな丹華に寄り添ってくれるおっちゃんは丹華を理解してくれる優しい人物だと思ったな。あと登場回数は少ないけど、担任の岩槻先生にも注目したよ。【第1部】では、丹華が教室のドアを開ける瞬間まで待っていてくれるとあるように、岩槻先生も丹華のことを理解している優しい人物だと読み取ったよ。

1　生徒Ａ　　2　生徒Ｂ　　3　生徒Ｃ　　4　生徒Ｄ

わらない陽太に興味を持てないでいる。

2　陽太はサッカーが得意なことを緊張しながらも丹華に伝えようとしており、丹華は話下手なため陽太のほうから話しかけてくれるのを待ちきれないでいる。

3　陽太は自分が好きなサッカーのことだけを考え夢中になっており、丹華は陽太に抱いた恋心のあまり言われてもいない言葉が聞こえてしまっている。

4　陽太は初対面の女子を目の前にした緊張を紛《まぎ》らわすためにボールを蹴っており、丹華は陽太とふと目が合ったことで彼に対する興味が芽生え始めている。

問8　⑦ただ黙ってじんじんする足を押さえていたとありますが、この時の「丹華」の様子を説明したものとして最も適当なものを次の中から選びなさい。解答番号は㉕

1　自分に障がいがあることを陽太にだけは秘密にしたかったのに、この出来事で陽太に知られてしまったのではないかという不安と恐怖でおびえている。

2　予想もしていなかった出来事をきっかけに父にしかられて、見る見るうちに青ざめる陽太の様子を目の当たりにしたため、動揺し言葉も出ないでいる。

3　丹華自身の不注意が原因で父にしかられた陽太の、恐怖で色を失った表情を見た瞬間、頭の中が罪悪感でいっぱいになり何も考えられなくなっている。

4　本当は騒ぐほど足の痛みは無かったのだが、思いを寄せる陽太に自分のことを心配してほしいあまり、あたかも痛みに耐えられないような素振りをしている。

問9　⑧これから、よろしく頼むわ。……こいつのこともなとありますが、この時「ゼロ先生」は「陽太」に対してどのような思いを抱いていますか。その説明として最も適当なものを次の中から選びなさい。解答番号は㉖

1　陽太と一緒にボランティア訪問ができるのを楽しみにするとともに、つらい過去を持つ丹華に優しく寄り添ってくれる人物だと認めている。

2　ボランティア訪問のメンバーが増えることを喜ぶとともに、いじめによって心に深い傷を負った丹華を救ってくれる人物だと認めている。

3　お年寄りの面倒をきちんと見てくれそうな陽太に安心感を抱き、ボランティア訪問や学校内で丹華と良好な関係を築ける人物だと認めている。

4　誠実な性格の陽太がボランティア訪問で活躍してくれることを期待しつつ、丹華の初めての恋人として頼りになる人物だと認めている。

問10　⑨胸の中の小さな箱に、いっぱいに詰まっていたきらめくビー玉が、いっせいに、きらきら、からから、ころころと、心地よいメロディを奏でながら転がり出すとありますが、この表現について説明したものとして最も適当なものを次の中から選びなさい。解答番号は㉗

1　陽太への悩める恋心を「ビー玉」にたとえながら、その満たされない気持ちが陽太の笑顔によって解消されていく様子を「きらきら」「からから」といった言葉で明るく表現している。

2　「きらめく」や「きらきら」といった光をイメージする言葉は丹華の心の明るさを表現し、「ころころ」といった動きを表す言葉は、丹華の心が動揺している様子を表現している。

3　それまで真剣な表情だった陽太がふと見せた笑顔に丹華の心がときめく様子を、色鮮やかで光り輝く「ビー玉」にたとえながら、「きらきら」「ころころ」といった言葉を用いて印象的に表現している。

4　暗かった丹華の心が陽太の笑顔によって色鮮やかに変化していく様子を、カラフルな「ビー玉」にたとえながら、「からから」「ころころ」といった躍動感あふれる言葉を用いて幻想的に表現している。

問2　①子犬のようにふるふると頭を横に振ったとありますが、ここで使用されている表現技法の組み合わせとして最も適当なものを次の中から選びなさい。解答番号は⑲

1　反復法と擬態法　2　直喩法と擬人法
3　暗喩法と擬人法　4　直喩法と擬態法

問3　②乱暴に玄関のサッシ戸を引き、妹の手をやっぱり乱暴に引っ張って、外へと出ていったとありますが、なぜ「逸騎」はこのような行動をとったのですか。その理由として適当ではないものを次の中から一つ選びなさい。解答番号は⑳

1　おっちゃんと妹たちが微笑ましいやり取りをしていて、仲間外れにされた感じがしたから。
2　おっちゃんの注意によって、自分が一番気にしていた遅刻が決定的になってしまったから。
3　自分の仕事を果たそうとしたのに、おっちゃんに「ごんた」呼ばわりされてしまったから。
4　自分の言う事をなかなか聞かない燦空と、自分の言動に反抗してくる丹華に腹が立ったから。

問4　③おっちゃんがため息をついて言うとありますが、この時の「おっちゃん」の心情を説明したものとして最も適当なものを次の中から選びなさい。解答番号は㉑

1　兄妹で唯一の男である逸騎に兄の自覚を持たせようとしたが、相変わらず妹たちとけんかをしてしまう逸騎にあきれている。
2　逸騎を自分のような立派な大人に育てたいが、何度言っても約束を守ることができない幼稚な逸騎に嫌気がさしている。
3　震災に遭った兄妹を養子に迎えたのはいいが、自分に関心を寄せない兄妹たちと希薄な関係になっていることに落胆している。
4　男手ひとつで育ててきた逸騎に男としての模範的な行動を説いたが、逸騎が一切耳を傾けないことに憤りを感じている。

問5　④丹華には、それが永遠に終わらない道に思えてくるとありますが、この時の「丹華」の心情を説明したものとして最も適当なものを次の中から選びなさい。解答番号は㉒

1　ほかの小学生の後ろ姿を眺め続ける変わらない光景が、学校までの距離を縮めていないように感じさせ、むなしさを覚えている。
2　学校までの道程はそれほど遠くないが、足の痛みに耐えながら歩くのは肉体的にも心理的にも負担が大きく、憂うつになっている。
3　兄に相手にされないだけでなく、登校時間は誰からも相手にされず、次々と追い抜かれていくことに孤独を感じている。
4　歩みを止める度に、おっちゃんから言われた言葉に心が励まされ、ゆっくりでも前へ進んでいこうと自分に言い聞かせている。

問6　⑤笑いながら、涙がこみ上げるとありますが、なぜ「涙がこみ上げ」たのですか。その理由を説明したものとして最も適当なものを次の中から選びなさい。解答番号は㉓

1　今まで誰からもほめられたことがなかったので、友だちの言葉があまりにうれしく感極《かんきわ》まってしまったから。
2　足の痛みに耐えながら登校することはつらかったが、その気持ちを理解してくれる友だちができたから。
3　障がいを負った足に関する話をされたことで、震災の恐怖と亡くなった両親のことを鮮明に思い出したから。
4　友だちの言葉から、自分は特別な扱いを受けている存在だと自覚させられて悲しくなってしまったから。

問7　⑥不思議なことに、丹華には、陽太がそう言っているのが聞こえてくる気がしたとありますが、ここまでの「陽太」と「丹華」の様子を説明したものとして最も適当なものを次の中から選びなさい。解答番号は㉔

1　陽太は女子と話すことが苦手なためボールを蹴ることで緊張を和らげており、丹華は今まで思い描いていた男子の印象と変丹華の胸の中で、今度は、ことんことんと連続して何かが動いた。小さなビー玉が、何個も何個も、あちこち転がってぶつかって、痛いような、こそばゆいような、ヘンな感じ。

「あ……うん。ぜんぜん、大丈夫やし。気にせんとって」

ぼそぼそと、小さな声でそう答えた。言いながら、顔がかあっと熱くなって、真っ赤になるのがわかる。陽太は、まっすぐに丹華をみつめるのをやめない。丹華のほうが、なんだか耐えられないような気持ちになって、赤くなった顔を逸らした。

ふたりを見守っていたゼロ先生は、にっと笑って、

「君、陽太、言うたな?」

陽太は、丹華をみつめたままで、こくんとうなずいた。先生は、ますます大きな笑顔になって、「うん。男やな」と言った。

「逃げも隠れもせえへん、言い訳もせえへん。面と向かって、きちんとあやまる。男やな。かっこええぞ、陽太」

そして、さっき丹華にしたように、陽太の頭を、くしゃくしゃとなでた。

陽太は、ゼロ先生を見上げると、ちょっと照れくさそうな、まぶしそうな表情になった。

「お父さんと一緒に、陽太も、ここでボランティア活動するんやろ?」

「はい」と陽太は、元気いっぱいに返事をした。

「そうか。わしらも、ここのお年寄りを訪問するんが楽しみやねん。⑧これから、よろしく頼むわ。……こいつのこともな」

そう言って、ゼロ先生は、ぽんと丹華の肩を叩いた。丹華は、また、真っ赤になった。

「こら、ニケ。何もじもじしとるんや。新しい友だちに、ちゃんとあいさつせなあかんやろ」

湯気が出るんじゃないかと思うくらい、顔を上気《じょうき》させて、丹華はあわててひょこんと頭を下げた。

「よ……よろしく」

陽太は、やっぱり、じいっと丹華をみつめたままだ。丹華も、今度は目を逸らさずに、不器用な笑顔を作ってみせた。

「うん、よろしく」

陽太は、明るい声で答えた。丹華をみつめる目が、やさしく微笑んだ。

その瞬間、⑨胸の中の小さな箱に、いっぱいに詰まっていたきらめくビー玉が、いっせいに、きらきら、からから、ころころと、心地よいメロディを奏でながら転がり出すのを、丹華ははっきりと感じた。

そう。あのとき。あの笑顔を見た瞬間から、ずっと。

丹華の胸の中では、色とりどりに輝くビー玉が、きらきら、からから、ころころと、転がったり、ぶつかったり、くるくる回ったり。にぎやかなメロディを奏で続けている。

（作問の都合により、一部表記を改めています。）

注1　かぼとる…「かばっている」のなまった言い方。
注2　ごんた…やんちゃ。いたずらっ子。
注3　ゼロ先生…「おっちゃん」の別称。
注4　プレハブ…あらかじめ工場で部材を生産し、現場で加工を行わず組み立てた建築物。
注5　ヴィッセル神戸…兵庫県神戸市をホームタウンとするプロサッカークラブ。

問1　二重傍線部ア〜ウと同じ読み方をする漢字として正しいものを、後の中からそれぞれ一つずつ選びなさい。解答番号は⑯〜⑱。

ア　玄関　⑯
1　威厳　2　賢明　3　神殿　4　錬成

イ　隣接　⑰
1　賃貸　2　光陰　3　車輪　4　近況

ウ　硬直　⑱
1　豪雨　2　興奮　3　混戦　4　極上

ゆっと結んで、どうにか立ち上がった。

　陽太は、よほどびっくりしたのか、声も出せずに体をウ硬直させて、丹華の様子をみつめている。おじさんが、その頭を、平手でぺちんと叩《たた》いた。

「お前、何やっとるんや！　ニケちゃんがけがでもしたらどないすんねん！」

　陽太の顔から、見る見る血の気が引いていく。丹華は、どうしたらいいかわからず、⑦ただ黙ってじんじんする足を押さえていた。

「大丈夫、大丈夫。この子、案外強いねん。ちょっとびっくりしただけやろ。ほら、ニケ、見せてみ」

　ゼロ先生は、丹華の背中を支えて、コミュニティルームの中へと連れていった。背後で、「女の子にひどいことするんやったら、もう連れてけぇへんぞ！」と、おじさんが陽太をしかる声が聞こえる。丹華は、思わず振り向いた。

　父にしかられながら、真剣な、とても心配そうなまなざしを、陽太は丹華に向けていた。丹華の胸の中で、また、何かがことんと音を立てた。

　ゼロ先生は、丹華をパイプ椅子に座らせると、「ソックス、めくってくれるか？」と言った。手術のあとを隠すために、丹華は、いつもタイツやジーンズをはき、夏でもハイソックスをはいている。その日は、膝《ひざ》まで隠れる紺色のハイソックスをはいていた。

　丹華はうなずいて、ソックスをめくった。桃色の手術あとが現れた。二十センチ近くあり、くっきりと浮かび上がっている。ゼロ先生は、右手で手術あとをそうっとなでてから、かかとを持って、上下にゆっくり上げ下げした。

「どうや、痛いか？」

　丹華は、首を横に振った。ゼロ先生は「そうか。よし」とつぶやくと、手術あとに手をかざして、

「大丈夫、大丈夫。平気や、平気や。ニケの弱虫毛虫、どっか行ってまえ！」

ひゅっと手のひらで空を切った。

　丹華は、思わず「なんやの、それえ」と、笑い出してしまった。

「え、覚えてへんのか？　お前がちっさい頃、足が痛い痛い言うて泣きよったとき、こないしたったやろ」

　そうだった。手術の直後は、余震の怖さと、さびしさと、両親がいない悲しさと、いろんな気持ちがごちゃまぜになって、泣きたかった。でも、泣かない、弱音を吐かないと、おっちゃんと約束したから……足が痛いと言って、ごまかして、泣いたのだ。

　そんなとき、ゼロ先生は、いつも「大丈夫、大丈夫」と歌うように言って、「ニケの弱虫毛虫、どっか行ってまえ！」と、ひゅっと手のひらで空を切って、丹華をなぐさめてくれたのだった。

「そやったっけ？」丹華が、照れ隠しでしらばっくれると、

「なんやねん。びーびー泣いとったくせに。都合の悪いことは、忘れてまうんやなあ」

　ゼロ先生は笑って、丹華の頭をくしゃくしゃとなでた。丹華も、えへへ、とつられて笑った。

　ソックスをもと通りにして、先生に支えられながら立ち上がった。顔を上げると、正面の出入り口に佇《たたず》む陽太が見えた。

「……入ってもいいですか」

　遠慮がちな、けれどていねいな物言いで、陽太が尋ねた。ゼロ先生は、振り向いて、にこっと笑いかけた。

「ああ、ええとも。入んなさい」

　陽太は、まっすぐに丹華のところへやってくると、被《かぶ》っていた注5ヴィッセル神戸のエンブレム付きキャップを取って、ぺこりと頭を下げた。

「……ごめんっ」

　突然あやまられて、丹華はびっくりしてしまった。なんと答えたらいいのか、わからない。言葉を詰まらせて陽太をみつめていると、陽太のほうも、目を逸らさず、真剣な瞳で丹華をみつめ返した。

「おれ、なんか無茶してもうた。ほんま、ごめん。大丈夫か？」

いるのだから、仕方がない。

　家に帰っても、「ぼうっとニケ」は、ますます「ぼうっとぼんやりニケ」になるばかりだ。

　買い物メモと違うものを買ってきてしまったり、料理を作っているときも、砂糖と塩を間違えて入れてしまったり。

「なんや、このとんかつ、めっちゃ甘いねんけど……」

　丹華の担当で作ったとんかつをひと口かじった注3ゼロ先生が、耐え切れない、という感じで言ったことがあった。逸騎と、丹華と、燦空、それぞれにかじってみて、「ほんまや……」と、それ以上、言葉が続かなかった。

　ぼうっとぼんやりニケに、どうしてなってしまったのか。

　その理由は、はっきりしていた。丹華自身、ちゃんとわかっていた。

　好きになってしまったのだ。――生まれて初めて、男の子のことを。

　彼の名前は、片山陽太《かたやまようた》。

　いま、丹華と同じ、小学校六年生。ただし、同じ長田《ながた》の子ではなく、神戸市内の岡本《おかもと》というところにある小学校に通っている。

　初めて会ったのは、半年まえ。小学校五年生のときだった。復興住宅にィ隣接する注4プレハブの「コミュニティルーム」の入り口付近で、ゼロ先生は、ボランティアに参加したいと申し込んできた片山のおじさんと陽太に「ぜひとも、よろしゅう頼んます」と、あいさつをした。

　かたときも手放さないという、サッカーボールを片手に、最初陽太は、緊張気味に、ちょっとぶすっとした顔だった。丹華のほうも、初対面の男子にどう接したらいいかわからなくて、目を合わせられず、下を向いていた。

　片山のおじさんとゼロ先生とは、会ってすぐに、ボランティア訪問について活発に会話を始めた。

　陽太は、足もとのボールを、足先で、ちょいちょいと転がしていたが、ふと、顔を上げて、丹華のほうを見た。

　丹華は、ボールに夢中になっている陽太のうつむいた顔をこっそり見ながら、（男子って、みんな、ボール遊びが好きやねんなあ）と思っていたところだった。

　目が合った瞬間、丹華の胸が、ことん、と音を立てた。小さな箱の中でビー玉が転がったような、ささやかな音。けれど、確かに、体のすみずみまで響き渡る音。

　陽太は、気まずく思ったのか、ぷいと顔を逸らして、わざとボールに熱中してみせるようだった。ひょいひょいと足もとで器用にボールを操っている。

　おれ、サッカーがめっちゃ好きやねん。見てくれや。
　⑥不思議なことに、丹華には、陽太がそう言っているのが聞こえてくる気がした。だから、じっと陽太の足もとをみつめていた。みつめるうちに、ぽかんと口が開いてしまった。
「おお、陽太君、めっちゃうまいな。球蹴りのプロになれるんとちゃうか」

　丹華の横に立っていたゼロ先生が、陽太がさかんにボールを操るのをみつけて、そう言った。

「球蹴りとちゃうわ。サッカーやで」

　陽太は、そう言って、何気なく、ぽん、とボールを軽く丹華のほうへ蹴った。それは、ちょうど、丹華の障がいがあるほうの足へ転がってきた。

　あっ。

　丹華は、とっさに足を引っ込めようとして、バランスを崩し、その場に尻もちをついてしまった。

　ゼロ先生が「おっと」とひと声叫んで、丹華の上半身を両手で支えた。

「わっ、大丈夫か、ニケちゃん⁉」

　片山のおじさんが、びっくりして、あわてて両手を差し出した。

　ふたりのおじさんに支えられて、丹華は、歯を食いしばり、口をぎあの子がニケちゃん？

うん、あの子や。

あの子、地震でな、足、大けがしてんて。ほんで、ちゃんと歩けへんようになってしもてんて。

　ほんでな、お父さんとお母さん、家の下敷きになって、死んでしもてんて。

　うちのお母ちゃんが言うとってん。ニケちゃんとこは、兄ちゃんと妹がおるねんけど、「しんさいこじ」になってもうてな。知らへんおっちゃんに、引き取ってもろてんて。

　いまは、そのおっちゃんと、「かせつ」に住んどぉねんて。

　ふうん、かわいそうやな。

　せやねん。かわいそうやねん。

　せやから、友だちになってあげへんかったら、あかんやろ？

「おはよう、ニケちゃん。今日も、ばっちり、遅刻せえへんかったね」

「朝の会」が終わってすぐ、となりの席の麻実《まみ》が話しかけてきた。

うん、と丹華はうなずいて、にっこり笑ってみせる。

　麻実も、にこっと笑顔になって、「すごいなあ」と、ほめてくれる。

「ほんま、ニケちゃん、すごい。絶対、遅れへんもん。ふつうに歩いたって、学校行くのめんどくさいのになあ」

　えらいなあ。ニケちゃんすごいなあ。麻実は、何度も何度も繰り返す。丹華は、照れくさそうな微笑みを浮かべているが、ほんとうは、なぜだか、泣き出しそうな気持ちでいっぱいなのだ。

　なんでほめるん？

　あたしは、みんなとおんなじように、ただ、学校に来ただけやん。
　⑤笑いながら、涙がこみ上げる。そんなとき、いつも、どこからともなく、おっちゃんの声が聞こえてくる。

　ニケ。お前はな、ほかの子とは違う。お前の足は、もう、もとには戻らへんのや。

　それでもな。それでも前へ、前へ。歩くんやぞ。進んでいくんやぞ。

　なんでかわかるか？

　人言うもんはな、ニケ。前を向いてしか、歩いていけへんのや。後ろ向きに歩いてみ。ひっくり返ってまうやろ。

　せやからな、ニケ。お前も、前を向いて、歩いていくんや。

　ゆっくりでええ。ほかの子に、追い抜かれたってええんや。

　自分の足で、前へ、前へ。歩くんや。進んでいくんや。

　お前のお父ちゃんも、お母ちゃんも、お前が歩いていくんを、天国からきっと見守ってくれとぉはずや。がんばるんやで、って言ってくれとぉはずや——。


【第2部】


「佐元良さん……佐元良さん。この問題に、答えられますか」

　授業中、先生に名前を呼ばれて、「は……はいっ」と立ち上がり、あたりをきょろきょろ眺めて、

「え……なんやったっけ？　ええと、ええと……わかりません」

　そう答えて、真っ赤になる。とたんに、教室のあちこちから、くすくす笑い声がわき起こる。

　——ニケちゃん、なんか、おかしない？

　いっつも、ぼうっとしとぉし。空ばっかり、見上げとぉし。

　でも、あの子、まえから、ちょっとぼうっとしとぉ子やったやん？

　そやな。ぼうっとニケちゃんやったけど、最近は、超・ぼうっとニケちゃんとちゃう？

　くすくす、くすくす。意地の悪い女子たちのひそひそ声が聞こえてくる。丹華はますます真っ赤になるが、ほんとうにぼうっとして

ん、あのごんた」と追随《ついずい》した。

「ニケ。お前かて、女の子やのに『ごんた』なんぞ言うたらあかんで」

「せやかて、イッキ兄ちゃん、ごんたなんやもん。せやなかったら、クソ兄ちゃんや」

「クソ兄ちゃんて……よけいあかんがな！」

　おっちゃんに頭をくしゃくしゃとかき回されて、丹華はきゃあっと声を上げた。つかまえようとするおっちゃんをかわしながら、子供部屋になっている奥の六畳間に向かって、ひょこん、ひょこん、右足を引きずりながら逃げる。おっちゃんは、こらぁ、待てえと言いながら、わざとゆっくり、丹華を追いかける。

　こんなふうに、丹華は、登校まえのほんのひととき、おっちゃんとふたりで、ふざけて追いかけっこをしたり、学校に持っていく道具の最終確認をしたり、最後までわからなかった宿題の答えをどうにか教えてもらったりする。そうこうしているうちに、遅刻ぎりぎりの時間になる。

「あかん、もう八時過ぎや。そろそろ行かんかったら遅刻やで。さあニケ、行ってこい行ってこい。はよ、はよ。はよう」

「わかっとぉよ、もう。はよはよばっかり言わんといてよ。おっちゃんも、兄ちゃんとおんなじや」

「おんなじちゃうぞ。わしは立派な大人や。子供は大人の言うこと聞かなあかんねや」

「はいはい、言うこと聞きます。ほな、いってきます。クソおっちゃん」

　こら！　ともう一度どなられて、丹華は笑い声を上げながら、仮設住宅の外へ出た。

　ひょこん、ひょこん、右足を引きずりながら、砂利の敷かれた通路を進んでいく。

　登校まえ、おっちゃんとのどうってことないやりとり。どうってことない時間。けれど、丹華は、そのどうってことないちょっとした時間が、なんだか好きだった。

　あの時間が、もっとずっと続いたらええのに。……学校なんか行かんと。

【中略】

　毎朝、思う。学校なんか、行きたくない。こんな遠い道を、じんじんしびれる足を引きずりながら、しんどい思いをして行きたくなんかない。

　ほかの子にどんどん追い抜かれるのも、いや。誰も振り向いてくれないのは、さびしい。だけど、振り向かれてじろじろ見られたら、きっと悲しい。

　ふつうの子にとっては、学校までの道程《みちのり》はさほど遠くはないだろう。けれど、④丹華には、それが永遠に終わらない道に思えてくる。

　あの電信柱まで。あそこまで行ったら、行くか帰るか、考えよう。

　そんなふうに、心に決める。そうして、その電信柱まで歩くと、今度は次の電信柱を眺める。今度は、あの電信柱まで。あそこまで行ったら、今度は次の電信柱まで――。

　そうして、どうにか、小学校の正門前の電信柱までたどり着く。始業時間、ぎりぎりのタイミングで。

　丹華が教室のドアを開ける瞬間まで、担任の岩槻《いわつき》先生は、教室内の椅子《いす》に座って待っていてくれる。丹華が教室に入っていくと、学級委員の岡島聖子《おかじませいこ》が「起立！」と声をかけるのだ。

「おはようございます！」

　元気いっぱいにクラスメイト全員であいさつして、学校の一日が始まる。

　今日も、なんとか間にあった。丹華は、額の汗を手の甲でぬぐって、着席する。

　二年生になって、最初の頃は、ひそひそとうわさする声が教室のあちこちから聞こえてくる気がした。

「やめとけ。お前がそんなんやから、こいつ、いつまでたっても甘ったれやねんぞ。もっとしごかなあかん。こうやるんや」

逸騎は、いきなり燦空の頭を小突《こづ》いた。とたんに、うわああ、と泣き声が上がる。

「何するねんな！　サンクはまだ四つやねんで。ちっさいねんから、しゃあないやんかっ」

丹華が泣きじゃくる妹を抱き寄せると、

「ガキがガキを注1かぼとるわ、あほちゃうか」

今度は丹華が兄にぽかりと殴られた。手加減されてはいるものの、殴られて黙っているヤワな妹ではない。

「やめてよ。自分かてガキやんか」

「うるさいんじゃ。お前よりは大人じゃ」

「大人やったら、子供が靴はけへんかったら、手伝うたったらええやろ」

「おれはこいつを保育園まで送ったっとるんや。送るんが遅《おそ》なったら、おれが遅刻してまうねんぞ。せやからはよせえ言《ゆ》うただけや。手伝うてるヒマなんかないんじゃ」

「そんなこと言うんやったら、今日からあたしがサンクを送ってくわ。兄ちゃんは先に学校行ったらええやろ。な、そうしよな、サンク？」

姉に頭をやさしくなでられて、燦空は両手で頬《ほお》をこすりながら、こっくりとうなずいた。

「あかん。こいつを送ってくんは、おれの仕事や。お前はさっさと学校行けや」

「それやったら、もっとやさしくしたってよ」

「やさしくしとぉやんか、いっつも。おれは近所でいちばんやさしい兄ちゃんやぞ。な、そやろ、サンク？」

燦空は、①子犬のようにふるふると頭を横に振った。むっとした兄は、もう一度、幼い妹の頭をぽかりとやった。たちまち、泣き声のボリュームが上がる。


「こら、イッキ！　何しとぉねん！」

ユニットバスのトイレから出てきたのは、白いひげに銀縁メガネをかけた「おっちゃん」だ。

おっちゃんは、玄関先へ大股《おおまた》で移動すると、燦空の前にしゃがんで、泣きじゃくる顔をのぞき込んだ。

「どないした、サンク？　この注2ごんたに、なんぞいじわるされたか？」

「ごんたとちゃうわ」むすっとして、逸騎が言う。

「あたしとサンクのこと、ガキやガキや言うねん。自分かてガキのくせに」

丹華もむすっとなって、訴えた。

「ああ、よう聞こえとったぞ。トイレの中まで」おっちゃんが苦笑する。

「お前らのケンカは、この仮設じゅう全部筒抜《つつぬ》けや。おちおち用も足せへんがな、ほんまに」

逸騎は、むすっとしたまま、燦空の手をぐいっと引っ張った。

「ほら、はよせえ。行くで。ほんまに、遅れんねんから」

すかさず、おっちゃんが逸騎の手首をつかんだ。

「乱暴にしたらあかん。女の子の手はな、やさしく握るもんやで。こうやってな」

そう言ってから、燦空の手をそっと握った。それから、もう片方の手で、丹華の手を握った。丹華は、思わず妹と顔を合わせて、ふふっと笑った。それにつられて、燦空も、ようやく笑顔になった。

「ほら、見てみ」と、おっちゃんもうれしそうに微笑《ほほえ》んだ。

「大事なことやで。男やったら、覚えとけ。ええな？」

言われて、逸騎は、ぷいと顔を逸《そ》らした。それから、②乱暴に玄関のサッシ戸を引き、妹の手をやっぱり乱暴に引っ張って、外へと出ていった。
③「ほんまに。ぜんぜん聞いとらへんな、あいつ」
おっちゃんがため息をついて言う。丹華は、「聞くわけないや

4 テクストに書かれていることには意味があると考え、じっくりと注意深く読むことと、テクスト外部を取り巻く状況をくわしく調査することが、相互に影響し合って批評が深まってゆくということ。

問11 【文章Ⅰ】【文章Ⅱ】を読んだ生徒たちが内容について話し合いました。本文を正しく理解しているのは誰と誰ですか。適当なものを後の中から二つ選びなさい。ただし、解答の順序は問いません。解答番号は ⑭ ・ ⑮

生徒A 【文章Ⅰ】の冒頭では、「あるテクストの統一性は、テクストの起源ではなく、テクストの宛て先にある」と述べられているね。最初はよくわからなかったけれど、本文を読んで意味がわかった気がするよ。「テクストの宛て先」は、わたしたち読み手を指すんだと思うな。書かれたテクストから、わたしたちが何を読み取るかが大切なんだよ。作者という存在を絶対視してはならないんだね。

生徒B わたしもそう思う。解釈は自由とあったように、わたしたち読み手は自由自在に想像力を働かせて作品を楽しむべきなんだね。【文章Ⅰ】の「ごっこ遊び」もその一環で、登場人物になりきって物語を読むことで、前よりもさらに深く作品を読み味わうことができるようになるね。

生徒C ちょっと待って。「ごっこ遊び」ってそういうことなのかな。わたしは、作品の中で作者が設定した状況からはみ出さないように読解することだと思うんだけど。作者と語り手を同じだと考えてはいけないけれど、作者自身がテクスト全体に大きく影響する一番大切な登場人物なんだと思うよ。

生徒D そういう考えもあるんだね。わたしは【文章Ⅱ】の「歴史はどんなテクストにでもいつでも悪夢のようにつきまといます」という部分が印象的だったな。確かに【文章Ⅰ】にあるように、作者が作品を完全に操作することはできないけれど、その作品が生まれた時代背景を考慮に入れることも必要だよね。

生徒E そうかなあ。【文章Ⅱ】の「歴史」はあくまでも作家が生きていた時代のことだよね。でも、誰が作ったのか、いつ生まれたのかわからないテクストもたくさんあるよ。そういう場合は、テクストだけをじっくり読んで批評するしか方法がないんじゃないかな。背景も作家も考えず、テクストに集中することが大切だと思うな。

1 生徒A　2 生徒B　3 生徒C
4 生徒D　5 生徒E

二

次の文章は原田《はらだ》マハの小説『翔《と》ぶ少女』の一節です。兵庫県で起きた震災により両親を失った三兄妹「逸騎《いつき》」・「丹華《にけ》」・「燦《さん》空《く》」は、心療内科を開業している「おっちゃん」(佐元良是朗《さもとらこれあき》)に助けられました。その後、養子として引き取られ、苗字も「阿《あ》藤《とう》」から「佐元良」へと変わり、仮設住宅で一緒に暮らしていました。主人公の「丹華」は、震災で倒壊した家から逃げる際、足に大けがを負い、その傷はまだ快復していません。よく読んで後の問いに答えなさい。

【第1部】

「何しとぉねん、サンク。はよ靴はけや。お前のせいで兄ちゃんが遅刻するやろ」

ごちゃごちゃと靴やスニーカーが転がる狭い ア 玄関先に座り込んで、妹の燦空が一生けんめい小さな運動靴と格闘《かくとう》している。兄の逸騎に背中からせかされて、よけいもたもたしている。

「姉ちゃん、ニケ姉ちゃん。はけへんねん」

燦空が半べそをかくので、奥の六畳間でランドセルに教科書を詰め込んでいた丹華は、急いで玄関先に向かった。

「どれ、貸してみ。姉ちゃんがはかせたるわ」

「作者のコントロールを打ち破」るためにはどのようなことが必要だと考えられますか。その説明として適当ではないものを次の中から一つ選びなさい。解答番号は ⑨

1　作品の語り手や主人公と、作者が同じ考えであると思わないこと。
2　作者の意図ではなく、世に出た作品そのものに着目して読むこと。
3　作者が操る通りに読みつつ、独自の解釈で作者を超えること。
4　作品を作者から切り離してとらえ、作品自体の解釈をすること。

問7　[Z] にあてはまる言葉として、最も適当なものを次の中から選びなさい。解答番号は ⑩

1　語り手の空想を自由に表現するもの
2　先人の教えや経験を伝えるもの
3　人々の理想を書き表すもの
4　自分の考えや体験を書くもの

問8　【文章Ⅰ】の内容として適当ではないものを次の中から一つ選びなさい。解答番号は ⑪

1　作品を書く上での技術面から考えると、芸術的で質の高い作品を作者が生み出したいと願うことと、その作品が優れたものになるかどうかということは直結しない。
2　フィクションとしての小説を批評するには、その作者の他の作品と比較したり人物像を調査したりして、作者がもつ唯一無二の作家性をふまえた分析を行うべきである。
3　テクストの中には、作品の成立年代が古く明確に一人の作者を規定できない場合や、時代をまたいだ複数の書き手によって書かれたとされる作品が存在する場合がある。
4　テクストと呼ばれるものの中には虚構と現実の織り交ぜ方がはっきりとわかっていない作品も多いため、語り手や主人公を作者とは異なる人物としてとらえた方がよい。

問9　④新歴史主義批評とありますが、ここで筆者が考えている「新歴史主義批評」とは、どのような批評スタイルですか。その説明として最も適当なものを次の中から選びなさい。解答番号は ⑫

1　作品が書かれた時代の流れや他のテクストとの関係性をふまえ、作者自身も含めた社会の中に作品を位置づけて批評するスタイル。
2　作者が生きた時代に着目し、どのような政治的リーダーのもとでテクストが書かれたのかということを最も重要視して批評するスタイル。
3　作者の私生活に影響を及ぼす社会情勢や政治を最優先に把握し、それを根拠にしてテクストの解釈を明快に結論付けて批評するスタイル。
4　作品に宿る普遍的な価値を重んじ、作家個人の優秀さよりもその作家を生み出した歴史的背景に注目して様々に批評するスタイル。

問10　⑤精読と背景の調査は批評における車の両輪のようなものとありますが、これはどのようなことですか。その説明として最も適当なものを次の中から選びなさい。解答番号は ⑬

1　テクストに書かれていることが全てであるととらえ、巧みな表現技法に着目して読みつつ、社会的背景もある程度ふまえて批評することは、批評家としてバランスの取れたあり方だということ。
2　テクストに書かれている単語ひとつひとつを精査し、文章の内容を忠実に追っていくことと、当時流行していた文化的背景を併《あわ》せて考察することは、作者をよく知る上で重要だということ。
3　テクストに書かれている言葉に細かく気を配りつつも、歴史的背景や作者の人生観を丁寧に調査することで、読者に対して道徳的効果をもたらす批評が可能になるということ。

研究者。ハーヴァード大学教授。

問1　二重傍線部a～dのカタカナを漢字に直した場合、同じ漢字を用いるものを後の中からそれぞれ一つずつ選びなさい。解答番号は①～④

統aセイ　①

1　セイ神的に成熟する。　　2　セイ確な書き順。
3　年金セイ度を改革する。　　4　威セイの良い掛け声。

起bイン　②

1　イン果関係を暴《あば》く。　　2　条約の調イン式。
3　美容インに通う。　　4　清涼イン料水を持参する。

cコウ世　③

1　偉人のコウ績を学ぶ。　　2　ゴ日談を聞く。
3　深クのバラを送る。　　4　時間がケイ過する。

危dケン　④

1　ケン定を受ける。　　2　ケン法を発令する。
3　海外に社員を派ケンする。　　4　生命保ケンに入る。

問2　[A]～[C]にあてはまる言葉の組み合わせとして、最も適当なものを次の中から選びなさい。解答番号は⑤

1　A　やはり　B　そして　C　けれども
2　A　さらに　B　つまり　C　しかし
3　A　つまり　B　ただし　C　だから
4　A　たとえば　B　そもそも　C　ところが

問3　①作者が作品をコントロールしているという幻想とありますが、読者は「作者」に対してどのような「幻想」を抱いていますか。その説明として最も適当なものを次の中から選びなさい。解答番号は⑥

1　多くの読者が求める展開を作品に反映させることができるという幻想。
2　作者の持つ意図を完全に反映させた作品を作ることができるという幻想。
3　作者自らが意識せずとも質の高い文学を著す力量を持っているという幻想。
4　登場人物の意志を無視して自由自在に動かすことができるという幻想。

問4　②あまり適切ではないことも多くなっていますとありますが、これはなぜですか。その理由として最も適当なものを次の中から選びなさい。解答番号は⑦

1　作品を完成させるためには周囲の人々の作品への共通理解が必要であり、作者の一存でストーリーを改変することはお互いの信頼関係を損ねるやり方とされてきたから。
2　作品を完成させるためには作者と編集者の共同作業が不可欠であり、作者は編集者の指示を全面的に信頼して作品を大幅に改訂することが増えてきたから。
3　作品が完成に至るまでには、作者の経験から得た知識を多面的に活用するのが常であり、それらの知識はひとりでは得られないものだと考えられるようになってきたから。
4　作品が完成に至るまでには、意識的にも無意識的にも様々な人が関わっているとするのが自然であり、ひとりの作者が作品を完全に管理するとは考えにくくなってきたから。

問5　[X]・[Y]にあてはまる言葉の組み合わせとして、最も適当なものを次の中から選びなさい。解答番号は⑧

1　X：作者は何を伝えたかったのか
　　Y：作品が何を表現しているのか
2　X：作者は何を表現したかったのか
　　Y：作品が何を暗示しているのか
3　X：作品が何を訴えたかったのか
　　Y：作者は何を伝えているのか
4　X：作品が何を暗示したかったのか
　　Y：作者は何を訴えたいのか

問6　③作者のコントロールを打ち破ってくださいとありますが、

作品に昇華させる時はある程度の物語として再構成が行われるはずなので、詩や歌、私小説的な作品の語り手は作者に近くとも微妙に違うキャラクターとして考えたほうが処理しやすいことが多いでしょう。

【文章Ⅱ】

歴史というのは、（中略）ぼくがなんとか目を覚したいと思っている悪夢なんです。

（ジェイムズ・ジョイス「ネストル」、『ユリシーズⅠ』
丸谷才一《まるやさいいち》他訳、九〇頁）

前項で、「作者には死んでもらうようにしましょう」と言いましたが、実は作者を完全に抹殺《まっさつ》してしまうとまずいことがあります。「作者の意図」を気にして解釈する必要はないのですが、一方でテクストが生まれてきた歴史的背景についてはある程度理解しておかないととんでもない誤解をしてしまったり、そもそも内容がよくわからなくなったりしてしまうことがあります。テクストというものは、そのテクストが生まれた文化や歴史的状況と密接に結びついていることは忘れてはなりません。対象となるテクストの歴史的背景を押さえておくというのはなかなか大変で、付け焼き刃ではすまないレベルの勉強が必要なのですが、とにかく歴史はどんなテクストにでもいつでも悪夢のようにつきまといます。逃れることはできません。

【中略】

文芸批評の分野では一九八〇年頃から、テクストをそれが生まれた時代の権力関係の中に位置づけることを重視する新歴史主義という動きが広がりました。④新歴史主義批評は文学的テクストを政治とか宗教なども含めた他のテクストとの関係で位置づけることを重視するため、有名でないものも含めてたくさんのテクストを読む必要があるので敷居が高く、かなり専門家向けコースです（たとえば私の専門はシェイクスピアですが、博士論文を書いていた時は、一八世紀にシェイクスピアの編纂《へんさん》事業に携わった全く無名の人たちの埋葬やら結婚やらの記録まで調査する必要がありました）。さらに新歴史主義批評の内部でも、立役者と言える注6スティーヴン・グリーンブラッドは意外と新歴史主義特有のものとされる特徴を備えていないなど（新歴史主義批評はあまり時代を超える文学的価値みたいなものに関心を示さないことが多いのですが、グリーンブラッドは価値を生み出す才能とか技巧に比較的こだわる批評家です）、いろいろ手法の相違があり、なかなかとらえづらいものになっています。

しかしながら、テクストを社会的背景の中で考えるという手法は現在では精読とともに批評研究では必須の手法のひとつとなっています。精読だけで社会背景を調査しないとよく意味がわからない場合も多いですし、一方で精読なしに社会背景だけ見ると結局、誤解が発生して薄っぺらい読解しかできないことにもなり得ます。⑤精読と背景の調査は批評における車の両輪のようなもので、どちらも大事であり、お互いに補いあうようなものだと考えたほうがよいでしょう。

（北村紗衣《きたむらさえ》『批評の教室――チョウのように読み、ハチのように書く』より。
作問の都合により一部表記を改めています。）

注1　テクスト…書物を始めとする創作物の本文のこと。テキスト。
注2　バイアス…先入観や偏見のこと。
注3　ごっこ遊びの概念…「ごっこ遊び」とは、与えられた役割に即して楽しむ遊びのことである。その遊びのように、物語を読む際には作品内の出来事を話の流れや状況に即して解釈を行うということ。
作品内のルールを無視した解釈をしないということ。
注4　テイラー・スウィフト…海外の著名なシンガーソングライター。後述の「デヴィッド・ボウイ」も同じ。
注5　ソネット…詩の一種。
注6　スティーヴン・グリーンブラッド…アメリカ出身のシェイクスピア

複数の作品を見たりして「作家性」を分析することは可能なのですが、少なくともひとつの作品についてクリエイティヴコントロールを持つ「作者」を想定するのは②あまり適切ではないことも多くなっています。

古い作品だと作者が不明だったり、cコウ世の人の手が加わっていると考えられたりするテクストも存在しています。私がふだん大学で教えているシェイクスピアについては、「シェイクスピアはこの作品で何を伝えたかったのか」というようなテーマ設定を考えてくる学生がいるのですが、これは正直、あまり適切ではありません。というのも、シェイクスピアは劇団の座付き作者で、リチャード・バーベッジという看板役者をはじめとする専属俳優たちを抱えていました。それぞれの戯曲にはシェイクスピアの意向だけではなく、大スターをはじめとする劇団メンバーたちの仕事の事情がかかわっており、共同作業の成果が活《い》かされているはずです。さらにシェイクスピアの時代は劇作家同士で共作することが盛んで、後から別の作家が台本に付け足しをするというようなこともありました。

こうなってくると、「　X　」みたいな問いの立て方をすると、固定できるのかもよくわからない「作者」を孤独な天才のような形でまつりあげてしまう方向に行きやすくなる危dケンがあります。それよりは、「　Y　」みたいな問いを立てたほうがはるかに分析しやすくなります。

基本的に作品は世に出た瞬間、作者の手を離れるものだと考えてください。異なった文化的背景を持ついろいろな受け手が作品を受容し、違う解釈を作り出すところに批評の醍醐味《だいごみ》があります。解釈は受け手が自由に行って良いものであり、優れた批評は作者が考えてもいなかったような斬新な解釈を引き出すことができます。あなたの手元にわたった瞬間から、テクストはあなたのものです。③作者のコントロールを打ち破ってください。

作者に死んでもらうのにあたり、ひとつ注意すべきことがあります。作品の種類によって「作者」と「語り手」をどの程度同一視していいかが異なってくるのです。フィクションの哲学の研究者である清塚邦彦《きよづかくにひこ》は、前項で解説した注3ごっこ遊びの概念を作者にも応用し、フィクションを読む時には作者もごっこ遊びの輪に入っていて、読書は「架空の語りに接する架空の経験」(『フィクションの哲学』一六五頁)となり、「語りが作者から遊離する」(一六三頁)ことが起こると指摘しています。つまり、基本的にフィクションを分析する場合は作者と語りを切り離して考えたほうがよいということになります。

一般的にはそうなのですが、一方で完全にそうとも言い切れないものも存在します。文学作品であっても随筆、日記、紀行文の類は作者が　Z　で、作者と語り手は比較的同一性が高く、語り手に起こったことはだいたい作者に起こったことだと考えてよいことが多いでしょう(女性の語り手を作って『土佐日記』を書いた紀貫之《きのつらゆき》のように、たまに手の込んだ自己演出をする作者もいるので、油断は禁物《きんもつ》ですが)。　C　これが詩(俳句や短歌を含む)やいわゆる私小説、またミュージシャンの自作曲などになると、どのくらい作者と作品の語り手を同一視していいのかが微妙になってきます。たとえば注4テイラー・スウィフトが作った歌は皆がスウィフトの人生に関係していると考えており、作者本人も自作がかなり個人的な内容であることをいろいろなところで認めています。一方、デヴィッド・ボウイは個人的なことも歌いますが、特定の世界観を設定してお話を紡《つむ》ぐような曲も得意としているので、自作曲を歌っているからといって歌の語り手や主人公と作曲者を同一視していいわけではありません。シェイクスピアは注5ソネットをたくさん書いていますが、これなどはどのくらい個人的体験に基づいていて、どのくらいが虚構なのかよくわかりません。

作品ごとにニュアンスが変わってくるので一概には言えませんが、私はかなり個人的な内容を描いていると思われる作品であっても、一応は作者に近いがある程度虚構化された存在として「語り手」という登場人物を設定しています。個人的な体験であっても芸術家が

二〇二三年度
浦和実業学園高等学校（第二回併願）

【国　語】（五〇分）〈満点：一〇〇点〉

一　次の【文章Ⅰ】【文章Ⅱ】を読んで、後の問いに答えなさい。

【文章Ⅰ】

　ある注1テクストの統一性は、テクストの起源ではなく、テクストの宛て先にある。（中略）読者の誕生は、「作者の死」によってあがなわなければならないのだ。

（ロラン・バルト「作者の死」、『物語の構造分析』花《はな》輪《わ》光《ひかる》訳、八九頁《ページ》）

　一九六〇年代にフランスの批評家ロラン・バルトが提唱した「作者の死」は、批評において大変重要な概念です。聞いた感じは物騒ですが、簡単に言うと、フィクションでは「この作品における作者の意図は何か」みたいなものを気にする必要はないということです。作者がいなくなるところから読者の自由な読解が始まるということですね。

　作者というものは自作のテクストに権力を及ぼし、解釈を統aセイする存在であるととらえられがちですが、そうではありません。私は大学の授業で、何か一作、作品を選んで問いを立てて分析するようにという課題をよく出すのですが、やたらと作者が何を伝えたかったのかを問おうとする学生がけっこういます。①作者が作品をコントロールしているという幻想は広く存在しているのですが、冷静に考えるとそうではないことがわかります。

　まずは表現技術の巧拙の問題があります。［A］、つまらないものを書こうと思って執筆をする著者は誰もいませんが、駄作は世の中にたくさん存在します。作者がいくら自分はつまらないものを書くつもりはなかったと自己弁護しても、つまらない作品が作者の意図によって面白くなることはありません。学校や職場で良いレポートを書こうと頑張ったのにうまくできなかったというような経験がある人は多いと思いますが、芸術作品を作る時にもそういうことがしょっちゅう起こります。

　テクストはそれを生み出した時代の社会に根ざしたものだというところに注意する必要があります。作者が意識していなかった注2バイアスや社会的背景などが反映されており、それが読み取れることがあります。日常生活でうっかり偏見に基《もと》づいた発言をして人を傷つけたり、逆に何も考えずに言ったことでとても相手に喜んでもらえたりすることがあるかと思いますが、こうした事態は発言をした人の意図とは関係なく起こることです。

　よく、差別発言を批判された人が「差別の意図はなかった」と自己弁護することがありますが、差別発言はもちろん、社会的に問題があると見なされるような発言のほとんどは無意識に人々が身につけている偏見や思い込みに起bインするもので、発話する人が意図していない状態で起こります。フィクションの作品においても日常のコミュニケーションと同様、作者の意識に明確にのぼっていないものが見てとれるということがあります。犯人が犯罪現場にうっかり手がかりを残してしまうのと似たようなものですね。

［B］作者とは誰なのかという問題もあります。ひとりしか作者がいないと考えられているテクストでも意外とそうではないことがあります。たとえば学校のレポートをひとりで書いたとしても、指導を担当した教員や授業でディスカッションしたクラスメイトなどから影響を受けているはずです。作品の場合、だいたい「作者」として人々がイメージするのが小説家や詩人なので、家にこもって著作を書く孤独な天才……みたいな像が浮かんでしまうことも多いと思うのですが、商業的に刊行されたものであれば編集者がかかわっているのが普通です。舞台芸術なら演出家や役者、スタッフがいるはずですし、ハリウッド映画になるとスタッフは数百名にのぼります。もちろん特定の劇作家とか映画監督について背景を調べたり、

2023年度／浦和実業学園高等学校（第２回併願）

英語解答

1	① 1	② 2	③ 2	④ 2	4	㉓ 5	㉔ 3	㉕ 2	㉖ 7
2	⑤ 3	⑥ 1	⑦ 3			㉗ 4			
3	⑧ 4	⑨ 3	⑩ 2	⑪ 4	5	㉘ 3	㉙ 4	㉚ 1	㉛ 1
	⑫ 2	⑬ 2	⑭ 3	⑮ 2		㉜ 2	㉝・㉞ 2，3		
	⑯ 1	⑰ 2	⑱ 3	⑲ 4	6	㉟ 2	㊱ 3	㊲ 1	㊳ 2
	⑳ 4	㉑ 1	㉒ 3			㊴ 4	㊵・㊶ 3，4		

1・**2**〔放送問題〕解説省略

3〔適語(句)選択・語形変化〕

⑧‘call＋*A*＋*B*’「*A*を*B*と呼ぶ」の‘*A*’を主語にした受け身の‘*A* is called *B*’「*A*は*B*と呼ばれている」の形。　「あのネコは家族にトムと呼ばれている」

⑨tomorrow「明日」があるので未来の文。空所直後に to があるので will は不可。　be going to ～「～するつもりだ」　「私は明日，公園でイヌを散歩させるつもりだ」

⑩「～するための」という意味で直前の名詞を修飾する，形容詞的用法の to不定詞。　「私の兄〔弟〕は電車で読む本を探した」

⑪Thank you for ～ing「～してくれてありがとう」　「当レストランにお越しいただきありがとうございます」

⑫‘the＋最上級＋名詞＋in ～’「～の中で最も…な―」の形。　「これは私たちの学校で一番大きい部屋だ」

⑬文の骨組みは The picture book is my brother's なので，(　) is on the table は前にある The picture book を先行詞とする関係代名詞節。‘物’を先行詞とする主格の関係代名詞を選ぶ。「テーブルの上にある絵本は私の兄〔弟〕のものだ」

⑭work「仕事，作業」は‘数えられない名詞’。選択肢の中で‘数えられない名詞’に使えるのは a lot of だけ。　「彼は今日，やるべき仕事がたくさんある」

⑮on the wall で「壁に」。この on は‘接触’を表すので，このように何かの上でなくても接触している場合に使われる。　「壁に貼ってある大きなポスターを見て」

⑯‘How＋形容詞〔副詞〕(＋主語＋動詞)!’の感嘆文。なお，感嘆文には‘What (a/an＋)形容詞＋名詞(＋主語＋動詞)!’の形もある。　「この試合はなんてわくわくするの！」

⑰付加疑問文。肯定文につく付加疑問は‘否定の短縮形＋主語を受ける代名詞＋?’の形。本問は述語動詞が likes なので否定の短縮形は doesn't になる。　「彼は英語が好きなんだよね」

⑱文末の just now「ちょうど今」より，‘完了’を表す現在完了形(have/has＋過去分詞)にする。「私の娘はちょうど今，宿題を終えたところだ」

⑲文の骨組みは The book is interesting なので，(　) to me by my uncle は直前の名詞 The book を修飾する部分である。「本」は「与えられる」ものなので，過去分詞 given を選ぶ。‘過去分詞＋語句’のまとまりが前の名詞を後ろから修飾する過去分詞の形容詞的用法である。　give－

gave－given　「おじが私にくれた本はおもしろい」

⑳「いいえ，その必要はありません」というＢの応答から，Ａはかぎを閉めることを申し出たのだとわかる。Shall I ～? は「～しましょうか」と申し出る表現。　don't have to ～「～する必要はない」　Ａ：出るときにドアのかぎを閉めましょうか？／Ｂ：いいえ，その必要はありません。

㉑'所要時間' を尋ねる疑問詞は How long「どのくらい」。　Ａ：ここから浦和駅までどのくらいかかりますか？／Ｂ：15分です。

㉒Would you like ～? は「～はいかがですか」とていねいに何かをすすめる表現。その返答となるものを選ぶ。　Ａ：水を１杯いかがですか？／Ｂ：はい，お願いします。

4 〔整序結合〕

㉓「～するのを楽しみにする」は look forward to ～ing。ここでは現在進行形になっている。　I am looking forward to seeing Yoshiko again.

㉔「～に驚く」は be surprised at ～。「～の知らせ」は the news of ～で表せる。　We were surprised at the news of her death.

㉕「今まで～した中で一番…な―」は，'the＋最上級＋名詞＋(that＋)主語＋have/has ever＋過去分詞' で表せる。interesting の最上級は，most interesting。　This is the most interesting book that I have ever read.

㉖「まだ～していない」は '完了' を表す現在完了の否定文で表せる。yet「まだ」は文末に置く。「〈人〉に〈物〉を送る」は 'send＋人＋物' または 'send＋物＋to＋人' で表せるが，ここでは to が与えられているので，後者の形になる。　Mr. Akiyama has not sent a letter to his friend yet.

㉗I was glad「私はうれしかった」とした後，「～して」と '感情の原因' を表す副詞的用法の to不定詞で to hear と続け，hear の目的語となる「彼がそのテストに合格した」を 'that＋主語＋動詞...' の形にまとめる。　I was glad to hear that he passed the test.

5 〔長文読解総合―説明文〕

≪全訳≫❶ご存じのように，ディズニーブランドは大きいが，小さくて特別な存在だと感じ続けている。なぜだろう。ウォルト・ディズニー・カンパニーは，ディズニー映画をつくるといった大きなアイデアから，テーマパークを清潔に保つために，そこではチューインガムを販売しないというような最も小さな細部まで，全てが重要だと考えているからだ。ウォルト・ディズニー自身，細部にまで目を向け，商品を売ることではなく，体験を与えることを信条としていた。ウォルトは，自分の製品は他社でも簡単につくれるが，魔法のような体験は独自のものであり，㉙いつまでも心に残ると考えていた。❷例えば，ウォルト・ディズニー・ワールド・リゾートは，世界で最も魅惑的な場所だ。そこでは，ディズニーがブランドに関連する全てのものの影響をどのように考えているかを知ることができる。ゲストが各テーマパークの正面ゲートをくぐれば，キャストたちが大きなミッキーマウスの手を振りながら，マップやバッジ，ステッカーなどを渡して挨拶し，その一方でディズニーのキャラクターがユニークな写真撮影の機会をつくってくれる。それは親しみやすい挨拶の仕方だが，彼らの行動には，別の理由がある。キャストたちは，みんなが同じ大きなアトラクションに殺到しないように，ゲストの注意を引きつけようとしているのだ。その間，メインストリートの店は，楽しくわくわくする雰囲気を保つために，キャンディーやシナモンの甘いにおいを漂わせている。そのいいにおいをかいで，子どもたちは親たちにお菓子を買ってくれるよう頼む。ウォルト・ディズニー・ワールドで毎日出る全てのゴミを考えてみてほしい。キャストたちがいつもあらゆるゴミを拾っているので，どんな場所でもゴミを見つけるのが難しい。また，ゴミ箱の底は，ゴミを吸い取る地下のトンネルにつながっているので，ゴミがどこに行くのかわからない。ゲストが来園時にゴミ収集車やあふれかえったゴミ箱を目にすることはない。清掃員でさえ，単なるほうきと水の入ったバケツを持って，ゲストが列に並んでいる間，歩道にグーフィーやミッキーマウスの絵を水で静かに描くことをディズニーのアニメーターに訓練されている。それは炎天下で蒸発するまでのほんの数秒間の，ひとときの魔法である。

㉘**＜文脈把握＞**直後の to keep them clean は‘目的’を表す副詞的用法の to不定詞で，これが下線部の理由になっている。‘keep＋目的語＋形容詞’は「～を…(の状態)に保つ」。them は its theme parks を指している。

㉙**＜適語句選択＞**前に‘逆接’の but があるので，but の前とは対照的に他の会社にはできないような内容になると考えられる。ディズニーのテーマパークでの「魔法のような体験」は，「永遠に心に残る」ような唯一無二のものなのである。

㉚**＜文脈把握＞**直後の so は「～するように」という‘目的’を表す用法。キャストがゲストの注意を引きつけることで，同じアトラクションに多くの人が殺到しないようにするということはつまり，1．「多くの人が1つの場所に集まらない」ようになるということ。

㉛**＜指示語＞**‘it is ～ to …’「…するのは～だ」の構文。it は to 以下を指す。

㉜**＜単語の意味＞**歩道に水で絵を描くことが話題となっている。それは，炎天下で「蒸発する」までのひとときの魔法なのである。　evaporate「蒸発する」

㉝・㉞**＜内容真偽＞**1．「ウォルト・ディズニー・カンパニーは，あまりに巨大なため，大きな事業にしか興味がない」…×　第1段落第3文参照。　2．「ウォルト・ディズニー・カンパニーは，小さなことをすることも大切だと考えている」…○　第1段落第3文に一致する。　3．「ゴミ箱の底には，ゴミを吸って取り去ることのできる仕組みがある」…○　第2段落終わりから4文目に一致する。　4．「ゴミ箱がいつもいっぱいなのは，来場者が商品や食べ物をたくさん買うからだ」…×　第2段落終わりから3文目参照。　5．「キャストが絵描きになる訓練を終えた後，彼らの絵はアトラクションに展示される」…×　そのような記述はない。

6〔**長文読解総合―物語**〕

≪全訳≫❶ある静かな午後，普通でないことが起こった。「ブヒーーー」と子豚が鳴いた。彼は痛みを感じているようだった。**❷**「あなたの動物の世話をしたらどうなの？」とサラが大きい声で言った。**❸**「どうしたんだい，ガブガブ？」とドリトル先生は尋ねた。**❹**「何か悪いものを食べたのよ，もちろん」とサラは言った。**❺**「いや，足をケガしたんだよ」と先生は言った。**❻**「どうしてそれがわかったの？」とサラが尋ねた。**❼**「ああ，ガブガブが教えてくれたんだと思う」と先生は答えた。**❽**「あなた大丈夫？」と彼女は大きい声で言った。「動物はしゃべれないわよ！」**❾**「もしかしたら，僕は大丈夫じゃないかもしれないね」とドリトル先生は心の中で思った。**❿**「いいえ，あなたは大丈夫よ。あなたは今，私に話しかけているのよ！」とポリネシアが言った。**⓫**「でも，君はオウムだよ」と先生は答えた。**⓬**「あなたはガブガブの言うことがわかったんでしょう」とポリネシアは続けた。**⓭**「でも，そんなことは不可能だ！」と，ドリトル先生は起き上がった。**⓮**「ドリトル先生，あなたには才能があるのよ」とオウムは言った。15「どんな才能？」と先生は尋ねた。16「あなたは動物の言葉を理解することができる」と，彼女は答えた。17ドリトル先生はとても興奮した。「動物に独自の言葉があるなんて知らなかった！」と，彼はポリネシアに言った。18「ほとんどの人間は知らないわ。でも，動物たちは人間と同じように，お互いに言葉を交わすの」と彼女は言った。19「動物はいつも人間に話しかけてもいるのよ」20その後，ドリトル先生はポリネシアの協力を得て，動物の言語を勉強した。動物の言語を学ぶのは簡単ではなかった。ドリトル先生は何度も間違えた。「この子は庭にすみたがっているけど，もう１匹はそうではない」と，先生は観察した。21やがて，ドリトル先生は動物の言葉を完璧に話し，理解できるようになった。ある日，１頭の馬が鳴き，「ああ，助けてください」と言った。22「助けてあげるよ」とドリトル先生は優しく言った。23「あなたは私たちの言葉を話せるの？」と馬がささやいた。24「そうだよ。さあ，何が問題なのか教えてくれ」と先生は言った。25「とても喉が渇いていて暑いんですが，そのお年寄りが私に水をくれないんです！」と馬は不満を言った。26「私の庭の水を飲んでいいよ」とドリトル先生が提案した。27「君は動物のことがよくわかるようだね」とお年寄りが言った。「動物のお医者さんになるべきだね」

㉟＜**適語句選択**＞Why don't you ～? は「～したらどうですか」という‘提案’の表現。直後の your animals には，この前で変な鳴き声をあげた子豚も含まれていると判断できる。サラはその鳴き声を聞いて，世話をするように促したのである。　take care of ～「～の世話をする」　throw away ～「～を捨てる」

㊱＜**指示語**＞下線部を含むサラの発言は，直前の he(＝Gub-Gub) hurt his foot というドリトル先生の発言に対するものなので，that が受ける内容として適切なのは，3．「ガブガブの足が傷ついた」。　hurt「～を傷つける」

㊲＜**文脈把握**＞この直前で，「ガブガブが教えてくれた」というドリトル先生に対して，サラが Are you crazy? と言ったのは，動物は本来しゃべらないものだから。しかし，ドリトル先生は子豚の言葉がわかったので自分のことを Maybe I am crazy. と思ったのである。1．「ドリトル先生はガブガブの言葉がわかるようだった」がこの内容に一致する。

㊳＜**指示語**＞‘It is ～ to …’「…するのは～だ」の構文。It は to 以下を指す。

㊴＜**文脈把握**＞馬が助けを求めた理由はこの後の第25段落で明らかになる。　thirsty「喉が渇いた」

㊵・㊶＜**内容真偽**＞1．「ガブガブという名の子豚は，悪いものを食べたから鳴いた」…×　第4，5段落参照。　2．「サラはドリトル先生に，動物の言葉を理解する能力を身につけるように言った」…×　そのような記述はない。　3．「ドリトル先生は，動物の言葉を理解するために多くの間違いをした」…○　第20段落第1～3文に一致する。　4．「ほとんどの人は，動物に独自の言語があることを知らなかった」…○　第17段落第2文～第18段落第1文に一致する。Most humans don't の後に，know animals have their own language が省略されている。　5．「ドリトル先生はお年寄りに，自分のような動物の医者になるように言った」…×　最終段落参照。お年寄りがドリトル先生に，動物の医者になるように言った。

数学解答

1 (1) ①…1　②…3　③…1　④…4
(2) 0
(3) ⑥…−　⑦…3　⑧…3　⑨…6
(4) ⑩…−　⑪…4　⑫…6

2 (1) ⑬…9　⑭…5
(2) ⑮…1　⑯…8　⑰…−　⑱…3
(3) ⑲…1　⑳…±　㉑…2　㉒…2
(4) ㉓…0　㉔…7　㉕…2

3 (1) ㋐ ㉖…5　㉗…6
㋑ ㉘…1　㉙…4
(2) ㋐ ㉚…7　㉛…1　㉜…8
㋑ ㉝…5　㉞…1　㉟…2
(3) 9

4 (1) ㊲…−　㊳…3　㊴…3　㊵…9
㊶…2　㊷…7
(2) ㊸…8　㊹…9
(3) ㊺…1　㊻…4　㊼…9　㊽…4

1 〔独立小問集合題〕

(1)＜数の計算＞与式 $=\frac{28}{42}+\frac{18}{42}-\frac{7}{42}=\frac{39}{42}=\frac{13}{14}$

(2)＜数の計算＞与式 $=3-4-(-1)=3-4+1=0$

(3)＜式の計算＞与式 $=\frac{2a+24b-3(a-3b)}{6}=\frac{2a+24b-3a+9b}{6}=\frac{-a+33b}{6}$

(4)＜数の計算＞与式 $=xy(x^2-y^2)=xy(x-y)(x+y)$ と変形する。$xy=(\sqrt{2}+\sqrt{3})(\sqrt{2}-\sqrt{3})=(\sqrt{2})^2-(\sqrt{3})^2=2-3=-1$，$x-y=(\sqrt{2}+\sqrt{3})-(\sqrt{2}-\sqrt{3})=\sqrt{2}+\sqrt{3}-\sqrt{2}+\sqrt{3}=2\sqrt{3}$，$x+y=(\sqrt{2}+\sqrt{3})+(\sqrt{2}-\sqrt{3})=2\sqrt{2}$ だから，与式 $=-1\times2\sqrt{3}\times2\sqrt{2}=-4\sqrt{6}$ となる。

2 〔独立小問集合題〕

(1)＜一次方程式＞$1-\frac{x}{5}=\frac{4}{10}\left(x-\frac{2}{10}\right)$，$1-\frac{x}{5}=\frac{2}{5}\left(x-\frac{1}{5}\right)$，$1-\frac{x}{5}=\frac{2}{5}x-\frac{2}{25}$ だから，両辺に25をかけて，$25-5x=10x-2$，$-5x-10x=-2-25$，$-15x=-27$，$x=\frac{27}{15}$　$\therefore x=\frac{9}{5}$

(2)＜連立方程式＞$\frac{3}{2}x+2y=21$……㋐，$\frac{2}{3}x-3y=21$……㋑とする。㋐×2より，$3x+4y=42$……㋐′
㋑×3より，$2x-9y=63$……㋑′　㋐′×2−㋑′×3より，$8y-(-27y)=84-189$，$8y+27y=84-189$，$35y=-105$　$\therefore y=-3$　これを㋐′に代入して，$3x+4\times(-3)=42$，$3x-12=42$，$3x=42+12$，$3x=54$　$\therefore x=18$

(3)＜二次方程式＞解の公式より，$x=\frac{-(-2)\pm\sqrt{(-2)^2-4\times1\times(-7)}}{2\times1}=\frac{2\pm\sqrt{32}}{2}=\frac{2\pm4\sqrt{2}}{2}=1\pm2\sqrt{2}$ となる。

(4)＜二次方程式＞$2x-1=A$ とおくと，$A^2-5A-6=0$ より，$(A+1)(A-6)=0$ となる。A をもとに戻して，$(2x-1+1)(2x-1-6)=0$，$2x(2x-7)=0$　$\therefore x=0,\ \frac{7}{2}$

3 〔独立小問集合題〕

(1)＜数の計算—割合＞㋐ボールを150回投げた時点で，命中率がちょうど4割になるとき，ボールが的に当たった回数は $150\times\frac{4}{10}=60$（回）である。100回投げた時点で32回当たっているから，残りの50回中 $60-32=28$（回）当てればよい。よって，$\frac{28}{50}=0.56$ より，5割6分の命中率が必要である。

(イ)あとx回投げたときに命中率が4割を超えるとする。できるだけ少ない投球数で命中率が4割を超えるのは，x回全てが命中するときである。このとき，ボールを投げた回数は$100+x$回，命中した回数は$32+x$回と表せるから，命中率が4割ちょうどになるとき，$(100+x)\times\frac{4}{10}=32+x$が成り立ち，$4(100+x)=10(32+x)$より，$400+4x=320+10x$，$-6x=-80$，$x=\frac{40}{3}=13\frac{1}{3}$となる。よって，$x$は自然数だから，できるだけ少ない投球数で命中率が4割を超えるには，あと14回投げる必要がある。

(2)＜**確率―さいころ**＞(ア)大小2つのさいころを投げるとき，それぞれ6通りの目の出方があるから，目の出方は全部で$6\times6=36$(通り)ある。xの一次方程式$ax-b=0$を解くと，$x=\frac{b}{a}$となる。$\frac{b}{a}$が整数になるのは，$a=1$のとき$b=1$，2，3，4，5，6の6通り，$a=2$のとき$b=2$，4，6の3通り，$a=3$のとき$b=3$，6の2通り，$a=4$のとき$b=4$の1通り，$a=5$のとき$b=5$の1通り，$a=6$のとき$b=6$の1通りある。よって，$6+3+2+1+1+1=14$(通り)あるので，求める確率は$\frac{14}{36}=\frac{7}{18}$である。　(イ)(ア)と同様に，目の出方は全部で36通りあり，方程式①を満たす解$\frac{b}{a}$が1より大きくなるのは，$a<b$となる場合である。$a=1$のとき$b=2$，3，4，5，6の5通り，$a=2$のとき$b=3$，4，5，6の4通り，$a=3$のとき$b=4$，5，6の3通り，$a=4$のとき$b=5$，6の2通り，$a=5$のとき$b=6$の1通りある。$a=6$のときは当てはまるbの値はない。よって，$5+4+3+2+1=15$(通り)あるので，求める確率は$\frac{15}{36}=\frac{5}{12}$である。

(3)＜**空間図形―長さ**＞右図1のように，立体の展開図のそれぞれの面の面積をS_1，S_2，S_3，S_4，円O_1の周と同じ長さの弧をつくるおうぎ形の中心をPとする。図1の展開図を組み立てたときにできる立体は，右下図2のような，円柱と円錐の一部を合わせたものになる。円錐の一部は，底面の円に平行な円O_1で切断したものである。円O_1の半径をrとすると，円O_1と円O_2の半径の比が$1:3$だから，円O_2の半径は$3r$と表せる。よって，$S_1=\pi\times r^2=\pi r^2$であり，$S_2=\pi\times(3r)^2=9\pi r^2$である。また，$S_3$は図2より，立体の下部の円柱の側面積であるから，その横の長さは円O_2の円周の長さと等しく，$2\pi\times3r=6\pi r$である。これより，$S_3=10\times6\pi r=60\pi r$である。次に，$S_4$は，図2の点Pを頂点として円$O_2$と合同な円Hを底面とする円錐の側面積から，点Pを頂点として円O_1を底面とする円錐の側面積をひくことで求められる。図2で，$AO_1 /\!/ BH$だから$\triangle PAO_1 \backsim \triangle PBH$である。$PA=x$とすると，$PB=PA+AB=x+10$であり，$PA:PB=AO_1:BH=1:3$より，$x:(x+10)=1:3$となるから，$x\times3=(x+10)\times1$より，$3x=x+10$，$2x=10$　$\therefore x=5$　よって，$PA=5$，$PB=5+10=15$となる。よって，図1の線分PBを半径とする円の円周の長さは$2\pi\times15=30\pi$である。半径PBのおうぎ形の中心角をaとすると，半径15のおうぎ形の弧の長さは長方形の横の長さと等しいので$6\pi r$であり，おうぎ形の中心角の大きさは弧の長さに比例するから，$\frac{a}{360^\circ}=\frac{6\pi r}{30\pi}$，$\frac{a}{360^\circ}=\frac{r}{5}$と表せる。よって，$S_4=\pi\times15^2\times\frac{a}{360^\circ}-$

図1

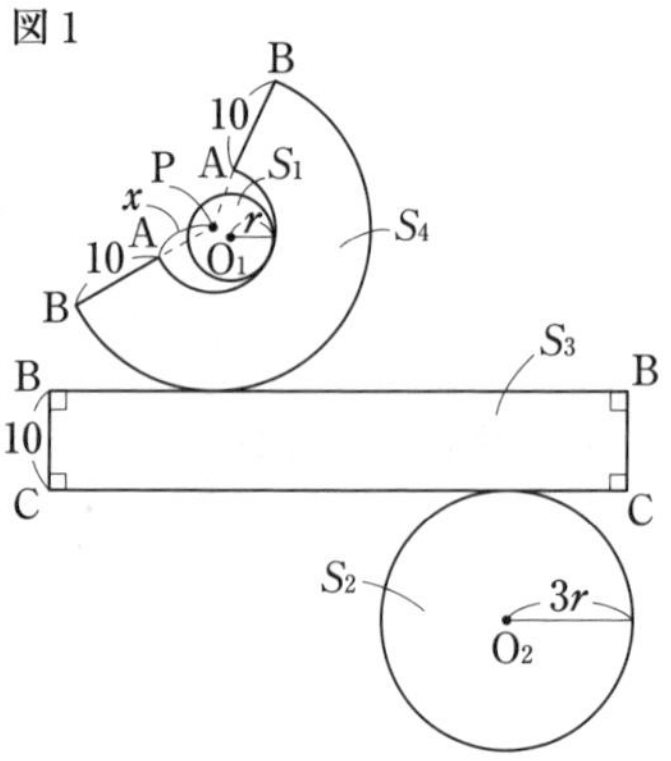

図2

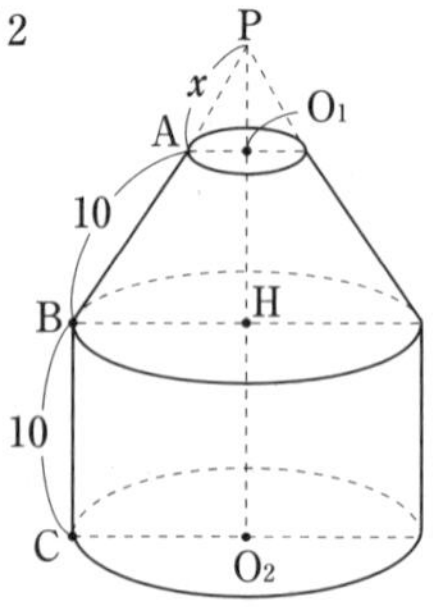

$\pi\times5^2\times\dfrac{a}{360^\circ}=\pi\times15^2\times\dfrac{r}{5}-\pi\times5^2\times\dfrac{r}{5}=45\pi r-5\pi r=40\pi r$ となる。立体の表面積は 390π だから，$S_1+S_2+S_3+S_4=390\pi$ より，$\pi r^2+9\pi r^2+60\pi r+40\pi r=390\pi$ が成り立ち，$10\pi r^2+100\pi r=390\pi$，$r^2+10r=39$，$r^2+10r-39=0$，$(r+13)(r-3)=0$，$\therefore r=-13,\ 3$　$r>0$ より，$r=3$ である。したがって，円 O_2 の半径は $3r=3\times3=9$ である。

4〔**関数—関数 $y=ax^2$ と一次関数のグラフ**〕

≪基本方針の決定≫(3)　斜辺を PQ とする直角三角形をつくり，三平方の定理を利用する。

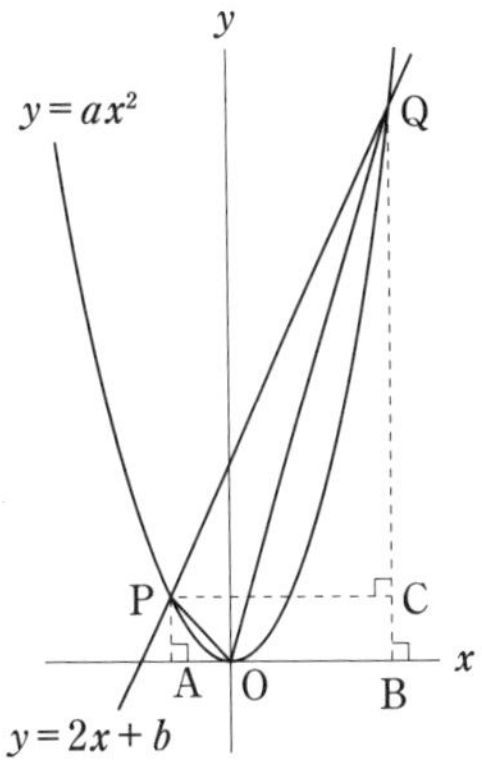

(1)＜**座標**＞右図で，$a=\dfrac{1}{3}$ のとき，放物線の式は $y=\dfrac{1}{3}x^2$ であり，$b=9$ のとき，直線の式は $y=2x+9$ である。よって，2点P，Qは，放物線 $y=\dfrac{1}{3}x^2$ と直線 $y=2x+9$ の交点だから，2式より y を消去して，$\dfrac{1}{3}x^2=2x+9$ より，$x^2-6x-27=0$，$(x-9)(x+3)=0$　$\therefore x=9,\ -3$　図1より，点Pの x 座標は負だから -3，点Qの x 座標は正だから9であり，$y=\dfrac{1}{3}\times(-3)^2=3$，$y=\dfrac{1}{3}\times9^2=27$ より，P$(-3,\ 3)$，Q$(9,\ 27)$である。

(2)＜**切片**＞右図で，$a=2$ のとき，放物線の式は $y=2x^2$ である。OA$=t$ とすると，OA：OB$=1:4$ より，OB$=4$OA$=4t$ と表せる。よって，点Pの x 座標は $-t$，点Qの x 座標は $4t$ と表せるから，$y=2\times(-t)^2=2t^2$，$y=2\times(4t)^2=32t^2$ より，P$(-t,\ 2t^2)$，Q$(4t,\ 32t^2)$となる。直線PQの傾きは2なので，$\dfrac{32t^2-2t^2}{4t-(-t)}=2$ が成り立ち，$\dfrac{30t^2}{5t}=2$ より，$t=\dfrac{1}{3}$ となる。したがって，点Pの x 座標は $-\dfrac{1}{3}$，y 座標は $2\times\left(-\dfrac{1}{3}\right)^2=\dfrac{2}{9}$ となり，点Pは直線 $y=2x+b$ 上にあるから，$\dfrac{2}{9}=2\times\left(-\dfrac{1}{3}\right)+b$ より，$b=\dfrac{8}{9}$ となる。

(3)＜**比例定数，切片**＞右上図で，点Pから線分QBに垂線PCを引く。直線PQの傾きは2だから，△PCQで，PC：QC$=1:2$ であり，PC$=m$ とすると，QC$=2m$ となる。よって，三平方の定理 PC^2+QC^2=PQ^2 より，$m^2+(2m)^2=(10\sqrt{5})^2$ が成り立ち，$m^2+4m^2=500$，$5m^2=500$，$m^2=100$　$\therefore m=\pm10$　$m>0$ だから，PC$=10$ である。これと点Pの x 座標が -1 より，点Qの x 座標は $-1+10=9$ となる。よって，$y=a\times(-1)^2=a$，$y=a\times9^2=81a$ より，P$(-1,\ a)$，Q$(9,\ 81a)$と表せる。したがって，QC$=2m=2\times10=20$ より，$81a-a=20$ が成り立ち，$a=\dfrac{1}{4}$ となる。このとき，P$\left(-1,\ \dfrac{1}{4}\right)$だから，直線 $y=2x+b$ が点Pを通ることより，$\dfrac{1}{4}=2\times(-1)+b$，$b=\dfrac{9}{4}$ である。なお，b の値は次のように求めてもよい。△POQを y 軸で2つに分けて y 軸上の辺を底辺とすると，底辺の長さが b であり，2点P，Qの x 座標がそれぞれ -1，9より高さは1，9になるから，△POQ$=\dfrac{1}{2}\times b\times1+\dfrac{1}{2}\times b\times9=5b$ となる。これが $\dfrac{45}{4}$ なので，$5b=\dfrac{45}{4}$ より，$b=\dfrac{9}{4}$ である。

国語解答

一	問１	a…３	b…１	c…２	d…４		
	問２	４	問３	２	問４	４	
	問５	１	問６	３	問７	４	
	問８	２	問９	１	問10	４	
	問11	１，４					

二	問１	ア…１	イ…３	ウ…２			
	問２	４	問３	２	問４	１	
	問５	２	問６	４	問７	４	
	問８	２	問９	１	問10	３	
	問11	３					

一〔論説文の読解─芸術・文学・言語学的分野─読書〕出典；北村紗衣『批評の教室─チョウのように読み，ハチのように書く』。

≪本文の概要≫フィクションを読む際に，作者の意図を読み取ろうとする必要はなく，読者の解釈は自由である。作者が作品をコントロールしているという考えは，幻想にすぎない。作品には，作者が意識していなかったバイアスや社会的背景などが反映されているし，作品は，作者一人だけでつくり上げるものでもない。作品は，世に出た瞬間に，作者の手を離れるのである。異なった文化的背景を持ついろいろな受け手が作品を受容し，違う解釈をつくり出すところに，批評の醍醐味がある。基本的にフィクションを分析する場合は，作者と語り手を同一視せずに，切り離して考えた方がよい。一方で，テクストが生まれてきた歴史的背景についての理解は必要である。テクストは，文化や歴史的状況と密接に結びついているからである。テクストの批評においては，精読とテクストの社会的背景の調査の，両方が必要なのである。

問１＜漢字＞a．「統制」と書く。１は「精神的」，２は「正確」，４は「威勢」。　b．「起因」と書く。２は「調印」，３は「美容院」，４は「飲料水」。　c．「後世」と書く。１は「功績」，３は「深紅」，４は「経過」。　d．「危険」と書く。１は「検定」，２は「憲法」，３は「派遣」。

問２＜接続語＞A．作者が作品をコントロールしていないということについて「表現技術の巧拙の問題」があり，その例を挙げると，「つまらないものを書こう」と思う作者はいないが，表現技術が足りないことによる「駄作は世の中にたくさん」ある。　B．「フィクションの作品において」も日常のコミュニケーションと同じように，「作者の意識に明確にのぼっていないものが見てとれる」ことがあり，その問題とは別に，いったい「作者とは誰なのか」という問題もある。　C．「随筆，日記，紀行文の類」は，「作者と語り手は比較的同一性が高」いのだけれども，詩や私小説，自作曲となると「どのくらい作者と作品の語り手を同一視していいのか」は，難しい問題である。

問３＜文章内容＞読者は，作者が意識的に伝えたかったことが完全に作品に反映されていると考えるから，「作者が何を伝えたかったのか」という視点から，作品を分析しがちである。しかしながら実際は，作品には「作者が意識していなかったバイアスや社会的背景などが反映され」るのであり，「作者が作品をコントロールしている」という考え方は，幻想にすぎないのである。

問４＜文章内容＞一つの作品は，作者一人の力によるものではなく，編集者や演出家など，さまざまな人が関わってできあがることが多い。「孤独な天才」やクリエイティヴコントロールを持つ一人の「作者」を想定することは，適切ではないのである。

問５＜文章内容＞本には編集者が関わり，舞台や映画には多くのスタッフが関わっている。シェイクスピアの作品も，劇団メンバーやほかの劇作家による共同作業の成果を含んだものである。そうすると，作者個人に着目して「作者は何を伝えたかったのか」という問いを設定することは(…X)，作者を「孤独な天才」と見なす考え方につながるため，適切ではない。世に出た形である作品に着目して，「作品が何を表現しているのか」という視点から(…Y)，分析した方がよいのである。

問６＜文章内容＞「作品は世に出た瞬間，作者の手を離れるもの」であり，「解釈は受け手が自由に行って良いもの」である(２・４…○)。作者と作品の主人公や語り手は，作者に近い場合であっても，虚構化されたり，再構成されたりしているものであり，切り離して考えるべきである(１…○)。

問７＜文章内容＞随筆は，自分の体験や感想などを書いた文章。日記は，日々の出来事や感想などの記録。紀行文は，旅行中の体験や感想などを書いた文章。いずれも，作者の体験に基づいて書かれるものであり，「作者と語り手は比較的同一性」が高いといえる。

問８＜文章内容＞よいレポートを書こうと思ってもうまくできないことがあるように，よい作品を書こうと思っても，表現技術の問題で，駄作になることは多い(１…○)。「古い作品だと作者が不明だったり，後世の人の手が加わっていると考えられたりするテクスト」もある(３…○)。随筆などの個人的な体験に基づいた作品であっても，虚構を含む場合もあり，また物語として再構成されていることもあるので，作者と作品の主人公や語り手を同一視しない方がよい(４…○)。

問９＜文章内容＞新歴史主義批評とは，「テクストを社会的背景の中で考えるという手法」である。「テクストはそれを生み出した時代の社会に根ざしたもの」という視点によって，テクストが生まれた時代の政治や宗教など，社会的，歴史的背景についての理解を深めたうえで，作品を批評するというスタイルである。

問10＜文章内容＞「精読」は，細かいところまでていねいに読むこと。批評には，誤解や内容がわからないといったことを避けるために，テクストが生まれた社会的背景の調査が必要だが，それだけでテクストの理解が深まるわけではない。やはり，テクストを細部までていねいに読むことも大切なのであり，精読と背景の調査の両方を行うことによって，テクストの理解が深まるのである。

問11＜要旨＞作品の解釈は，「受け手が自由に行って良いもの」である(A…○)。しかし，登場人物になりきることが，深く作品を読み味わうことではない(B…×)。基本的には，作品の語り手や登場人物と作者とは，同一視しない方がよい(C…×)。批評には，精読と作品の社会的背景の調査，どちらも大事である(D…○，E…×)。

二〔**小説の読解**〕出典；原田マハ『翔ぶ少女』。

問１＜漢字＞ア．「玄関」は「げんかん」と読む。「威厳」は「いげん」，「賢明」は「けんめい」，「神殿」は「しんでん」，「錬成」は「れんせい」。　イ．「隣接」は「りんせつ」と読む。「賃貸」は「ちんたい」，「光陰」は「こういん」，「車輪」は「しゃりん」，「近況」は「きんきょう」。　ウ．「硬直」は「こうちょく」と読む。「豪雨」は「ごうう」，「興奮」は「こうふん」，「混戦」は「こんせん」，「極上」は「ごくじょう」。

問２＜表現技法＞「子犬のように」は，「ように」という比喩であることを示す語を用いているので直喩法。「ふるふると」は，身振りを音声にたとえて表現する擬態法。

問３＜文章内容＞丹華が燦空を保育園へ送っていくと提案したが，逸騎は，自分で燦空を保育園へ連れていこうとして，燦空の手を引っ張って外へ出た。逸騎は，兄として自分の仕事をしたいと思ったのである（３…○）。けれども，燦空はすばやく行動できないので，逸騎の思いどおりにはいかず，丹華は口答えをするし，おっちゃんには「ごんた」と言われて怒られた（３・４…○）。一方，おっちゃんと丹華，燦空は，笑顔になっており，笑顔の輪に入れない逸騎はいら立ったのである（１…○）。

問４＜心情＞おっちゃんは，小さな妹の頭を小突いたり，乱暴に手を引いたりする逸騎に対して，女の子の手はやさしく握るものだと教えた。しかし，逸騎は燦空の手を乱暴に引っ張っていったので，おっちゃんは，逸騎は全然わかっていないとため息をついた。

問５＜心情＞普通の子にとってはさほど遠くない学校までの道のりも，足を引きずって歩く丹華にとっては，とても時間がかかるものであり，「終わらない道」に感じられた。

問６＜心情＞丹華は，遅刻しないで学校に来たという皆と同じ行動を友達に褒められるのは，自分が普通ではないからだと感じられて，悲しくなった。

問７＜文章内容＞片山のおじさんとゼロ先生が話し始め，陽太と丹華は二人取り残されて，初対面でどう接したらよいかわからずにいた。陽太は，会話をしなくてすむようにボールを蹴っていたが，丹華のことは気になるので，顔を上げて丹華を見た。丹華は，陽太と目が合った瞬間に，陽太に気持ちが向いたのを感じた。

問８＜心情＞陽太は，丹華を転ばせようとしたわけではなく，軽くボールを蹴っただけであった。丹華が転んでしまったために，陽太が怒られることになり，丹華はどうしたらいいかわからなかった。

問９＜心情＞ゼロ先生は，陽太が丹華に正面から謝る様子を見て，陽太を信頼できると判断した。父親と一緒にボランティア活動をするという陽太を，仲間として受け入れるとともに，丹華の友達としても頼りになると考えたのである。

問10＜表現＞陽太と目が合った瞬間の丹華の胸の高鳴りが，「小さな箱の中でビー玉が転がったような」と，ビー玉で表現されている。そして，陽太のほほ笑みを見た丹華のうれしい気持ちが，ビー玉が「きらきら，からから，ころころ」と転がり，「心地よいメロディを奏で」ると表現されている。

問11＜文章内容＞【第１部】での丹華に対する子どもたちの「かわいそうやな」というひそひそとうわさする声ばかりではなく，「ニケちゃんすごいなあ」という友達の言葉も，丹華に自分はほかの子と違うのだと意識させ，丹華を傷つけていた。【第２部】で描かれているのは，丹華の陽太との出会いと，陽太を好きになってぼうっとしている現在である。これは丹華にとってうれしい状況であり，「苦悩が伝わってくる」とはいえない（Ｃ…×）。

2023年度 浦和実業学園高等学校(第3回併願)

【英　語】 (50分) 〈満点：100点〉

(注意) 1, 2は，リスニング(聞き取り)問題です。試験開始のチャイムが鳴ったら，1ページ目を開き，問題の指示に従って解答してください。

1 放送される三つの英文のうち，写真の説明として最も適当なものを1～3の中から一つずつ選びなさい。英文は二回ずつ放送されます。解答番号は①～④

Picture 1 (①)

1.

2.

3.

Picture 2 (②)

1.

2.

3.

Picture 3（③）

1．

2．

3．

Picture 4（④）

1．

2．

3．

（1の放送終了後，10秒間の休止があります。次の問題に進んで構いません。）

2　英語の会話が三つ放送されます。最後の発言に対する相手の応答として最も適当なものを１～４の中から一つずつ選びなさい。会話は二回ずつ放送されます。解答番号は⑤～⑦

（⑤）　1．I wasn't planning on going, but now I want to go!
　　2．Let's go together, if you have never been there.
　　3．Thank you for your advice.　I'm glad it's not expensive.
　　4．How much money will I need?　Is 10,000 yen enough?

（⑥）　1．You can use my umbrella.　I also brought my raincoat.
　　2．The weather forecast also said it was going to be cold.
　　3．Oh, no.　It's going to rain soon.
　　4．You should go home and get your own umbrella now.

（⑦）　1．Oh, I didn't know that.　You can ask me anything, if you need help.
　　2．If you don't have any idea, how about becoming a police officer?
　　3．You had to finish that homework by yesterday, right?
　　4．That sounds good.　I'm sure my dream will come true.

（2の放送終了後，次の問題に進んで構いません。）

※<**リスニング問題放送原稿**>は英語の問題の終わりに付けてあります。

3 次の英文の(　)に入る最も適当なものを1～4の中から一つずつ選びなさい。解答番号は⑧～㉒

(⑧) His bicycle (　　) in front of the book store.
1．was found　2．found　3．has found　4．finds

(⑨) I'm (　　) up at six tomorrow.
1．going to get　2．will get　3．gotten　4．got

(⑩) Please give me something (　　).
1．drinking　2．drunk　3．to drink　4．drank

(⑪) I played video games after (　　) my homework.
1．doing　2．do　3．to do　4．done

(⑫) Who is (　　), Mr. Sato or Mr. Suzuki ?
1．tall　2．as tall as　3．taller　4．tallest

(⑬) I have two rabbits.　One is black, and (　　) is brown.
1．other　2．the other　3．others　4．some

(⑭) Ken has a dog (　　) has a black ear.
1．whose　2．one　3．it　4．which

(⑮) The boy was walking (　　) his father and his mother.
1．among　2．during　3．between　4．from

(⑯) (　　　　) baseball here, because this park is small.
1．Won't play　2．Don't play
3．Haven't played　4．Must not play

(⑰) This tablet isn't yours, (　　) it ?
1．is　2．does　3．isn't　4．doesn't

(⑱) I (　　) him for 15 years.
1．knowing　2．know　3．have known　4．am knowing

(⑲) That boy (　　) by the window is Ken.
1．stood　2．stands　3．standing　4．to stand

(⑳) A：My smart phone doesn't work.　Can I use your phone ?
B：(　　　　).
1．No, thank you　2．Sure, of course
3．Yes, it's mine　4．You're welcome

(㉑) A：(　　　　) has she lived in Canada ?
B：For ten years.
1．How many times　2．What time
3．How much　4．How long

(㉒) A：Ken looks really sleepy today.　(　　　　) ?
B：He said he watched a football game on TV late last night.
1．Did you like to play football　2．Where did you see Ken
3．What time do you go to bed　4．Do you know why

4

次の日本語に合うように，与えられた語(句)を並べかえて，(　)内で４番目に来るものを１～７の中から一つずつ選びなさい。なお，文頭に来る語も小文字になっている。解答番号は㉓～㉗

(㉓)　あのかばんは重すぎて，ユキには運べませんでした。

(１．for　２．heavy　３．that　４．was　５．too　６．bag　７．Yuki) to carry.

(㉔)　山口先生は彼らにこの授業では英語を話すようにと言いました。

Mr. Yamaguchi (１．to　２．in　３．speak　４．English　５．them　６．told　７．this class).

(㉕)　富士山の頂上から見た景色はとても美しかったです。

The view (１．the top　２．Mt. Fuji　３．was　４．very　５．beautiful　６．of　７．from).

(㉖)　ダイスケはクラスのどの生徒よりも上手に歌います。

Daisuke (１．in　２．better　３．any　４．sings　５．other　６．student　７．than) his class.

(㉗)　鳥のように飛ぶことができればいいのに。

I (１．fly　２．like　３．wish　４．could　５．bird　６．I　７．a).

5

次の英文を読んで，後の問いに答えなさい。*印の語には注があります。解答番号は㉘～㉞

Once upon a time there was a *sly old wolf. He was as *skinny as a snake and hungry for meat.

One day, the wolf saw *a flock of sheep on the *hillside. There was snow on the ground and it was very cold. A *shepherd was busy, giving food to the sheep. He called them by their names and *patted their backs. The shepherd liked his flock, but ㉘<u>to the wolf they were nothing more than meat</u>.

Later that day, the wolf went hunting on the snowy hillside. He found a sheepskin under a tree. An idea came to the wolf. *Perhaps he could dress up as a sheep and join the flock. ㉙<u>What a clever idea!</u> The shepherd would never *guess. The wolf could eat the sheep *one by one. His stomach started *rumbling.

In the evening, when the sun was setting, the wolf dressed himself in the [　㉚　]. The sheep were tired and cold. A few of them *bleated when they saw him but all of them wanted the warmth of their *pen. The wolf *lay down with the sheep. ㉛<u>There were more Sunday dinners here than in his wildest dreams . . .</u> But his plan was not as clever as his hope.

The shepherd wanted some meat for his dinner. He went down to the pen and chose the *thinnest looking sheep. He killed it and took it home for his wife to cook. But they had a shock because it was not his sheep. It was the wolf!

The shepherd thought he was lucky. He killed the wolf and [　㉜　].

*sly　ずるい　*skinny　やせこけた　*a flock of　～の群れ　*hillside　丘の中腹
*shepherd　羊飼い　*pat　なでる　*perhaps　おそらく　*guess　推測する
*one by one　一匹ずつ　*rumble　(腹が)ゴロゴロ鳴る　*bleat　(羊が)鳴く
*pen　動物を入れる囲い　*lie down　横たわる　*thin　やせた

(㉘)　下線部㉘の意味として最も適当なものを１～４の中から一つ選びなさい。

１．この羊からはいい肉が取れない　２．この羊からは多くの肉は取れない
３．オオカミにとって羊は肉でしかない　４．オオカミは全く羊の肉が欲しくない

(㉙)　下線部㉙の内容として最も適当なものを１～４の中から一つ選びなさい。

1．To try to look like a sheep and eat them

2．To join a flock of sheep to eat the shepherd

3．To play with snow on the hillside

4．To take a rest under a tree on a snowy day

(㉚)　[㉚]に入る最も適当なものを１～４の中から一つ選びなさい。

1．flock　　2．clothes　　3．wolfskin　　4．sheepskin

(㉛)　下線部㉛の意味として最も適当なものを１～４の中から一つ選びなさい。

1．日曜日にはより多くの食事にありつける

2．思い描いていたよりも多くの食べ物がある

3．多くの食べ物を手に入れるなんて夢にすぎない

4．動物の囲いの中よりも荒野に多くの食べ物がある

(㉜)　[㉜]に入る最も適当なものを１～４の中から一つ選びなさい。

1．saved the rest of the flock　　2．had the pen to keep his sheep

3．put a sheepskin outside again　　4．trapped it by using a sheepskin

(㉝・㉞)　次の英文について，本文の内容に合うものを１～５の中から二つ選びなさい。ただし，解答の順序は問いません。

1．The wolf wanted to eat meat, but he was too afraid of the shepherd to attack sheep.

2．When the wolf found a sheepskin under a tree, he had an idea to eat sheep one by one.

3．The skinny wolf covered his body with a sheepskin because he was tired and cold.

4．The wolf got a good idea, so he ate sheep for his dinner.

5．The wolf's plan didn't work well, and he was killed by the shepherd by mistake.

6　次の英文を読んで，後の問いに答えなさい。＊印の語には注があります。解答番号は㉟～㊶

㉟It was a hard week. The price of oil *skyrocketed because the temperature in *Maine dropped, and I missed three days of work so my *paycheck was going to be lower than usual. I did the shopping *strategically and looked for every possible way to save money to buy food and keep the house warm.

My eight-year-old son didn't understand when I told him we were *struggling that week. He wanted ㊱a special kind of yogurt, but I didn't have the *extra three dollars to buy it for him. That package had a picture of a boy riding a skateboard, and each cup *contained two *spoonfuls of yogurt. I said to him that we couldn't buy it.

I thought I was not a good parent when those big eyes looked at me with *confusion. For him, it was just yogurt, and ㊲he couldn't understand what the problem was. So I put something back and bought the yogurt.

*On the way back from the *grocery store, I saw a homeless man with a sign by the side of the road. Many people *dodged him on the street and walked by without even meeting his eyes.

"I have a *home*! But he doesn't‼," I thought.

I reached into my wallet. I had a little money for rent, oil, and other things. I gave the man five dollars. He *trembled when he took it. "*God bless you," he said with a smile.

My son said, "I thought you didn't have any money to give him, Mom."

I told him that the man didn't have a home or food to eat. I said that he felt freezing and so I gave five dollars.

Then my son took his yogurt out of the bag and handed it to that man. The man looked at me and smiled. I started to cry *while my son felt confusion.

On that day, my son performed ㊳a wonderful act. He showed kindness. *Although it was just a few spoonfuls of yogurt, it was all he had, and he gave it to someone who needed it.

He showed me that I did [㊴] as a mother. I *raised him right.

*skyrocket 急上昇する *Maine メイン州(アメリカの州の１つ) *paycheck 給料
*strategically 戦略的に *struggling 必死に頑張っている *extra 余分な *contain 含む
*spoonful スプーン１杯の *confusion 困惑 *on the way back 戻る途中
*grocery store 食料品店 *dodge 避ける *tremble 震える *God bless you 神のご加護を
*while ～の一方で *although ～だけれども *raise 育てる

(㉟) 下線部㉟の理由として適当でないものを１～４の中から一つ選びなさい。
１．メイン州の気温が下がったため，石油の価格が急上昇したから
２．休暇を取ることが出来ないほど忙しかったから
３．仕事を休んだために，給料が減る予定だったから
４．食べ物や石油を買うためにお金を節約する必要があったから

(㊱) 下線部㊱の内容として最も適当なものを１～４の中から一つ選びなさい。
１．パッケージに少年の絵が描かれたヨーグルト
２．８歳の息子が買ってくれたヨーグルト
３．普段より３ドル安くなっているヨーグルト
４．スケートボードをする子どもたちに人気のヨーグルト

(㊲) 下線部㊲の理由として最も適当なものを１～４の中から一つ選びなさい。
１．He knew his mother would buy yogurt if he cried in the grocery store.
２．He knew his mother had much money to buy special yogurt.
３．Yogurt which the boy really wanted was just yogurt for him.
４．Yogurt which the boy wanted was necessary for his mother.

(㊳) 下線部㊳の内容として最も適当なものを１～４の中から一つ選びなさい。
１．The boy sold his yogurt cheaply to the man.
２．The boy kindly gave his yogurt to the man.
３．The boy gave up buying yogurt for his mother.
４．The boy invited the man to dinner.

(㊴) [㊴] に入る最も適当なものを１～４の中から一つ選びなさい。
１．easily　２．little　３．poorly　４．well

(㊵・㊶) 次の英文について，本文の内容に合うものを１～５の中から二つ選びなさい。ただし，解答の順序は問いません。
１．The mother missed her work because she had to do something to keep the house warm.
２．Yogurt which the son wanted was special because it was sold for only three dollars.
３．The homeless man was dodged by many people when the mother and her son saw him on the street.
４．The mother began to cry because her son was kind to the man on the street.
５．The son didn't like the taste of special yogurt and he decided to give it to the man.

＜リスニング問題放送原稿＞

これから，2023年度，第三回併願入試，リスニング問題を始めます。リスニングの問題は 1 と 2 です。

1　放送される三つの英文のうち，写真の説明として最も適当なものを１～３の中から一つずつ選びなさい。英文は二回ずつ放送されます。

(①)

1．The board says, “The next train will come at 11:57.”
2．The board tells us some information about the trains.
3．All the messages on the board are written in Japanese.

(②)

1．A woman is going out of the station.
2．A woman is buying a ticket at the gate.
3．A woman is touching her IC card to the machine.

(③)

1．Two people at the table are having lunch.
2．A waitress is taking two people’s order.
3．Two people sitting at the table are wearing glasses.

(④)

1．Both of them are wearing helmets.
2．Both of them are trying an athletic gym.
3．Both of them are sitting somewhere high.

2　英語の会話が三つ放送されます。最後の発言に対する相手の応答として最も適当なものを１～４の中から一つずつ選びなさい。会話は二回ずつ放送されます。

(⑤)

B：Have you ever been to Tokyo Disney Resort?
A：Yes, I have been there many times.
B：I’m thinking of going there during my summer vacation.
A：That’s nice!　It’s expensive, but I think you’ll enjoy it.

(⑥)

A：Are you ready to go back home?
B：How is the weather outside now, Mike?
A：It’s raining heavily!
B：I didn’t bring my umbrella with me.　What should I do?

(⑦)

A：You are studying very hard.　What are you writing?
B：About my future, Dad.　This is my homework for tomorrow.
A：Oh, I see.　What is your dream for the future?
B：Well, I am thinking about becoming a police officer like you.

以上でリスニング問題を終わります。引き続き，筆記問題に進んでください。

【数　学】（50分）〈満点：100点〉

（注意）(1) 問題文の中にある [①], [②][③], $\dfrac{[④][⑤]}{[⑥]}$ などの①，②，③，④，⑤，⑥には，それぞれ0，1，2，…，9の数字または −，±，＜，＞，≦，≧ の符号・不等号の中から<u>いずれか1つのみ</u>を選びマークしてください。

(2) 解答が分数の形で求められているときは，既約分数で答えてください。

(3) 解答が無理数の形で求められているときは，$\sqrt{\quad}$ の中の数を最小の自然数にして答えてください。

(4) 解答欄が余るときは，その余った欄にはなにも記入しないでください。

(5) 解答欄が不足するときは，不足する部分の数や符号・不等号をマークしないでください。

(6) 定規，コンパス，分度器，電卓，計算機能付き機器等は使用しないでください。

1　次の計算をしなさい。

(1) $4\div35=$ [①].[②][③][④]…

(2) $-8+(-6)\times7=$ [⑤][⑥][⑦]

(3) $\dfrac{1}{\sqrt{\dfrac{2}{9}}}=\dfrac{[⑧]\sqrt{[⑨]}}{[⑩]}$

(4) $a\Diamond b=(a+b)^{4a}-(-a+b)^{6b}$ とするとき，$\dfrac{1}{2}\Diamond\dfrac{1}{3}=\dfrac{[⑪]}{[⑫]}$

2　次の各問に答えなさい。

(1) 1次方程式 $3+0.5(-x)=-4$ を満たす解は，$x=$ [⑬][⑭] である。

(2) 連立方程式 $\begin{cases}6x=7y+8\\6x+7y=8\end{cases}$ を満たす解は，$x=\dfrac{[⑮]}{[⑯]}$，$y=$ [⑰] である。

(3) 2次方程式 $\left(\dfrac{x}{9}-1\right)^2=\left(x-\dfrac{1}{9}\right)^2$ を満たす解は，$x=$ [⑱][⑲] である。

(4) $x^2-8x-33$ は $(x+c)(x-d)$ とかける。$c+d<e<cd$ を満たす整数 e は [⑳][㉑] 個である。ただし，$c\leqq d<0$ とする。

3　次の各問に答えなさい。

(1) ドラッグストアで，1箱に55枚入っているマスクが消費税を含まない定価600円で販売されている。“受験生応援セール” として消費税を含まない定価の20％引きにすると，マスク1枚あたり消費税10％を含めて [㉒].[㉓] 円である。

(2) 中の見えない袋に，大きさと重さが同じボールが4個入っており，ボールには1，2，3，4のいずれかの数が重複することなく書かれている。袋からボールを1個取り出し，数を確認してから元に戻す作業を3回繰り返す。1回目，2回目，3回目の数をそれぞれ x，y，z とするとき，$x<y\leqq z$ を満たす確率は，$\dfrac{[㉔]}{[㉕][㉖]}$ である。

(3) 図Ⅰのように，1辺の長さが6の正方形ABCDの内側にある1辺の長さが6の正三角形PQRが頂点Bを中心に時計まわりに回転し辺RPが辺BCに重なったものが図Ⅱ，さらに，頂点Cを中心に時計まわりに回転し辺PQが辺CDに重なったものが図Ⅲ，さらに，頂点Dを中心に時計まわりに回転し辺 QR が辺 DA に重なったものが図Ⅳ，さらに，頂点Aを中心に時計まわりに回転し辺 RP が辺 AB に重なったものが図Ⅴである。

３点P，Q，Rから等距離にある正三角形 PQR 内の点が描く４つの弧に囲まれる部分の面積は ㉗㉘㉙㉚㉛$\sqrt{㉜}$㉝㉞ π である。

ただし，π は円周率とする。

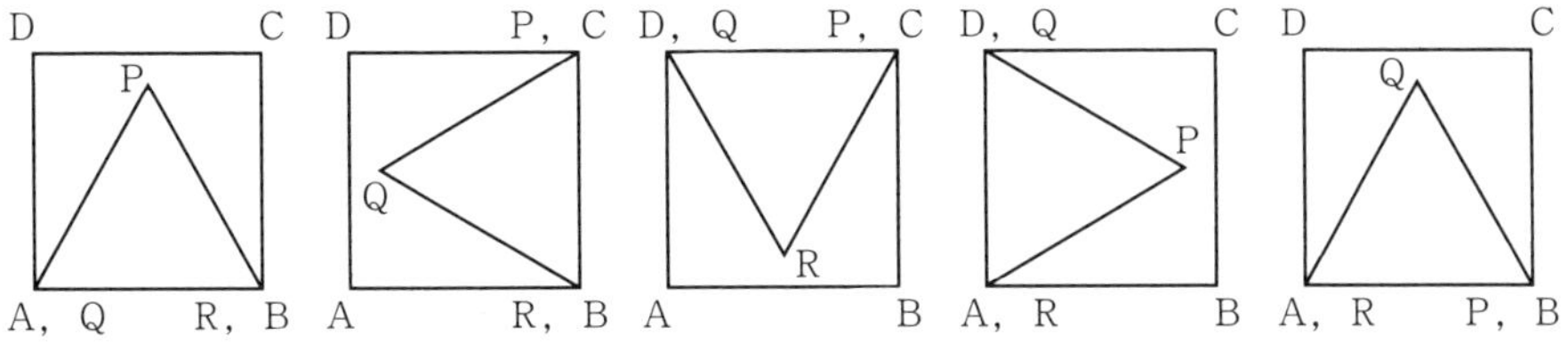

図Ⅰ　図Ⅱ　図Ⅲ　図Ⅳ　図Ⅴ

4　S_n(n=1，2，3，4，5，6)は $\frac{2}{7}<S_n<\frac{3}{5}$ を満たす分数である。

このとき，次の各問に答えなさい。

(1)　分子が６で，分母が２桁の自然数の S_1 の個数は ㉟㊱ 個である。これらの S_1 のうち，分子と分母がともに１桁の自然数の既約分数で表せる S_2 の個数は ㊲ 個である。

(2)　分子が12で，分母が２桁の自然数の S_3 の個数は ㊳㊴ 個である。これらの S_3 のうち，分子と分母がともに２桁の自然数の既約分数 S_4 の個数は ㊵ 個である。また，これらの S_3 のうち，分子と分母がそれぞれ１桁と２桁の自然数の既約分数で表せる S_5 の個数は ㊶ 個である。さらに，これらの S_3 のうち，分子と分母がともに１桁の自然数の既約分数で表せる S_6 の個数は ㊷ 個である。

(3)　S_6 をすべて足すと $\frac{㊸㊹㊺㊻}{㊼㊽㊾}$ である。

演じ分けているからだと思うな。例えば【第1部】では「幸子の息子」として、【第2部】では「法子の父」として、人物像の雰囲気を上手に切り替えていたね。

生徒D　私はこの文章の読みやすさに注目したよ。それは「今日は文化祭だったの……言ったじゃんこの前」や「法子のお父さんのドラム、めちゃ気にならね？」のように、私たちが普段使うくだけた言葉が時おり使われているからだと思ったよ。

1　生徒A　　2　生徒B　　3　生徒C　　4　生徒D

2　音楽隊に配属されて刑事でなくなったことに成瀬はどうしても馴染めなかったが、法子はそう感じていないことがわかったから。
3　音楽隊へ配属になった当初から刑事に戻ることを成瀬は完全に諦めていたが、法子はそれに気付いていなかったから。
4　音楽隊の一員としての実力が伴わないため自分には入隊資格がないと思い込んでいたが、法子はそう思っていなかったから。

問7　Ⅰ に入る言葉として最も適当なものを次の中から選びなさい。解答番号は㉖
1　少年たちに一泡吹かせたい
2　練習の成果を試したい
3　自分の実力を誇示したい
4　娘との関係を修復したい

問8　Ⅱ に入る慣用表現として最も適当なものを次の中から選びなさい。解答番号は㉗
1　鳶《とび》が鷹《たか》を生む
2　三つ子の魂《たましい》百まで
3　蛙《かえる》の子は蛙
4　蓼《たで》食う虫も好きずき

問9　⑤複雑な気持ちで見ていたとありますが、この時「法子」はどのような気持ちで父を見ていましたか。最も適当なものを次の中から選びなさい。解答番号は㉘
1　演奏するのは楽しみだが、失敗して父に叱《しか》られてしまうかもしれないと心配している。
2　自分のギターの腕前を、できれば父だけでなく幸子にも見てもらいたいと思っている。
3　同級生たちにからかわれるのは嫌だが、父の弱みを握っておきたいとも考えている。
4　父と一緒に演奏をしてみたいとは思うが、音楽として成り立つのだろうかという不安もある。

問10　X成瀬は夢中で叩いた・Y成瀬は夢中で叩き続けたとありますが、それぞれの「成瀬」の様子を説明したものとして最も適当なものを、後の中からそれぞれ一つずつ選びなさい。解答番号はXは㉙・Yは㉚

X　成瀬は夢中で叩いた　㉙
1　苦手な課題曲の練習から解放されて安堵《あんど》している。
2　手元の作業をこなすことだけで精一杯になっている。
3　以前に練習した譜面を懸命に思い出そうとしている。
4　周囲の人々の視線が意識に上らないくらい集中している。

Y　成瀬は夢中で叩き続けた　㉚
1　若い演奏者の勢いに必死についていこうとしている。
2　共演することで法子と心を通わせるうれしさに浸っている。
3　自分をからかった若者たちを見返すことができて喜んでいる。
4　練習以上の効果が音に表れたことを実感している。

問11　【第1部】【第2部】を読んだ生徒たちが意見を述べ合いました。本文の内容を正しく理解できていない生徒が一人います。それは誰ですか。後の中から一つ選びなさい。解答番号は㉛

生徒A　【第1部】では風景描写を上手に使って登場人物の心情を暗示させているのが、とても面白かったね。例えば「道を挟んだ向こう側」という表現で「法子」との心理的な距離感を、「暗くてよく見えなかった」という表現で「成瀬」の先行きに対する不安をそれぞれ暗示していたね。

生徒B　私は【第2部】の、演奏部分の描写が面白かったな。「お互いの視線で熱情を共有する」演奏を通して「成瀬」は娘との関係を深めることができているね。その後、周囲の人たちとの雰囲気も良くなっていることに、とても好感を持てたよ。

生徒C　私は全体を通して、人物の描き方に工夫を凝らしているなと思ったよ。それは「成瀬」がそれぞれの場面で役割を

注4　広岡…成瀬の同僚。職場では成瀬にドラムを教えている。
注5　春子…成瀬の同僚。音楽隊のリーダー的存在。やる気の感じられない転属初日の成瀬に対して嫌悪感を抱いていたが、ドラムを教えていくうちに、次第に成瀬と打ち解けていった。

問1　二重傍線部a～dの漢字の本文中での読みと同じものを、後の中からそれぞれ一つずつ選びなさい。解答番号は⑯～⑲

歌a謡曲　⑯
1　非公式　2　抽象画　3　誘導員　4　牧羊犬

繁華b街　⑰
1　改装　2　概略　3　巧妙　4　豪雪

無c惨　⑱
1　贈答　2　善行　3　残留　4　喪失

d凝視　⑲
1　修業　2　主義　3　祝日　4　操縦

問2　①法子が一瞬困惑した顔を見せたとありますが、この時の「法子」の様子を説明したものとして最も適当なものを次の中から選びなさい。解答番号は⑳
1　取り巻きの少年たちが自分を守ってくれるだろうかと不安になった。
2　酒に酔った父親が交通事故に遭ってしまうかもしれないと心配になった。
3　聞き込みの仕事をしているはずの父親と思いがけない場所で会い驚いた。
4　幸子の世話をしているはずの時間帯に繁華街にいたことに負い目を感じた。

問3　②大粒の涙がこぼれ落ちているとありますが、この時「法子」が泣いた理由として適当ではないものを次の中から一つ選びなさい。解答番号は㉑
1　父親が酒を飲みながら仕事をしていたから。
2　自分のギターを父親に壊されてしまったから。
3　父親が事情も知らずに自分のことを責めるから。
4　頑張った文化祭について父親は無関心だったから。

問4　③道に叩きつけた腕時計を足で踏み潰したとありますが、「法子」はなぜこのような行動をとったのですか。その理由として最も適当なものを次の中から選びなさい。解答番号は㉒
1　父との思い出の品まで友人に見られてしまうことに、恥ずかしさを感じてしまったから。
2　不誠実な対応を繰り返す父親に、自分と関連するものを持っていてほしくなかったから。
3　父が文化祭を見に来る約束を破ったため、父の大切にしているものを破壊しようと考えたから。
4　自分が十年以上も前に贈った時計をいつまでも使用している父親に、情けなさを感じたから。

問5　波線部A・Bの本文中での意味として最も適当なものを、後の中からそれぞれ一つずつ選びなさい。解答番号は㉓・㉔

A怪訝　㉓
1　怒りを抑えきれない様子
2　不思議で納得がいかない様子
3　恐怖で全身がこわばる様子
4　おかしさをこらえている様子

B様になっている　㉔
1　この上なく偉そうな態度になっている
2　言いようのない緊張感がにじみ出ている
3　物事がそれにふさわしい格好になっている
4　周囲の人が呆《あき》れるほど悪い状態になっている

問6　④成瀬はホッとしたとありますが、それはなぜですか。その理由として最も適当なものを次の中から選びなさい。解答番号は㉕
1　音楽隊の白い制服は上品すぎるため自分に似合わないと思い込んでいたが、法子は特に気にしていないことがわかったから。

成瀬はしゅんとした。

「もういいよ。絆創膏貼っといたし」

と法子が笑った。

「やろ」

「じゃ行くぞ」

「うん」

成瀬が叩き始めた。

メンバー二人が顔を見合わせた。

迫力の音がスタジオに響き渡った。

嘘《うそ》でしょ……。

法子も呆然と見ている。

父のドラムが完全にB様になっている。

「おい……」

「うん」

「すげーうまくね」

「うん」

メンバーたちも驚いている。

成瀬は叩きながら変化を感じていた。広岡に教えてもらって叩いていたときと違って、手が勝手に動くのだ。ここ最近たくさん練習をしたせいもあるが、きっとそれだけではない。リズムに体がついていくのを感じる。

気持ちいい。

娘が目の前で見ていることも忘れ、X成瀬は夢中で叩いた。

法子が仲間達に目配《めくば》せをしてギターを構えた。

「よし」

父のドラムに合わせて簡単なコードを押さえてみる。ベースもタンバリンも入ってきた。

「お父さん、走ってるよ!」

法子が叫んだ。

「おお、すまん!」


成瀬が調整する。

二人はお互いを見やった。

セッションするときはお互いの視線で熱情を共有するのだ。それは注5春子《はるこ》に教わった。今は娘と視線を交わしている。

二人が微笑む。

娘のこんな笑顔を見るのはいつ以来だろうか。きっと離婚するずっと以前だ。

ドラムが春子との関係を改善し、幸子と、そして法子との関係をも変えてくれるかのようだ。

Y成瀬は夢中で叩き続けた。

娘とのセッションが終わって、白井がスタジオを閉めに来た。

「ご利用ありがとうございました。いやでもびっくりですよ二人が親子だなんて。それに成瀬さんが警察官だなんて」

「すいません。悪気があったわけじゃ」

「いいんですよ。また来てください。だんぜん教えるのにも力入っちゃいます」

店を出た娘と仲間たちは成瀬のドラムで異様に盛り上がっていた。

「いや、すげーってお父さん、センスあるよ」

「そんなことないよ」

「いやすげーよ。法子のギターよりセンスあんじゃね」

「なわけないでしょ!」

子供たちは興奮している。

成瀬はひとときのいい気分を感じながら後をついて歩いた。


(作問の都合により、一部表記を改めています。)

注1　幸子…成瀬の母。軽度の認知症を患《わずら》っているが、成瀬と二人暮らしをしている。
注2　ママ…小料理屋の女主人。
注3　法子…成瀬の娘。離婚した妻の元で暮らしている。登校前に成瀬の家を訪ねるのが日課になっていたが、数日前に成瀬とけんかをしてからは、訪ねていなかった。

「そっか。分かってたか。え？」

と法子の顔を見やる。

「制服」

「え？」

「いないとき、たまに家行ってたの。おばあちゃんのことが気になるし。そこで白い制服見つけた」

そうか、そうだったのか。
④成瀬はホッとした。
刑事じゃない自分に違和感があるのは、もしかしたら自分だけなのかもしれないと思った。

「法子のお父さんのドラム、めちゃ気にならね？」

「なるなる。すごい気になる」

ニヤニヤしながら少年たちが言った。

中年男の下手くそなドラムを見て笑おうというのか。

余計なことを言いやがって。心の中でそう思いながら睨《にら》むと、二人は縮み上がった。

「……じゃあ、実力見てあげようかな」

法子から思いがけない言葉が出た。

「そうか……じゃあちょっと見てもらおうか」

［　Ｉ　］一心でついそう言ってしまった。何でもいいから娘と繋《つな》がっていたい。

「軽く叩くのを少し見てもら……」

「じゃセッションしね？」

また少年が余計なことを言った。

「いいわね」

法子ものっている。

そこへ運悪くスタジオの白井が通りかかる。

「あ、店長、大きいスタジオ空いてますか？」

「え、ああ、空いてるよ」

「ちょっとお父さんとセッションしたいんだけどさ」


「えーお父さん？　成瀬さんと法子ちゃん親子なの？」

「うん」

白井が驚きのあまり呆然と突っ立っている。

「いやー、［　Ⅱ　］とはこういうことを言うんですねー。どうぞこちらです」

けっこう失礼なことを言われながら、成瀬が連れていかれたのはいちばん大きなＡスタジオであった。バンド全体で練習できる大きさである。

話し合いが行われ、四人がプレイするのは「聖者が街にやってくる」となった。

注4広岡《ひろおか》の大好きなバンド、ラフィンノーズがロック調でアレンジしたこともあり、課題として軽くやらされたことがあったが、今も覚えているかどうかは分からない。成瀬は不安そうにドラムセットに座った。

「本当に叩けるのかな？」

法子の後ろでメンバー二人がコソコソと話している。ひとりはベースを、普段ドラムのほうはタンバリンを手に準備しているが、実際のところ、成瀬のドラムを信用していないというのが本音のようだ。

成瀬はそれくらい「ドラムを叩かなそうな人間」なのだ。

法子もまたギターの準備をしながら、あたふたとドラムの準備をする父親を⑤複雑な気持ちで見ていた。あの父がドラムを叩けるなんて、どうしても想像できない。おそらく素人《しろうと》がポコポコと叩く程度で、メンバーに学校でネタにされるに違いない。

成瀬がドラムのセッティングを終えると、法子のギターに目がいった。自分のせいで地面に落としたのだ。ギターには大きな絆創膏《ばんそうこう》が貼られていた。

「法子、悪かった、あの日は……」

「……すごい修理費かかったんだから」

「すまん……」

二度と自分の人生に関わらせないと宣告されたあの日から法子はぱったりと家に来なくなった。いや、正確には成瀬がいるときだけ来なくなったのだ。成瀬の仕事中には幸子に会いに来ていると、ヘルパーの梶原《かじわら》さんから聞いた。

【第2部】


「成瀬さん、頑張りますね」

「え、あ、はい」

店長の白井《しらい》は自らもドラマーで、成瀬に真摯《しんし》に教えてくれていた。

「年を取って始める方も多いんですけど、成瀬さんみたいに続けられる方は珍しいんですよ」

一〇代のころの青春をもう一度、といった感じで中高年でロックバンドを組んだり、ギターやドラムを始める人は多いのだという。

「まあほら、ツェッペリンとかを聴いていた世代が中年の危機を迎えて青春をもう一度って。でもやっぱり青春って一度きりなんですよね」

「ツェ……なんです？」

「はは、知らなくていいんですよ。成瀬さんはそういう感じじゃなさそうですし」

と笑い、白井が行こうとすると成瀬が引き止めた。

「先生。中年の危機って……」

「流行《はや》りのミドルエイジ・クライシスってやつですよ。中年が自分の人生について問う瞬間とでも言うんですかね」

「ああ、例の」

かつての相棒が言っていたことをまた思い出す。

成瀬を見て白井が笑った。

「成瀬さんて何か面白いですね」

身分は明かしていなかった。

今までの人生で、自分を面白いなどと言われたことはない。家庭でも職場でも自分や他人に厳しいいわゆるコワモテであった。しかし、音楽をやっている自分はどうも違うようだ。

「先生、もう少し練習していってもいいですか」

「もちろんです」

もう三〇分練習をすることにした。

汗びっしょりになってスタジオから出てもまだ物足りなく、階段の踊り場に座りこみ、スティックで太腿《ふともも》をスネアとハイハット代わりに叩《たた》きはじめた。

すると階段の上から若者たちの声が近づいてきた。シライミュージックには大小いくつかのスタジオがあり、若者が多く使っていた。賑《にぎ》やかなその声が成瀬の前を通り過ぎようとしたとき、ふとその声が止まった。

成瀬は気づかずに夢中でリズムをとっている。

「お父さん……」

「え？」

見ると、法子がA怪訝《けげん》そうに立っていた。

繁華街で一緒だった少年たちもいる。

「え？　の、法子!?　な、なにしてんだ？」

「バンドの練習だよ……」

娘とはあの夜以来であった。

あの言葉が胸にずっと刺さっている。

「二度と私の人生に関わらないで」

あの頃以来、娘にはブロックとやらをされてきた。

長い間、会って話をしたいと願っていたが、いざ目の前に現れると何を話していいか分からない。

法子の目が成瀬の握りしめているスティックをd凝視している。

成瀬の緊張が極限に達した。

「え？　あ……こ、これはな」

「えー、あー、そうだな、そう、お父さんはもう刑事ではなく、警察の音楽隊でドラムを担当することになってな」

「なんとなく分かってたよ」

時計を見ると一一時を過ぎている。補導されてもおかしくない時間だ。そして何よりも茶髪の男と一緒なのがショックであった。

　気がつくと成瀬は道路を渡っていた。

　一台の車が急停止してクラクションを鳴らしたがかまわず歩いた。

「法子！」

　呼びかけると法子が立ち止まった。

　男は二人いるようだ。

「法子、こんな時間に何してるんだ」
　①法子が一瞬困惑した顔を見せたが、すぐ冷静な目で成瀬を見た。
「関係ないじゃん」

　法子は戸惑っている男二人の腕をとって歩き出した。

「行こ」

「法子。おい待て！」

　急いで法子を追いかけ腕を掴《つか》んで、振り向かせた。

「触らないで！　お酒臭い！　なんなの？　今日は聞き込みなんじゃなかったの」

「待てと言ってるだろ」

　と、成瀬は法子が背負っていた大きなリュックのようなものに手をかけた。

　成瀬の腕を振り払い、再び歩き出した。

　その瞬間、リュックが地面に落ちた。

　バンッという鈍い音が響く。硬いものが入っているようだった。

「何すんの！」

　法子が拾い上げる。

　暗くてよく見えなかったが、それはギターのソフトケースであった。

　法子は急いでジッパーを開け、ギターを取り出し壊れていないか確認した。

「あ……」

　ギターにヒビが入っている。

　成瀬はどうすればいいか分からず立ち尽くした。

　法子の目からは②大粒の涙がこぼれ落ちている。

「一生懸命バイトして買ったんだよ、このギター……」

　ゆっくりとギターをケースに戻す。

「今日は文化祭だったの……言ったじゃんこの前」

「え？　そんなこと知らないぞ」

「朝ごはんのとき言ったじゃん。お父さんが覚えてなかっただけでしょ。……私バンド組んでて文化祭で演奏したの、今日。で、その帰り！　片付けしてたら遅くなったの！」

　一緒にいた男たちをよく見ると、法子と同じ歳くらいの男の子で二人ともそれぞれ楽器ケースなどを持っている。

「法子……すまん、あのな」

　法子が突然、成瀬が腕にはめていた時計を剝《は》ぎ取った。法子がまだ小学生のころにプレゼントしたものだ。子供用の時計なのでベルトはすぐにちぎれた。

「いつまでこんなものしてんの」
　③道に叩《たた》きつけた腕時計を足で踏み潰《つぶ》した。
　法子がゆっくりと父の前に立つ。

「二度と私の人生に関わらないで」

　小走りに去っていく娘。

　あたふたと男の子たちも後をついていく。

　後ろ姿を見ながら、成瀬はその場に立ち尽くした。

　地面を見下ろすと、c無惨にも腕時計がバラバラになっている。飛び散った文字盤には、パトカーのイラストが描かれていた。

「パパ！　お誕生日おめでとう。お仕事頑張ってね」

　あのときの法子の声が脳裏で再生される。

「法子……」

　娘の名前が口から漏れてしまう。そのとき、法子の背中は見えなくなっていた。

　それから、時間があっという間に過ぎた。

生徒D　自然エネルギーのことを論じる前に、CO_2の測定基準が【文章Ⅱ】の「表1」と「表2」では異なっている点には注意が必要だよ。「表1」は電気を作る時に出るCO_2が各部門に振り分けられているのに対し、「表2」では、それが「電力部門」にまとめられている。B君も言っているように、すべての部門でCO_2削減の努力はされているんだよ。【文章Ⅰ】の1段落にあるように、エネルギー消費の増大が豊かであるとすることから、我々はもう脱却しているんだよ。

生徒E　D君が行ってくれた【文章Ⅱ】の「表1」と「表2」の分析を踏まえると、電気などのエネルギーを作る時に排出されるCO_2こそ、問題だと思うよ。「表2」では「エネルギー転換部門」以外はすべてCO_2排出量がマイナスだよね。【文章Ⅰ】の12段落でも指摘されているけれども、世界中からエネルギー資源をかき集めて、大量かつ集中的に燃やしてエネルギーを作り出すシステムは大きく見直されるべき時期にきているのだと思うよ。

1　生徒A　　2　生徒B　　3　生徒C
4　生徒D　　5　生徒E

二　次の文章は内田英治《うちだえいじ》『異動辞令は音楽隊!』の一部です。警察署の刑事課に勤めていた成瀬司《なるせつかさ》は、正義感は人一倍強いが、自分本位な物言いや古臭い考え方をする人物です。【第1部】は成瀬が上司と衝突し、広報課の警察音楽隊へと不本意な異動をさせられた配属初日の退勤後の場面です。職場の雰囲気も仕事内容も全く異なるうえに、音楽の素養にも乏しい成瀬は、配属先に馴染《なじ》めず悩んでいました。【第2部】は配属後数週間が経った場面です。成瀬は配属後初の演奏会で失敗をしてしまい、とても落ち込んでいました。しかし、同僚たちと触れ合っていくうちに、音楽へと向き合うようになっていき、「シライミュージック」という個人商店でドラムを教えてもらうようになりました。よく読んで、後の問いに答えなさい。

【第1部】

いったい何をやってるんだオレは……。

広大な畑に夕陽《ゆうひ》が沈んでいくのを眺めながら、大きく息を吐いた。

ここは刑事部とはあまりにも……あまりにも遠く離れた場所であった。

その足で駅前の歌ａ謡曲が流れる小料理屋に寄り酒を飲んだ。

近所に住んでいる妹に電話して、注1幸子《さちこ》の面倒は見てもらっていたので時間を気にする必要はない。

今日は本当に多くのことが起きすぎて、酒を胃に流し込みながら情報を整理したかった。

ひとつ分かっていることは、自分が人生の分岐点にいるということだ。

「注2ママはなんでこの店始めたの?」

このままだと人生について考えてしまいそうなのでママに話をふった。

「別に理由なんてないわよ」

「そんなことないだろ」

「何かを始めるのに理由を考えてるから生きづらいんじゃない、今の時代はさ。人生に意味なんてないんだから」

そんなことを言う割には、意味深な歌がかかることが多いじゃないか。

成瀬はそう考えながら酒を飲みつづけ、やがて終電に間に合うように店を出た。

繁華ｂ街にはまだ人が溢《あふ》れ、近い場所では暴走族が走り回っているようだ。

ほろ酔いで歩いていた成瀬が呆然《ぼうぜん》と立ち止まった。

道を挟んだ向こう側を制服姿の注3法子《のりこ》が歩いていた。

きたが、今後は自然や地域から得られるエネルギーなどにも注目し、地域中心の効率的なシステムを築かなければならないということ。

4　エネルギー・システムの構想は、人口減少とエネルギー消費量との関係をふまえつつ、同時に社会全体の持続可能性や「幸福感」を高めるという観点からも考えなければならないということ。

問10　【文章Ⅱ】の表1と表2について、この二つの表の説明として最も適当なものを次の中から選びなさい。解答番号は⑬

1　表1は国連が作成した資料の一部で、発電所がエネルギー作成時に排出するCO_2量を「エネルギー転換部門」に示している。一方、表2は環境省がエネルギー消費の最終段階である家庭、工場、事務所などが排出するCO_2量を各部門ごとに振り分けて示している。

2　表1は環境省が作成した資料の一部で、家庭、工場、事務所などが排出するCO_2量をエネルギー消費の最終段階として部門ごとに示している。一方、表2は国連と環境省が協働し、発電所がエネルギーを作る時に排出するCO_2量を「エネルギー転換部門」に示している。

3　表1は環境省が作成したもので、エネルギー消費の最終地である家庭、工場、事務所などのCO_2排出量を部門ごとに振り分けて示している。一方、表2は発電所がエネルギーを作る時に出すCO_2を国際標準で算出し、各部門に振り分ける前の数値として示している。

4　表1と表2はともに環境省が作成しており、表1はエネルギー消費の最終段階に注目し、排出されるCO_2を部門ごとに示している。一方、表2は京都議定書で示された国際標準の計算方法に従って、発電所がエネルギー作成時に排出するCO_2量を示している。

問11　【文章Ⅰ】【文章Ⅱ】を読んだ五人の高校生がそれぞれ意見を述べました。五人の中で適切に文章や表を分析している人物が二人いますが、それは誰と誰ですか。1～5の中から二つ選びなさい。ただし解答の順序は問いません。解答番号は⑭・⑮

生徒A　【文章Ⅰ】の1・11段落などを読むと、エネルギー問題は社会や経済の構造と深く結びついていることが指摘されているよね。つまりエネルギー問題は広い視野で考えなければならないんだということだね。そのうえで【文章Ⅱ】の「表1」「表2」を見ると、社会や経済などの活動を中心的に支える「産業部門」と「運輸部門」は、五つの部門の中で最もCO_2削減の努力が必要な部門である割には、その努力が足りないように見えるんだけど、みんなはどう思う？

生徒B　【文章Ⅱ】の「表1」と「表2」を見ると、「産業部門」「運輸部門」だけが、「２００５年度比」でともにマイナスになっているね。さらに「表2」だけを見ると「業務その他部門」「家庭部門」の「２００５年度比」は、他の二部門と比べても削減割合は大きいんだよね。つまり、五部門のうち四部門がCO_2削減に向けて努力しているんだよ。問題は、【文章Ⅰ】の12段落にあるように「地域のエネルギーを活用する社会」という観点から、発電所が排出するCO_2をいかに減らせるかということだね。

生徒C　【文章Ⅱ】の「表1」では、五つの部門のうち「産業部門」と「運輸部門」のCO_2排出量は、「２００５年度比」でともにマイナスだから、この二つの部門に大きな問題があるとは言えないと思うわ。私はB君とは反対で「表1」の「２００５年度比」でプラスの値である「業務その他部門」と「家庭部門」こそがCO_2削減の努力をすべきだと思うの。【文章Ⅰ】の2段落や3段落の例でも示されているように、自然エネルギーへの理解や家庭などへの普及は全然進んでいないことが原因だと思うよ。

号は⑦
1　エネルギー資源が尽きていく中で核廃棄物などの負の遺産が押し付けられる社会。
2　新しいエネルギー資源を発見することが豊かさと発展性につながると考える社会。
3　自然エネルギー・システムを効率的に築くことで資源や環境を守ろうとする社会。
4　思う存分エネルギーなどを消費することが豊かさであり発展であると考える社会。

問5　②歩留まりが悪すぎて手をつけようにもつけられない資源とありますが、これはどういう資源ですか。最も適当なものを次の中から選びなさい。解答番号は⑧
1　多大な費用や労力を費やしたにも関わらず、エネルギー価値としては利益率が低く採算も取れない資源。
2　消費文明社会を支えてきたことで枯渇してしまい、今後の安定したエネルギー供給に不安をもたらす資源。
3　資源としては豊富に存在しているものの、それらをエネルギーとして使用していくには多大な危険が伴う資源。
4　環境汚染や気候変動の原因として認められ、来世紀はエネルギー資源としての採掘や精製が禁じられている資源。

問6　③大きなトレンドの変化とありますが、筆者はこの「変化」にはどのようなことが必要であると述べていますか。最も適当なものを次の中から選びなさい。解答番号は⑨
1　エネルギー以外の地下資源をエネルギー資源として活用すること。
2　右肩上がりで増大してきたエネルギー消費の在り方を見直すこと。
3　エネルギー消費の増大を維持できるように資源を保全すること。
4　世界人口一人当たりにおけるエネルギー消費量の減少を止めること。

問7　Ｃ に当てはまる言葉として、最も適当なものを次の中から選びなさい。解答番号は⑩
1　偶然　2　自然　3　必然　4　当然

問8　Ｄ には次のア～エの四つの文がすべて入ります。ア～エの文を正しく並べ直したものとして最も適当なものを後の中から選びなさい。解答番号は⑪
ア　エネルギー消費量の増大は幸福には結びつかない。
イ　それには、右肩上がりの「成長」をのみ幸福の源泉と信じ、モノを持つことを豊かさと思い込むところから脱却する必要がある。
ウ　そのように発想を転換すると、さまざまな知恵が生まれてくるはずだ。
エ　むしろ減らすことによってより豊かで幸福でかつ持続的な社会が実現できる。
1　ア→ウ→エ→イ
2　ウ→イ→エ→ア
3　イ→ア→エ→ウ
4　エ→ア→ウ→イ

問9　④新しい挑戦を希望に満ちたものにするとありますが、これを実現させるために必要なことを説明したものとして適当ではないものを次の中から一つ選びなさい。解答番号は⑫
1　負の遺産を後世に残さないという観点がエネルギー社会の展望に含まれることは重要であり、福島原発をはじめとした原発関連の諸問題の解決に向けて、努力しなければならないということ。
2　エネルギー・システムの変革は、先送りできないさまざまな社会問題の中で最も重要な問題であり、社会や経済との関係から切り離して、優先的に取り組まなければならないということ。
3　これまではエネルギーへの関心を有限の資源に対して向けて

表１　電気・熱配分後（2014年度）

部門	排出量（単位：百万トンCO_2）	
	（2005年度比）	［シェア］
合計	1,189	
	（－2.4％）	［100％］
産業部門	426	
	（－6.8％）	［35.8％］
運輸部門	217	
	（－9.5％）	［18.2％］
業務その他部門	261	
	（＋9.2％）	［21.9％］
家庭部門	192	
	（＋6.6％）	［16.1％］
エネルギー転換部門（発電所など）	93.7	
	（－9.6％）	［7.9％］

出典）環境省の発表資料から作成

表２　電気・熱配分前（2014年度）

部門	排出量（単位：百万トンCO_2）	
	（2005年度比）	［シェア］
合計	1,189	
	（－2.4％）	［100％］
産業部門	340	
	（－12.8％）	［28.5％］
運輸部門	208	
	（－10.3％）	［17.4％］
業務その他部門	80	
	（－26.6％）	［6.7％］
家庭部門	55	
	（－21.4％）	［4.6％］
エネルギー転換部門（発電所など）	507	
	（＋21.2％）	［42.6％］

出典）国立環境研究所温室効果ガスインベントリオフィスのデータをもとに作成

問１　二重傍線部ａ～ｃのカタカナを漢字に直した場合、同じ漢字を用いるものを後の中からそれぞれ一つずつ選びなさい。解答番号は①～③

ａ　マズしさ　①

1　海ヒン公園に出かける　　2　気ヒンのある振る舞い
3　ヒンすれば鈍する　　4　事件がヒン発する

ｂ　ススめた　②

1　辞職をカン告する　　2　ご来場をカン迎する
3　注意をカン起する　　4　動物の生態をカン察する

ｃ　セマる　③

1　ハク情な仕打ちを受ける　　2　港に停ハクする船
3　インフレにハク車がかかる　　4　ハク真の演技

問２　Ｘないがしろ・Ｙことの意味として正しいものを後の中からそれぞれ一つずつ選びなさい。解答番号は④・⑤

Ｘ　ないがしろ　④

1　本当でないことを本当だと思わせること
2　多くの中に紛れて目立たなくなること
3　あってもないもののように軽んじられること
4　同じものとしてあつかわれてしまうこと

Ｙ　こと　⑤

1　たかだか　　2　なぜなら
3　はたして　　4　とりわけ

問３　Ａ・Ｂ・Ｅに当てはまる言葉の組み合わせとして、最も適当なものを次の中から選びなさい。解答番号は⑥

1　Ａ　だから　　Ｂ　また　　Ｅ　さらに
2　Ａ　ところが　　Ｂ　だから　　Ｅ　むしろ
3　Ａ　とはいえ　　Ｂ　むしろ　　Ｅ　あるいは
4　Ａ　しかし　　Ｂ　つまり　　Ｅ　しかも

問４　①エネルギー浪費型社会とありますが、これはどういう社会のことですか。最も適当なものを次の中から選びなさい。解答番達成計画」を作り、第1約束期間(2008~12年度)の削減を行った。しかし、日本はその後の第2約束期間には参加せず、削減に関する国の計画がない状態が続いていたので、国の削減計画は4年ぶりとなった。

「地球温暖化対策計画」は「COOL CHOICE(賢い選択)」を旗印とした国民運動を前面に押し出している。

日本は「2030年度までに13年度比で26%削減」という目標を15年に定め、国連に提出した。

この目標を達成する鍵は「業務部門と家庭部門」にある、と政府は見ている。業務部門とは、コンビニやオフィスビルなど商業・サービス・事業所などの「業務その他部門」を指し、温室効果ガスの排出がかなり増えている。各家庭も、生活が便利になるにつれ、排出は増え続けている。

そこで政府は、業務部門と家庭部門の両方で13年度から2030年度末までに40%という大幅削減が必要と考えた。それを国民、企業、自治体などの自発的取り組みで進めよう、と呼び掛けているのが「COOL CHOICE」である。

しかし、私たちが家庭や事務所でできることは限られている。先に見たように、がんばって省エネをしても、注1「排出係数」次第で、CO_2排出量が増えてしまうこともある。

政府が業務部門と家庭部門における大幅削減が必要と見ているのは、CO_2排出動向を産業、運輸、業務その他、家庭などの部門に見ると、業務、家庭部門でのCO_2排出の増加ぶりが目立つからだ。環境省は毎年4月ころ、前々年度の温室効果ガス排出量を発表している。16年4月にも、「2014年度の温室効果ガス排出量」の数字と分析を発表した。

次のページの表1は、その発表資料にある表の一部だ。

【中略】

さて、ここで注目して欲しいのは、この部門別CO_2排出量が、発電された電力を家庭、工場、事務所などの最終消費の場に振り分けて計算し、表した数字であるということだ。専門用語で、「電気・熱配分後」の数字とも言う。

欧米では、発電所で電気を作る時に出るCO_2を一括して電力部門のCO_2排出量として計算する方法をとっている。国連気候変動枠組み条約の締約国である世界の国々は、「気候変動に関する政府間パネル」(IPCC)が出しているガイドラインに従って排出量の報告を行わなくてはならない。そのガイドラインが示す計算方法が「国際標準」となっている。

日本政府は、国内向けには先に見たように、電気やガスを作る際に出るCO_2排出量を最終消費の場に振り分けて示している。しかし、国連気候変動枠組み条約事務局には、「国際標準」に従った方法で報告している。

表2は、表1の内容を、国際標準による方法で示し直したものだ。


(河野《こうの》博子《ひろこ》『里地里山エネルギー』より。

作問の都合により、一部表記を改めています。)

注1 「排出係数」次第で、CO_2排出量が増えてしまう…電気やガス、ガソリン1単位を作る際に排出されるCO_2量を示す値。発電事業者が電気を作る際、その原材料の電源(石炭、石油、天然ガス、核燃料、水力、太陽光、風力、木質チップ、地熱など)によりCO_2の出方が変わることで排出係数は変化する。

ると考えている。それは、世界人口一人あたりのエネルギー消費量が不可逆的に減少し始めることだ。それが注1カタストロフィなのか、注2ソフトランディングなのかは、これからのわれわれの取り組み様にかかっている。

【中略】

[9]　これまでも述べたが、現在自然エネルギーの導入で成功している国や地域には、かつて原子力の導入の計画がありながら、それを国民・市民が拒否したところが多い。それは決して[C]ではないと思っている。そうした地域では単に原子力と化石燃料の注3オルタナティブとして自然エネルギーをとらえるのではなく、エネルギーの効率的利用、省エネルギーを前提にエネルギー消費そのものを減らしていこうとしている。原子力をエネルギー・システムの中に加えると、どうもその効率の部分がXないがしろにされてしまう。

[10]　私は、ヨーロッパや日本の地方都市、農山村での取材を重ねる中で、エネルギー・システムの変革こそが、閉塞《へいそく》する日本の状況を打破できると確信した。国内外の多くの事例は『減電社会』（講談社、二〇一二年）の中で紹介したので参照してほしいが、そこからさらに踏み込んで日本が今後進むべきもう一つの道を構想する必要があると思った。

[11]　冒頭に書いたように、エネルギー変革は社会や経済の構造変革と結びつかなければ達成できない。

[D]

[12]　現在のように世界中から注4渉猟《しょうりょう》したエネルギー資源を、大量にかつ集中的に燃やし、使うシステムとは全く異なり、逆にそれぞれの地域で得られるエネルギー源を多様に組み合わせ、それを地域に合ったシステムの中で使い、それに地域の人間が関わる、コンパクトで効率のよいシステム――その方がより少ないエネルギーでまかなえ、[E]地域にさまざまな産業・雇用が根づく。同時に地域の自然エネルギーを活用する社会は、町並み・景観やコミュニティの再構築・活性化にもつながるにちがいない。

[13]　エネルギー資源問題にとどまらず、環境問題、少子高齢化と人口減少、地方社会の疲弊、財政赤字等等、もはや先送りできないさまざまな壁あるいは崖《がけ》がcセマる中で、Yことエネルギーに関して私たちはどういう選択肢を取り得るのか、それによって豊かさと持続可能性をどう両立させるのか、それをどのように地域社会の中で実践していけるのか……。これまでと異なり、今度は人口が減るスピードに増して、エネルギーを減らし、なおかつ社会全体の「幸福感」を増していく挑戦である。

[14]　しかし、その一方で、私たちは浪費の後始末にも取り組まなければならない。福島第一原発事故によってまき散らされた大量の放射性物質によって汚染された大地が、完全にそれ以前の状態に戻るには、場所によっては百年以上かかるだろう。事故処理、廃炉の完了までにも同じくらいの時間を要するかもしれない。さらに残り五〇基の廃炉と大量の使用済み核燃料の処理も待っている。

[15]　そのことについてふれるだけの紙幅《しふく》はないが、私たちの世代が、多くの叡智《えいち》を集め、その道筋をつけておかなければなるまい。④新しい挑戦を希望に満ちたものにするためにも。

（小澤祥司《おざわしょうじ》『エネルギーを選びなおす』より。
作問の都合により、一部表記を改めています。）

注1　カタストロフィ…悲劇的な結末。破局。
注2　ソフトランディング…安定的状況へのおだやかな移行。軟着陸。
注3　オルタナティブ…現在あるもののかわりに選び得る新しい選択の候補。代替案。
注4　涉猟…あちこち探し求めること。

【文章Ⅱ】

パリ協定採択を受け、日本政府は「地球温暖化対策計画」を策定し、16年5月13日に閣議決定した。97年に京都で行われた国連の会議で採択され、05年に発行された京都議定書のもと、政府は「目標

二〇二三年度 浦和実業学園高等学校（第三回併願）

【国　語】（五〇分）〈満点：一〇〇点〉

一　次の【文章Ⅰ】・【文章Ⅱ】をよく読んで、後の問いに答えなさい。

【文章Ⅰ】

1　エネルギー問題を追っていくと、そこには社会や経済の構造が不可分に結びついていることがわかる。そもそもエネルギーを現状のように使い続けることはできないのに、誰も頭を切り替えようとしない。産業革命以来、エネルギー消費はほぼ一貫して右肩上がりで伸び続け、人口の増加率を上回っている。わが国でも一定以上の年代には、エネルギー消費の増大＝文明の進歩であり豊かさだと考えている人が少なくないし、エネルギーが不足すればすなわち産業や社会が衰退すると主張する。全ての原発を廃炉にすると言えば「江戸時代に戻るのか」などと問う人には、その発想のあまりの a マズしさにあきれるばかりだ。

2　残念ながら数年前に亡くなったが、環境問題の深刻さにショックを受け、貴金属商社のやり手営業マンを脱サラして、太陽熱温水器や太陽光発電システムの設置事業を始めた友人がいた。当時はまだ太陽光発電システムが高価だったこともあり、設置したいという顧客に、彼は最小限の出力を設置してそれでまかなえる暮らしを提案した。

3　ある時、屋根いっぱいにつけられるだけつけてくれという依頼が彼の小さな会社に舞い込んだ。彼はいつものように節電と最小限の設置を b ススめたが、依頼主は電気をふんだんに使うことが豊かな暮らしであり社会の発展なのだと主張し、頑として聞き入れなかったという。実はその依頼主は電力会社の管理職だった。彼は気乗りしないまま言われるように最大限のパネルを設置したが、ずいぶん後までそのことを気にしていた。

4　このケースは極端だが、私たちの中にも多かれ少なかれ同じような感覚がある。［　A　］現在のようなシステムは、わずかここ一〇〇年くらいの間に形成されたものに過ぎない。一九世紀の後半に電球や送電システムが開発され、二〇世紀になって自動車の大量生産が始まった。これら言わばアメリカ型の産業・消費文明は、たちまち世界中を席巻したが、それを支えているのは有限のエネルギー資源と環境だ。

5　こうした①エネルギー浪費型社会は一八世紀半ばの産業革命で離陸し、一九世紀半ばに石油掘削成功で上昇期を迎え、二〇世紀半ばには急上昇期に入った。現在はおそらくその曲線が頂点に達したころだろう。［　B　］、後は下降する一方だ。遅くとも今世紀後半には、すべての既存エネルギー資源が減少局面を迎え、来世紀には、掘削と精製にコストとエネルギーがかかり、②歩留まりが悪すぎて手をつけようにもつけられない資源しか残らなくなるにちがいない。

6　そのころ私たちの子孫はエネルギー資源が枯渇する中で核廃棄物や気候変動のような負の遺産ばかりを押しつけられて、先祖を恨むのではないだろうか。遠い未来のことというなかれ。二〇一〇年代に生まれた子ども、とくに女の子は二二世紀の幕開けを自分の目で見ることができる可能性が高い。その孫は二一五〇年を生きていることになる。

7　本文中に記さなかったが、エネルギー以外の地下資源も、〝倉庫の床〟が見え始めている。アメリカ地質調査所のデータによれば、「産業の米」である鉄鉱石の可採年数は七〇年、銅は三五年、亜鉛、鉛、スズ、銀は二〇年以下しかない（U.S. Geological Survey *"Mineral Commodity Summaries 2012"*）。しかも、以前よりはるかに低品位の鉱石を掘らざるを得なくなっているのが現実だ。

8　おそらく今後五〇年以内には、③大きなトレンドの変化が訪れ

2023年度／浦和実業学園高等学校（第３回併願）

英語解答

1　① 2　② 3　③ 2　④ 1

2　⑤ 4　⑥ 1　⑦ 1

3　⑧ 1　⑨ 1　⑩ 3　⑪ 1

⑫ 3　⑬ 2　⑭ 4　⑮ 3

⑯ 2　⑰ 1　⑱ 3　⑲ 3

⑳ 2　㉑ 4　㉒ 4

4　㉓ 5　㉔ 3　㉕ 2　㉖ 3

㉗ 1

5　㉘ 3　㉙ 1　㉚ 4　㉛ 2

㉜ 1　㉝・㉞ 2，5

6　㉟ 2　㊱ 1　㊲ 3　㊳ 2

㊴ 4　㊵・㊶ 3，4

数学解答

1　(1)　①…0　②…1　③…1　④…4

(2)　⑤…－　⑥…5　⑦…0

(3)　⑧…3　⑨…2　⑩…2

(4)　⑪…2　⑫…3

2　(1)　⑬…1　⑭…4

(2)　⑮…4　⑯…3　⑰…0

(3)　⑱…±　⑲…1

(4)　⑳…4　㉑…6

3　(1)　㉒…9　㉓…6

(2)　㉔…5　㉕…3　㉖…2

(3)　㉗…3　㉘…6　㉙…－　㉚…1

㉛…2　㉜…3　㉝…－　㉞…4

4　(1)　㉟…1　㊱…0　㊲…5

(2)　㊳…2　㊴…1　㊵…7　㊶…7

㊷…7

(3)　㊸…1　㊹…0　㊺…9　㊻…9

㊼…3　㊽…6　㊾…0

国語解答

一　問1　a…3　b…1　c…4

問2　X…3　Y…4　問3　4

問4　4　問5　1　問6　2

問7　1　問8　3　問9　2

問10　3　問11　2，5

二　問1　a…4　b…2　c…3　d…1

問2　3　問3　1　問4　2

問5　A…2　B…3　問6　2

問7　4　問8　1　問9　4

問10　X…4　Y…2　問11　3

2022年度　浦和実業学園高等学校（第１回併願）

【英　語】（50分）〈満点：100点〉

（注意）1，2は，リスニング（聞き取り）問題です。試験開始のチャイムが鳴ったら，１ページ目を開き，問題の指示に従って解答してください。

1　放送される三つの英文のうち，写真の説明として最も適当なものを１～３の中から一つずつ選びなさい。英文は二回ずつ放送されます。解答番号は①～④

Picture 1（①）

１．

２．

３．

Picture 2（②）

１．

２．

３．

Picture 3 (③)

1.

2.

3.

Picture 4 (④)

1.

2.

3.

(1 の放送終了後，10秒間の休止があります。次の問題に進んで構いません。)

2　英語の会話が四つ放送されます。最後の発言に対する相手の応答として最も適当なものを１～４の中から一つずつ選びなさい。会話は二回ずつ放送されます。解答番号は⑤～⑧

(⑤)　1．Really ?　I've already finished practicing.
　　2．Thank you.　I'm coming home now.
　　3．OK.　I'll wait in front of the tennis court.
　　4．I'll drive to the tennis court in ten minutes.

(⑥)　1．It's in a blue phone case.
　　2．I'm very happy to hear that.
　　3．I'll go there and get it for you now.
　　4．It was very exciting and I'll watch it again.

(⑦)　1．I tried, but I didn't know where it was.
　　2．No, I didn't.　Because I don't like this food.
　　3．It's cold today, so can you bring me a blanket ?
　　4．Yes.　I can take you there by car now.

(⑧)　1．Yeah.　I know how to go there.
　　2．Really ?　Shall we go and see it ?
　　3．Thank you.　We really enjoyed it.
　　4．Excuse me.　I forgot my umbrella.

（2の放送終了後，次の問題に進んで構いません。）

※＜**リスニング問題放送原稿**＞は問題の終わりに付けてあります。

3　次の英文の(　)に入る最も適当なものを１～４の中から一つずつ選びなさい。解答番号は⑨～㉓

(⑨)　I'll look (　　) the dog tomorrow.
　1．before　2．after　3．on　4．from

(⑩)　The key (　　) in her bag.
　1．finds　2．found
　3．was found　4．was finding

(⑪)　All of (　　) live in the same city.
　1．we　2．our　3．us　4．ours

(⑫)　Kimono is known (　　) people all over the world.
　1．for　2．in　3．at　4．to

(⑬)　Did you get there (　　) time ?
　1．for　2．at　3．on　4．to

(⑭)　The girl (　　) in the park is my sister.
　1．run　2．running　3．to run　4．is running

(⑮)　He (　　) a letter when I visited him.
　1．was writing　2．writes
　3．has written　4．will write

(⑯)　I have known him (　　) ten years.
　1．since　2．from　3．before　4．for

(⑰)　This sweater is very small for me.　Please show me (　　).

1．one　2．other　3．another　4．it

(⑱) That pencil is (　　) of the three.

1．longer　2．the longer　3．as long　4．the longest

(⑲) We'll go fishing (　　) it is fine tomorrow.

1．but　2．that　3．and　4．if

(⑳) She plays tennis well, (　　) she?

1．does　2．doesn't　3．can　4．can't

(㉑) A：(　　) did Susan give you?

B：She gave a pencil to me.

1．What　2．When　3．Why　4．Where

(㉒) A：When did you see him, Chika?

B：Well, I (　　) him a week ago.

1．have seen　2．see　3．will see　4．saw

(㉓) A：I have a headache.

B：That's too bad. (　　　　).

1．Take care　2．I'm happy

3．No problem　4．You're welcome

4　次の日本語に合うように，与えられた語(句)を並べかえて，(　)内で4番目に来るものを1～7の中から一つずつ選びなさい。なお，文頭に来る語も小文字になっている。解答番号は㉔～㉘

(㉔) これは今まで見た中で一番高い木です。

This is (1．ever　2．tree　3．seen　4．highest　5．I　6．the　7．have).

(㉕) その公園までどれくらい時間がかかりますか。

(1．it　2．take　3．long　4．to　5．how　6．does　7．get) to the park?

(㉖) これはあなたのお父さんが撮った写真ですか。

(1．your father　2．a　3．this　4．by　5．taken　6．is　7．picture)?

(㉗) ジェイソンがいつ帰宅するか分かりますか。

Do (1．when　2．home　3．will　4．you　5．come　6．Jason　7．know)?

(㉘) 彼はとても優しいので誕生日プレゼントをくれました。

He (1．me　2．was　3．kind　4．to　5．very　6．give　7．a birthday present).

5　次の英文を読んで，後の問いに答えなさい。＊印の語には注があります。解答番号は㉙～㉟

Google has always had a [㉙] attitude to *failure. *Eric Schmidt explained, "We try things that are very hard. Sometimes we can't be successful but it's OK because we can learn something from ㉚<u>that experience</u>. The only way to have *success is to have lots of failures first." So, there were many failures at Google.

Take, for example, Google Wave. Google Wave was a *complicated product that no one *seemed to understand. The plan for Google Wave started in 2009. It *combined email and video into a communication *tool that many people could use together. However, Google Wave was very difficult to understand for many people and never took off. *Within a few months, many people found that Google Wave was a *flop, [㉛]. However, no workers at Google were *punished for beginning the plan for Google Wave. Actually, ㉜many of the engineers started to work on other important projects again, because people who work at Google think that risking failure is very *valuable.

Google Glass was another famous Google failure. Google Glass was a pair of eyeglasses that cost $1,500 and acted like a cell phone. The glasses included a camera, a small microphone, a speaker next to the right ear, and a small screen next to the right eye that showed answers to simple *commands like "What is the weather ?" or "Give me directions to the soccer field." *Sergey Brin spent a lot of time and energy working on Google Glass. However, he found that users didn't want to pay the expensive price or wear the *nerdy-looking glasses. Also, they could easily get more information from their phones. *To Sergey's dismay, ㉝the plan for Google Glass was stopped just two years after it began.

*failure　失敗　*Eric Schmidt　エリック・シュミット（Googleの元最高経営責任者）
*success　成功　*complicated　複雑な　*seem to　～のように思える
*combine　組み合わせる　*tool　道具　*within　～以内で
*flop　失敗　*punish　罰する　*valuable　大事な
*command　命令　*Sergey Brin　セルゲイ・ブリン（Googleの共同創業者）
*nerdy-looking　見た目がよくない　*to Sergey's dismay　セルゲイが失望したことに

(㉙)　[㉙]に入る最も適当なものを１～４の中から一つ選びなさい。
　１．positive　２．negative　３．boring　４．popular

(㉚)　下線部㉚の内容として最も適当なものを１～４の中から一つ選びなさい。
　１．何度も失敗して恥をかいた経験
　２．失敗を乗り越えて成功した経験
　３．難しいことに挑戦して失敗した経験
　４．誰よりも先に成功してほめられた経験

(㉛)　[㉛]に入る最も適当なものを１～４の中から一つ選びなさい。
　１．and Google decided to start selling it the next year
　２．and the product was canceled the next year
　３．because Google couldn't explain how to use it
　４．because the product was based on a simple idea

(㉜)　下線部㉜の理由として最も適当なものを１～４の中から一つ選びなさい。
　１．社員は開発を成功させるために焦っているから
　２．社員は失敗することで罰せられることを恐れているから
　３．失敗を恐れない姿勢を持った社員が大事だから
　４．実際に素晴らしい製品の開発に成功した社員だから

(㉝)　下線部㉝の理由の一つとして最も適当なものを１～４の中から一つ選びなさい。
　１．Because Google Glass was not an exciting product anymore.
　２．Because people used much money on buying Google Glass before.
　３．Because Sergey didn't want to wear the nerdy-looking glasses.
　４．Because the price of Google Glass was too high for ordinary people.

（㉞・㉟）　次の英文について，本文の内容に合うものを１～５の中から二つ選びなさい。ただし，解答の順序は問いません。

1．Google thinks failure is very important because people can learn something from it.
2．The plan for Google Wave was not successful because no one wanted to use it.
3．The plan for Google Glass never took off because Sergey lost interest in improving it.
4．People working on Google Wave weren't punished and continued to work on other products.
5．Sergey stopped making Google Glass because people couldn't wait for his new product.

6　次の英文を読んで，後の問いに答えなさい。＊印の語には注があります。解答番号は㊱～㊷

When I was a young mother, I decided to start a new career. I needed a job that would *allow me to be home with my children when they needed me the most. *Tupperware home parties were the answer for many of us between the 1960s and 1970s. ㊱I was lucky to have a great trainer who developed my positive *mindset.

I can still hear her first words in our training class : "Hi, class. How are you ?" The *replies were different—fine, okay, scared, and so on. But her next words have stayed with me forever : "That is a polite question. No one but only your mother really cares about an *honest answer !" *From then on, when people asked us how we felt, we all said, "Wonderful !"

I use "wonderful" as a part of my everyday language. One morning when I went out to get the newspaper, my neighbor said, "Hi, how are you ?"

I replied, "Wonderful. How are you ?"

She said, "Are you always wonderful ? [㊲]"

"Sure, I do," I said, "but if I tell you all my problems, ㊳it will make both of us unhappy. Plus, when I say 'wonderful,' I can think and feel that way."

Feeling "wonderful" is a choice. It's easy to *give in to the stress of life. [㊴], saying "I'm wonderful" can become a *habit that will change your life and the lives of people around you.

After I spent some years as a Tupperware career, my trainer asked me to start teaching her classes. I was excited every day because I could teach all the *life-changing lessons. Of course, every class began with "I'm wonderful." One day, one of my students came to me and said, "You always say you're wonderful, but you can't be wonderful all the time."

I looked at her and answered, "My grandmother is dying ! I have three teenage daughters who are a *handful ! I'm going to *get a divorce ! And I may have to sell my home ! Are you happy when you hear these words ?"

She said "No," quickly. And I said, "Well, like you, when I hear these words, I feel bad, too. So, I say 'I'm wonderful !'"

Everyone has their own problems, and we can share them and feel bad together. But ㊵let's try to say "wonderful" ! If you do, your daily life will *turn into a better one.

＊allow me to be home　私が家にいることを許す
＊Tupperware home parties　タッパーウェア社の商品を自宅で実演販売する人
＊mindset　考え方　＊reply　返事(をする)　＊honest　正直な
＊from then on　その時から　＊give in to　～に屈する　＊habit　習慣
＊life-changing　人生が変わるような　＊handful　手のかかる人　＊get a divorce　離婚する
＊turn into　～に変わる

(㊱)　下線部㊱の理由として最も適当なものを１～４の中から一つ選びなさい。

１．仕事が楽で子どもたちと過ごす時間を増やせたから
２．母親たちの間で人気のある仕事に就くことが出来たから
３．仕事を通じて自分の人生を変えるような人と出会えたから
４．自分が仕事に行くことを子どもたちが応援してくれたから

(㊲)　[㊲] に入る最も適当なものを１～４の中から一つ選びなさい。

１．Don't you have a bad day？
２．Do you like your job？
３．Do you make me happy？
４．Don't you stay at home？

(㊳)　下線部㊳の内容として最も適当なものを１～４の中から一つ選びなさい。

１．Using the word "wonderful" and answering some questions.
２．Telling people honestly about all the problems the writer has.
３．Asking people how to spend a very good time with the writer.
４．Keeping working as a Tupperware home parties forever.

(㊴)　[㊴] に入る最も適当なものを１～４の中から一つ選びなさい。

１．Then　　２．So　　３．Finally　　４．However

(㊵)　下線部㊵の理由として最も適当なものを１～４の中から一つ選びなさい。

１．どんな仕事を続けていく上でも大切だから
２．自身の生活がより良いものになるから
３．自身が抱える問題を隠す必要があるから
４．どんな問題も全て解決してくれるから

(㊶・㊷)　次の英文について，本文の内容に合うものを１～５の中から二つ選びなさい。ただし，解答の順序は問いません。

１．The writer started a job which allowed her to stay home because she wanted to be wonderful.
２．The trainer of Tupperware home parties taught the importance of feeling sad to the writer.
３．The writer became a trainer for Tupperware home parties after working as a salesperson.
４．The writer always tries to say "wonderful" because she thinks it makes people's lives better.
５．One student who asked a question to the writer solved her own problems by herself.

＜リスニング問題放送原稿＞

これから，2022年度，第一回併願入試，リスニング問題を始めます。リスニングの問題は[1]と[2]です。

[1]　放送される三つの英文のうち，写真の説明として最も適当なものを１～３の中から一つずつ選びなさい。英文は二回ずつ放送されます。

(①)

１．A cat is eating some food under the table.
２．A cat is playing outside with another one.
３．A cat is lying on the floor and resting.

(②)

１．Some English words are written on the wall.
２．A lot of pictures on the wall are different sizes.

3. Many people are looking at pictures on the wall.

(③)

1. Two women are carrying their desks on the street.
2. Two women are talking on the phone in their room.
3. Two women are making something by hand on desks.

(④)

1. There are a lot of fish swimming in a tank.
2. There are only a few fish swimming in a tank.
3. There are people swimming in a tank with some fish.

2 英語の会話が四つ放送されます。最後の発言に対する相手の応答として最も適当なものを１～４の中から一つずつ選びなさい。会話は二回ずつ放送されます。

(⑤)

W : Hello, Dad.

M : Hello, is your tennis practice over ?

W : Yes, but we have to clean our clubroom. Maybe it'll take half an hour. So, can you come and pick me up in an hour ?

M : Yes, but I'm waiting for your brother to come home. He'll be here in 30 minutes. So, it'll take ten more minutes to pick you up.

(⑥)

M : Excuse me. I watched *Shin Evangelion* yesterday. I think I left my smartphone in theater 3.

W : What time did you watch the movie ?

M : It started at seven in the evening. I left it on the seat.

W : What does it look like ?

(⑦)

M : Mom, I don't want to eat any lunch.

W : Are you OK ? Hmm, your face is red.

M : I have headache, too.

W : You may have a cold. I'll take you to the hospital. Did you take any medicine ?

(⑧)

W : Oh, no. It started raining again. I can't believe it.

M : The rainy season has set in but don't worry. Unlike Japan, in Hawaii, it'll stop raining soon, I guess.

W : I'm glad to hear that. I planned to go to Diamond Head after lunch.

M : It's a good idea. Maybe there will be a rainbow after the rain.

以上でリスニング問題を終わります。引き続き，筆記問題に進んでください。

【数　学】 (50分) 〈満点：100点〉

(注意) (1) 問題文の中にある ［①］，［②］［③］， $\dfrac{\boxed{\text{④}}\boxed{\text{⑤}}}{\boxed{\text{⑥}}}$ などの①，②，③，④，⑤，⑥には，それぞれ０，１，２，…，９の数字または－，±，＜，＞，≦，≧ の符号・不等号の中からいずれか１つのみを選びマークしてください。

(2) 解答が分数の形で求められているときは，既約分数で答えてください。

(3) 解答が無理数の形で求められているときは，$\sqrt{}$ の中の数を最小の自然数にして答えてください。

(4) 解答欄が余るときは，その余った欄にはなにも記入しないでください。

(5) 解答欄が不足するときは，不足する部分の数や符号・不等号をマークしないでください。

(6) 定規，コンパス，分度器，電卓，計算機能付き機器等は使用しないでください。

1　次の計算をしなさい。

(1) $-6-(-3)\div 1.5=\boxed{\text{①}}\boxed{\text{②}}$

(2) $\dfrac{3(x-y)}{2}-\dfrac{x-7y}{3}=\dfrac{\boxed{\text{③}}\,x+\boxed{\text{④}}\,y}{\boxed{\text{⑤}}}$

(3) $(-x^2y)^2\div(2xy)^3\times(-4xy^2)^2=\boxed{\text{⑥}}\,x^{\boxed{\text{⑦}}}y^{\boxed{\text{⑧}}}$

(4) $(\sqrt{6}-\sqrt{2})^2\div\sqrt{2}=\boxed{\text{⑨}}\sqrt{\boxed{\text{⑩}}}\boxed{\text{⑪}}\boxed{\text{⑫}}\sqrt{\boxed{\text{⑬}}}$

2　次の各問に答えなさい。

(1) １次方程式 $3(x+2)=\dfrac{1}{2}\left(\dfrac{1}{2}x+1\right)$ を満たす解は，$x=\boxed{\text{⑭}}\boxed{\text{⑮}}$ である。

(2) 連立方程式 $\begin{cases}x-5y=3\\2x-3y=-1\end{cases}$ を満たす解は，$x=\boxed{\text{⑯}}\boxed{\text{⑰}}$，$y=\boxed{\text{⑱}}\boxed{\text{⑲}}$ である。

(3) ２次方程式 $x^2+4x-32=0$ を満たす解は，$x=\boxed{\text{⑳}}\boxed{\text{㉑}}$，$\boxed{\text{㉒}}$ である。

(4) ２次方程式 $6x^2+x-2=0$ を満たす解は，$x=\dfrac{\boxed{\text{㉓}}\boxed{\text{㉔}}}{\boxed{\text{㉕}}}$，$\dfrac{\boxed{\text{㉖}}}{\boxed{\text{㉗}}}$ である。

3　次の各問に答えなさい。

(1) ＡとＢの所持金の比は３：２，ＢとＣの所持金の比は３：５である。また，３人の所持金の合計は1000円である。所持金が最も多い人は $\boxed{\text{㉘}}\boxed{\text{㉙}}\boxed{\text{㉚}}$ 円持っている。

(2) 右図は，円Ｏにおいて円周の一部が中心Ｏを通るように折り曲げたものである。折り曲げた線の両端をＡ，Ｂとし，さらに円Ｏの円周上の適当な位置に点Ｃをとり，△ABC を作った。このとき，$\angle\mathrm{ACB}=\boxed{\text{㉛}}\boxed{\text{㉜}}{}^\circ$ である。

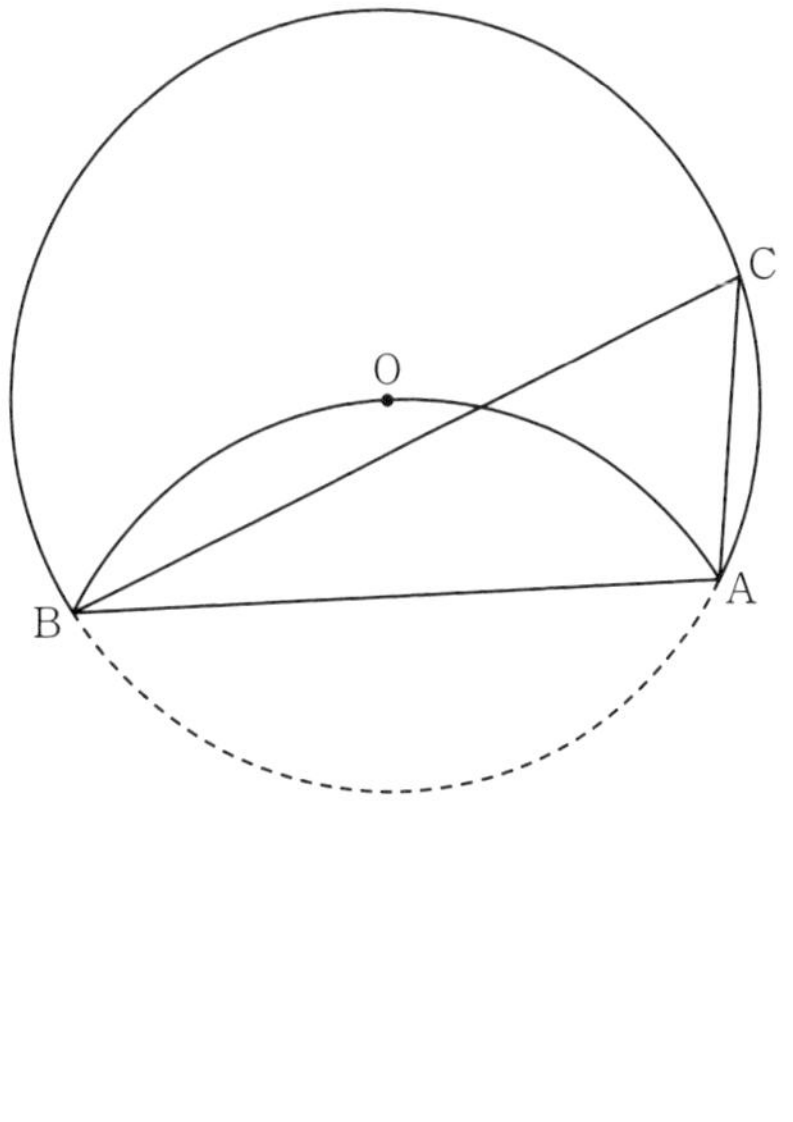

(3) 下図のように，正三角形 ABC をもとにして，辺 BC の延長線上に CA＝CD となる点 D と，DA＝DE となる点 E をとり，△ACD と △ADE を作る。このとき，△ABC，△ACD，△ADE の面積比は △ABC：△ACD：△ADE＝ ㉝ ： ㉞ ：$\sqrt{㉟}$ である。

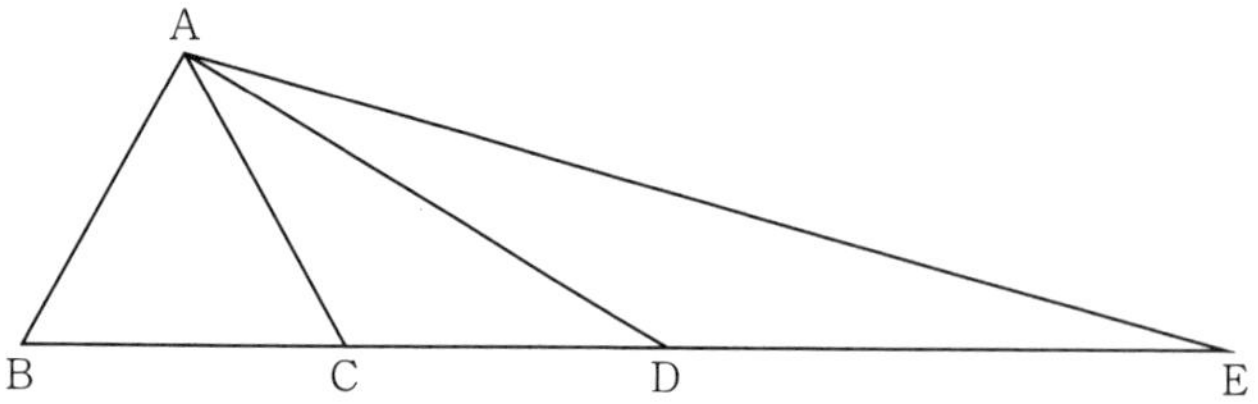

4 下図のように，△OPQ が ∠QOP＝90° の直角二等辺三角形，△OSR が正三角形となるように放物線 $y=\dfrac{1}{2}x^2$ 上に点 P，Q，R，S をとる。

また，線分 OS と線分 PQ の交点を T，線分 OR と線分 PQ の交点を U とする。
後の各問に答えなさい。

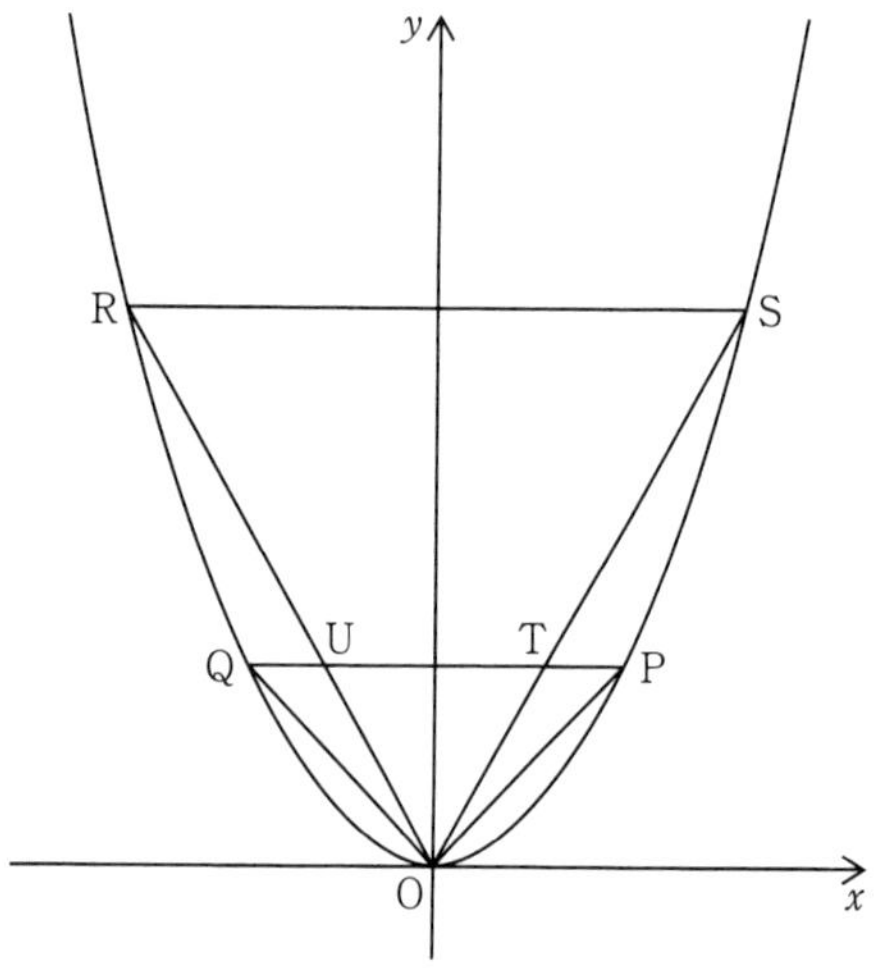

(1) 点 U の座標は $\left(\dfrac{㊱\ ㊲\sqrt{㊳}}{㊴},\ ㊵\right)$ である。

(2) 点 S の座標は $(㊶\sqrt{㊷},\ ㊸)$ である。

(3) 四角形 RUTS の面積は $\dfrac{㊹\ ㊺\sqrt{㊻}}{㊼}$ である。

(4) 四角形 RUTS の面積を 2 等分する x 軸に平行な直線は $y=㊽\sqrt{㊾}$ である。

◎個人的な印象では、小説の手応えを感じなかった。登場人物のひとりひとりに、苦悩や葛藤がないと思えたからである。テレビドラマならこれで十分というところだが、小説は見えぬものや聞こえぬ音や、とりわけ人間の感情を言葉によってのみ表現するほかはない。もっとも、そうした面倒くささがないゆえの好感度とも言えるのだが。（浅田《あさだ》次郎《じろう》）

◎「雲を紡ぐ」は、やわらかな小説のようでいて、実は激しく生々しい心の機微が丁寧に描かれているところが、とてもよかった。（中略）ホームスパンに触れてみたいなと、興味と関心をかきたてられるのも、本作が魅力的だからだろう。（三浦《みうら》しをん）

「ほめている人もいるけど、けっこう辛口なコメントも多いね。ただ、指摘されている点は似ているみたい」

「批判している人たちは［X］が不満なようだね」

「そうだね。でもそのおかげで僕たちが読んでもすんなりと感情移入できたのは事実だけど」

「一方で、林真理子さんや三浦しをんさんは、同じ点を［Y］と肯定的に評価しているよ」

「特に［Z］という指摘は、他の人にはない視点だね」

「たとえ本職の小説家たちであっても、人によって様々な評価や解釈があることがよくわかったよ」

a ［X］に当てはまる言葉として最も適当なものを選びなさい。
解答番号は㉙
1 キャラクターに個性が足りない点
2 高い好感度を狙うだけになっている点
3 物語を進めるテンポが遅すぎる点
4 平凡な〝お仕事小説〟にすぎない点

b ［Y］に当てはまる言葉として最も適当なものを選びなさい。
解答番号は㉚
1 自然だ　2 単純だ　3 繊細だ　4 慎重だ

c ［Z］に当てはまる言葉として最も適当なものを選びなさい。
解答番号は㉛
1 高村さんの『ホームドラマ』
2 林さんの『ありきたり』
3 浅田さんの『好感度』
4 三浦さんの『激しく生々しい心の機微』

を知ってほしかったから。

2　我慢することに疲れてしまった美緒に、少しでも癒《い》やしを与えてあげたかったから。

3　つらい学校生活に耐えているうちに壊れてしまった美緒の腹をいたわってあげたかったから。

4　自分が好きなものに触れたときに自然とわき上がる喜びを実感してほしかったから。

問10　⑦祖父の目がやさしげにゆるんだとありますが、このときの「祖父」について説明したものとして最も適当なものを次の中から選びなさい。解答番号は㉗

1　自分のコレクションが孫に受け入れられたことで血のつながりを実感している。

2　直感で選ぶという高校生にはやや不相応な無邪気さを微笑《ほほえ》ましく見ている。

3　美緒が自分の好みに素直に向き合い始めたことを感じて嬉しくなっている。

4　スプーン選びを通じて徐々に嫌な思い出を忘れつつある美緒の様子に安心している。

問11　⑧祖父は目を細めてまだ笑っていたとありますが、本文全体を踏まえ、このときの「祖父」について説明したものとして最も適当なものを次の中から選びなさい。解答番号は㉘

1　突然家出してきた美緒に対し、祖父として上手くコミュニケーションをとれずにいた。そうした中、恥ずかしがる美緒をかわいらしく感じ、工房の跡継ぎとして大切に育てていきたいという気持ちを新たにしている。

2　妻に先立たれ、子や孫とも離れて暮らしている祖父としては、自分の身の回りに笑いが存在していなかった。そうした中、久しぶりに聞いた美緒の冗談が新鮮で、こうした明るい日々が今後もずっと続くことを願っている。

3　美緒は仮面のような偽物の笑顔を作っては我慢を重ねていた。そうした中、彼女がホームスパン製作という新たな居場所を見つけ、心からの笑顔を見せるようになったことに気づいた祖父は、今回の家出が正しかったのだと確信している。

4　自分のことを否定してばかりおり、声をかけても「大丈夫だ」と打ち切ろうとする美緒を祖父は心配していた。そうした中、だんだんと心を開き、冗談まで口にするようになった美緒に対し、軽い安心と祖父としての幸せを感じている。

問12　本作品を読んだ生徒たちが以下のような話し合いをしました。これを読んで後の問いに答えなさい。

「この前、『高校生直木賞』を受賞した『雲を紡ぐ』を読んだんだ」

「僕も読んだ！　面白かったよね」

「『直木賞』自体は候補作止まりで、受賞は逃したんだけどね」

「応援してたんだけどな。そうだ、図書館で『直木賞』の選評が載っている『オール讀物《よみもの》　九・十月合併号』を確認してみようか」

◎　伊吹有喜氏の「雲を紡ぐ」は、こぢんまりとまとまった愛らしい小説であるが、総じて「ジュニア小説」「朝の連続テレビ小説」といった評が聞かれるのは、偏《ひとえ》に登場人物たちの造形に因《よ》る。事実、読者がみな容易に姿形を思い浮かべることのできるステレオタイプの人物たちは、ホームドラマの安定感と心地よさに包まれたまま予定調和の域を出ない。（高村薫《たかむらかおる》）

◎　彼女は羊毛を染めて織っていく、という作業の喜びに目覚める。ひとつ間違えると、ありきたりの〝お仕事小説〟になるところであるが、作者は性急に物語を進めない。ちょうど手織りの布のように、デリケートに少しずつ心が語られていく。（中略）小説に対する誠実さを持っている作家だと思った。（林真理子《はやしまりこ》）

4　羊毛を見慣れている祖父には、美緒の驚きが理解できなかったから。

問3　②思わぬ問いかけとありますが、なぜこの「問いかけ」が「美緒」にとって意外だったのですか。その理由として最も適当なものを選びなさい。解答番号は⑲

1　大丈夫だと伝えているにも関わらず、祖父が自分を信じようとしないから。
2　無意識に使っていた口癖を、あらためて掘り下げる問いかけだったから。
3　ふだん何も聞こうとしない祖父が、今回に限ってなかなか引き下がらないから。
4　祖父の質問があまりに漠然《ばくぜん》としており、どう答えてよいかわからなかったから。

問4　③気持ちのいいお湯に浮かんでいるみたいだとありますが、この解釈についての生徒たちのやりとりを読み、後の問いに答えなさい。

> 「この『気持ちのよさ』だけど、身体的な気持ちよさのことだよね。[X]のおかげだと思う」
> 「それももちろんあるだろうけど、『お湯』という表現に注目すれば、[Y]から来る『気持ちよさ』も混じり合っているんじゃないかな」

a　[X]に当てはまる言葉として最も適当なものを選びなさい。
解答番号は⑳

1　友達　2　笑顔　3　羊毛　4　祖父

b　[Y]に当てはまる言葉として最も適当なものを選びなさい。
解答番号は㉑

1　美緒の勇気ある告白　2　美緒の遠ざかる記憶
3　祖父の職人らしい態度　4　祖父の思いやりある言葉

問5　[I]・[II]に当てはまる言葉の組み合わせとして最も適当なものを選びなさい。解答番号は㉒

1　I　調和と均衡が取れていて　II　ハーモニー
2　I　うるさい主張がなくて　II　ピアニシモ
3　I　基本が大切にされていて　II　クラシック
4　I　明るく華があって　II　ミュージカル

問6　④合唱部はみんな仲が良さそうに見えたから、その輪に入っていると安心できただけだとありますが、このように感じる「美緒」の心のあり方を、「美緒」自身が説明している会話文が中略以前にあります。その部分の書き出しとして、最も適当なものを選びなさい。解答番号は㉓

1　「た　2　「お　3　「わ　4　「そ

問7　[III]には「複雑な物思い、入り組んだ心境」という意味の言葉が入ります。最も適当なものを選びなさい。解答番号は㉔

1　あや　2　たけ　3　そら　4　さび

問8　⑤それは本当か、と祖父が声を強めたとありますが、このときの「祖父」について説明したものとして最も適当なものを次の中から選びなさい。解答番号は㉕

1　美緒の主張をどうしても信じ切ることができず、疑念を晴らすためにあえて強い言い方で迫っている。
2　短所ばかりを挙げては卑下する美緒の頑《かたく》なさがもどかしく、つい語調が荒くなってしまっている。
3　自虐的《じぎゃくてき》で何も改善しようと努力せず、再び閉じこもろうとしかねない美緒の態度に怒りがわいている。
4　自分のことをわかった気になっている美緒にあきれてしまい、考えの浅はかさを諭《さと》そうとしている。

問9　⑥良いさじで食物を口に運ぶ感触をとことん味わってごらんとありますが、「祖父」は「美緒」に対し、なぜこのように言ったのですか。その理由として最も適当なものを次の中から選びなさい。解答番号は㉖

1　名職人である祖父としては、丹精込めて製作された道具の美のに」

　からかうような祖父の口調に、美緒は顔をしかめる。

「そんなしかめ面をしないで、自分はどんな『好き』でできているのか探して、身体の中も外もそれで満たしてみろ」

「好きなことばっかりしてたら駄目にならない？　苦手なことは鍛えて克服しないと……」

「なら聞くが。責めてばかりで向上したのか？　鍛えたつもりが壊れてしまった。それがお前の腹じゃないのか。大事なもののための我慢は自分を磨く。ただ、つらいだけの我慢は命が削られていくだけだ」

　祖父がテーブルに並べたスプーンを指差した。

「手始めに、気に入ったさじがあったら、それで食事をしてみろ。⑥良いさじで食物を口に運ぶ感触をとことん味わってごらん」

「えっ、でも……」

　戸惑いながらも梱包していないスプーンと、コレクションが納まった箱を美緒は一つずつ見る。祖父が集めたものは、どれも色や形が美しい。そしておそらく外見のほかにも祖父の心をとらえた何かがある――。しだいに興味がわいてきて、次々とスプーンが入った箱を開けて見る。

　木材、金属、動物の角。さまざまな材質のスプーンを持ったあと、最後に残った箱を開けた。赤や黒、赤紫色に塗られた木製のスプーンが出てきた。無地もあるが、金箔《きんぱく》などで模様が描かれたものや、虹色に輝く装飾が施されているものもある。一本、一本見ていくなかで、シンプルな黒塗りのスプーンに心惹《ひ》かれた。手にすると、スプーンの先から柄に向かって、真珠色の光が走った。

「おじいちゃん、これはうるし？」

　祖父はうなずいた。

「これがいい、これが好き。おじいちゃん、このスプーンをください」

「美緒はこれが好きか。どうしてこれを選んだ？」

「直感？　何かいい感じ」

　⑦祖父の目がやさしげにゆるんだ。目を細めるとやさしく見えるところは、注太一と似ている。

　ほめられているような眼差しに心が弾み、黒いスプーンを見る。幼い頃、壁にかかった視力検査表で視力を調べられたことがある。黒いスプーンを右目に当て、おどけてみた。

「視力検査……」

　一瞬、不審そうな顔をしたが、祖父はすぐに横を向いた。口もとに軽くこぶしを当てて、笑っている。

　おどけた自分が猛烈に恥ずかしくなり、美緒はスプーンを握った手を膝《ひざ》に置く。たいして面白くもないだろうに、⑧祖父は目を細めてまだ笑っていた。

（伊吹有喜《いぶきゆき》『雲を紡ぐ』より。
作問の都合により、一部表記を改めています。）

注　太一…美緒の親戚。「祖父」からは姪《めい》の息子にあたる。

問1　二重傍線部a・bと同じ読み方をする漢字として正しいものを、後の中からそれぞれ一つずつ選びなさい。解答番号は⑯・⑰

a　生地　⑯

1　生真面目　2　生活　3　一生　4　生兵法

b　性分　⑰

1　性格　2　性根　3　性質　4　異性

問2　①祖父は不思議そうな顔をしたとありますが、「祖父」はなぜ「不思議」に思ったのですか。その理由として最も適当なものを選びなさい。解答番号は⑱

1　荷物の整理をしはじめたものの、箱の様子がいつもと違っていたから。

2　自分が染めたという事実を疑われるとは思ってもいなかったから。

3　羊毛の袋を前にした美緒の様子に、軽い違和感を覚えたから。

ると、手には紺《こん》色のジャケットを抱えていた。a生地はホームスパンだ。

「おじいちゃんのジャケット?」

「そうだ。お祖母ちゃんが織ったものだ。持ってごらん」

渡されたジャケットは、見た目よりうんと軽く感じた。

「あれ? 軽いね」

「それでもダウンジャケットにくらべると若干《じゃっかん》重いがな」

ジャケットを羽織ってみるようにと祖父がすすめた。

袖に腕を通したとたん、「あれ?」と再び声が出た。手で感じた重量が身体に伝わってこない。肩にも背中にも重みがかからず、着心地がたいそう軽やかだ。それなのに服に守られている安心感がある。

「手で持ったときより、うんと軽い」

「手紡ぎ、手織りの糸は空気をたくさんはらむから軽くて温かい。身体に触れる布の感触が柔らかいから、着心地が軽快になる。さじにかぎらず、良い職人の仕事は［Ⅰ］心地よいんだ。音楽で言えば」

「［Ⅱ］? もしかして」

「そうだ、よくわかったな」

「私、中学からずっと合唱部に入ってたの」

祖父にジャケットを返すと、慈《いつく》しむようにして大きな手が生地を撫《な》でた。

「美緒は音楽が好きなんだな」

あらためて考えると、合唱はそれほど好きでもなかった。

熱心に部に勧誘されたことが嬉《うれ》しかった。④合唱部はみんな仲が良さそうに見えたから、その輪に入っていると安心できただけだ。

「部活、そんなに好きじゃなかったかも。なんか……私って本当に駄目だな」

ジャケットを傍《かたわ》らに置くと、祖父がスプーンの梱包《こんぽう》作業に戻った。

「この間、汚毛を洗っただろう? どうだった? ずいぶんフンをいやがっていたが」

「臭いと思ったけど、洗い上がりを見たら気分が上がった。真っ白でフカフカしてて。いいかも、って思った。汚毛、好きかも」

そうだろう、と祖父が面白そうに言った。

「美緒も似たようなものだ。自分のb性分について考えるのは良いことだが、悪いところばかりを見るのは、汚毛のフンばかり見るのと同じことだ」

祖父が何を言い出したのかわからず、美緒は作業の手を止める。

赤い漆塗《うるしぬ》りのスプーンを取り、祖父が軽く振る。

「学校に行こうとすると腹を壊す。それほどの繊細さがある。良いも悪いもない。駄目でもない。そういう性分が自分のなかにある。ただ、それだけだ。それが許せないと責めるより、一度、丁寧に自分の全体を洗ってみて、その性分を活かす方向を考えたらどうだ?」

「活かすって? どういうこと? そんなのできるわけないよ」

「そうだろうか? 繊細な性分は、人の気持ちの［Ⅲ］をすくいとれる。ものごとを注意深く見られるし、集中すれば思わぬ力を発揮することもある。へこみとは、逆から見れば突出した場所だ。悪い所ばかり見ていないで、自分の良い点も探してみたらどうだ?」

「ない。そんなの」

「即答だな」

祖父がスプーンに目を落とした。

「だって、ないから。自分のことだから、よくわかってる」

⑤それは本当か、と祖父が声を強めた。

「本当に自分のことを知っているか? 何が好きだ? どんな色、どんな感触、どんな味や音、香りが好きだ? 何をするとお前の心は喜ぶ? 心の底からわくわくするものは何だ」

「待って。そんなの急にいっぱい聞かれても」

「ほら、何も知らない。いやなところなら、いくらでもあげられる

「おじいちゃんはどうしていつも……何も聞かないの？」

「聞いてほしいのか？　それなら聞くが」

「いいです、やっぱり。大丈夫」

「何が大丈夫なんだ？　何に対して大丈夫と言っているんだ？」
②思わぬ問いかけに、美緒は手にした羊毛を花占いのようにむしる。
「ただ、そう思っただけ。大丈夫、まだ大丈夫。口癖みたいなもの」

「本当に大丈夫なら、わざわざ言わないものだ。気に掛かっていることがあるんだろう」

　ピンクの羊毛にふうっと息を吐く。毛は舞い上がり、ピンク色の雲がいくつも宙に浮かんだ。心の奥から、自然に言葉が浮かんできた。

「おじいちゃん、私ね、笑いが顔にくっついているの。仮面みたいにペタッと貼り付いてる。楽しくなくても笑う。つらくても笑う。笑っちゃいけないときも無意識にへらへら笑ってる。頭、おかしいよね」

「そんなふうに言うものじゃない。いつからだ？」

　目を閉じて力を抜き、美緒は羊毛に身をゆだねてみる。

　気持ちが楽になってきた。

「わかんない。でも小学生の頃から、かな。人の目が怖い。不機嫌な人が怖い。だから嫌われないように『オールウェイズ　スマイル』。いつもニコニコしてた。そうしたら私には何を言っても大丈夫、怒らないって思われて、きつい冗談を言われるようになって……」

　脂《あぶら》足、アビーと呼ばれた声がよみがえる。

　その呼び方は好きではないと、勇気を振り絞って言ってみた。しかし「本当に脂足だったら逆にそういうこと絶対言えないって」とみんなは笑っていた。

「そういう冗談を言う人たちは、私のことを『いじられキャラ』で、バラエティなら『おいしいポジション』って言う。でも、私、テレビの人じゃないから、いじられるの、つらい。でもそれを言ったら居場所がなくなる。だからまた笑ってる……。『オールウェイズ　スマイル』。そのうち学校に行くと、おなかが下るようになった。満員電車に乗るとトイレに行きたくなる。もらしたらどうしよう。毎日そればっかり考えてた」

「それはつらいな」

　祖父の声のあたたかさに、美緒は薄目を開ける。③気持ちのいいお湯に浮かんでいるみたいだ。

「それでね……ひきこもって。駄目《だめ》だなって思うの。逃げてばかりで。甲羅《こうら》に頭をひっこめているばかりじゃ何も解決しないのに」

　それは亀のことか、と祖父がのんびりと言う。

「固い甲羅があるのなら、頭を引き込めてもいいだろう。棒で殴る輩《やから》が外にいるのに、わざわざ頭を出して殴られにいくこともないぞ」

　祖父が台車を押して、棚の前から離れていった。

「待って、おじいちゃん。手伝います」

　羊毛のなかから出て、美緒は台車に手を伸ばす。

【中略：祖父が台車で運ぼうとしていたのは大量のスプーンであった】

「どうしてスプーンを集めたの？」

「口当たりの良さを追求したかったのと、あとはバランスだな。良い職人が削《けず》ったさじは軽くて美しい。手に持ったときのバランスが気持ちいいんだ。そのさじで食事をすると軽やかでな。天上の食べものを口にしている気分になる。同じことは私たちの仕事にも言える」

「スプーンと布って、全然別物っぽく思えるけど……」

　祖父が手を止めると、奥の部屋に歩いていった。すぐに戻ってくられるものを視聴しがちであるため、軽率な言動に発展する危険性がある。

問12　【文章Ⅰ】【文章Ⅱ】を読んだ四人の高校生がそれぞれ意見を述べました。四人の中で適切に分析している人は誰と誰ですか。最も適当なものを後の中から選びなさい。解答番号は⑮

生徒A　インターネットが普及する以前のマスメディアを「情報ランチ定食」と表現するなら、たくさんある情報の中から自分で選べるインターネット上の情報は、さながら「情報バイキング」ってところかな。好きなときに好きな情報を自分で選ぶことができるのは現代の人にとって魅力的だよね。

生徒B　でも、選択肢が多いということは、その中からより正しいものを選び出すための力や考え方を身につける必要があるよ。それってすごく大変なことだから、情報の出どころや真意を考えたくない人は「情報ランチ定食」を欲するようになるんだね。

生徒C　ネット動画の世界では、「考えたくない」よりも「考えられない」の方が強い気がするな。投稿者は「見てもらいたい」欲求を、閲覧者は「より強い刺激を味わいたい」欲求をそれぞれ満たすことが最優先になってしまい、思考の幅が狭くなるんだと思う。

生徒D　今の時代、動画の視聴だけでなく投稿することも簡単になってきている点に注目したいな。これからは「どの動画を選ぶか」ではなく、「どのような動画なら発信していいか」について学ぶ必要があることを筆者は伝えたいのだと思う。

1　生徒Aと生徒B　　2　生徒Bと生徒C
3　生徒Aと生徒C　　4　生徒Bと生徒D

二

高校生の美緒《みお》は友人関係の悩みから不登校となり、部屋に引きこもってばかりいた。ある日、美緒は衝動的にホームスパン（羊毛を手で紡《つむ》いだ布）の名職人である祖父の元へ家出をしてしまう。以下は「裕子《ゆうこ》先生」の元でホームスパン製作の見習いを始めたものの、軽い失敗をし、泣きながら帰宅した夜の場面である。よく読んで、後の問いに答えなさい。

いちばん奥の空間は物置だった。壁一面に棚が作られ、たくさんの木箱や段ボール箱が置いてある。

部屋の中央には大きなビニール袋に入った赤やピンク、黄色や緑に染められた大量の羊毛が積み上げてあった。カラフルな綿菓子の山のようだ。

「これはおじいちゃんが染めた毛？」

「そうだ。裕子先生のオーダーで染めてある」

小型の台車を出し、棚の中段にある木箱を祖父は次々と移し始めた。

「美緒に頼みたいのはこの箱を……どうした？」

作業の手を止め、①祖父は不思議そうな顔をした。色とりどりの羊毛の袋に吸い寄せられるようにして、美緒は近付く。このなかに飛び込んだら、どんなに気持ちがいいだろう？

「なんだか綿菓子？　雲みたいだなって思って」

祖父がくすっと笑い、腕を組んだ。

「考えていることがわかったぞ。たしかに美緒のお父さんも私も子どもの頃にやった。いいぞ、雲にもぐって。最高の気分転換だ」

ふかふかした羊毛の山に美緒はそっと飛び込む。一瞬、身体が沈んだが、すぐにふわりと浮き上がった。軽く手足を動かすと、身体が宙に浮いているみたいだ。

雲に寝転んだら、きっとこんな感じだ。寝返りを打つと、袋からこぼれ落ちたピンクの羊毛がふわりと顔に落ちてきた。

その毛をつまむと、言えなかった言葉が声になった。

1　陰謀論・史観は多くの人が行き着く考えであり、他者の同意を得られやすいから。

2　陰謀論・史観は昔から存在するものであり、責任の所在が明らかでないから。

3　陰謀論・史観は深く思考せずにすむものであり、解放感を得ることができるから。

4　陰謀論・史観は万国共通の内容であり、世界全体について知ることができるから。

問8　【文章Ⅰ】の内容に合致するものとして最も適当なものを次の中から選びなさい。解答番号は⑪

1　キャス・サンスティーン氏は、同じ意見を持つ者同士が集まり、異なる意見の者を排除しようとする現象を「サイバー・カスケード」と呼んだ。

2　インターネットの普及によって、知りたくない情報の視聴を強制されずにすむようになり、知りたい情報を優先的に視聴できるようになった。

3　マスコミの報道する内容は何者かの強い力が働いているため、全てを鵜《う》呑《の》みにするのではなく、情報を吟味して良質なものだけを選び出す必要がある。

4　インフォデミックな状態となっているネット空間において、知的負荷に耐える力がない人は、マスメディアからの情報を好んで入手するようになる。

問9　⑤表現のエスカレーションとありますが、これは具体的にはどのような現象ですか。その説明として最も適当なものを次の中から選びなさい。解答番号は⑫

1　投稿された他の動画よりも閲覧数を増やそうと、より突飛で奇抜な動画を撮影していくという現象。

2　より刺激的な動画を見たいという欲求が高まり、マスメディア離れが日々加速していくという現象。

3　ネット上に投稿された非常識な動画に対して、批判や誹《ひ》謗《ぼう》中傷をする人が増えていくという現象。

4　日常的なものから不愉快なものまで、多種多様な動画を容易に投稿できるようになっていくという現象。

問10　⑥書き言葉による報道と地道な分析とありますが、その効果を説明したものとして適当ではないものを次の中から一つ選びなさい。解答番号は⑬

1　部分的な情報だけでなく、物事の経緯や詳細まで知ることができる。

2　当事者の人格や心情を知り、自分の感情を他者に投影することができる。

3　様々な媒体から情報を得ることで、物事を多角的に考察することができる。

4　落ち着いて考えるようになり、感情による突発的な行動を防ぐことができる。

問11　【文章Ⅱ】から筆者が「ネットの動画」に対してどのような考えを持っていることがわかりますか。最も適当なものを次の中から選びなさい。解答番号は⑭

1　ネットに投稿されている動画数は日々増加している。しかし、その多くが根拠のないでたらめなものであるため、冗談半分で視聴するような心構えをしていなければならない。

2　ネット動画は視聴するユーザーがいることで初めて成立するものである。そして、投稿者は視聴者の要望に応えられるような動画を配信しようとするため、そこに投稿者の意志を反映してはいけない。

3　ネット上に掲載された動画の中からどれを視聴するかは自分で決めることができる。しかし、選んだ動画によって得られる情報は変わってくるため、複数の動画を視聴して見識を深める必要がある。

4　ネット上の動画は感情に作用するものが多い。そして、ネットのヘビーユーザーは自分の考えを後押しするものや共感を得

c
大ハン　③

1　自分の意思でハン断する。
2　過ハン数の票が集まった。
3　違ハン者を取り締まる。
4　初ハンの本を購入する。

d
確コ　④

1　自動車がコ障してしまう。
2　早朝からコ畔を散歩する。
3　商品の在コを確認する。
4　私の父は頑コな性格だ。

問2　A ～ C に当てはまる言葉の組み合わせとして最も適当なものを次の中から選びなさい。解答番号は ⑤

1　A　そのため　B　しかも　C　あるいは
2　A　さらに　B　だが　C　すなわち
3　A　つまり　B　ただし　C　だから
4　A　なお　B　かりに　C　けれども

問3　①米国以上の「情報平等社会」とありますが、どのような点が「平等」であると考えられますか。最も適当なものを次の中から選びなさい。解答番号は ⑥

1　数ある情報の中から、それぞれが知りたい内容を選ぶ権利があるという点。
2　どの新聞社も報道内容は全て同じであり、伝え方も淡々としているという点。
3　テレビと新聞のどちらから情報を入手しても、内容に大きな差はないという点。
4　世界各地で起きた出来事を、時間的な差がなく知ることができるという点。

問4　②「情報ランチ定食」とありますが、これは「インターネットの普及以前のマスメディア」の比喩表現です。筆者はインターネット普及以前のマスメディアについてどのような考えを持っていますか。その説明として最も適当なものを次の中から選びなさい。解答番号は ⑦

1　質の良さを期待することはできないが、さほど労力をかけずに様々な分野の情報を偏りなく得ることができる。
2　内容は似たり寄ったりで満足いくものではないが、マスメディアを通して多くの情報を得ることができる。
3　提供される情報の水準が低いため需要はあまりないが、誤った情報や誇張された情報に騙《だま》される危険性は低い。
4　一つの情報に対して熟考する時間は確保できないが、様々な情報の中から自らの責任で選ぶ自由は存在する。

問5　X は本文中に二ヶ所ありますが、どちらも「言説や考えが、とりとめもなく根拠のないこと」を意味する四字熟語が入ります。最も適当なものを次の中から選びなさい。解答番号は ⑧

1　言語道断《ごんごどうだん》　2　傍若無人《ぼうじゃくぶじん》
3　荒唐無稽《こうとうむけい》　4　罵詈雑言《ばりぞうごん》

問6　③異質な意見をすべて排除していくとありますが、このような現象を起こす恐れのあるSNSの機能として、適当ではないものを次の中から一つ選びなさい。解答番号は ⑨

1　他者のアカウントを登録して優先的に投稿を閲覧できるフォロー機能
2　特定のアカウントからの通知を意図的に見えなくするミュート機能
3　「#」以降に記載された語を検索しやすくするハッシュタグ機能
4　二十四時間で自動的に消去されるため気軽に投稿できるストーリーズ機能

問7　④心安らぐオアシスのように見えることがあるのかもしれないとありますが、陰謀論・史観が「オアシス」となるのはなぜですか。その理由として最も適当なものを次の中から選びなさい。解答番号は ⑩

イスラム教徒とISを同一視し、注8モスクへ嫌がらせの電話をかけるような行為はそこから生まれます。

　ネット動画のヘビーユーザーはおおむね情報をネットのみから受け入れていて、その内面世界はネットによって完結している場合が少なくない。ここに確証バイアスという、いわば「信じたい話だけを信じ受け入れる」という力が働きます。ネットは確証バイアスがもっとも働きやすいメディアです。

　それに対抗できるのは言葉だと思います。アメリカでフェイクニュースが氾濫《はんらん》した背景には、全米の地方新聞が壊滅しつつある状況がありました。新聞、テレビ、本というメディアから言葉を受けとり、複眼的な思考をもとうとする姿勢が人々の間にいつしかなくなっていたのです。そんな状況を打開するためにどんな方法があるのでしょうか。注9後藤さんが監禁されていたとされる最中、ネットには「アイ・アム・ケンジ」と記されたメッセージボードを掲げる人々があふれました。これが命を救うことには結びつかなかったのですが、それでも残酷な動画によるプロパガンダへの一つの対抗手段としては、もっとも有効な方法だったと思います。

　一方、後藤さんの妻が一縷《いちる》の望みをたくして発表したメッセージは、どこに正義があるのかということを冷静で真摯《しんし》な言葉によって明らかにしました。「……私たち夫婦には、二人の幼い娘がいます。私たちの娘は健二が日本を離れたときには、わずか生後三週間でした。私は、二歳の上の娘が再び父親に会えることを望んでいます……私の夫は善良で、正直な人間です。苦しむ人々の困窮《こんきゅう》した様子を報じるためにシリアへ向かいました……家族、友人たち、健二の同僚に感謝しています。私の夫と、ヨルダン人パイロット、ムアーズ・アル・カサースバさんの無事を祈っています」

　交渉のコマ、身代金の道具として扱われた後藤健二さんが、確dコとした人格をそなえた生きた人間であるということは、動画を見ただけでは分かりません。それを明らかにしたのは妻の言葉でした。今後もISによる支配地域での殺戮《さつりく》、戦闘、テロがどのように展開するかは分からない。しかし私たちはネット上の動画による反知性主義に翻弄《ほんろう》されることを拒否しなければなりません。それに対抗できるのは、⑥書き言葉による報道と地道な分析しかない。言葉の持つ力を信じたいと思うのです。

（藤原智美《ふじわらともみ》『スマホ断食　コロナ禍のネットの功罪』より。
作問の都合により一部表記を改めています。）

注1　カオス…無秩序で様々なものが入り乱れている状況。
注2　インフォデミック…不確かな情報が大量に拡散されてしまう現象。
注3　史観…歴史に対する根本的な考えや態度のこと。
注4　プロパガンダ…特定の主義・思想についての宣伝。
注5　モデレーター…ここではインターネット上に投稿された動画を閲覧して、不適切なものを削除する仕事を表す。
注6　IS…イスラム過激派組織のこと。
注7　リクルート・サイト…求人採用を目的としたWebサイトのこと。
注8　モスク…イスラム教徒の礼拝所。
注9　後藤さん…後藤健二。二〇一五年にISによって殺害された。その動画がインターネット上で公開され問題となった。

問1　二重傍線部a～dのカタカナを漢字に直した場合、同じ漢字を用いるものを後の中からそれぞれ一つずつ選びなさい。解答番号は①～④

論aチョウ　①
1　展示されたチョウ刻に見入る。
2　常識をチョウ越した考え。
3　平和条約にチョウ印する。
4　チョウ官の命令に従う。

支bジ　②
1　お弁当をジ参する。
2　ジ覚を持って行動する。
3　結果の開ジを求める。
4　ジ前に対策しておく。

アルバイトが店内で起こす悪戯《いたずら》も、またペットのかわいらしい映像も、すべて「平等」に流れます。それを選び出して見るのはネットユーザーの側です。

つまりネット動画はユーザーに選択権がある。メッセージをユーザーに選んで見てもらうためには、見慣れたシーンやありきたりの内容ではダメ。そこでネット動画は勢い内容がエスカレートしていきます。一時期、アルバイトで働く若者たちが職場の店舗などで、おもしろ半分にふざけて、食洗機や業務用の大型冷蔵庫に寝そべったり、それを画像としてネットにアップするということが頻発し、「バイトテロ」と称して社会問題化しました。コロナ禍の現在でもバイトテロは続いています。ネットの仲間内で目立とうと、カメラに向けたアクションがエスカレートしていったのです。

投稿動画の中には高い鉄塔やビルの屋上で逆立ちをして見せたり、数十メートルの岩場から海にダイブするといった危険なシーンを撮影したものもあります。実際にそうしたシーンを撮影中に落下した事故で亡くなる若者もいます。

動画を投稿する者は、その内容が新奇で目立つ「作品」を作ろうとします。中には競い合うように過激な悪戯画像をつくりＳＮＳで流す者も出てくる。通り一遍の悪戯くらいでは注目されない。ＳＮＳに流すメッセージの大ｃハンは、他者からの注目を集めることが目的だから、内容はどこにもないような新鮮なものでなければならない。それには表現を過激にすることが一番手っ取り早いともいえます。今後も注5モデレーターという仕事はなくなることはないでしょう。

注6ＩＳのプロパガンダ動画も、こうしたネットがもっている表現のエスカレーションと無関係ではない。シリアから数千キロはなれた街の片隅で鬱積《うっせき》した思いを抱えた若者がいるとする。彼は新聞はもちろんテレビさえ見ることなく、外からの情報はネットに頼っている。そもそもイスラム教にも中東における戦争にも興味はない。しかしある日、ＩＳによる殺害動画を目にする。見飽きたありきたりの動画のなかでは「新鮮」で刺激的だったからです。それから彼はスマホのＩＳの注7リクルート・サイトにたどり着く……。

世界は反知性主義的傾向が強くなっています。若い世代になるほど新聞、雑誌、本はもちろんテレビも見なくなっている。既成のマスコミを「マスゴミ」として嫌悪する者もいます。毎日膨大な数の記事や情報が発信されている新聞、テレビ、雑誌などをすべていっしょくたにしてゴミだと切り捨てる見方は、思考の停止です。一部のネットユーザーの情報世界は、無思考的に閉ざされた歪《ゆが》んだものになっています。ＩＳのようなＳＮＳを巧みに活用する武装勢力のプロパガンダと若者の意識が結ばれるのは、まさにそうした無思考性の結果です。

最近ではさまざまなフェイクニュースが出回るようになってきました。前回一六年のアメリカ大統領選では、海外発信のさまざまなフェイクニュースがつくられて、実際の投票行動に大きな影響を与えたといわれています。二〇年の選挙ではバイデン氏が当選しましたが、米国には今でもあの選挙は不正で、実際はトランプ氏の圧勝だったと信じている人が多くいるといいます。日本でも［　Ｘ　］な「〇〇大統領が日本にやってきて井戸に毒を入れた」というようなフェイクが流れ、それを信じた人もいたそうです。私はこうした政治性をはらむフェイクニュースの一部には、たんに愉快犯的な動機ではなく、一つの政治勢力や海外の国家権力の政治的意図を持ったものも含まれると考えています。

それを見極めるには、そのフェイクニュースが回りまわって誰のどこの勢力の利益になるかを考える必要があると思います。

ここでネット動画がはらむ危険性についてまとめてみましょう。ネット動画はユーザー主導型のメディアです。あくまで選択権はユーザーにあります。ネット上には無限ともいえる数の動画がある。ゆえに内容は、テレビや映画の映像よりも刺激的で過激になる。それを阻《はば》むような規制の枠は、ないに等しいのです。

そして中身は知性ではなく感情に訴えかけ、見る者を引きこむ。

サンスティーンは、人々がサイバー空間の一つの意見に同調していき、最終的には大きな集団になることを、小さな滝が最終的には大きな水の流れになる現象に例えたのである(キャス・サンスティーン『インターネットは民主主義の敵か』石川幸憲《いしかわゆきのり》訳、毎日新聞出版、二〇〇三年)。

　人は誰でも、自分と同じ価値観の持ち主と交流すれば快適であり、反対に激しく反論されれば気分が悪いので、ネット空間では自分と似た価値観を持つSNSユーザーを選んでフォローする。原発反対派は原発反対派ばかり、韓国が嫌いな中高年は嫌韓《けんかん》派ばかりとつながる。それは自然なことだが、こういう似た者同士が集う空間では、自分がSNSで意見を発信しても、自分と似た意見ばかりが返ってくる。このように同じ意見ばかりが返ってくる現象を、閉鎖された小部屋で音が反響する物理現象に例えて「エコーチェンバー」という。

　サンスティーン氏は、ネット空間では付き合う相手を選ぶことができるため、インターネットには人間を一つのエコーチェンバー空間に閉じ込めてしまう特性があることを見抜いた。そして、エコーチェンバー空間の中でサイバー・カスケード現象が発生し、多数の人が同じ意見を支bジしていることを空間内の皆が実感し始めると、異論を差しはさむ人を徹底して排除し、その空間内の主張が極端に単純化され過激になることを指摘したのである。

　こうした環境下では、「自分が知らない情報や、知りたくない情報の中にも、知っておくべき情報があるだろう」と考えることができるかが最初の分かれ道になる。ここで「自分の知りたい情報」だけを選ぶ道に進めば、その人は特定のエコーチェンバー空間に閉じ込められ、③異質な意見をすべて排除していくことになるだろう。

　一方、「自分が知らない情報や、知りたくない情報の中にも、知っておくべき情報があるだろう」と考えて情報を集める人のところには、様々な情報が集まってくる。

[B]、情報の注1カオスともいえる状態の中から良質な情報を選び出していく作業は、しばしば困難である。昔は新聞社やテレビ局の編集者が料理した美味しくない「情報ランチ定食」を食べていれば済んだものが、今は自分の能力を頼りに情報の出所を吟味し、情報同士を比較し、ニセ情報をあぶり出さなければならない。

　本書の第一章で言及した注2インフォデミックが発生している今日、その知的負荷に耐えられなくなる事態は誰にでも起こり得る、と私は考える。そして、その時に誰もが陥る可能性があるのが、何でも話を単純にしたがること――[C]「これさえ知っていれば、社会全体や世界全体について説明できる」という陰謀論・注3史観に飛びつくことである。

「世界は結局、ユダヤの金融資本が牛耳《ぎゅうじ》っている」

「アメリカは既得権益層のエリートから成るディープ・ステート(国家内国家)によって支配されており、大統領選挙は彼らによって仕組まれた不正選挙である」

「マスコミは本当は何でも知っているのに、権力の一部なので真実を一切報道せず、世論操作するための嘘《うそ》を流している」

　こうした言説は、その強い断定調の物言いに特徴がある。陰謀論に基づく言説は、証拠を一つ一つ積み上げた末に導き出した結論ではないので、「これさえ信じていれば、世界全体について説明できる」ように単純化され、さまざまな問題について自分の頭で深く考え抜かなくてもいいようにデザインされている。

　陰謀論・史観は、最も知的負荷の少ない世界についての解釈方法なので、インフォデミックの海の中で不安にさいなまれ、膨大な情報を吟味し続けることに疲れた人にとっては、④心安らぐオアシスのように見えることがあるのかもしれない。

(白戸圭一《しらとけいいち》『はじめてのニュース・リテラシー』より。
作問の都合により一部表記を改めています。)

【文章Ⅱ】

　ネット動画がもつ特性の一つに、⑤表現のエスカレーションがあります。ネットでは中東のテログループの注4プロパガンダ動画も、

二〇二二年度　浦和実業学園高等学校（第一回併願）

【国　語】〈五〇分〉〈満点：一〇〇点〉

一　次の【文章Ⅰ】・【文章Ⅱ】をよく読んで、後の問いに答えなさい。

【文章Ⅰ】

一九九〇年代後半に一般市民にインターネットが普及し始める以前のニュースの情報源は、極論すれば、どこの国でも新聞とテレビのみであった。米国では主に都市部の知識層がニューヨークタイムズなどの大手紙を読み、地方都市の人々は地元紙を読んでいたので、全米をつないでいたのは三大テレビネットワークであった。今から思えば、それはテレビを通じて情報資源が米国民に均質に分配される「情報平等社会」であったともいえる。

日本の場合、朝日新聞と産経新聞の論ａチョウは昔から大きく異なっていたが、時事ニュースを淡々と伝えるという点はどの新聞社も同じであり、朝日の読者は田中角栄《たなかかくえい》を知っているが、産経の読者は田中角栄を知らない、などということはなかった。日本のマスメディアは「横並び」などとさんざん批判されていたが、テレビに加えて新聞が情報を国民に均質に分配している点では、①米国以上の「情報平等社会」だったといえる。

人間にはもともと、「自分が知りたい情報」を優先的に信じ、「知りたくない情報」を忌避《きひ》する心理的傾向がある。天気予報を例に考えてみよう。一週間後の日曜日の天気予報は雨だが、予報の的中精度はA、B、Cの三段階のうち、最も精度の低い「C」であったとする。予報は雨のままかもしれないし、晴れに変わるかもしれない。そういう時、一週間後に屋内で仕事することが確定している人は、予報の変化を事実として淡々と受け入れることができる。だが、同じ人であっても、一週間後にピクニックに出かけることが確定している場合には、「晴れに変わるかもしれない」と願い、晴れの兆候を必死に探そうとする。

マスメディアは、情報に関する選択肢を人々に与えない代わりに、こうした「知りたい情報を優先的に信じる」という人間の心理的傾向に一定の歯止めをかけていたと考えられる。マスメディアによって視聴を強制されていた「知りたくない情報」の中には、「知りたくはないが、知らなければならない情報」も含まれていたからである。

インターネットの普及以前のマスメディアは、味はおいしくないものの、これさえ食べていれば最低限の栄養バランスは保証される②「情報ランチ定食」のような存在だったと言えるかもしれない。情報源がマスメディアだけの時代には、人々が自分の責任において情報メニューを選ぶ機会は存在せず、人々に提供される情報の水準（情報ランチ定食の味）も高くはなかった。しかし、逆に言えば、個々人の情報収集力、情報分析力、情報の出所を吟味する能力、複数の情報を比較する能力――などが問われる機会は少なく、［X］なニセ情報、陰謀論、極端な言説に個人がはまるリスクも、今よりは低かったと言えるだろう。

インターネットの普及は、こうした「人間と情報との関係」を一変させた。既存の紙の新聞とテレビに「知りたくない情報」を押し付けられていた人間は、インターネットにアクセスすることによって、おそらく人類史上初めて「自分が知りたい情報」だけを選択することが可能になった。［A］、「自分が知りたい情報」だけを知った人が「自分に同調する人が多いことを確認して安心するため」に集うことも容易になった。

米国の法学・政治学者であるキャス・サンスティーン氏は、インターネットの世界では無数の個人の意見が集約され、最終的には一つの大きな流れになっていく特徴があると指摘し、この特徴を「サイバー・カスケード」と呼んだ。カスケード（cascade）とは元々、階段のように小さな滝が連続している状態を意味する英単語である。

2022年度／浦和実業学園高等学校(第1回併願)

英語解答

1 ① 3　② 2　③ 3　④ 1

2 ⑤ 3　⑥ 1　⑦ 1　⑧ 2

3 ⑨ 2　⑩ 3　⑪ 3　⑫ 4
⑬ 3　⑭ 2　⑮ 1　⑯ 4
⑰ 3　⑱ 4　⑲ 4　⑳ 2
㉑ 1　㉒ 4　㉓ 1

4 ㉔ 5　㉕ 1　㉖ 7　㉗ 6
㉘ 4

5 ㉙ 1　㉚ 3　㉛ 2　㉜ 3
㉝ 4　㉞・㉟ 1，4

6 ㊱ 3　㊲ 1　㊳ 2　㊴ 4
㊵ 2　㊶・㊷ 3，4

1・**2**〔放送問題〕解説省略

3〔適語(句)・適文選択・語形変化〕

⑨look after ～で「～の世話をする」。　「明日はイヌの世話をする」

⑩主語がThe key「カギ」なので，‘be動詞＋過去分詞’の受け身形で「見つけられた」とする。find－found－found　「カギは彼女のバッグの中で見つかった」

⑪前置詞ofの目的語なので，目的格(「～を」の形)にする。all of usで「私たちみんな」。　we－our－us－ours 「私たちはみんな同じ市に住んでいる」

⑫be known to ～で「～に知られている」。be known for ～は「～で知られている」。　「着物は世界中の人々に知られている」

⑬on timeで「時間どおりに」。　「そこには時間どおりに着いたの？」

⑭文の述語動詞はisなので，(　) in the parkはThe girlを説明する語句。‘現在分詞＋語句’が前の名詞を修飾する形。　「公園で走っている女の子は私の姉〔妹〕だ」

⑮「私が彼を訪ねたとき」にしていた動作が入るので，‘過去のある時点で進行中の動作’を表す過去進行形(‘was/were＋～ing’)にする。　「彼を訪ねたとき，彼は手紙を書いていた」

⑯直後にten yearsという期間を表す語句がある。‘期間’を表す前置詞はfor。　「私は10年前から彼を知っている」

⑰anotherは「別のもの」を表す。　「このセーターは私にはとても小さいです。別のものを見せてください」

⑱‘the＋最上級＋of ～’「～の中で最も…」の形。‘～’には，数詞や主語と同類の複数名詞が入る。「その鉛筆は3つのうちで一番長い」

⑲‘条件’を表すif「もし～なら」。このように‘条件’や‘時’を表す副詞節(if, when, before, afterなどから始まる副詞のはたらきをする節)では未来のことでも現在形で表すことに注意。　「明日晴れれば私たちは釣りに行きます」

⑳付加疑問文。肯定文につく付加疑問は‘(助)動詞の否定形＋主語を受ける代名詞＋?’の形になる。「彼女はテニスが上手だよね」

㉑A：スーザンはあなたに何をくれたの？／B：鉛筆をくれたよ。∥Bはスーザンがくれたものを答えている。

㉒A：チカ，いつ彼に会ったの？／B：ええと，1週間前に会ったよ。∥a week agoより，過去の

ことについて話しているとわかる。　see－saw－seen

㉓A：頭が痛いです。／B：それはお気の毒に。お大事にね。∥Take care.「お大事に，(体に)気をつけて」は，相手にいたわりの気持ちを示す定型表現。

4〔整序結合〕

㉔まずThis is the highest treeという文の骨組みをつくる。「今まで見た中で」は‘経験’用法の現在完了を用いてI have ever seenとまとめ，the highest treeを後ろから修飾する。‘*A* is the＋最上級＋名詞＋(that＋)主語＋have ever＋過去分詞’「*A*はこれまで～した中で最も…な―だ」の形。　This is the highest tree I have ever seen.

㉕「～するのに(時間が)…かかる」は‘it takes＋時間＋to ～’で表せる。‘時間’の部分を尋ねるので，How long「どのくらい」で始め，その後に疑問文を続ける。　get to ～「～に着く」　How long does it take to get to the park?

㉖まずIs this a picture?という文の骨組みをつくる。「あなたのお父さんが撮った」は，「あなたのお父さんによって撮られた」と読み換えて，taken by your fatherとまとめ，a pictureを後ろから修飾する。　Is this a picture taken by your father?

㉗Do you knowとした後，「ジェイソンがいつ帰宅するか」を‘疑問詞＋主語＋(助)動詞...’の順の間接疑問で表す。　Do you know when Jason will come home?

㉘Heに続く動詞はwasだけなので，He was very kindで始める。残りは‘give＋人＋物’「〈人〉に〈物〉をあげる」の形を‘判断の根拠’を示すto不定詞の副詞的用法で表す。直訳は「私に誕生日プレゼントをくれるとは彼はとても優しかった」　He was very kind to give me a birthday present.

5〔長文読解総合―説明文〕

≪全訳≫❶グーグルは，失敗に対して常に前向きな姿勢を持っている。エリック・シュミットは，こう説明した。「私たちは非常に難しいことに挑戦します。うまくできないこともありますが，その経験から何かを学ぶことができるので，問題ありません。成功する唯一の方法は，最初に多くの失敗をすることなのです」　だから，グーグルでは多くの失敗があった。❷例えば，Google Wave(グーグル・ウェーブ)を取り上げてみよう。Google Waveは，誰にも理解できないような複雑な製品だった。Google Waveの計画は2009年に始まった。それは，多くの人々が一緒に利用できるコミュニケーションツールに，Eメールとビデオを組み合わせて入れたものだった。しかし，Google Waveは多くの人にとって理解するのが非常に難しく，うまくいかなかった。数か月のうちに，多くの人がGoogle Waveは失敗だと気づき，㉛その商品は翌年に発売中止になった。しかし，Google Waveの計画に着手したことで罰せられた社員はいなかった。実際，多くのエンジニアが他の重要なプロジェクトに再び取り組み始めた。というのも，グーグルで働く人々は，失敗のリスクを冒すことは非常に価値があると考えているからだ。❸Google Glass(グーグル・グラス)はもう１つの有名なグーグルの失敗作だ。Google Glassは，価格が1500ドルし，携帯電話のように機能する眼鏡だった。その眼鏡には，カメラ，小さなマイク，右耳の横にはスピーカー，右目の横には小さな画面がついており，画面には，「天気はどう？」や「サッカー場への行き方を教えて」といった簡単な指示に対する回答が表示された。セルゲイ・ブリンはGoogle Glassの開発に多くの時間と労力を費やした。しかし彼は，ユーザーが高い金額を支払いたがらないことや，見た目が良くない眼鏡をかけたがらないことに気づいた。それに，彼らは携帯電話からより多くの情報を簡単に入手できた。セルゲイが失望したことに，Google Glassの計画は，それが始まってからわずか２年後に取りやめられた。

㉙＜適語選択＞直後のエリック・シュミットの発言から，失敗に対し「前向きな」姿勢を持っていると判断できる。

㉚＜語句解釈＞「その経験」は何かを学ぶことができる経験である。それは，この前でtry things that are very hard「非常に難しいことに挑戦する」，can't be successful「うまくできない」と説明されている。

㉛＜適文選択＞２の「発売中止になった」という内容は，Google Waveが失敗した結果となる。１．「翌年にそれ(＝Google Wave)を売り出すことにした」は失敗の結果として不適，３．「その(＝Google Waveの)使い方を説明できなかったから」，４．「その製品がシンプルなアイデアに基づいていたから」はどちらも失敗の理由にならない。

㉜＜文脈把握＞直後のbecause以下が下線部の理由になっている。ここでのwhoは主格の関係代名詞。risking failureは「失敗の危険を冒すこと」という意味(このriskは「～の危険を冒す」という意味の動詞)。because以下全体の意味は「グーグルで働く人々は，失敗のリスクを冒すことは非常に価値があると考えているからだ」となり，これに近いものを選ぶ。

㉝＜文脈把握＞Google Glassの計画の中止につながったと考えられる内容が前の２文に書かれている。４．「Google Glassの価格が一般の人々には高すぎたから」は，そのうちの１つであるusers didn't want to pay the expensive price(２文前)に一致する。

㉞・㉟＜内容真偽＞１．「グーグルは，人は失敗から何かを学ぶことができるため，失敗は非常に重要であると考えている」…○　第１段落第２～４文に一致する。　２．「Google Waveの計画は，それを使いたいと思う人が誰もいなかったため，成功しなかった」…×　第２段落第５文参照。難しすぎた。　３．「セルゲイがGoogle Glassの開発への興味を失ったため，その計画は実行されなかった」…×　第３段落後半参照。　４．「Google Waveに取り組んでいた人は罰せられず，他の製品に取り組み続けた」…○　第２段落最後の２文に一致する。　５．「人々はセルゲイの新作を待つことができなかったため，彼はGoogle Glassをつくるのをやめた」…×　第３段落後半参照。

6〔長文読解総合―物語〕

≪全訳≫❶若い母親だった頃，私は新しい仕事を始めることにした。子どもたちが私を最も必要としているときに，彼らと一緒に家にいられるような仕事が必要だった。1960年代から1970年代の間，私たちの多くにとって，タッパーウェアの販売員が，その答えだった。幸運にも私には，私の前向きな考え方を向上させてくれるすばらしい指導係がいた。❷指導クラスでの彼女の最初の言葉が，今も耳によみがえる。「こんにちは，皆さん。調子はいかが？」　返事は，「元気です」「大丈夫です」「怖いです」など，さまざまだった。しかし，彼女の次の言葉は，永遠に私の中に残っている。「今のは，社交辞令的な質問よ。正直な返事を本当に気にする人なんて，あなたの母親を除いては誰もいやしないもの！」それ以来，調子はどうかときかれると，私たちはみんな「すごくいい(Wonderful)！」と言った。❸私は日常の言葉の一部として「すごくいい」を使っている。ある朝，新聞を取りに出たとき，近所の人が「こんにちは，調子はどう？」と言った。❹私は「すごくいいわ。あなたは？」と答えた。❺彼女は「あなたはいつも調子がすごくいいの？　㊲悪い日はないの？」と言った。❻「もちろん，あるわよ」と私は言った。「でも，私の問題を全部あなたに話したところで，２人とも落ち込むだけよ。それに，『すごくいいわ』って言うと，私はそんなふうに考えたり感じたりすることができるの」❼「すごくいい」と感じることは，選択だ。生活のストレスに屈するのは簡単だ。しかし，「すごく気分がいい」と言うことは，自分の生活と周りの人々の生活を変える習慣になりうる。❽タッパーウェアの販売員として数年を過ごした後，私は指導係に，彼女のクラスを教え始めるよう頼まれた。全て人生が変わるようなレッスンを行うことができたので，私は毎日わくわくしていた。もちろん，どのクラスも「すごく気分がいいです」から始まった。ある日，生徒の１人が私のところに来て，「先生はいつもすごく気分がいいっておっしゃいますが，いつもすごく気分がいいなんて，ありえないですよね」と言った。❾私は彼女を見て，答えた。「祖母が危篤なの！　手のかかる10代の娘が３人いるわ！　離婚するつもりよ！それに，家を売らなくちゃならないかもしれないの！　こんな言葉を聞いて，幸せ？」❿彼女はすぐに「いいえ」と言った。そして私は，「そう，あなたと同じように，こんな言葉を聞いたら私も落ち込むわ。だから，私は『すごく気分がいいわ！』って言うのよ」と言った。⓫誰もが自分の問題を抱えており，私たちはそれらを共有して一緒に落ち込むこともできる。しかし，「すごく気分がいい」と言ってみよう！　そうすれば，日常生活がよりよいものに変わるだろう。

㊱＜文脈把握＞luckyだった理由は，直後のto以下で説明されている。このto以下は，「～するとは」という意味で‘判断の根拠’を表すto不定詞の副詞的用法。

㊲＜適文選択＞この質問を受けた筆者は，それをSure, I do.と肯定したうえで，「でも私の問題を全部あなたに話したところで，２人とも落ち込むだけ」と言っている。調子が悪い日はあるけど，それを話したっていいことはない，という文脈を読み取る。

㊳＜指示語＞このitに当てはめて意味が通る内容を前から探す。ここに当てはめて意味が通るのは，直前のif以下の内容である。この内容を表すのは，２．「筆者が抱える全ての問題について，人々に正直に伝えること」。

㊴＜適語選択＞空所前の「ストレスに屈すること」と，空所直後の「『とても気分がいい』と言うこと」が相反する内容になっている。

㊵＜文脈把握＞直後の文が下線部のようにしてみる理由になっている。

㊶・㊷＜内容真偽＞１．「筆者は，気分よくありたかったので，家にいられる仕事を始めた」…×　第１段落第２文参照。　２．「タッパーウェアの販売員の指導係は，筆者に悲しみを感じることの重要性を教えた」…×　そのような記述はない。　３．「筆者は，販売員として働いた後，タッパーウェア販売員の指導係になった」…○　第８段落第１，２文に一致する。　４．「筆者がいつも『すごく気分がいい』と言おうとするのは，そうすることが人々の生活をよりよくすると考えているからだ」…○　第６段落および最終段落に一致する。　５．「筆者に質問をした１人の生徒は，自分で問題を解決した」…×　そのような記述はない。

2022年度／浦和実業学園高等学校（第１回併願）

数学解答

1 (1) ①…－　②…4
(2) ③…7　④…5　⑤…6
(3) ⑥…2　⑦…3　⑧…3
(4) ⑨…4　⑩…2　⑪…－　⑫…2
⑬…6

2 (1) ⑭…－　⑮…2
(2) ⑯…－　⑰…2　⑱…－　⑲…1
(3) ⑳…－　㉑…8　㉒…4
(4) ㉓…－　㉔…2　㉕…3　㉖…1
㉗…2

3 (1) ㉘…4　㉙…0　㉚…0
(2) ㉛…6　㉜…0
(3) ㉝…1　㉞…1　㉟…3

4 (1) ㊱…－　㊲…2　㊳…3　㊴…3
㊵…2
(2) ㊶…2　㊷…3　㊸…6
(3) ㊹…3　㊺…2　㊻…3　㊼…3
(4) ㊽…2　㊾…5

1〔独立小問集合題〕

(1)＜数の計算＞与式 $=-6-(-3)\div\dfrac{3}{2}=-6+3\times\dfrac{2}{3}=-6+2=-4$

(2)＜式の計算＞与式 $=\dfrac{3\times3(x-y)-2(x-7y)}{6}=\dfrac{9x-9y-2x+14y}{6}=\dfrac{7x+5y}{6}$

(3)＜式の計算＞与式 $=x^4y^2\div8x^3y^3\times16x^2y^4=\dfrac{x^4y^2\times16x^2y^4}{8x^3y^3}=2x^3y^3$

(4)＜平方根の計算＞与式 $=\{(\sqrt{6})^2-2\times\sqrt{6}\times\sqrt{2}+(\sqrt{2})^2\}\times\dfrac{1}{\sqrt{2}}=(6-2\times2\sqrt{3}+2)\times\dfrac{1\times\sqrt{2}}{\sqrt{2}\times\sqrt{2}}=(8-4\sqrt{3})$
$\times\dfrac{\sqrt{2}}{2}=4\sqrt{2}-2\sqrt{6}$

2〔独立小問集合題〕

(1)＜一次方程式＞ $3x+6=\dfrac{1}{4}x+\dfrac{1}{2}$，両辺に4をかけて，$12x+24=x+2$，$12x-x=2-24$，$11x=-22$
$\therefore x=-2$

(2)＜連立方程式＞ $x-5y=3$……㋐，$2x-3y=-1$……㋑とすると，㋐×2－㋑より，$-10y-(-3y)=6-(-1)$，$-7y=7$　$\therefore y=-1$　これを㋐に代入して，$x-5\times(-1)=3$　$\therefore x=-2$

(3)＜二次方程式＞ $(x+8)(x-4)=0$　$\therefore x=-8,\ 4$

(4)＜二次方程式＞解の公式より，$x=\dfrac{-1\pm\sqrt{1^2-4\times6\times(-2)}}{2\times6}=\dfrac{-1\pm\sqrt{49}}{12}=\dfrac{-1\pm7}{12}$となる。よって，
$x=\dfrac{-1-7}{12}=-\dfrac{2}{3}$，$x=\dfrac{-1+7}{12}=\dfrac{1}{2}$である。$\left(-\dfrac{2}{3}\text{は，}\dfrac{-2}{3}\text{と解答する}\right)$

3〔独立小問集合題〕

(1)＜文字式の利用＞A，B，Cの所持金をそれぞれ a 円，b 円，c 円とする。AとBの所持金の比は3：2だから，$a:b=3:2$ より，$2a=3b$，$a=\dfrac{3}{2}b$ となり，BとCの所持金の比は3：5だから，$b:c=3:5$ より，$5b=3c$，$c=\dfrac{5}{3}b$ となる。これより，3人の所持金の比は，$a:b:c=\dfrac{3}{2}b:b:\dfrac{5}{3}b=9:6:10$ となる。よって，所持金が最も多いのはCで，3人の所持金の合計が1000円であることより，その所持金は，$\dfrac{10}{9+6+10}\times1000=400$(円)である。

(2)＜平面図形―角度＞次ページの図1のように，円Oの円周の一部で，折り曲げたときに中心Oと重

なる点について，折り曲げる前の点をDとし，4点O，B，D，Aをそれぞれ結ぶ。△ODAにおいて，円の半径より，OA＝ODとなり，弦DAは折り曲げたときに半径OAと重なるから，OA＝DAとなる。よって，OA＝OD＝DAより，△ODAは正三角形となり，∠AOD＝60°である。同様に，△ODBは正三角形で，∠BOD＝60°であるから，∠AOB＝∠AOD＋∠BOD＝60°＋60°＝120°となる。したがって，$\overset{\frown}{AB}$に対する円周角と中心角の関係より，$\angle ACB=\frac{1}{2}\angle AOB=\frac{1}{2}\times 120^\circ=60^\circ$である。

図1

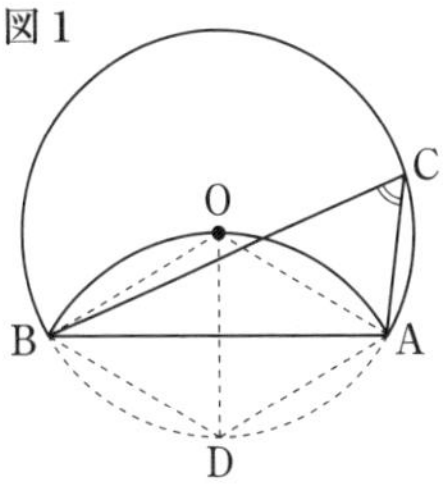

(3)＜平面図形─面積比＞右図2で，△ABC，△ACD，△ADEは，底辺をそれぞれ辺BC，CD，DEと見ると，高さは等しいから，面積比は，△ABC：△ACD：△ADE＝BC：CD：DEとなる。まず，AB＝aとすると，△ABCは正三角形だから，BC＝CA＝AB＝aである。次に，△ACDはCA＝CD＝aの二等辺三角形である。ここで，△ACDにおいて，△ABCは正三角形より，∠ACB＝60°だから，∠ACD＝180°－∠ACB＝180°－60°＝120°となり，∠CAD＝(180°－∠ACD)÷2＝(180°－120°)÷2＝30°となる。よって，△ABDにおいて，∠ABD＝∠BAC＝60°より，∠BAD＝∠BAC＋∠CAD＝60°＋30°＝90°となるから，△ABDは3辺の比が$1:2:\sqrt{3}$の直角三角形である。これより，$DA=\sqrt{3}AB=\sqrt{3}\times a=\sqrt{3}a$であり，DA＝DEより，$DE=\sqrt{3}a$である。以上より，求める面積比は，$\triangle ABC:\triangle ACD:\triangle ADE=a:a:\sqrt{3}a=1:1:\sqrt{3}$である。

図2

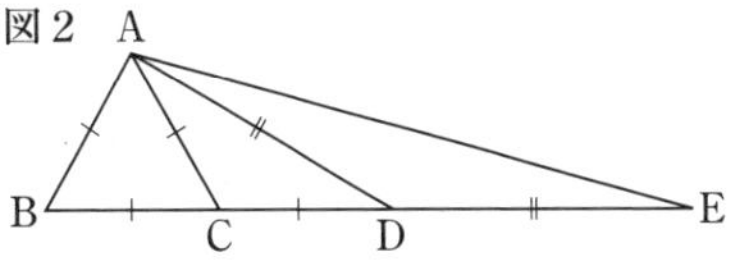

4 〔関数─関数と図形〕

≪基本方針の決定≫(1)　△OTUも正三角形であることに気づきたい。　(2)　x座標の値とy座標の値の比は$1:\sqrt{3}$となる。　(3)　四角形RUTSは，RS∥UTの台形である。　(4)　求める直線の式を$y=a$とおいて考える。

(1)＜座標＞右図で，y軸と線分PQ，SRとの交点をそれぞれV，Wとする。放物線$y=\frac{1}{2}x^2$はy軸について対称なグラフであり，△OPQが直角二等辺三角形より，OP＝OQ，△OSRが正三角形より，OS＝ORであるから，点Pと点Q，点Sと点Rはともにy軸について対称な点となる。これより，PQ∥SR∥〔x軸〕となるから，△OTU∽△OSRであり，△OTUは正三角形となる。また，∠QVO＝90°となるから，△OPQが直角二等辺三角形で∠OQV＝45°より，△OQVは直角二等辺三角形であり，△OUVは3辺の比が$1:2:\sqrt{3}$の直角三角形である。△OQVが直角二等辺三角形より，点Qのx座標を$-q(q>0)$とおくと，OV＝QVより，y座標はqとなり，$Q(-q,\ q)$である。点Qは放物線$y=\frac{1}{2}x^2$上の点だから，$q=\frac{1}{2}\times(-q)^2$より，$\frac{1}{2}q^2-q=0$，$q(q-2)=0$，$q=0$，2となり，$q>0$だから，$q=2$である。よって，Q(－2，2)となり，OV＝2である。したがって，△OUVは3辺の比が$1:2:\sqrt{3}$の直角三角形より，$UV=\frac{1}{\sqrt{3}}OV=\frac{1}{\sqrt{3}}\times 2=\frac{2\sqrt{3}}{3}$となるから，$U\left(-\frac{2\sqrt{3}}{3},\ 2\right)$である。$\left(-\frac{2\sqrt{3}}{3}\text{は，}\frac{-2\sqrt{3}}{3}\text{と解答する}\right)$

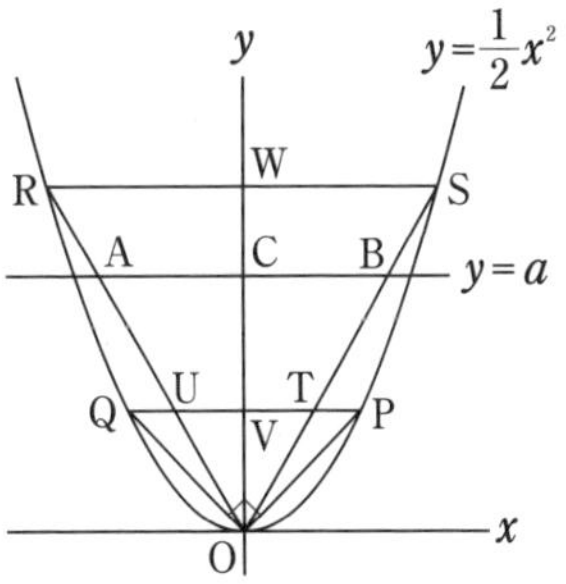

(2)＜座標＞右上図で，(1)より，PQ∥SRだから，∠RWO＝∠QVO＝90°で，△OSWは3辺の比が$1:2:\sqrt{3}$の直角三角形である。これより，点Sのx座標をsとおくと，SW＝sとなり，$OW=\sqrt{3}SW$

$=\sqrt{3}s$ となるから，S$(s,\ \sqrt{3}s)$である。点Sは放物線$y=\frac{1}{2}x^2$上の点だから，$\sqrt{3}s=\frac{1}{2}s^2$より，$\frac{1}{2}s^2-\sqrt{3}s=0$，$s(s-2\sqrt{3})=0$，$s=0$，$2\sqrt{3}$となり，$s>0$だから，$s=2\sqrt{3}$となる。よって，$\sqrt{3}s=\sqrt{3}\times2\sqrt{3}=6$より，S$(2\sqrt{3},\ 6)$である。

(3)＜面積＞前ページの図で，(1)，(2)より，点Sと点Rはy軸について対称な点であり，点Tと点Uもy軸について対称な点だから，S$(2\sqrt{3},\ 6)$，R$(-2\sqrt{3},\ 6)$，T$\left(\frac{2\sqrt{3}}{3},\ 2\right)$，U$\left(-\frac{2\sqrt{3}}{3},\ 2\right)$である。また，RS∥UT∥〔$x$軸〕であるから，四角形RUTSは台形である。よって，台形RUTSにおいて，2点S，Rのx座標より，$\mathrm{RS}=2\sqrt{3}-(-2\sqrt{3})=4\sqrt{3}$，2点T，Uの$x$座標より，$\mathrm{UT}=\frac{2\sqrt{3}}{3}-\left(-\frac{2\sqrt{3}}{3}\right)=\frac{4\sqrt{3}}{3}$となり，高さは，2点S，Tの$y$座標より，$6-2=4$となる。以上より，求める面積は，$\frac{1}{2}(\mathrm{RS}+\mathrm{UT})\times4=\frac{1}{2}\times\left(4\sqrt{3}+\frac{4\sqrt{3}}{3}\right)\times4=\frac{32\sqrt{3}}{3}$である。

(4)＜直線の式＞前ページの図で，求めるx軸に平行な直線の式を$y=a$とおき，この直線と線分OR，線分OSとの交点をそれぞれA，Bとすると，AB∥〔x軸〕よりAB∥UTとなるから，四角形AUTBは台形となる。直線$y=a$が四角形RUTSの面積を2等分するとき，(3)より，四角形AUTBの面積は，$\frac{32\sqrt{3}}{3}\times\frac{1}{2}=\frac{16\sqrt{3}}{3}$である。また，直線$y=a$と$y$軸との交点をCとすると，SW∥BCより，△OSW∽△OBCとなり，SW：BC＝OW：OCで，S$(2\sqrt{3},\ 6)$より$\mathrm{SW}=2\sqrt{3}$，$\mathrm{OW}=6$，$\mathrm{OC}=a$だから，$2\sqrt{3}:\mathrm{BC}=6:a$が成り立つ。これより，$\mathrm{BC}\times6=2\sqrt{3}\times a$，$\mathrm{BC}=\frac{\sqrt{3}}{3}a$と表せる。よって，四角形AUTBにおいて，$\mathrm{AB}=2\mathrm{BC}=2\times\frac{\sqrt{3}}{3}a=\frac{2\sqrt{3}}{3}a$となり，高さは，$a-2$となるから，面積は，$\frac{1}{2}(\mathrm{AB}+\mathrm{UT})\times(a-2)=\frac{1}{2}\times\left(\frac{2\sqrt{3}}{3}a+\frac{4\sqrt{3}}{3}\right)\times(a-2)=\frac{1}{2}\times\frac{2\sqrt{3}}{3}(a+2)\times(a-2)=\frac{\sqrt{3}}{3}(a+2)(a-2)$と表せる。これより，$\frac{\sqrt{3}}{3}(a+2)(a-2)=\frac{16\sqrt{3}}{3}$が成り立ち，$a^2-4=16$，$a^2=20$，$a=\pm2\sqrt{5}$となり，$a>0$より，$a=2\sqrt{5}$である。よって，求める直線の式は，$y=2\sqrt{5}$となる。

＝読者へのメッセージ＝

2(4)の二次方程式$6x^2+x-2=0$は，左辺を$(3x+2)(2x-1)=0$のように因数分解することができ，解は，$3x+2=0$より，$x=-\frac{2}{3}$，$2x-1=0$より，$x=\frac{1}{2}$と求めることができます。因数分解は，たすきがけという方法で，詳しくは高校で学びます。

2022年度／浦和実業学園高等学校（第１回併願）

国語解答

一　問１　a…３　b…１　c…２　d…４
　　問２　２　　問３　３　　問４　１
　　問５　３　　問６　４　　問７　３
　　問８　２　　問９　１　　問10　２
　　問11　４　　問12　３
二　問１　a…１　b…２　　問２　３
　　問３　２　　問４　a…３　b…４
　　問５　１　　問６　３　　問７　１
　　問８　２　　問９　４　　問10　３
　　問11　４
　　問12　a…１　b…３　c…４

一〔論説文の読解―社会学的分野―情報〕出典；白戸圭一『はじめてのニュース・リテラシー』「『陰謀論』と『不誠実な報道』」／藤原智美『スマホ断食　コロナ禍のネットの功罪』。

≪本文の概要≫【文章Ⅰ】インターネットの普及以前のニュースの情報源は，極論すればどこの国でも新聞とテレビのみだった。世の中は，マスメディアが情報に関する選択肢を人々に与えない代わりに，ある一定水準の情報を均質に分配する「情報平等社会」であった。しかし，インターネットの普及に伴い，人々は，自分が知りたい情報だけを選択できるようになった。ネット空間で同じ意見や価値観を持つ人どうしが集まるようになると，その空間内の主張は，極端に単純化され，過激になる。こうした環境下では，自分の能力を頼りに情報の出所を吟味し，情報どうしを比較する作業が求められる。だが，この作業は大変なものである。そのため，自分の頭で深く考えなくてもよい「これさえ知っていれば，社会全体や世界全体について説明できる」という陰謀論・史観に飛びつく人もいるので，注意が必要である。

【文章Ⅱ】ネット動画が持つ特性の一つに，表現のエスカレーションがある。ネット動画はユーザーに選択権があるので，ユーザーに選んで見てもらうために，ネットに投稿される動画の内容が，過激になっていくのである。世界は反知性主義的傾向が強くなっていて，若い世代ほど新聞，雑誌，本，テレビを見なくなっており，一部のネットユーザーの情報世界は，無思考的に閉ざされたものになっている。ネット動画は，ユーザー主導型のメディアで，その中身は，知性ではなく感情に訴えかける。ネット動画のヘビーユーザーの内面世界は，ネットによって完結している場合が少なくなく，確証バイアスという，「信じたい話だけを信じ受け入れる」という力がはたらきやすい。このようなネット動画がはらむ危険性，あるいは，ネット上の動画による反知性主義に対抗できるのは，書き言葉による報道と地道な分析であり，私たちは，言葉の持つ力を信じるべきである。

問１＜漢字＞a．「論調」と書く。１は「彫刻」，２は「超越」，４は「長官」。　b．「支持」と書く。２は「自覚」，３は「開示」，４は「事前」。　c．「大半」と書く。１は「判断」，３は「違反」，４は「初版」。　d．「確固」と書く。１は「故障」，２は「湖畔」，３は「在庫」。

問２＜接続語＞A．インターネットの普及によって，「『自分が知りたい情報』だけを選択することが可能になった」だけでなく，同じ意見を持つ人どうしが「集うことも容易に」なった。　B．自ら積極的に「情報を集める人のところには，様々な情報が集まってくる」が，その中から「良質な情報を選び出していく」のは難しい。　C．良質な情報を選び出すことの困難さから，「何でも話を単純にしたがること」とは，具体的にいうと，「陰謀論・史観に飛びつくこと」である。

問３＜文章内容＞日本では，論調が多少異なっていても，どの新聞でも同じような内容の情報が得られ，「テレビに加えて新聞」によって情報が「均質に分配」されているので，日本は米国以上の「情報平等社会」といえる。

問４＜文章内容＞インターネット普及以前のマスメディアは，「情報ランチ定食」といえるような「味はおいしくないものの，これさえ食べていれば最低限の栄養バランス」が保証されるものだった。提供される情報の水準は「高くはなかった」が，必要最低限の情報を偏りなく得られるものだと考えられる。

問５＜四字熟語＞「荒唐無稽」は，言動に根拠がなく，でたらめであること。「言語道断」は，言葉では言い尽くせないひどい状態のこと。「傍若無人」は，勝手気ままに振る舞うこと。「罵詈雑言」は，相手を口汚くののしること。

問６＜文章内容＞特定の人の投稿を優先的に閲覧できる「フォロー機能」や，得たい情報を検索しやすくする「ハッシュタグ機能」は，自分の知りたい情報だけを取り入れることにつながり，また，特定の人からの通知を意図的に見えなくする「ミュート機能」は，自分と同じ価値観の持ち主とのみ交流することにつながるため，それらは自分とは「異質な意見をすべて排除していく」ことになる(１・２・３…○)。

問７＜文章内容＞「膨大な情報を吟味し続けることに疲れた人」にとって，「自分の頭で深く考え抜かなくてもいい」ように思える，物事を「単純化」した陰謀論・史観は，その作業から解放してくれるもののように見えると考えられる。

問８＜要旨＞インターネットの普及により，人々は，「『自分が知りたい情報』だけ」を選択できるようになった(２…○)。サンスティーンは，インターネットの世界において，無数の個人の意見が集約され，一つの大きな流れになるという特徴があると指摘し，それを「サイバー・カスケード」と呼んだ(１…×)。ネット空間において，さまざまな情報を吟味する「知的負荷」に耐える力がない人は，陰謀論・史観に飛びつきやすい(４…×)。「マスコミの報道する内容は何者かの強い力が働いている」という言説は，陰謀論・史観に基づいている(３…×)。

問９＜文章内容＞ネット動画の選択権はユーザー側にあるため，投稿者は，より多くのユーザーに選ばれようと，より「新奇」で，「過激」な内容の動画を作成していくのである。

問10＜文章内容＞アメリカでフェイクニュースが氾濫したのは，新聞などから「言葉を受けとり，複眼的な思考をもとうとする姿勢」が人々からなくなっていたからである。ネット動画は，「感情に訴えかけ，見る者を引きこむ」のであり(２…×)，それに対抗できる書き言葉による報道は，冷静に物事の詳細をとらえたり，その状況を「複眼的」に分析したりすることができるので，一時的な感情に流されにくくなるという効果があると考えられる(１・３・４…○)。

問11＜主題＞ネット動画は「知性ではなく感情に訴えかけ」る。動画のヘビーユーザーは，ほぼ情報をネットから得ているので，「信じたい話だけを信じ受け入れる」という確証バイアスがはたらき，動画に反映される考えに同調して，感情に任せた軽はずみな言動を取りやすい。

問12＜要旨＞マスメディアによって「知りたくない情報」も与えられていた人間にとって，インターネットを通して「自分が知りたい情報」だけを選択できるのは，魅力的なことだといえる(Ａ…○)。情報の出所や内容を吟味したくない人は，「陰謀論・史観」に飛びつきやすい(Ｂ…×)。ネット動画の投稿者は「注目」を集め，閲覧者数を増やすため，閲覧者はより強い刺激を求めるため，その表現は「過激」になり，思考も偏りやすい(C…○)。動画には「信じたい話だけを信じ受け入れる」という力がはたらきやすいことを理解し，「複眼的な思考」を持って，情報を分析する姿勢が必要である(D…×)。

二〔小説の読解〕出典；伊吹有喜『雲を紡ぐ』。

問１＜漢字＞ａ．「生地」は「きじ」と読む。「生真面目」は「きまじめ」，「生活」は「せいかつ」，「一生」は「いっしょう」，「生兵法」は「なまびょうほう」。　ｂ．「性分」は「しょうぶん」と読む。「性格」は「せいかく」，「性根」は「しょうこん」，「性質」は「せいしつ」，「異性」は「いせい」。

問２＜文章内容＞羊毛の袋を前にした美緒がいつもと違う様子に見えたので，祖父は「どうした？」と声をかけ，「不思議そうな顔」をした。

問３＜文章内容＞美緒は，自分でも無意識に「口癖」で使っていた「大丈夫」という言葉の中身について，まさか問われるとは思っていなかったのである。

問４＜文章内容＞美緒は，羊毛の上に寝転ぶことからくる身体的な気持ちよさに加え(…ａ)，今まで言えなかった悩みに「それはつらいな」と寄り添う，祖父の優しい言葉に心まで温かくなっているのである(…ｂ)。

問５＜文章内容＞祖父は，「良い職人」のさじは「手に持ったときのバランス」が気持ちよく，それで食事をするといい気分になると言った。「良い職人の仕事」には，同じように「バランス」が大事であり(…Ⅰ)，音楽でたとえれば「ハーモニー」が大事だと，祖父は考えている(…Ⅱ)。

問６＜文章内容＞「人の目が怖い。不機嫌な人が怖い」と感じ，嫌われないよう「オールウェイズスマイル」でいた美緒にとって，「みんな仲が良さそう」な合唱部にいれば，自分も嫌われることなく安心して過ごせると思ったのである。

問７＜語句＞「あや」は，さまざまな形の模様，特に線が斜めに交わった模様を表すことから，「言葉のあや」などのように，複雑なニュアンスや入り組んだ仕組み，という意味を表す。

問８＜文章内容＞何とか美緒に自分のよさに気づいてほしい祖父は，自分を否定し続け，よい点は「ない」と言い張る美緒の態度にいら立ちを感じ，「それは本当か」と語気を強めて言ったのである。

問９＜心情＞祖父は，美緒が「自分はどんな『好き』でできているのか探して，身体の中も外もそれで満た」す喜びを知ることが，美緒が自信を取り戻すきっかけになると考えているのである。

問10＜心情＞美緒が「直感」でスプーンを選んだことから，ようやく自分で好きなものを見つけ，自分の心と向き合い始めたことを感じ取り，祖父は，うれしくなったのである。

問11＜心情＞大丈夫と言い張ったり，自分のことを否定し続けたりした美緒が，ようやく祖父である自分に心を開き，冗談まで言えるようになったことを，祖父は，ほほ笑ましく思っている。

問12＜文章内容＞ａ．「ステレオタイプの人物たち」や「苦悩や葛藤がない」と，登場人物たちの描き方を批判するコメントが多い。　ｂ．「デリケートに少しずつ心が語られていく」「心の機微が丁寧に描かれている」のように，細やかな心理描写を評価する声もある。　ｃ．温かいイメージを指摘する中で，「実は激しく生々しい心の機微」という激しさを感じ取るコメントは，他の人にはない視点である。

2022年度 浦和実業学園高等学校(第2回併願)

【英　語】（50分）〈満点：100点〉

（注意）1，2は，リスニング(聞き取り)問題です。試験開始のチャイムが鳴ったら，1ページ目を開き，問題の指示に従って解答してください。

1　放送される三つの英文のうち，写真の説明として最も適当なものを1～3の中から一つずつ選びなさい。英文は二回ずつ放送されます。解答番号は①～④

Picture 1（①）

1．

2．

3．

Picture 2（②）

1．

2．

3．

Picture 3（③）

1．

2．

3．

Picture 4（④）

1．

2．

3．

（1 の放送終了後，10秒間の休止があります。次の問題に進んで構いません。）

2　英語の会話が四つ放送されます。最後の発言に対する相手の応答として最も適当なものを1～4の中から一つずつ選びなさい。会話は二回ずつ放送されます。解答番号は⑤～⑧

（⑤）　1．Yes.　I'm happy to hear the news.　2．Yes.　We should stay here for a while.
3．Yes.　We are lucky to go home early.　4．No.　I know when it'll start raining.

（⑥）　1．No.　I'm not good at taking pictures.　2．I'll get an Instagram account.
3．I've never seen such a beautiful beach.　4．Yes.　I went there on school trip last year.

（⑦）　1．Yes.　We have many kinds of tea.
2．Yes.　I'd like a glass of orange juice, please.
3．No.　You've just drunk coffee, haven't you ?
4．Apple juice is the sweetest in our restaurant.

（⑧）　1．I watched it in the theater last Sunday.
2．I'm very sleepy and I want to go to bed.
3．OK.　Shall we meet at Shinjuku station ?
4．Great.　So, let's go there this Saturday.

（2 の放送終了後，次の問題に進んで構いません。）

※＜**リスニング問題放送原稿**＞は問題の終わりに付けてあります。

3　次の英文の(　)に入る最も適当なものを1～4の中から一つずつ選びなさい。解答番号は⑨～㉓

(⑨)　The scientist (　　) all over the world.
　1．know　2．knows　3．is known　4．has known

(⑩)　(　　) you open the window ?
　1．Will　2．Should　3．Must　4．May

(⑪)　He climbed Mt. Fuji (　　) the first time.
　1．at　2．in　3．on　4．for

(⑫)　Masaki went to New York (　　) music.
　1．study　2．to study　3．studying　4．to studying

(⑬)　We need (　　) milk.
　1．a few　2．a little　3．a piece of　4．several

(⑭)　Miki speaks French (　　) than Jun.
　1．well　2．good　3．better　4．best

(⑮)　He (　　) at that time.
　1．cooks　2．is cooking　3．was cooking　4．has been cooking

(⑯)　I have used this desk (　　) I was a child.
　1．when　2．after　3．before　4．since

(⑰)　The white car (　　) is in front of the house is Mr. Tanaka's.
　1．which　2．who　3．it　4．whose

(⑱)　(　　) is the word for "flower" in Spanish ?
　1．How　2．When　3．Why　4．What

(⑲)　This is not my umbrella.　Is it (　　) ?
　1．you　2．your　3．yours　4．yourself

(⑳)　Tomoki plays both baseball (　　) soccer.
　1．and　2．or　3．on　4．in

(㉑)　A：I'm going to China next month.
　　B：Oh, (　　　　) ?
　1．do you　2．don't you　3．are you　4．aren't you

(㉒)　A：How (　　) do you go to the movies ?
　　B：Well, once or twice a year.
　1．often　2．many　3．fast　4．much

(㉓)　A：Shall we go shopping ?
　　B：(　　　　).
　1．Yes, I am　2．That's too bad　3．Because I don't like it　4．Yes, let's

4　次の日本語に合うように，与えられた語(句)を並べかえて，(　)内で4番目に来るものを1～7の中から一つずつ選びなさい。なお，文頭に来る語も小文字になっている。解答番号は㉔～㉘

(㉔)　私は母にその料理の作り方を聞きました。
　I (1．how　2．mother　3．to　4．asked　5．the　6．my　7．cook) dish.

(㉕)　むこうでサッカーをしている少年たちが見えますか。

Can you (1 . over　2 . playing　3 . there　4 . the　5 . see　6 . soccer　7 . boys)?

(㉖) 誰が昨日ケンを助けたか知っていますか。

(1 . saved　2 . Ken　3 . you　4 . know　5 . do　6 . who　7 . yesterday)?

(㉗) この車は高すぎて私には買うことができません。

This (1 . for　2 . is　3 . me　4 . expensive　5 . car　6 . to　7 . too) buy.

(㉘) 私は以前その歌手について聞いたことがあります。

(1 . about　2 . before　3 . I　4 . heard　5 . the　6 . have　7 . singer).

5　次の英文を読んで，後の問いに答えなさい。*印の語には注があります。解答番号は㉙～㉟

One night before bed, Christine Carter was with her daughter. ㉙They were making a list: "Three Good Things of the Day." Her daughter *braided Carter's hair and said, "Mom, this is going to be one of my three good things." People can *reflect on good things or people who they thank by making a list. It's a technique used in the science of happiness.

Carter is a *sociologist at the University of California, Berkeley. She studies how schools and families can *foster positive *emotions. ㉚This has become especially important during *the coronavirus pandemic because many kids feel they are *isolated. Carter says, "They've *missed out on important events. Many kids have lost people in their lives."

Feeling sad is natural, but it passes more quickly if we can see the good things in life. Carter says, "We can practice bringing happiness to ourselves. It's like putting money in the bank. We can be ready to *cope with hard times in the future."

A key step to happiness is learning how to explain emotions, even negative ones. It's better to accept the emotion than to *ignore it. Ask yourself: "What do I feel? Where in my body am I feeling it? Does it have a color or shape?"

"Showing 'thank you' is also important," Carter says. Let's think about people who you want to thank. And remember the good times with them. ㉛This process is very important to feel happy and you will have [㉜] tomorrow.

But the best way to happiness is *kindness. "Helping others gives life *purpose," Carter says, "because you are changing the world." Even more, "We feel *a sense of *connection and love," she adds. "We are strongly connected to feel better in community because our *nervous system feels safe [㉝]."

*braid　(髪の毛を)編む　*reflect on　～を熟考する　*sociologist　社会学者
*foster　育てる　*emotion　気持ち　*the coronavirus pandemic　コロナウイルスの全世界的な流行
*isolated　孤立した　*miss out　～を楽しめない　*cope with　～にうまく対処する
*ignore　無視する　*kindness　優しさ　*purpose　目的
*a sense of　～の感覚　*connection　つながり　*nervous system　神経系

(㉙) 下線部㉙の理由として最も適当なものを１～４の中から一つ選びなさい。

1 . 良いことをしてくれた人に恩返しをするため
2 . 良いことや感謝している人について振り返るため
3 . 毎日周りの人に３つの良い行いを必ずするため

4．家族の結びつきをより強いものにするため

(㉚)　下線部㉚の内容として最も適当なものを１～４の中から一つ選びなさい。

1．学校や家族がどうやって前向きな気持ちを育てるかということ

2．世界中で流行しているコロナウイルス感染症を防ぐこと

3．カリフォルニア大学バークレー校で社会学者になること

4．多くの子どもたちが孤独を感じながら生活していること

(㉛)　下線部㉛の内容として最も適当なものを１～４の中から一つ選びなさい。

1．Meeting people who you thank and saying “thank you” directly.

2．Explaining how you feel today to your friends and feeling relaxed.

3．Imagining people you thank and remembering the time with them.

4．Doing good things for your family and friends and feeling happy.

(㉜)　［㉜］に入る最も適当なものを１～４の中から一つ選びなさい。

1．worse　　2．more careful　　3．more boring　　4．better

(㉝)　［㉝］に入る最も適当なものを１～４の中から一つ選びなさい。

1．when we stay at home alone　　2．when we’re connected with other people

3．when we stay only with our family　　4．when we’re not connected with others

(㉞・㉟)　次の英文について，本文の内容に合うものを１～５の中から二つ選びなさい。ただし，解答の順序は問いません。

1．Carter’s daughter braided Carter’s hair because Carter told her to.

2．Carter thinks many kids feel lonely because they cannot find the good things in life.

3．Sad feelings pass more quickly when we can find the good things in life.

4．People felt they were ignored by others so they are connected in their community now.

5．Carter thinks that people should help others if they want to feel happy in their lives.

6　次の英文を読んで，後の問いに答えなさい。*印の語には注があります。解答番号は㊱～㊷

Have you ever run a marathon？　A marathon is 42.195 kilometers long.　A young *Canadian ran a marathon every day for over four months.　His name was Terry Fox, and he only had one leg.

Terry was not special.　He was like everyone else, but ㊱his life suddenly changed.

One day, his right *knee started to hurt.　The doctors found *cancer in his leg.　They cut the leg off to save his life.　It was in 1977.

For the next 16 months, Terry *had to take strong medicine to fight the cancer.　In the hospital, he met many other people with cancer.　Some people died soon after he met them.　Many people were sure that they were going to die of cancer.　There were not many good ways to help people with cancer *at that time.　Terry wanted to give them hope, so he decided to collect one million dollars for cancer *research.

Terry made a plan to run across Canada with only one leg.　If he did it, he thought, ㊲that would give hope to people with cancer.　And people would hear his message：more money was necessary for cancer research.　He called it the Marathon of Hope.

Every day, Terry ran a marathon.　At first, not many people knew he was running.　After a few months, however, more and more people heard about the young man running across Canada with only one leg.　When he ran near a town, people were waiting on the roads to *cheer for him.　Terry’s friend drove behind him in a car, and people gave money for Terry’s dream.　Newspapers started to write about his message of hope.

After 115 days, many people were learning about ㊳his message. And, more and more money was coming in.

After running 5,373 kilometers, he felt too sick and went to the hospital. He had cancer again. ㊴Everyone in Canada was shocked. Terry talked to the newspapers and told them he had to stop running. He said, "*Even if I don't finish, I want others to continue. It *has got to *keep going without [㊵]." Terry died in 1981. He was only 22 years old. *As he wished, people still continue to give money for cancer research.

*Canadian カナダ人　*knee ひざ　*cancer ガン　*had to ～しなければならなかった
*at that time 当時　*research 研究　*cheer 応援する　*even if たとえ～しても
*have got to ～しなければならない　*keep going 続ける　*as he wished 彼が望んだ通り

(㊱) 下線部㊱の理由として最も適当なものを１～４の中から一つ選びなさい。
１．人気者になったから　２．億万長者になったから
３．ガンで片足を失ったから　４．マラソンで大ケガをしたから

(㊲) 下線部㊲の内容として最も適当なものを１～４の中から一つ選びなさい。
１．闘病生活をニュースにしてもらうこと　２．カナダを片足で走って横断すること
３．ガンが不治の病ではなくなること　４．誰もが特別な人間になれること

(㊳) 下線部㊳の内容として最も適当なものを１～４の中から一つ選びなさい。
１．He needs more money to keep running.
２．He lost his leg but he is happy.
３．He wants more money to use for cancer research.
４．He had cancer but he starts to run again.

(㊴) 下線部㊴の理由として最も適当なものを１～４の中から一つ選びなさい。
１．テリーが人々をずっとだまし続けていたから
２．テリーがマラソンで大ケガをしてしまったから
３．テリーが再びガンになってしまったから
４．テリーが突然亡くなってしまったから

(㊵) [㊵]に入る最も適当なものを１～４の中から一つ選びなさい。
１．me　２．money　３．hope　４．help

(㊶・㊷) 次の英文について，本文の内容に合うものを１～５の中から二つ選びなさい。ただし，解答の順序は問いません。
１．Many people who Terry met in the hospital got better soon.
２．There were many good ways to help people with cancer in 1977.
３．Terry decided to run to collect money for cancer research.
４．People began to cheer for Terry after they learned about his story.
５．Terry's message couldn't reach people after he stopped running.

＜リスニング問題放送原稿＞

これから，2022年度，第二回併願入試，リスニング問題を始めます。リスニングの問題は[1]と[2]です。

[1] 放送される三つの英文のうち，写真の説明として最も適当なものを１～３の中から一つずつ選びなさい。英文は二回ずつ放送されます。

(①)

1．People are going to buy something to eat or drink.

2．People are going to buy something to read or listen to.

3．People are going to buy some tickets for a bus or a train.

(②)

1．There are a lot of people swimming in a river.

2．There are a lot of people jumping into a river.

3．There are a lot of people standing or sitting near a river.

(③)

1．One woman is wearing a hat and one isn't.

2．Two women in beautiful clothes are dancing together.

3．Two women are giving nice dresses to each other.

(④)

1．A smiling face is drawn near a glass of something.

2．A man is drawing a smiling face on the table.

3．A smiling man is drinking a glass of something.

2 英語の会話が四つ放送されます。最後の発言に対する相手の応答として最も適当なものを１～４の中から一つずつ選びなさい。会話は二回ずつ放送されます。

(⑤)

W： I think it's going to rain.

M： We should go home now.

W： I have two umbrellas. Do you want to use one of mine?

M： Thank you. I'll use it. Oh, no. Can you hear the sound of thunder?

(⑥)

M： Hi! I saw some pictures on your Instagram account. They're very nice! Where did you take them?

W： Thank you. I went to Hawaii with my family during summer vacation and took them there.

M： Oh, nice. The night view from Mt. Tantalus is very beautiful.

W： Oh, you know it? Have you ever been to Hawaii before?

(⑦)

W： Would you like to see our dessert menu, sir?

M： No, thanks. I'm full. Everything was great.

W： Thank you. Then, how about something to drink.

M： Well, do you have anything that's not sweet?

(⑧)

M： Diana, I tried to call you last night around ten o'clock.

W： Oh, sorry. I went to bed early.

M： Well, I wanted to ask you to go to a movie this Saturday. Are you free?

W： No, I'm not. But I can go on Sunday.

以上でリスニング問題を終わります。引き続き，筆記問題に進んでください。

【数　学】 (50分) 〈満点：100点〉

(注意) (1) 問題文の中にある $\boxed{①}$，$\boxed{②}\boxed{③}$，$\dfrac{\boxed{④}\boxed{⑤}}{\boxed{⑥}}$ などの①，②，③，④，⑤，⑥には，それぞれ０，１，２，…，９の数字または－，±，＜，＞，≦，≧の符号・不等号の中からいずれか１つのみを選びマークしてください。

(2) 解答が分数の形で求められているときは，既約分数で答えてください。

(3) 解答が無理数の形で求められているときは，$\sqrt{\ }$ の中の数を最小の自然数にして答えてください。

(4) 解答欄が余るときは，その余った欄にはなにも記入しないでください。

(5) 解答欄が不足するときは，不足する部分の数や符号・不等号をマークしないでください。

(6) 定規，コンパス，分度器，電卓，計算機能付き機器等は使用しないでください。

1 次の計算をしなさい。

(1) $3 \div 5.4 = \dfrac{\boxed{①}}{\boxed{②}}$

(2) $4 - 3 \times (-5) = \boxed{③}\boxed{④}$

(3) $\sqrt{4.5} \div \sqrt{3} = \dfrac{\sqrt{\boxed{⑤}}}{\boxed{⑥}}$

(4) $[\![a,\ b,\ c]\!] = \dfrac{a}{bc} + \dfrac{b}{ca} - \dfrac{c}{ab}$ とするとき，$[\![-5,\ -3,\ 4]\!] = \dfrac{\boxed{⑦}}{\boxed{⑧}\boxed{⑨}}$

2 次の各問に答えなさい。

(1) １次方程式 $2\left(\dfrac{1}{2} - \dfrac{x}{2}\right) = \dfrac{x}{2}$ を満たす解は，$x = \dfrac{\boxed{⑩}}{\boxed{⑪}}$ である。

(2) 連立方程式 $\begin{cases} 2x - 2y = 2^2 \times \dfrac{1}{3} \\ 3x + 3y = 3^2 \times \dfrac{1}{2} \end{cases}$ を満たす解は，$x = \dfrac{\boxed{⑫}\boxed{⑬}}{\boxed{⑭}\boxed{⑮}}$，$y = \dfrac{\boxed{⑯}}{\boxed{⑰}\boxed{⑱}}$ である。

(3) ２次方程式 $2^2(1 - x) = 2x^2$ を満たす解は，$x = \boxed{⑲}\boxed{⑳}\boxed{㉑}\sqrt{\boxed{㉒}}$ である。

(4) ２次式 $\dfrac{x^2}{2} - \dfrac{1}{2} - \left(\dfrac{x^2}{3} + \dfrac{1}{3}\right) + \left(-\dfrac{1}{3}\right)\left(-\dfrac{1}{2}\right)$ を整理して因数分解すると，$\dfrac{\boxed{㉓}}{\boxed{㉔}}(x + \boxed{㉕})(x\ \boxed{㉖}\boxed{㉗})$ である。

3 次の各問に答えなさい。

(1) 右の表は，花子さんの昨日までに返却された校内実力テストの結果である。花子さんの合計得点率が61％以上になるのは，理科の得点が $\boxed{㉘}\boxed{㉙}$ 点以上のときである。

ただし，その合計得点率が２桁の自然数にならないときは，小数第一位を四捨五入するものとする。

満点が100点の教科			満点が50点の教科	
国語	英語	数学	社会	理科
70点	62点	48点	33点	点

花子さんの合計得点率
％

(2) 大小2個のさいころを同時にふり，出た目により座標平面の点を表す。大きいさいころの出た目をx座標，小さいさいころの出た目をy座標とするとき，点(1, 1)を中心とする半径5の円の内側にある点となる確率は $\dfrac{\boxed{㉚}\boxed{㉛}}{\boxed{㉜}\boxed{㉝}}$ である。

ただし，円周上にある点は含まないものとする。

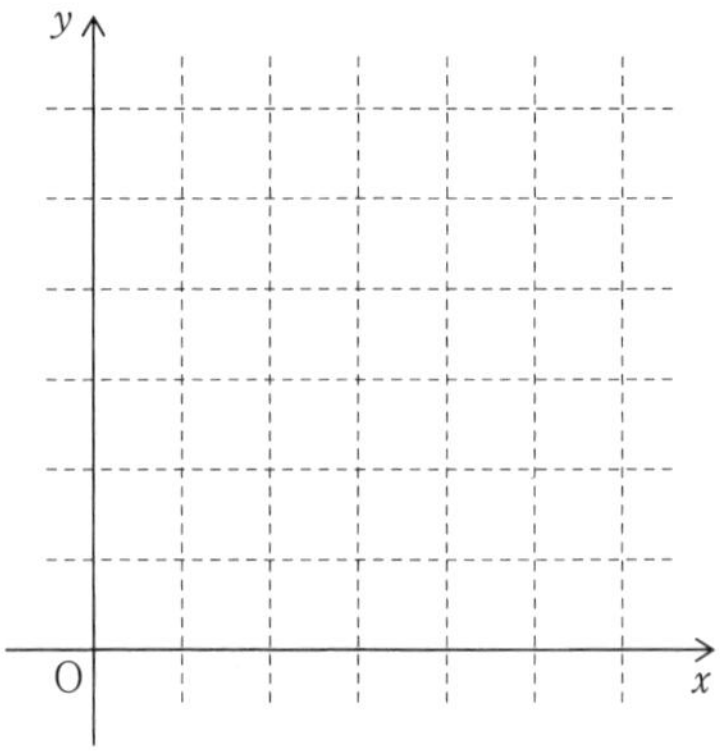

(3) 下図のように，1辺の長さが$1+\sqrt{3}$の正六角形ABCDEFと，その辺FAを1辺とする正方形APQFがある。正六角形の対角線AD, CFの交点をR，2点P，Rを通る直線と辺QFの交点をSとするとき，△FRSの周の長さは $\boxed{㉞}+\sqrt{\boxed{㉟}}+\sqrt{\boxed{㊱}}$ であり，面積は $\dfrac{\boxed{㊲}+\sqrt{\boxed{㊳}}}{\boxed{㊴}}$ である。ただし，$\boxed{㉟}<\boxed{㊱}$ とする。

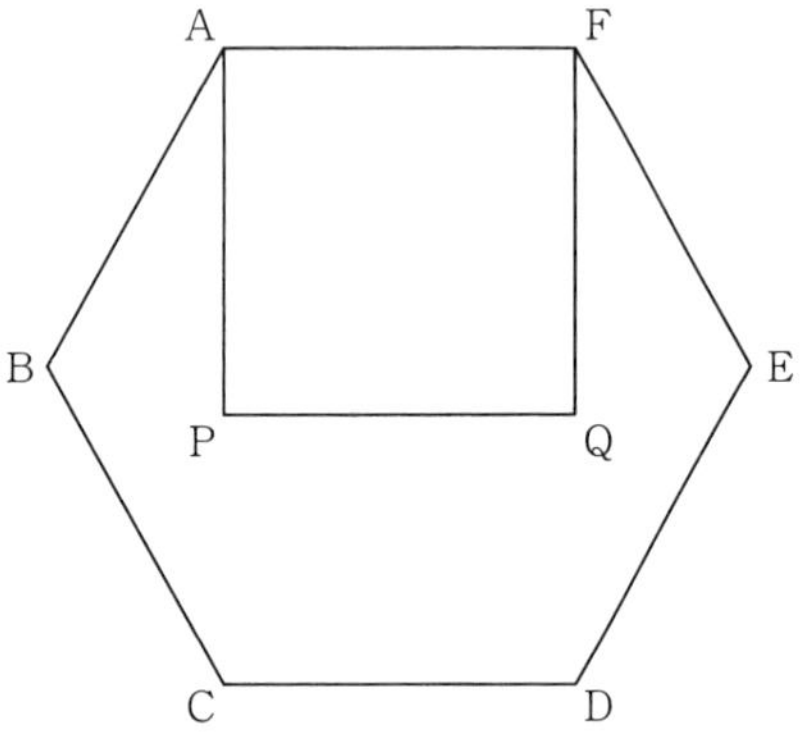

4 自然数4，5，6を各1回ずつ使用した小数のうち，最大のものを65.4，最小のものを4.56とするとき，次の各問に答えなさい。

(1) 整数0，1，9を各1回ずつ使用した小数のうち，1より小さいものの中で最大のものをa，1より大きいものの中で最小のものをbとするとき，

(i) $\sqrt{\dfrac{b-a}{3}}=\dfrac{\sqrt{\boxed{㊵}}}{\boxed{㊶}\boxed{㊷}}$ である。

(ii) (i)で求めた値をyとするとき，$\boxed{㊸}<10y<\boxed{㊸}+1$ である。

(2) 整数0，1，x，9 $(1<x<9)$を各1回ずつ使用した小数のうち，1より小さいものの中で最大のものをA，1より大きいものの中で最小のものをBとするとき，

(i) $\sqrt{\dfrac{B-A}{3}}=\dfrac{\boxed{㊹}\sqrt{\boxed{㊺}\boxed{㊻}}}{\boxed{㊼}\boxed{㊽}}$ である。

(ii) (i)で求めた値をYとするとき，$\boxed{㊾}\boxed{㊿}<100Y<\boxed{㊾}\boxed{㊿}+1$ である。

生徒A　【第1部】は会話文が多用されていることもあって実にテンポがいいよね。特に「わたし」と母親とのやりとりは普段からの二人の険悪な関係がよく分かるように工夫されているよ。【第2部】では一気に会話文が減るけど、そのぶん他の箇所は母親に対する意地みたいな形から、イモムシを何とか延命させようとする「わたし」の健気《けなげ》な行動が重厚な文体で描かれているんじゃないかな。

生徒B　なるほど。君はそう読んだんだ。僕は【第1部】での会話文中心の展開が生むテンポの良さには同意するけど、「わたし」の心情の根幹はやっぱりイモムシへの愛情でしょ。【第2部】では確かに会話文は減るよね。展開としては自分のやったことが原因でとんでもないことになってしまうんだけど、その時の「わたし」の苦悩が丁寧に表現されていて、僕は強く印象に残ったよ。

生徒C　わたしの考えも言っていい？【第1部】の会話文重視の書かれ方は、たぶんファンタジー的な要素の濃い内容にリアリティを出そうとしての手法なんじゃないかな？「わたし」と母親とのくだりはすごく生々しさを感じるし。その後の【第2部】では「わたし」が夢を見て現実逃避するシーンが悲劇的な結末を、より劇的なものに仕立てあげる効果を生んでいる気がするんだけど。

生徒D　面白い意見だね。でも僕は【第1部】はイモムシに対する心情の変化を「わたし」自身がどこかで喜んでいる点を大事にしたいんだよね。母親との会話のやりとりもその象徴みたいなものだよ。【第2部】の方はそうやって浮かれていた自分に厳しい現実がさし迫ってくる展開になっていて、読んでいる側が思わず感情移入してしまうような書かれ方になっていると感じたよ。

1　生徒Aと生徒C　　2　生徒Bと生徒D
3　生徒Bと生徒C　　4　生徒Aと生徒D

エ　大盤振る舞い　㉕

1　盛大にもてなす　　2　豪快に踊る
3　雄大に構える　　4　尊大にふるまう

問5　②ハッとしたとありますが、ここでの「わたし」について説明したものとして最も適当なものを次の中から選びなさい。解答番号は㉖

1　何の証拠も残さずに、母に内緒でイモムシ付きのパセリを庭に植えることができると思い込んでいたが、それは浅はかだったと気づいた。
2　順調にパセリは植え替えたものの、イモムシを嫌悪するであろう母の反応にまで思いが至っていなかったことに気づき、あわてた。
3　イモムシにひかれてついパセリを購入してしまったが、母の帰宅を機に本来頼まれていた花を買うのを忘れていたことを思いだした。
4　ヤマモモをこよなく愛する母がパセリの植え替えとイモムシの存在に気づいたら、こっぴどく怒られるのではないかとひやひやした。

問6　A ～ D にはすべて母の言葉が入ります。D に入る言葉として最も適当なものを次の中から選びなさい。解答番号は㉗

1　イヤよ、庭にそんなものがいるなんて
2　じゃあ、夏は蚊も殺さないのね？　血を思う存分吸われることね！
3　凪《なぎ》、なんだか最近おかしいよ
4　それはお父さんが退治してくれる

問7　③わたしは決意したとありますが、その内容として最も適当なものを次の中から選びなさい。解答番号は㉘

1　イモムシのさらなる成長のため、お花屋さんに行って彼らの食料となるパセリを追加して買うこと。
2　イモムシにとって最も適した食材を見つけるため、モノレールに乗って他のお花屋さんを探すこと。
3　サナギになるイモムシのエネルギーを確保するため、お花屋さんにあるすべてのパセリを買い占めること。
4　他の虫がイモムシに寄生するのを防ぐため、お花屋さんに行って害虫駆除の薬を探すこと。

問8　E に当てはまる言葉として最も適当なものを次の中から選びなさい。解答番号は㉙

1　農家直送　　2　本物のハーブ
3　観賞用　　4　無農薬

問9　④炭酸飲料でぷはーっとやるのは違う気がしてしまうのだとありますが、この時の「わたし」の心情を端的に表現したものとして最も適当なものを次の中から選びなさい。解答番号は㉚

1　爽快感　　2　嫌悪感　　3　罪悪感　　4　満足感

問10　⑤身動きできないでいたとありますが、この時の「わたし」について説明したものとして最も適当なものを次の中から選びなさい。解答番号は㉛

1　自分のとった軽はずみな行動が結果的に大好きなイモムシの命を奪うことになってしまったことで、自己嫌悪に陥っている。
2　良かれと思ってやったことが大切なイモムシの命を奪うことになってしまった事実を、なかなか受け入れられずにいる。
3　夏バテ気味だったイモムシに無理やりパセリを食べさせて殺してしまった自分の愚かさに、今になって気づき呆然《ぼうぜん》としている。
4　嘉世子さんのように上手に世話をすることができずにイモムシを殺してしまった自分の力不足を痛感し、悔しく思っている。

問11　【第1部】から【第2部】を通して読んだ生徒たちが読み取ったことを述べ合いました。文章全体について正しく分析している生徒は誰と誰ですか。最も適当なものを後の中から選びなさい。解答番号は㉜

けれど、そんなことはなかった。だらりと上半身を反らし、もう二つ折れに近い状態で、キアゲハはぶらさがっていた。あとの二頭に触れても、もうまったく動かない。一頭は、葉っぱからずり落ちて、土の上にごろんと横たわった。わたしが余計なことをしなければ、最初から無農薬パセリを買わなければ、この子たちには生きる道はあったのだろうか。いや、おそらくない。即答してしまう。お花屋さんが気づくか、お客さんが見つけるか、とにかく簡単に駆除されてしまっていたはずだ。わたしが買ったところまでは正解だったのだ。でも、新たなパセリを買い足したのは、完全に余計なお世話だったのだ。きっと食べ物が少ないなりに、彼らは小さなサナギになったかもしれないのに。あるいは、無農薬かどうかをしっかり確認して、違うと知ったら、モノレールに乗って別の店まで探しに行けばよかったのだ。

キーちゃん一号二号三号。命を預かったのに、死なせてしまった。本当なら、このぐにゃりとした体を早く土に埋めてあげた方がいいのかもしれない。けれど、まだ生きている、まだ奇跡が起きるかもしれないと思って、⑤身動きできないでいた。

（作問の都合により、一部表記を改めています。）

注1　ラスカス…人工観葉植物の名前。
注2　嘉世子さん…「わたし（凪）」の近所の豪邸に住んでいる、虫の世話をするのが好きな高齢の女性。「わたし」は普段から彼女の家に通い、ふとしたことからイモムシの世話を続けるようになっていた。
注3　マットな…光沢がない、反射しないなどの意。
注4　風美花…「わたし」の中学入学以来の友達。夏休みを利用してワシントン州シアトルにホームステイしている。

問1　本文中の「Ⅰ方Ⅱ方」、「Ⅲつ当たり」の空欄にはすべて数字が入ります。正しい数字を後の中からそれぞれ選びなさい。解答番号は⑰～⑲

Ⅰ ⑰
1　一　2　三　3　四　4　七

Ⅱ ⑱
1　二　2　五　3　六　4　八

Ⅲ ⑲
1　三　2　四　3　八　4　九

問2　①そう考えていたとありますが、これはどのような考えですか。その説明として最も適当なものを次の中から選びなさい。解答番号は⑳

1　見た目が気持ち悪いイモムシは多くの人たちから嫌われているので、お金を出してまで買うべきものではないという考え。
2　多くの人たちから嫌われ、見つかったらすぐに殺される運命にあるイモムシを何とかして救えないだろうかという考え。
3　鳥のフンみたいに見えるイモムシは商売の妨げになるので、花屋の店員ならすぐに見つけて駆除するのが当然だという考え。
4　多くの人たちの反応と同様にイモムシの存在に抵抗を覚え、それはためらうことなく排除される対象なのだという考え。

問3　aぐるぐる、bぱりぱり、cふさふさ、dくしゃくしゃとありますが、この中で擬音語として使われているものはどれですか。最も適当なものを次の中から選びなさい。解答番号は㉑

1　a　2　b　3　c　4　d

問4　二重傍線部ア～エの言葉の意味として最も適当なものを後の中からそれぞれ選びなさい。解答番号は㉒～㉕

ア　無造作に ㉒
1　何の苦労もなく　2　丁寧さがなく
3　特に狙いもなく　4　無駄がなく

イ　案の定 ㉓
1　思っていた通り　2　常識通り
3　設定した通り　4　理想通り

ウ　みずみずしくて ㉔
1　水っぽい感じで　2　きれいな感じで
3　新鮮な感じで　4　きめ細かい感じで

屋を動き回り、一頭は電気スタンドにぶら下がり、もう一頭は窓辺に、もう一頭はベッドの端っこにくっついて、サナギになった。おかげで、ブランケットをかぶせてしまわないか心配でうまく眠れない……ところで目が覚めた。現実はどうだろうか。朝ご飯の前に、まずは表に出てみる。ヤマモモの下。イモムシはそのままだった。昨日とまったく同じ位置で、葉っぱや茎にくっついている。明らかにおかしい。寄生されてしまったのだろうか。三頭が三頭とも？　表面を食い破って何かが出てきた形跡はない。しっとりとした体が、乾いてきているようにも見える。茎にくっついているイモムシを、昨日と同じように、指でちょんとつついてみた。その途端、体がぐらっと揺れて、上半身が茎から離れた。以前、学校の教室で貧血を起こしてばったり倒れて意識を失った子のことを、なぜか思い出した。イモムシの下半身は茎にしっかりくっついている。後ろ脚の十本は、こんなときでもピトリと張り付いたままなのだ。だから地面に落ちない。けれど上半身は重力に抗《あらが》えないので、まっすぐな下半身に対して、上半身が九十度反《そ》りかえった形、ひらがなで言うと……と考えて、数字の方が適当なことに気づいた。「7」だ。

そんなことをあれこれ考えてしまうのは、現実逃避したいからだった。こんな状況の虫は、嘉世子さんのところでも見たことはない。寄生ではない。自分のせいだと思いたくなくて、目を逸らしていた。けれど、現実ではないのか？　このパセリが、[E]ではなかった可能性が高いのではないだろうか？　わたしは朝食を半分残した。フルーツと卵にラップをかけて冷蔵庫にしまってから、着替えて、「ちょっと散歩してくる」と家を出て、花屋さんに直行した。帽子を忘れたことに気づいたけれど、一瞬立ち止まっただけで、わたしはまた歩き出した。早く正解を知りたい。ハーブコーナーはこのあいだと同じようになくて、すみっこのパセリは、わたしが三株買ったときのままになっている。つまり、あと二株残っていた。わたしのパセリを会計した女の人が店にいた。

「あの！」パセリを指さす。

「これって、無農薬ですよね？」

「あ、違いますよー。無農薬なら無農薬って書きますんで」

やはりそうだった。イモムシを瀕死《ひんし》の状態に陥《おちい》らせているのはこのパセリで、それを買ったのはわたしなのだ。

「でも、前は無農薬って書いてあって」

「ああ、最初に仕入れたのは無農薬でしたよー。けど、思ったより売れちゃってね。追加で仕入れたのは無農薬じゃなかったんで、そういう表示は外したんだけど、もしご希望でしたら、もう一度仕入れの方に当たってみますけど？」

この人は、わたしが二度買ったのを覚えていない。「ああ、あのときの！　買ってくれましたよね？」と言ってくれたら、実はイモムシが、と話したかったのに。「ごめんなさいねー！」と言ってもらえたら、少しでも罪をシェアできた気になれたのに。

いや、[Ⅲ]つ当たりだ。確認しなかった自分が悪いのだ。農薬のついたパセリを与えてしまった自分に、全責任がある。今頃、無農薬を注文したって遅い。

「もういいんです」

喉が渇いていることに気づいた。店の前に自動販売機がある。でも、あの虫たちに苦しい思いをさせているのが自分だと思うと、④炭酸飲料でぷはーっとやるのは違う気がしてしまうのだ。坂道をのろのろと歩く。こんなに暑いのにカラスが一羽、斜め上方をすうっと飛んでいき、ぺっと白いものを落としていった。頭にかけられなくてよかった。ようやく、ぼんやりした状態からスイッチが入った。もっともこの白いものは、ウンチではなくてオシッコなんだと、注4風美花《ふみか》が力説していた。本当なんだろうか。そういえば風美花はどうしているだろう。シアトルにもカラスやイモムシはいるのかな。

家の門を入って、ヤマモモの前に向かう。奇跡を願う。あのイモムシが、上半身もシャキッとして、突如《とつじょ》また葉っぱを食べ始めている様子を。

母はぷいと顔を逸《そ》らして言う。

「何が」

「虫、嫌がってたじゃない」

「こんな中途半端な田舎に越してきて、虫が全然ダメだったら、生活していけないじゃん。道路にもダンゴムシいるし、カタツムリいるし」

「　C　」

「命なんだよ？　犬とか猫の命は大事で、イモムシやダンゴムシの命はどうでもいいの？」

　正論を吐いてみた。もちろん、母に通じるなんて思っていない。

「　D　」

　母はバーンと大きな音を立てて、玄関の扉を閉めた。わたしはしゃがんで、イモムシたちの様子を眺めた。さっきとは別の房に移動しているではないか。早く注2嘉世子《かよこ》さんにこのことを語りたいと思った。


【第2部】


　午後は図書館にでも行くか。

　ぼんやりとそんなことを思いながら、玄関を出た。むわりと湿度の高い空気が、ほっぺたやアゴに張り付いて汗を引き出す。ヤマモモの木の下のｃふさふさのパセリを観察しようとして、

「え」

と声を発してしまった。ちっともふさふさではない。しかもイモムシたちは脱皮している！　終齢幼虫になっているではないか。黄緑の地に黒いストライプがますます注3マットな質感になっていて、正直不気味さを増している。恐ろしい食欲だ。ひとつの枝の葉っぱをきれいに端からすべて食べ尽くしては、別の枝にうつっている。葉っぱがもう少なくなっていることに気づいているのか、しぶしぶといった様子で、茎まで食べている。あと何日かしたらサナギになるはずだ。ぎりぎりもつだろうか。しゃがんで、三つのパセリを順に覗き込む。

「キーちゃん」

　キアゲハだからそう命名していた。もっとも三頭ともひっくるめて、キーちゃん。個別の名前は用意していない。ワシワシ、ｄくしゃくしゃと、イモムシたちが葉を食べる音が聞こえてきそうだ。これでは足りない。せっかくここまで大きくなったのに、サナギになるエネルギーを溜《た》められないかもしれない。③わたしは決意した。

　顔を洗って着替えて、お花屋さんに向かった。パセリがなかったらどうしよう。この間自分が全部買い占めてしまったことを思い出す。その場合は、スーパーで売っている食用のパセリでも大丈夫だろうか。あるいは、モノレールに乗って街まで出て、もっと大きなお花屋さんを探すべきか。店に着いた。無農薬ハーブのコーナーが消えている、と思ったら、なくなったのはその看板だけだった。ちゃんとパセリはあった。ウみずみずしくて大きい。しかも値下がりしているではないか。前回より五十円安い。一株を三頭で分けてね、と言い含めることもできないから、一応一頭ずつ一株、合わせて三株買った。エ大盤振る舞いだ。

　残念ながら今回は、幼虫はくっついていないようだけれど、もしかして葉陰に卵があって、孵化《ふか》するかもしれないし……。生きものがいる生活っていいな、と思う。


【中略】

　図書館に行って、夕方戻ってきたとき、わたしは、あれ？　としゃがみこんだ。イモムシたちの位置がまったく変わっていないのだ。朝と同じ。偶然だろうか。それとも、もうサナギになる前触れなのか。ジャコウアゲハと同様に、この五齢幼虫も、サナギになる前の前蛹《ぜんよう》の時期に、しばらく動かなくなるはずだ。でも、それはサナギになる場所を決めてからの場合が多い。今までと同じ葉っぱの上で、そのままというのは考えづらい。葉っぱをゆらしてみる。もぞっと、頭が小さく動く。夏バテだ、きっと。そう自分に言い聞かせながら、家に戻った。その日の夜、夢を見た。イモムシたちは、わたしの部

ア無造作につかんでビニール袋へ入れようとするので、わたしは、

「あ、ここに虫がいるんで、そっと入れてください」とたのんだ。

「あー、虫いますか。今取りますね」イ案の定、この反応だ。

「いいんです！　取らなくていいんです。このパセリは、虫が食べるために買うので」あわてて言うと、店員さんは、首をかしげた。ああ、頭の中で「なんだこの変な奴」って思ったな、とわかったけれど別にかまわないのだ。


【中略】


ヤマモモの木の斜め奥に場所を定める。ここなら、木の陰に隠れて、日がわずかな時間しか当たらないから、干からびる心配がない。定規を地面に刺して、練り練りする。やわらかくなった土を、缶の蓋《ふた》で掘り返す。間もなく、三つ穴ができた。そこにパセリを一つずつ植えていく。植木鉢から外すのが大変かと思いきや、指で押しただけで取れた。鉢のなかは土がほとんどかと思ったら、根がaぐるぐるととぐろを巻いていて、さらに伸びる場所を探しているようだった。この鉢に長いこと閉じ込められて、うんざりしていたのかもしれない。

「大きくなってねー」パセリにも、イモムシにも、同じことを思う。植えるときに葉っぱが揺れようとも、イモムシはちっとも気にしていなくて、もぐもぐは止まらない。

車の音が遠くから近づいてくるのを、カフェのBGMのように聞き流していたわたしは、②ハッとした。母が運転している車だったのだ。うちには車庫がない。家の前に二台駐車できるように、コンクリートのスペースがあるだけだ。今、うちの車は一台だけなので、母は雑に、斜めに停めてすぐに降りてきた。建物の陰に、空いたビニール袋や定規を運ぼうとしたが間に合わなかった。

「あら、何をやっているの」

「え」

「制服の裾《すそ》に、土がついているじゃないの」

着替えるのも忘れていたのか。

「ええっと……」

油断した。なぜ、帰ってくる前に、完全犯罪を成し遂げられると思い込んでいたのだろう。しかも、いくらヤマモモの陰と言ったって、木自体が、タイル張りの玄関からそう離れていない。見つかって当然なのだ。

「それ、なんのつもり？」

「パセリ。お花屋さんで見つけたから」

「あら、そんなのスーパーで買えばいいじゃないの」

「いや、食べるんじゃなくて、観賞用」

「観賞用なら、相談してちょうだいよ。パセリって観て楽しむものでもないでしょ。それ、無農薬なの？」

「そう」

「じゃあ、料理に使えるね。たくさん買いすぎたんじゃない？　でもまあ、冷凍しておいたらかえって使いやすくなるのよ。bぱりぱりに凍るから」

「冷凍しないし、料理にも使わないよ。だって」

「だって」

息を思いきり吸う。

「虫がいるから」

「な、なんですって」

母が半歩下がる。私は攻めに転じた。

「キアゲハっていう蝶の幼虫。パセリを食べてるの。だから、パセリは人間のためのものじゃなくて虫のためのもの」

「　A　」

「お母さん、このへん歩くこと、めったにないからいいじゃない」

おそるおそる近づいてきて、母は目を細めて焦点を合わせながら見ている。視力があまりよくないのだ。

「何の虫？　緑色なの？　気持ち悪い」

「緑じゃない。白と黒。お母さん、見なければいいでしょ？」

「　B　」

を起こしたりすると、「同じ班のメンバーじゃないか」って言われて班全体の連帯責任になったり怒られたりするよね。個人より社会集団を優先しなければいけないということを教えているんだ。

生徒D　学校ってうっとうしい時があるよね。ちょっとみんなと違うことを言ったりやったりすると、「空気を読めよ」なんて言われて、いじめっぽい空気になったりして、神経を使うんだ。家ではほっとしたいからネットやSNSを見たりするんだけど、「既読無視」なんて問題もあってうんざりするよ。そういう時は、無理して話すわけでもなく、ちょうどいい距離をとればいいんだね。または、知らない誰か、つまり、社会につながっていけばいいんだ。

1　生徒A　2　生徒B　3　生徒C　4　生徒D

二　次の文章は吉野万理子《よしのまりこ》の小説『イモムシ偏愛記』の一節で、主人公の「わたし（新巻凪《あらまきなぎ》）」は中学三年生の女の子です。よく読んで後の問いに答えなさい。

【第1部】

会計を終えて、帰りがけに、表に並ぶ鉢植えをチェックした。カラフルなニチニチソウが、一番幅をきかせている。端っこの方に、ハーブコーナーがある。この一角はすべて無農薬だそうだ。こういうのを買う人って、育てるんだろうか、それとも食べるんだろうか。一個一個覗《のぞ》き込んでいたわたしは、「ふわ！」と思わず声を上げてしまった。

黒い小さなビニール製のポットに植えられているパセリ。全部で三株並んでいるのだが、そのうちの一つ、茂った葉っぱの上にアゲハの幼虫がいるではないか。ナミアゲハなんだろうか。それとも違うアゲハか。小さめだけれど、生まれたばかりの一齢幼虫とは思えない。二回くらい脱皮を繰り返した後の三齢幼虫だろうか。体は白と黒だ。太陽の光の加減かもしれないけど、鳥のフンみたいに見える。でも細かく観察すると、黒い部分に赤いぽつぽつがいっぱいついている。よくここまで見つからずに済んだものだ。パセリがもしゃもしゃと大きく茂って茎を［Ⅰ］方［Ⅱ］方に伸ばしているおかげかもしれない。本当に無農薬で農家が育てているという立派な証拠だ。しかし……この虫、どうなるんだろう。想像をめぐらせる。誰かが買って家に持って帰ったとする。イモムシを見て、「きゃー」と騒ぎ、当然、つまんで捨てるだろう。いや、もっと手前で気づくか。買う前に、店員さんにクレームをつけ、その人が「あ、すみません」と何事もなかったようにティッシュにくるんで捨てる――どっちにしろ死んでしまう運命ではないか。

ちょっと前だったら、当然こう考えたはずだ。それでいい。イモムシ、さっさと駆除《くじょ》してほしい。というか、自分が買おうと思ったパセリにイモムシがついているのを見つけたら、悲鳴を上げてしまう。親に頼まれたおつかいだとしても、買うのは中止する。なんの罰ゲームかと思う。でも、①そう考えていたであろう自分が、とてもとても遠くに感じられるのだ、今は。この虫が殺されないで済む方法は何か。すぐに思いついた。自分が買って帰ればいいのだ。そして、庭の隅っこ、芝生を少しほじくりかえして、植えたらいい。そうだ、ヤマモモの根っこのあたりは、栄養のある土をわざわざ入れたと聞いた。あそこならパセリも育ちやすいに違いない。

わたしはイモムシのくっついているパセリを一株、手に取った。そして気づいた。隣の株にも、まったく同じサイズの幼虫が、葉っぱをはむはむ食べているということを。さらに、その隣の株にも一頭いるではないか。結局、置いてある三株すべて、「無農薬！　農家直送」という宣伝のカードごとカゴに入れた。一株百五十円と安くて助かる。お小遣いから出そうか、注1ラスカスのお釣りから出してしまおうか迷ったけれど、結局自分の財布からちゃんと払った。これは母のものではなく、わたしのものなのだから。店員さんが、だと述べている。

3　筆者は冒頭で問題を提起し、具体例をいくつか挙げて検証し、そこから結論をまとめている。信仰や原理主義者の例が的外れではないことを強調するために、権威ある阿部謹也の説も引用している。

4　筆者は冒頭で具体例を述べ、その具体例とは反対の例も挙げて問題を検証し、最後に新たな問題を提起している。説得力があるのは、具体例として挙げている歴史的な出来事・事件・現状を客観的に分析しているからである。

問12　四人の高校生が問題文と次の文章を読んで、筆者の考えをもとに意見を述べました。正確に理解できていない人が一人います。それは誰ですか。後の中から選びなさい。解答番号は⑯

僕はNHKBS1で『COOL　JAPAN』というTV番組の司会をもう15年ぐらいしています。毎回、世界から日本にやってきた外国人の人たちと日本の文化や風習、食べ物などさまざまなことを話します。

　あるブラジル人は、東日本大震災の時の日本人に感動して、日本にやってきたと言いました。ブラジルだと、あんな大きな地震の後は、たいていお店が襲われて食料品とか衣類が盗まれると彼は残念そうに言いました。でも、日本人はすごく礼儀正しく優しくて、略奪もしないし、暴動も起こらなかったと、感動的な表情で僕に語りました。

　ところがある日、彼は、「信じられないものを見た」と悲しそうな顔で『COOL　JAPAN』の収録スタジオに来ました。

「どうしたの?」と聞けば、「今日、駅で女性がベビーカーを抱えて、ふうふう言いながら階段を上がっていたんだ。女性は大きな荷物も持っていて、本当に大変そうだったのに、誰も手伝わないんだよ。ブラジルだったら、すぐにベビーカーを持って助けてあげるのに」と答えました。

　スタジオにはアメリカ人とフランス人がいたのですが、この二人も同時に「そうなの！　日本人はベビーカーだけじゃなくて、女性が大きなスーツケースを持って、階段を登れなくて苦労していても助けないの。信じられない！」と叫びました。

「東日本大震災で日本人は優しくて礼儀正しいと思っていたのに、よく分からなくなった。いったい、日本人は優しいの？　優しくないの？」ブラジル人は戸惑《とまど》いの表情を見せました。

　さて、あなたはどう答えますか？　日本人は優しい？　冷たい？

（鴻上尚史『親の期待に応えなくていい』より。）

生徒A　日本人がベビーカーの女性や重い荷物を持って苦労している女性を助けないのは、日本人が冷たいからではないんだよ。その人たちが知らない人だからだ。もし、近所の人だったり友だちのお母さんだったりしたら、きっと手伝うよ。つまり、その人たちは世間に属する人たちで、ベビーカーの女性や重い荷物を持って苦労している女性は社会の人なんだ。

生徒B　日本人は社会との接し方や会話のしかたがわからないんだよ。たとえば、駅のホームで電車がくると我先に乗り込んで仲間の席をいくつもとっているおばさんたちがいるよ。その人たちは世間、つまり仲間からは親切だと思われているだろうね。でも、自分の仲間以外の社会の人たちには関心がないから、社会の人からマナーが悪い人だって思われても気にならないんだよ。

生徒C　だから、社会との接し方を教えるために、小中学校で班活動をさせるんだね。班は自分が選んだのではなく先生が

Z 不毛な
1 成果が見込めない様子。⑩
2 物事が駄目になる様子。
3 思いどおりにならない様子。
4 効き目がおそい様子。

問7 ⑤「社会」と会話する言葉とありますが、これはどのような言葉だと筆者は考えていますか。その説明として最も適当なものを次の中から選びなさい。解答番号は⑪

1 自分とは違った考えを持つ人たちとの関係を保つために、慎重な物言いをする時に使う「です、ます」調のマニュアル化された言葉。
2 自分と似たような感覚を持つ人たちと打ち解けて話せるように、仲間内にむける時に使うフレンドリーな挨拶と日常会話。
3 自分にとって身近ではない人たちにも言いたいことが伝わるように、相手との適切な距離を意識して使う丁寧で柔らかい言葉。
4 自分の仲間以外の人たちにも言いたいことを察してもらうために、言外の意味をくみ取ってほしい時に使うあいまいな表現。

問8 [B]～[D]に当てはまる言葉の組み合わせとして、最も適当なものを次の中から選びなさい。(ただし二ヶ所ある[C]には同じ言葉が入ります。)解答番号は⑫

1 B 当然 C 要するに D たとえ
2 B もし C すなわち D けれども
3 B もちろん C だからこそ D ただし
4 B あるいは C そのために D つまり

問9 ⑥どんなに素敵な「共同体」に見えても、頼り切らないようにとありますが、これはなぜですか。その理由として最も適当なものを次の中から選びなさい。解答番号は⑬

1 孤独や不安から共同体を拠《よ》り所としても、自分の家族のようには支えたり守ったりしてくれないから。
2 一つの共同体だけに依存しすぎると、濃密な関係が生まれ、重苦しさに押しつぶされることもあるから。
3 共同体にすがりついて本心を打ち明けても、建前を重視する現代の状況では共感してもらえないから。
4 助けてもらったら必ず恩返しするような強い絆《きずな》がないと、共同体を良好な状態で維持できないから。

問10 「世間」をゆるやかに「社会」の方に溶かすとありますが、これはどういうことですか。本文全体をふまえた説明として最も適当なものを次の中から選びなさい。解答番号は⑭

1 表面上は「世間」に属しているふりをしながら、精神的にはインターネットの「社会」とつながり、SNSで本音をぶつけ合い、互いに自己の存在価値を認めること。
2 「世間」は絶対的なものではないと見極め、息苦しくないような距離感を保ちながら「社会」の方に目を向け、複数の「世間」を見つけてその間を生きていくこと。
3 「世間」の抑圧的な人間関係から遠ざかると共に、知らない人ばかりの「社会」とつながり、西洋のように神に支えてもらいながら、個人として自立していくこと。
4 不況により諸問題を抱えてしまった「世間」を変革するために、「社会」の視点から見て「世間」を縛っているルールを緩め、風通しのいい「世間」を復活させること。

問11 本文の論の進め方と内容を説明したものとして、最も適当なものを次の中から選びなさい。解答番号は⑮

1 筆者は冒頭で問題を提起し、すぐに結論をまとめ、具体例で検証して結論を補強している。この国の生きづらさに苦しむ人々に、どう対応していけばいいのか、分かりやすい表現で語りかけるように説明している。
2 筆者は冒頭で結論を提示し、具体例をいくつか挙げて検証し、最後に問題点を明らかにしている。苦しみを乗り越えていくためには、苦しめているものの正体を冷静に見極めることが大切

注6　秋葉原の被告…二〇〇八年に起こった秋葉原の通り魔事件の被告。

問1　二重傍線部a〜cのカタカナを漢字に直した場合、同じ漢字を用いるものを後の中からそれぞれ一つずつ選びなさい。解答番号は①〜③

a 従ジュン　①

1　単ジュンに考える　　2　雨でジュン延する
3　ジュン決勝で戦う　　4　ジュン環バスに乗る

b 事タイ　②

1　引タイ試合　　2　新陳タイ謝
3　職務タイ慢　　4　生タイ系の保護

c 必シ　③

1　一点をシ守する　　2　シ急会いたい
3　シ行錯誤する　　4　闘シを燃やす

問2　①世間と②社会とありますが、筆者はそれぞれどのようなものだと考えていますか。その説明として最も適当なものを次の中から選びなさい。解答番号は④

1　経済的な水準や文化的な水準が高い人たちの集まりを「世間」といい、高くない人たちの集まりを「社会」という。
2　自分と強い関係がある人たちで形成された世界を「世間」といい、それがほとんどない人たちで形成された世界を「社会」という。
3　集団内のルールによってつながっている世界を「世間」といい、国の法律によってつながっている世界を「社会」という。
4　個人の尊厳を求めている人たちの集まりを「世間」といい、伝統的な価値観を求めている人たちの集まりを「社会」という。

問3　[A]に当てはまる言葉として最も適当なものを次の中から選びなさい。解答番号は⑤

1　ソーシャル・ネットワーク　　2　スクールカースト
3　セイフティ・ネット　　4　カウンセラー

問4　③所与性とありますが、これはどのようなことだと筆者は考えていますか。その説明として最も適当なものを次の中から選びなさい。解答番号は⑥

1　自分は望んでいないのに、無理やり強制されること。
2　自分が置かれている今の状況を積極的に受け入れること。
3　神仏を信仰し、神仏の恵みによって授けられていること。
4　自分から選ぶのではなく、運命のように与えられていること。

問5　④空気とありますが、「空気」に支配されるとどのような状態になると筆者は考えていますか。その説明として適当ではないものを次の中から一つ選びなさい。解答番号は⑦

1　集団内になんとなく力を持つ人物が出てきて、その場の雰囲気を作り出し仕切っているような状態。
2　そこにいる人々が、その場の状況を探ろうとして、お互い過剰に気を配っているような状態。
3　強制されていないのに、皆が同じ考えでいることを強いられるようなムードが漂っている状態。
4　世間が崩壊して実体がなくなってしまったことで、知らない人ばかりが集まった無秩序で不安定な状態。

問6　X逆鱗に触れない・Y真綿で首をしめられる・Z不毛なの意味として正しいものを後の中からそれぞれ一つずつ選びなさい。解答番号は⑧〜⑩

X　逆鱗に触れない　⑧

1　目上の相手や権力者を激しく怒らせない。
2　力の強い相手を不安な気持ちにさせない。
3　不注意な言動により相手を悲しませない。
4　相手の気に障《さわ》るようなことをわざとしない。

Y　真綿で首をしめられる　⑨

1　ねちねちとまとわりつかれる。
2　しつこく愚痴やいやみを聞かされる。
3　遠回しにじわじわと痛めつけられる。
4　時間をかけてゆっくりと妨害される。

C、僕はあなたに複数の共同体に属することを勧めるのです。

不安ゆえに、ひとつの共同体にしがみつけば、それは「世間」となります。しがみつこうとする自分を叱《しか》るのではなく、不安ゆえに、たったひとつの共同体＝「世間」を必cシで信じようとZ不毛な努力をするのでもなく、不安だからこそ、複数の共同体に所属して、自分の不安を軽くするのです。それは、相対化された「世間」と呼んでもいいし、「社会」とつながっている「世間」とも言えるのです。

注6秋葉原の被告《ひこく》が、例えば、青森の県人会の集まりと「コミュニティー」に入っていれば。そして、そこで出会った相手を「世間」の一員と思わず、「社会」の一員として認識して、充分な情報と共に「です、ます」スタイルで話し始めれば。

ずいぶん、状況は変わっていたのじゃないかと、僕は楽観するのです。

複数の共同体なら、自然とゆるやかな所属になるだろうと思います。たったひとつしかないからこそ、気がつくと「差別的で排他的な」関係が生まれるのです。

複数であれば、その共同体は、「所与性」のものでもなくなります。自分を支えるために、ゆるやかに所属する複数の共同体を選ぶのです。

それが、崩壊し、逆に力を増している「世間」の中で、窒息《ちっそく》せず生き延びるコツだと僕は思うのです。

もっとはっきり言えば、複数の「社会」でもいいとさえ思っています。

もし、複数の共同体を見つけられなければ、たくさんの「社会」の人たちと会話するだけでも、ずいぶん人間は救われると思っているのです。

それは例えば、週末にジョギングするたびにすれ違う相手との「こんにちは」という短い会話です。会社帰りにお弁当を買う時の「今日は早いですね」という一言です。いつもの通勤電車の見慣れた顔の微笑《ほほえ》みです。

秋葉原の被告は、ナイフを買いに行った時、そこでの女性店員とのなにげない会話にひどく感激していました。一日にひとつ、そんな会話があるだけで、ずいぶんと人間は救われるのです。

何度挨拶しても、共同体のような関係が始まらなくても、そこに人間がいて、言葉を交わしている、ということだけで、人間は安心します。

ゆるやかな共同体＝「世間」よりも、さらに薄い関係の「社会」の人の一言でも、孤独は薄らぐのです。

そうやって「社会」とちゃんと会話を続けていくうちに、相対化された「世間」に変わっていくかもしれません。

D、それが、⑥どんなに素敵な「共同体」に見えても、頼り切らないように。

（鴻上尚史《こうかみしょうじ》『「空気」と「世間」』より。作問の都合により、一部表記を改めています。）

注1　原理主義者…基本的な理念や原理原則を厳格に守ろうとする立場の人たち。

注2　阿部謹也…歴史学者。著書『「世間」とは何か』などで「世間」の正体を突き止めようとした。

注3　「世間」の五つのルール…「世間」の根本原理・特徴として阿部謹也があげた「贈与・互酬の関係」「長幼の序」「共通の時間意識」「差別的で排他的」「神秘性」のこと。

注4　三菱重工爆破事件…一九七四年の爆破テロ事件。ある記事に、「重傷者が倒れていても、人々は傍観している。ただ所々に、人がかたまってかいがいしく介抱していた例もあったが、これはその人の属する会社の同僚、知人である。」という趣旨の指摘があった。

注5　福音派…キリスト教の一つの宗派で、聖書の言葉を真実であると信じる人たち。

みんなが「空気」に振り回されているだけなのか。実体のない「空気」なのか。これはとても大切なポイントです。

何度も書きますが、相手の正体が分からない時が一番怖いのです。幽霊の正体が分かれば、戦い方は見えてきます。その時、恐怖はずいぶん減るのです。

その時の戦い方は決まっています。

抜け出すことができない「差別的で排他的」な「世間」では、最少のエネルギーで、その「世間」と「空気」の X 逆鱗《げきりん》に触れないように振る舞うだけです。表面上は従 a ジュンなメンバーを装《よそお》うのです。

それではあまりにも情けない、とあなたは言うでしょうか？ 僕は、抜け出したい「世間」があるのに、それが無理なのは、ほとんどの場合、経済的な理由だと思っています。

嫌な会社を辞められない、うんざりする故郷を捨てられない、Y 真綿で首をしめられるような家庭を飛び出せない、大嫌いな学校を替われない。それらは、すべて、経済的な理由です。

ならば、最少のエネルギーで嫌な「世間」の攻撃をかわしながら、残したエネルギーでお金を稼《かせ》ぐか、それが不可能なら、精神的に密かに脱出するのです。

インターネットやさまざまな情報から、あなたが本当に楽しめて、わくわくするような「共同体」を見つけ出しましょう。

それは、絵やテニスなどの趣味のサークルかもしれませんし、出会い系サイトの真面目な交際かもしれませんし、常連となる飲み屋を見つけることかもしれません。放課後、あなたを救ってくれる集団かもしれません。遊び仲間かもしれません。

高額のバイトや、次の仕事につながる情報が見つかればラッキーですが、そうでなければ、あなたを支えてくれる「共同体」を見つけるのです。

そのためには、あなたは ⑤「社会」と会話する言葉を徐々に身につけていく必要があります。

１９７０年代、日本人は、注4 三菱重工爆破事件で道に倒れた「社会」に属する人にかける言葉を持ちませんでした。けれど、事 b タイはずいぶん変わってきているはずです。

「阪神・淡路大震災」以降、ボランティアに週末集まった多くの人は、「世間」を作る間もなく、「社会」に属する人たちと会話を始めました。

もし、あなたが自分自身、変わってないと思うのなら、相手は「社会」に属する人だという意識で会話を始めましょう。相手は、自分と同じ「世間」の人ではないけれど、「です・ます」調を使ってにこやかに会話するのです。

B 、その「社会」がいつのまにかあなたの次の「世間」になるかもしれません。あなたが、今の「世間」に絶望していればいるほど、あなたは次に出会った共同体にしがみつき、それが、いつのまにか「差別的で排他的」な次の「世間」になる可能性があります。

そうなった時、問題は二つあります。

ひとつは、そこで「差別的で排他的」な関係を作り上げたとしたら、あなたが嫌悪《けんお》し、飛び出そうとした「世間」で経験したことと同じことを繰り返してしまうことになるのではないか、ということです。

もうひとつは、そこまでの強力な「世間」をあなたは見つけ出すことができるだろうか、ということです。

注5 福音《ふくいん》派の人たちのような信仰をあなたは持つことができるのか。もし、出会ったとして、その「世間」はあなたを永遠に支えてくれるのだろうか、ということです。

高度成長期、「会社」は完全にサラリーマンを支えました。 C 、定年退職した後、抜け殻のようになったサラリーマンたちが続出したのです。

二〇二二年度　浦和実業学園高等学校（第二回併願）

【国　語】（五〇分）〈満点：一〇〇点〉

一　次の文章を読んで、後の問いに答えなさい。

他人との距離が、極端な2種類しかない若者が増えてきていると僕は思っています。

思いっきりタメ口の馴《な》れ馴れしい距離と、「すみません」を連発するよそよそしい距離しかない若者です。それは、理想的な「①世間」を相手に求めるか、相手がまったく関係のない「②社会」に住んでいると決めつけるか、の二つの世界しか生きてないことだと思うのです。

あなたが今生きる「世間」がうっとうしく、息が詰《つ》まるようなら、そして、その重苦しさの割には、あなたを支えてくれないと感じるのなら、僕は、「世間」からゆるやかに「社会」にはみ出していくことを提案します。

「世間注1原理主義者」のように伝統的な「世間」の復活を試みるのではなく、「世間」をゆるやかに「社会」の方に溶かすのです。

何に頼ってもメリットとデメリットがあると僕は書きました。

僕は、この方法が、一番、苦しみと喜びを比べた時に、楽しい方に天秤《てんびん》が傾《かたむ》くのではないかと思っています。

注2阿部謹也《あべきんや》さんは、日本人は「世間」と「社会」のダブルスタンダードに生きていると書きました。どちらかと言えば、それはネガティブなイメージでした。生き延びるためにしようがなく選んだようなものでした。

けれど、積極的にダブルスタンダードを活用してもいいんじゃないかと僕は思うのです。

つまり、前向きに「世間」と「社会」を往復するのです。

あなたの生きる「世間」が［　A　］として機能せず、ただ息苦しいだけなら、その「世間」を飛び出し、「社会」と出会う旅を始めるのです。つまり、「③所与性《しょよせい》」と言われる、無条件に与えられた「世間」を捨て、「社会」とつながることで大きく深呼吸するのです。

それは、「複数の『共同体』にゆるやかに所属すること」ということです。

「世間」から具体的に逃げ出す方法もあれば、精神的に逃げ出す方法もあります。

つまり、「差別的で排他的」な職場やクラスの雰囲気《ふんいき》が嫌だという時、具体的に逃げ出すとは、そこをやめることです。

けれど、生活のためにそんなことができない場合、精神的に逃げ出すのです。

それは、「世間」と「空気」を、今まで客観的・相対的に分析してきたからこそ、できることなのです。

まず、その集団は「世間」として機能しているのか、すでに「④空気」のレベルなのかを観察しましょう。

もし、まだまだ強固な「世間」が残っていると感じるなら、または、不況によって強固な「世間」が戻ってきたと感じるなら、注3「世間」の五つのルールのうち、どれが特に強力に働いているのかを観察するのです。

「長幼《ちょうよう》の序」を振り回す人が多いのか、「共通の時間意識」を大切にしている人が多いのか、「贈与《ぞうよ》・互酬《ごしゅう》の関係」を求めている人が多いのか。

もし、「空気」と言っていいレベルだと感じたのなら、五つのルールのうちどれが欠けているのか、どれぐらい揺れているのかを見ます。

そして、その場に「有能な大物司会者」がいるのかどうかを見極めます。誰が、「空気」を決めているのか。そんな人はいないまま、

2022年度／浦和実業学園高等学校（第２回併願）

英語解答

1	① 1	② 3	③ 2	④ 1
2	⑤ 2	⑥ 4	⑦ 1	⑧ 3
3	⑨ 3	⑩ 1	⑪ 4	⑫ 2
	⑬ 2	⑭ 3	⑮ 3	⑯ 4
	⑰ 1	⑱ 4	⑲ 3	⑳ 1
	㉑ 3	㉒ 1	㉓ 4	
4	㉔ 1	㉕ 2	㉖ 6	㉗ 4
	㉘ 1			
5	㉙ 2	㉚ 1	㉛ 3	㉜ 4
	㉝ 2	㉞・㉟ 3，5		
6	㊱ 3	㊲ 2	㊳ 3	㊴ 3
	㊵ 1	㊶・㊷ 3，4		

1・**2**〔放送問題〕解説省略

3〔適語（句）・適文選択・語形変化〕

⑨動詞 know の目的語に当たる語がないことから，「知られている」という受け身形‘be動詞＋過去分詞’の文にする。　「その科学者は世界中で知られている」

⑩Will you ～？で「～してくれませんか」という‘依頼’を表す。　「窓を開けてくれませんか」

⑪for the first time で「初めて」。　「彼は初めて富士山に登った」

⑫「～するために」という‘目的’を表す to不定詞の副詞的用法。　「マサキは音楽を勉強するためにニューヨークに行った」

⑬milk は‘数えられない名詞’。a little は「少しの」の意味で‘数えられない名詞’に使う。a few も同じ意味だが，‘数えられる名詞’に使う。　「少し牛乳が必要だ」

⑭直後に than があるので比較級の文。　well－better－best　「ミキはジュンより上手にフランス語を話す」

⑮at that time「そのとき」にしていた動作が入るので，‘過去のある時点で進行中の動作’を表す過去進行形（‘was/were＋～ing’）にする。　「彼はそのとき料理をしていた」

⑯‘since＋過去の一時点’で「～以来（ずっと）」という意味を表す。　「私は子どもの頃からずっとこの机を使っている」

⑰文の骨組みは The white car is Mr. Tanaka's なので，（　）is in front of the house は The white car を修飾する関係代名詞節。先行詞が The white car で後ろに動詞が続いているので‘物’を先行詞とする主格の関係代名詞を選ぶ。　「家の前にある白い車はタナカさんのものだ」

⑱the word という名詞が「何」かを尋ねる疑問文である。　「スペイン語で『花』を表す言葉は何ですか」

⑲my umbrella に対して「あなたの傘」を表す語が入る。　you－your－you－yours　「これは私の傘ではない。あなたのですか」

⑳‘both *A* and *B*’で「*A* も *B* も両方とも」。　「トモキは野球もサッカーも両方ともする」

㉑Ａ：来月中国に行くんだ。／Ｂ：えっ，そうなの？∥直前の相手の発言 I'm going to China next month. に合わせる形になる Are you を選ぶ。これは，Are you going to China next month? から，繰り返しとなる going 以下が省略された形。こうした形は，直前の相手の発言を受ける応答疑問と呼ばれるもので，「そうなの？」といった意味を表す。　（類例）Ａ：I have been to

Australia. ／B：Have you?「私はオーストラリアに行ったことがあるんだ」―「そうなの？」

㉒A：どのくらいよく映画に行くの？／B：ええと，年に１，２回かな。〃この後Bは「年に１，２回」と‘頻度’を答えている。　How often「どのくらい(頻繁に)」

㉓A：買い物に行こうよ。／B：うん，そうしよう。〃Shall we ～?「～しましょうか」に対する返答となるのはYes, let’s.。

4〔整序結合〕

㉔‘ask＋人＋物事’「〈人〉に〈物事〉を尋ねる」の形をつくり，‘物事’に当たる「その料理の作り方」をhow to ～「～の仕方」の形にまとめる。　I asked my mother how to cook the dish.

㉕文の骨組みはCan you see the boys?。「向こうでサッカーをしている」は，現在分詞の形容詞的用法を用いてplaying soccer over thereとまとめ，the boysの後に続ける。　Can you see the boys playing soccer over there?

㉖Do you knowとした後，「誰が昨日ケンを助けたか」を，‘疑問詞＋主語＋動詞…’の順の間接疑問で表す。ここでは，疑問詞who「誰が」が主語になるので，‘疑問詞(主語)＋動詞…’の形になる。　Do you know who saved Ken yesterday?

㉗「～すぎて〈人〉は…できない」は，‘too ～ for＋人＋to …’で表せる。　This car is too expensive for me to buy.

㉘「～したことがある」は‘経験’を表す現在完了(‘have/has＋過去分詞’)で表せる。before「以前」は文末に置く。　I have heard about the singer before.

5〔長文読解総合―説明文〕

≪全訳≫❶ある夜，寝る前に，クリスティン・カーターは娘と一緒にいた。彼女たちは「その日の3つのいいこと」というリストをつくっていた。娘はカーターの髪を編んで，こう言った。「お母さん，これは私の3つのいいことのうちの1つになるよね」　人は，リストを作成することによって，いいことや感謝する相手のことをじっくり考えることができる。それは，幸福学で使われる技法だ。❷カーターは，カリフォルニア大学バークレー校の社会学者だ。学校や家族がどのように前向きな気持ちを育てることができるかを研究している。これは，コロナウイルスの全世界的な流行の間に，特に重要なものとなった。というのも，多くの子どもたちが孤立していると感じているためだ。「彼らは大切な行事に参加できません。多くの子どもたちが人生の中で人々を失っているのです」と，カーターは語る。❸悲しみを感じるのは自然なことだが，人生のよいところを見ることができれば，それはより早く過ぎ去ってゆくものだ。「私たちは自分自身に幸せをもたらす練習をすることができます。それは銀行にお金を入れるようなものです。私たちは将来の困難な時期に対処する準備をすることができるのです」と，カーターは言う。❹幸福への重要なステップは，否定的な気持ちも含めて気持ちを説明する方法を学ぶことだ。気持ちを無視するよりも，それを受け入れる方がよいのだ。「私はどう感じているのだろう。私の体のどこでそう感じるのだろう。それには色や形があるのだろうか」と自問してみるといい。❺「『ありがとう』を示すことも重要です」と，カーターは言う。感謝したい人のことを考えてみるのだ。そして，彼らとの楽しい時間を思い出そう。このプロセスは，幸せを感じるために非常に重要であり，あなたはよりよい明日を過ごすだろう。❻しかし，幸福への最善の道は，優しさだ。「他の人を助けることは人生に目的を与えます」とカーターは言う。「なぜならあなたは世界を変えているからです」　さらに，「私たちはつながりと愛の感覚を持つのです」とつけ加える。「私たちはコミュニティの中で，より気分がよくなるように強く結びつきます。他の人とつながっているとき，私たちの神経系は安全だと感じるからです」

㉙＜文脈把握＞この後にPeople can reflect on good things or people who they thank by making a list.とある。　by ～ing「～することによって」

㉚＜指示語＞ここに当てはめて意味が通る箇所を探すと，直前のhow schools and families can foster positive emotionsがこれに当たる。コロナウウイルスの流行で子どもたちが孤立しているため，学校や家族が前向きな感情を育てられるようになることが大切なのである。

㉛＜指示語＞「このプロセス」に該当する内容を前から探すと，直前の２文がそれに当たる。この内容に一致するのは，３.「あなたが感謝している人々を想像し，彼らとの時間を思い出すこと」。

㉜＜適語(句)選択＞幸せを感じるために重要なプロセスを経れば，「よりよい」結果が得られると考えられる。

㉝＜適文選択＞直前で「人とのつながり」にふれていることから，「神経系が安全だと感じる」のは，「他の人とつながっているとき」だと考えられる。

㉞・㉟＜内容真偽＞１.「カーターの娘がカーターの髪を編んだのは，カーターがそうするように言ったからだ」…×　そのような記述はない。　２.「多くの子どもたちが孤立していると感じるのは，彼らが人生でよいものを見つけることができないからだ，とカーターは考えている」…×　第２段落最後の２文参照。　３.「人生でよいものを見つけることができると，悲しい気持ちはより早く過ぎ去る」…○　第３段落第１文に一致する。　４.「人々は他の人に無視されていると感じたので，今は自分たちのコミュニティでつながっている」…×　そのような記述はない。
５.「人生で幸せを感じたいのなら人々は他の人を助けるべきだ，とカーターは考えている」…○　最終段落第１，２文に一致する。

6〔長文読解総合―ノンフィクション〕

≪全訳≫❶マラソンをしたことはあるだろうか。マラソンの長さは42.195キロメートルだ。あるカナダ人の若者は，４か月以上の間，毎日マラソンをした。彼の名前はテリー・フォックスといい，彼には片足しかなかった。❷テリーは特別ではなかった。彼は他のみんなと似たようなものだったが，彼の人生は突然変わった。❸ある日，彼の右ひざが痛み始めた。医師たちは彼の足にガンを発見した。彼の命を救うため，彼らは彼の足を切り落とした。1977年のことだった。❹その後の16か月間，テリーはガンと闘うために，強い薬を飲まなければならなかった。彼は病院で，ガンを患った他の多くの人に会った。会ってまもなく亡くなった人もいた。多くの人が，自分たちはきっとガンで死ぬのだろうと思っていた。当時，ガンを患った人を助けるよい方法は，多くはなかった。テリーは彼らに希望を与えたかったので，ガンの研究のために100万ドルを集めることに決めたのだ。❺テリーは片足だけで走ってカナダを横断する計画を立てた。そうすれば，それがガンを患う人々に希望を与えるだろうと考えたのだ。そして，人々は彼の「ガンの研究にはもっとお金が必要です」というメッセージを聞くだろう，と。彼はそれを「希望のマラソン」と呼んだ。❻テリーは毎日マラソンをした。最初は，彼が走っていることを知る人はあまりいなかった。しかし，数か月後には，より多くの人が，片足だけで走ってカナダを横断している若い男性のことを耳にした。彼が町の近くを走ると，人々が彼を応援するために道路で待っていた。テリーの友人が車で彼の後ろをついていき，人々はテリーの夢のためにお金を寄付した。新聞は，彼の希望のメッセージについて書き始めた。❼115日後，多くの人が彼のメッセージについて知るようになっていた。そして，ますます多くのお金が入ってきた。❽5373キロメートルを走った後，彼はとても具合が悪くなり，病院に行った。彼は再びガンに侵されていた。❾カナダの誰もがショックを受けた。テリーは新聞に語り，自分は走るのをやめなければならないと言った。「私がやりとげなくても，他の人に続けてもらいたい。私がいなくても続けなくちゃならないんだ」と彼は言った。テリーは1981年に亡くなった。わずか22歳だった。彼が望んだとおり，人々は今もガンの研究のためにお金を寄付し続けている。

㊱＜文脈把握＞テリーの人生が変わった理由は次の段落で説明されている。

㊲＜指示語＞ここに当てはめて意味が通る箇所を探すと，同じ文前半のIf he did itがそれに該当する。このitは，その前の文のto run across Canada with only one legを受けている。

㊳＜語句解釈＞第５段落最後から２文目参照。ここにhis message：more money was necessary for cancer researchとある。この内容と一致するのは，３．「彼は，ガンの研究に使うお金がもっと欲しい」。コロン(：)は「つまり，すなわち」の意味で，直前の内容を言い換えたり，具体的に説明したりする場合に用いられる。

㊴＜文脈把握＞直前にHe had cancer again.とある。

㊵＜適語選択＞直前のI want others to continue.(‘want＋人＋to ～’「〈人〉に～してほしい」)から，自分がいなくても続けてほしいという気持ちが読み取れる。　without ～「～なしで」

㊶・㊷＜内容真偽＞１．「テリーが病院で出会った多くの人々は，すぐによくなった」…×　第４段落第２～４文参照。　２．「1977年には，ガンを患う人々を助けるためのよい方法がたくさんあった」…×　第４段落最後から２文目参照。at that timeはテリーがガンを患った1977年頃のこと。　３．「テリーはガン研究のためのお金を集めるため，走ることに決めた」…○　第４段落最終文～第５段落に一致する。　４．「テリーの話を知った後，人々はテリーを応援し始めた」…○　第６段落第３，４文に一致する。　５．「テリーが走るのをやめた後，テリーのメッセージは人々には届かなかった」…×　最終段落参照。

2022年度／浦和実業学園高等学校(第２回併願)

数学解答

1 (1) ①…5　②…9
(2) ③…1　④…9
(3) ⑤…6　⑥…2
(4) ⑦…3　⑧…1　⑨…0

2 (1) ⑩…2　⑪…3
(2) ⑫…1　⑬…3　⑭…1　⑮…2
⑯…5　⑰…1　⑱…2
(3) ⑲…−　⑳…1　㉑…±　㉒…3
(4) ㉓…1　㉔…6　㉕…2　㉖…−
㉗…2

3 (1) ㉘…2　㉙…9
(2) ㉚…1　㉛…1　㉜…1　㉝…8
(3) ㉞…3　㉟…2　㊱…3　㊲…1
㊳…3　㊴…2

4 (1) (i) ㊵…6　㊶…1　㊷…0
(ii) 2
(2) (i) ㊹…3　㊺…1　㊻…0
㊼…5　㊽…0
(ii) ㊾…1　㊿…8

1〔独立小問集合題〕

(1)＜数の計算＞与式$=3\div\frac{54}{10}=3\div\frac{27}{5}=3\times\frac{5}{27}=\frac{5}{9}$

(2)＜数の計算＞与式$=4-(-15)=4+15=19$

(3)＜数の計算＞与式$=\sqrt{\frac{9}{2}\div3}=\sqrt{\frac{3}{2}}=\frac{\sqrt{3}}{\sqrt{2}}=\frac{\sqrt{3}\times\sqrt{2}}{\sqrt{2}\times\sqrt{2}}=\frac{\sqrt{6}}{2}$

(4)＜数の計算＞〚−5，−3，4〛$=\frac{-5}{(-3)\times4}+\frac{-3}{4\times(-5)}-\frac{4}{(-5)\times(-3)}=\frac{(-5)^2+(-3)^2-4^2}{(-5)\times(-3)\times4}=\frac{25+9-16}{60}=\frac{18}{60}=\frac{3}{10}$である。

2〔独立小問集合題〕

(1)＜一次方程式＞$2\left(\frac{1}{2}-\frac{x}{2}\right)=\frac{x}{2}$，$1-x=\frac{x}{2}$　両辺を２倍して，$2-2x=x$，$-2x-x=-2$，$-3x=-2$　$\therefore x=\frac{2}{3}$

(2)＜連立方程式＞$2x-2y=2^2\times\frac{1}{3}$の両辺を２でわると，$x-y=\frac{2}{3}$……①となる。また，$3x+3y=3^2\times\frac{1}{2}$の両辺を３でわると，$x+y=\frac{3}{2}$……②となる。①＋②より，$x+x=\frac{2}{3}+\frac{3}{2}$，$2x=\frac{13}{6}$　$\therefore x=\frac{13}{12}$　これを②に代入して，$\frac{13}{12}+y=\frac{3}{2}$，$y=\frac{18}{12}-\frac{13}{12}$　$\therefore y=\frac{5}{12}$

(3)＜二次方程式＞両辺を２でわって，$2(1-x)=x^2$，$2-2x=x^2$，$x^2+2x-2=0$　解の公式より，$x=\frac{-2\pm\sqrt{2^2-4\times1\times(-2)}}{2\times1}=\frac{-2\pm\sqrt{12}}{2}=\frac{-2\pm2\sqrt{3}}{2}=-1\pm\sqrt{3}$となる。

(4)＜式の計算―因数分解＞与式$=\frac{x^2}{2}-\frac{1}{2}-\frac{x^2}{3}-\frac{1}{3}+\frac{1}{6}=\frac{1}{6}x^2-\frac{4}{6}=\frac{1}{6}(x^2-4)=\frac{1}{6}(x+2)(x-2)$

3〔独立小問集合題〕

(1)＜一次方程式の応用＞５教科全てのテストで満点を取ると，合計得点は，$100\times3+50\times2=400$(点)である。また，花子さんの理科の得点をx点とすると，合計点は，$70+62+48+33+x=213+x$(点)となる。合計得点率の小数第１位を四捨五入して61％以上になるのは，合計得点率が60.5％以上になるときで，花子さんの合計得点率が60.5％のとき，$213+x=400\times\frac{605}{1000}$が成り立ち，これを解いて，$213+x=242$，$x=29$となる。よって，花子さんの合計得点率が61％以上になるのは，理科の得点が29点以上のときである。

(2)＜確率—さいころ＞大小2個のさいころを同時にふるとき，さいころの目は1～6の6通りあるから，目の出方は，全部で$6\times6=36$(通り)あり，点$(x,\ y)$も36通りある。また，右図1で，A(1, 1)，B(1, 6)，C(6, 1)とすると，$\mathrm{AB}=6-1=5$，$\mathrm{AC}=6-1=5$である。さらに，D(4, 5)，E(4, 1)とすると，$\mathrm{AE}=4-1=3$，$\mathrm{DE}=5-1=4$だから，△ADEで三平方の定理より，$\mathrm{AD}=\sqrt{\mathrm{AE}^2+\mathrm{DE}^2}=\sqrt{3^2+4^2}=\sqrt{25}=5$となり，F(5, 4)，G(5, 1)とすると，$\mathrm{AG}=5-1=4$，$\mathrm{FG}=4-1=3$だから，△AFGで三平方の定理より，$\mathrm{AF}=\sqrt{\mathrm{AG}^2+\mathrm{FG}^2}=\sqrt{4^2+3^2}=\sqrt{25}=5$となる。よって，点Aを中心とする半径5の円は4点B, C, D，Fを通る。これより，円の内側にある点は，$x=1$のとき，$y=1$～5の5通り，以下同様に，$x=2$のとき，$y=1$～5の5通り，$x=3$のとき，$y=1$～5の5通り，$x=4$のとき，$y=1$～4の4通り，$x=5$のとき，$y=1$～3の3通り，$x=6$のときはない。以上より，円の内側にある点は，$5+5+5+4+3=22$(通り)だから，求める確率は$\dfrac{22}{36}=\dfrac{11}{18}$である。

図1

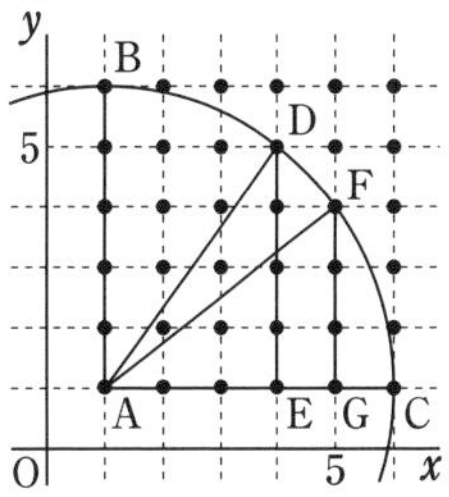

(3)＜平面図形—長さと面積＞右図2で，正六角形の内角の和は$180°\times(6-2)=720°$だから，1つの内角の大きさは$720°\div6=120°$である。また，正六角形で，3本の対角線AD，BE，CFによってできる6個の三角形は正三角形だから，△ARFは正三角形となり，四角形APQFは正方形より，$\angle\mathrm{PAR}=\angle\mathrm{PAF}-\angle\mathrm{RAF}=90°-60°=30°$である。さらに，$\mathrm{AP}=\mathrm{AF}=\mathrm{AR}$より，△APRは二等辺三角形となり，$\angle\mathrm{ARP}=\dfrac{1}{2}(180°-\angle\mathrm{PAR})=\dfrac{1}{2}(180°-30°)=75°$より，$\angle\mathrm{FRS}=180°-\angle\mathrm{ARP}-\angle\mathrm{ARF}=180°-75°-60°=45°$である。ここで，点SからRFに垂線SHを引き，$\mathrm{SH}=a$とすると，△SHRは直角二等辺三角形だから，$\mathrm{RH}=\mathrm{SH}=a$，$\mathrm{RS}=\sqrt{2}\mathrm{SH}=\sqrt{2}a$となる。また，$\angle\mathrm{HFS}=\angle\mathrm{AFQ}-\angle\mathrm{AFR}=90°-60°=30°$より，△FHSは3辺の比が$1:2:\sqrt{3}$の直角三角形だから，$\mathrm{FS}=2\mathrm{SH}=2a$，$\mathrm{FH}=\sqrt{3}\mathrm{SH}=\sqrt{3}a$となる。よって，$\mathrm{FR}=\mathrm{RH}+\mathrm{FH}=a+\sqrt{3}a=(1+\sqrt{3})a$と表せ，$\mathrm{RF}=\mathrm{AF}=1+\sqrt{3}$より，$(1+\sqrt{3})a=1+\sqrt{3}$が成り立ち，$a=1$である。したがって，$\mathrm{RS}=\sqrt{2}a=\sqrt{2}\times1=\sqrt{2}$，$\mathrm{FS}=2a=2\times1=2$だから，△FRSの周の長さは$\mathrm{RF}+\mathrm{RS}+\mathrm{FS}=(1+\sqrt{3})+\sqrt{2}+2=3+\sqrt{2}+\sqrt{3}$となり，$\mathrm{SH}=a=1$だから，$\triangle\mathrm{FRS}=\dfrac{1}{2}\times\mathrm{RF}\times\mathrm{SH}=\dfrac{1}{2}\times(1+\sqrt{3})\times1=\dfrac{1+\sqrt{3}}{2}$である。

図2

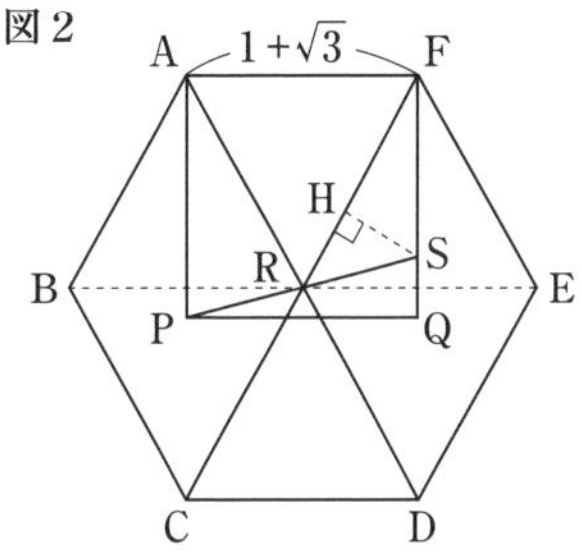

4〔数と式—数の性質〕

(1)＜数の性質＞(i)$a=0.91$，$b=1.09$となるから，$b-a=1.09-0.91=0.18$より，$\sqrt{\dfrac{b-a}{3}}=\sqrt{0.18\div3}=\sqrt{0.06}=\sqrt{\dfrac{6}{100}}=\dfrac{\sqrt{6}}{\sqrt{100}}=\dfrac{\sqrt{6}}{10}$である。　(ii)(i)より，$10y=10\times\dfrac{\sqrt{6}}{10}=\sqrt{6}$である。また，$\sqrt{4}<\sqrt{6}<\sqrt{9}$より，$2<\sqrt{6}<3$である。よって，$2<10y<3$だから，$2<10y<2+1$である。

(2)＜数の性質＞(i)Aは一の位の数が0，小数第1位の数が9，小数第2位の数がx，小数第3位の数が1の小数だから，$A=\dfrac{1}{10}\times9+\dfrac{1}{100}\times x+\dfrac{1}{1000}\times1=\dfrac{1}{100}x+\dfrac{901}{1000}$と表せる。また，$B$は一の位の数が1，小数第1位の数が0，小数第2位の数がx，小数第3位の数が9の小数だから，$B=1+$

$\frac{1}{10}\times 0+\frac{1}{100}\times x+\frac{1}{1000}\times 9=\frac{1}{100}x+\frac{1009}{1000}$と表せる。よって，$B-A=\left(\frac{1}{100}x+\frac{1009}{1000}\right)-\left(\frac{1}{100}x+\frac{901}{1000}\right)=\frac{108}{1000}$だから，$\sqrt{\frac{B-A}{3}}=\sqrt{\frac{108}{1000}\times\frac{1}{3}}=\sqrt{\frac{36}{1000}}=\frac{\sqrt{36}}{\sqrt{1000}}=\frac{6\times\sqrt{10}}{10\sqrt{10}\times\sqrt{10}}=\frac{6\sqrt{10}}{100}=\frac{3\sqrt{10}}{50}$である。　(ii)(i)より，$100Y=100\times\frac{3\sqrt{10}}{50}=6\sqrt{10}$である。また，$6\sqrt{10}=\sqrt{6^2\times 10}=\sqrt{360}$であり，$\sqrt{324}<\sqrt{360}<\sqrt{361}$より，$18<6\sqrt{10}<19$である。よって，$18<100Y<19$だから，$18<100Y<18+1$である。

2022年度／浦和実業学園高等学校（第２回併願）

国語解答

一 問１　a…２　b…４　c…１
問２　２　問３　３　問４　４
問５　４
問６　X…１　Y…３　Z…１
問７　３　問８　３　問９　２
問10　２　問11　１　問12　３

二 問１　Ⅰ…３　Ⅱ…４　Ⅲ…３
問２　４　問３　４
問４　ア…２　イ…１　ウ…３　エ…１
問５　１　問６　２　問７　１
問８　４　問９　３　問10　２
問11　２

一〔論説文の読解―社会学的分野―コミュニケーション〕出典；鴻上尚史『「空気」と「世間」』「『社会』と出会う方法」。

≪本文の概要≫理想的な「世間」を相手に求めるか，相手が全く関係のない「社会」に住んでいると決めつけるか，の二つの世界しかない若者が増えているが，僕は，他人との距離感を考える際，「世間」と「社会」のダブルスタンダードを積極的に活用すべきだと考える。例えば，「差別的で排他的」な職場やクラスの雰囲気が嫌だと思うとき，そのような「世間」から精神的に逃げ出し，インターネットやさまざまな情報から，本当に楽しめる「共同体」を見つけ出すという方法がある。その際，一つの共同体にしがみつけば，それが新たな「世間」となる可能性があるので，複数の共同体に所属することが望ましい。複数であれば，自然と緩やかな所属になるからだ。場合によっては，たくさんの「社会」の人たちと会話するだけでも，孤独を和らげることになる。

問１＜漢字＞a.「従順」と書く。１は「単純」，３は「準決勝」，４は「循環」。　b.「事態」と書く。１は「引退」，２は「代謝」，３は「怠慢」。　c.「必死」と書く。２は「至急」，３は「試行」，４は「闘志」。

問２＜文章内容＞家庭，学校，職場のような，自分と近い関係の人たちからなる共同体が「世間」であり，そうでない人たちが属するのが「社会」である。

問３＜文章内容＞「セイフティ・ネット」は，安全網のこと。また，そこから転じて，社会的・個人的な危機に対応するための保険や年金，生活保護などの制度のこと。「世間」が，「息苦しいだけ」で，自分にとって安全な場所として機能しないことがあるのである。

問４＜文章内容＞「所与」は，他から与えられたもののこと。「世間」は，家庭やクラスや職場など「無条件に与えられ」るものである。

問５＜文章内容＞「空気」に支配された状態では，「有能な大物司会者」のような，集団の中で影響力を持つ人が雰囲気を「決めている」ことがある（１…○）。また，そういう人がいないにもかかわらず，同じ場にいる人たちがお互いの間の「実体のない『空気』」を敏感に察知し（２…○），「『空気』に振り回されて」それに合わせた言動を強いられていることがある（３…○）。

問６．X＜故事成語＞「逆鱗に触れる」は，目上の人を激しく怒らせる，という意味。「差別的で排他的」な「世間」では，「世間」やその場の「空気」に反発するようなことをして周囲から怒りを買わないように振る舞うのがよい。　Y＜慣用句＞「真綿で首をしめる」は，遠回しにじわじわと責める，という意味。精神的にじわじわと痛めつけられているような家庭から飛び出せないのは，

「経済的な理由」がある。　Z＜語句＞「不毛」は，何の成果も進歩もないこと。自分をずっと支え続けてくれるかわからないのだから，たった一つの共同体に受け入れてもらおうと努力するのは，無益なことである。

問７＜文章内容＞「社会」に属する人たちが皆，自分と距離が近いわけではないことを心にとめ，「です，ます」調を使うなどしてていねいに話していくことが必要であると考えられる。

問８＜接続語＞B.「相手は『社会』に属する人だという意識」で会話を始めても，言うまでもなく，いつのまにかその「社会」は「次の『世間』」になりうる。　C．サラリーマンにとって「会社」が完全に支えとなっていたために，「定年退職した後，抜け殻のようになったサラリーマンたちが続出した」のである。そのため，「僕はあなたに複数の共同体に属することを勧める」のである。　D.「社会」とちゃんと会話を続けていくうちに，「社会」は相対化された「世間」に変わっていくかもしれないが，そうは言っても，そのような「共同体」に頼りきらないようにした方がよい。

問９＜文章内容＞「どんなに素敵な『共同体』に見えても」，それに依存するなら，それが次の「差別的で排他的」な関係を生じる可能性がある以上，「ゆるやかに所属する複数の共同体」を見つけることを優先すべきであると，「僕」は考えている。

問10＜文章内容＞重苦しさを感じるわりに自分を支えてくれない「世間」に，絶対に所属しなければならないと思わず，自分にとって心地よい距離感を保った共同体を「社会」の中に複数見出していけば，生きやすくなるのである。

問11＜表現＞若者たちの他人との距離感という問題において，彼らが「世間」をうっとうしく，息が詰まるように感じるなら，「社会」とつながる，すなわち「複数の『共同体』にゆるやかに所属する」べきであるという結論を提示している。そして，それを裏づけるために，「職場やクラス」や「趣味のサークル」などの身近な例を用いて「世間」や「社会」を説明している。

問12＜要旨＞日本人は自分にとって身近な「世間」に属する人に対して関心を持つが，直接的な関係のない「社会」の人に対しては無関心である(A・B…○)。抜け出すことができない「世間」で息苦しさを感じる場合，最少のエネルギーで「世間」の攻撃をかわしながら精神的に逃げ出し，新たな共同体を見出せばよい(C…×，D…○)。

二　〔小説の読解〕出典；吉野万理子『イモムシ偏愛記』。

問１．Ⅰ・Ⅱ＜四字熟語＞「四方八方」は，あらゆる方向のこと。パセリは，大きく茂って茎をあらゆる方向に伸ばしていた。　Ⅲ＜語句＞「八つ当たり」は，腹を立てて関係のない人にまで怒りをぶつけること。会計を担当した女の人が，「わたし」が二度もパセリを買ったことを覚えていないことに腹を立てても意味のないことは，「わたし」自身が自覚していた。

問２＜指示語＞「わたし」は，イモムシに対する嫌悪感から，パセリについているイモムシをすぐに駆除すべき対象だと考えていた。

問３＜品詞＞「擬音語」は，声や音を言葉で表現したもの。「わたし」は，「イモムシたちが葉を食べる音が聞こえてきそうだ」と思っていた。

問４＜語句＞ア．「無造作」は，念入りでないこと。「わたし」は，店員がパセリをビニール袋に入れる様子がていねいでないので，イモムシたちが心配になった。　イ．「案の定」は，想定したとおりであること。店員がイモムシを駆除しようとするのは，「わたし」にとって予想どおりのことであった。　ウ．「みずみずしい」は，若々しく，水を含んだようであるさま。「わたし」が見つけたパセリの葉は，生き生きとしていた。　エ．「大盤振る舞い」は，盛大に，気前よく，食事などを与えること。「わたし」は，気前よく，イモムシ一頭につき一株ずつのパセリを買った。

問５＜文章内容＞「わたし」は，虫の嫌いな母に内緒でイモムシつきのパセリを庭に植えようとしていたが，その途中で母が帰ってきたことに気づき，焦った。

問６＜文脈＞「蝶の幼虫」を庭で育てることを，母は嫌がった（Ａ…１）。「わたし」が幼虫を育てるために母を説得しようとしたので，母は，以前は「わたし」は虫を嫌がっていたではないかと不審に思った（Ｂ…３）。「こんな中途半端な田舎」で虫がダメだったら生活していけないと言う「わたし」に，母は，お父さんが退治してくれると言い返した（Ｃ…４）。「わたし」がイモムシやダンゴムシも命だと言うと，母から，夏は蚊も殺さないのかと反論された（Ｄ…２）。

問７＜文章内容＞今のままでは，イモムシたちが「サナギになるエネルギーを溜められないかもしれない」と不安に思った「わたし」は，エサとなるパセリを買いたしに花屋に向かった。

問８＜文章内容＞「わたし」は，イモムシたちの異常の原因を予想し，その予想を確かめるために花屋に行き，売られているパセリが無農薬かどうかを尋ねた。

問９＜心情＞「わたし」は，自分のせいでイモムシたちが苦しんでいるのだから，自分だけが炭酸飲料を飲んで爽やかさを得ることはできないと考えた。

問10＜文章内容＞自分がよかれと思ってパセリを買いたしたことが，かえってイモムシたちの命を奪うことになった現実を受け入れられず，「わたし」は，何とか生き返ってほしいと願っていた。

問11＜表現＞【第２部】での「わたし」の行動はイモムシを延命させるためではなく，イモムシたちの異常の原因を探るためのものであった（Ａ…×）。【第１部】で「わたし」のイモムシへの愛情を示したことで，【第２部】の自分の過ちを後悔する心情がより読者に伝わるようになっている（Ｂ…○）。作品全体を通して，ファンタジー的な要素の濃い内容とはいえない（Ｃ…×）。【第１部】で「わたし」は，野菜にイモムシがついていたら悲鳴を上げて嫌がっていたであろうかつての自分を遠く感じていた。【第２部】では，それほどイモムシに愛情を持っていたために，自分がよかれと思って行動した結果かえってイモムシたちを苦しめたことに，罪悪感を抱いた（Ｄ…○）。

＝読者へのメッセージ＝

『イモムシ偏愛記』の作者の吉野万理子氏は，もともとは虫嫌いだったそうです。しかし，児童書『虫ロボのぼうけん』を思いつき，主人公の昆虫好きの小学生の男の子よりも虫に詳しくならなければリアルなストーリーにならないと考え，雑木林での虫観察を始めたことが，虫を好きになるきっかけだったということです。

2022年度 浦和実業学園高等学校(第3回併願)

【英　語】（50分）〈満点：100点〉

（注意）1，2は，リスニング(聞き取り)問題です。試験開始のチャイムが鳴ったら，１ページ目を開き，問題の指示に従って解答してください。

1　放送される三つの英文のうち，写真の説明として最も適当なものを１～３の中から一つずつ選びなさい。英文は二回ずつ放送されます。解答番号は①～④

Picture 1 (①)

1．

2．

3．

Picture 2 (②)

1．

2．

3．

Picture 3（③）

1.

2.

3.

Picture 4（④）

1.

2.

3.

（1 の放送終了後，10秒間の休止があります。次の問題に進んで構いません。）

2　英語の会話が四つ放送されます。最後の発言に対する相手の応答として最も適当なものを１～４の中から一つずつ選びなさい。会話は二回ずつ放送されます。解答番号は⑤～⑧

(⑤)　1. Thank you.　Oh, the bus is coming now!
2. It's hard to walk for fifteen minutes.
3. Really?　I like animals very much, too!
4. I see.　I have to wait for half an hour.

(⑥)　1. Thanks.　I'll give it back to you tonight.
2. OK.　I'll copy your notes in 5 minutes.
3. I won't sleep tonight so I can do homework.
4. I'll study English harder than science.

(⑦)　1. Oh, that sounds nice.　I'll try it.
2. I'm going to go and get strawberries soon.
3. I like strawberries better than whipped cream.
4. Excuse me.　My drink hasn't arrived yet.

(⑧)　1. Great!　I'm happy to play with you in the park.
2. Yes.　I like *legos* and I can make pizza with them.
3. No.　I have never cooked pizza by myself.
4. That's a good idea.　Let's make lunch!

（2の放送終了後，次の問題に進んで構いません。）

※＜**リスニング問題放送原稿**＞は英語の問題の終わりに付けてあります。

3　次の英文の(　)に入る最も適当なものを１～４の中から一つずつ選びなさい。解答番号は⑨～㉓

(⑨)　She is proud (　　) her mother.
1. of　　2. on　　3. in　　4. with

(⑩)　How many languages (　　　) in your country?
1. is speaking　　2. is spoken
3. are speaking　　4. are spoken

(⑪)　He went to the park (　　).
1. run　　2. to run　　3. ran　　4. to running

(⑫)　I'm looking forward (　　) seeing her.
1. in　　2. of　　3. to　　4. from

(⑬)　I like Japanese (　　) of all the subjects.
1. better　　2. much　　3. more　　4. best

(⑭)　I (　　) her for ten years.
1. know　　2. knew
3. have known　　4. am known

(⑮)　(　　) she is poor, she is happy.
1. Though　　2. When　　3. How　　4. But

(⑯)　I have three cats.　One is black and (　　) are brown.
1. others　　2. the other　　3. the others　　4. some

(⑰)　My father (　　) a newspaper when I came into the room.

1．reads　　2．will read　　3．has read　　4．was reading

(⑱)　(　　) baseball is a lot of fun.

1．Play　　2．Playing　　3．Plays　　4．Played

(⑲)　She won't come here, (　　) she ?

1．does　　2．will　　3．doesn't　　4．is

(⑳)　Hurry up, (　　) you will be late for school.

1．but　　2．and　　3．so　　4．or

(㉑)　A：　Can I use your pen ?

B：　OK.　(　　　　).

1．You're right　　2．You're welcome

3．I'm sorry　　4．Here you are

(㉒)　A：　Do you have (　　) brothers ?

B：　Yes, I have two.

1．any　　2．each　　3．much　　4．many

(㉓)　A：　Will you open the window ?

B：　(　　).

1．Thanks　　2．Not at all　　3．Sure　　4．I think so

4　次の日本語に合うように，与えられた語(句)を並べかえて，(　)内で４番目に来るものを１～７の中から一つずつ選びなさい。なお，文頭に来る語も小文字になっている。解答番号は㉔～㉘

(㉔)　木の下でお昼を食べている男の子たちは私の友達です。

(1．my friends　　2．under　　3．are　　4．lunch　　5．the tree　　6．the boys　　7．eating).

(㉕)　何回沖縄に行ったことがありますか。

(1．you　　2．many　　3．been　　4．how　　5．have　　6．to　　7．times) Okinawa ?

(㉖)　とても疲れていたので，早く寝ました。

I (1．bed　　2．tired　　3．that　　4．so　　5．was　　6．went to　　7．I) early.

(㉗)　オーストラリアには訪れるべき場所がたくさんあります。

(1．visit　　2．there　　3．places　　4．to　　5．in　　6．many　　7．are) Australia.

(㉘)　私は彼がくれた腕時計が好きです。

I (1．me　　2．watch　　3．like　　4．he　　5．the　　6．gave　　7．which).

5　次の英文を読んで，後の問いに答えなさい。＊印の語には注があります。解答番号は㉙～㉟

In Japan, there are more *varieties of *vending machines than in other countries. Even drink machines *vary more in Japan than in other places. Drink machines in Japan sell soft drinks, cups of coffee, and alcohol. We can find more than 2,000,000 soft drink machines across Japan. ㉙These machines are the most popular. There are about 200,000 machines that sell cups of coffee. However, ㉚it is harder to find vending machines that sell alcohol, like beer or sake. There are only around 100,000 of those. These alcohol vending machines are also *decreasing in number each year.

There are different kinds of vending machines in Japan. They sell just about everything from tobacco to [㉛] to bowling shoes ! For example, tobacco vending machines are *the second most common type of machine in Japan. There are more than 300,000 of these kinds of machines around the country. After that, food machines are the next most common. About 75,000 machines in Japan sell food.

While some of the vending machines found today may be old, many are very ㉜high-tech. *In particular, vending machines made today are more energy *efficient than machines of the past. Some machines will shut off by themselves when no one is around. Then they will turn on when someone comes near the machines. And many machines also use energy efficient parts these days. For example, LED lights are used to *light new vending machines better than old types of lights.

*Innovations for vending machines don't stop with energy *efficiency. ㉝Machines are connected to the Internet. This allows companies to *track problems and products sold by the machines. *Modern vending machines may also have video screens. *Customers can see products or *ads on these screens.

*variety　種類　　*vending machine　自動販売機　　*vary　異なる
*decrease　減少する　　*the second most common　２番目に一般的な
*in particular　特に　　*efficient　効率の良い　　*light　照らす
*innovation　革新　　*efficiency　効率　　*track　追跡する
*modern　現代の　　*customer　客　　*ad　広告

(㉙)　下線部㉙の内容として最も適当なものを１～４の中から一つ選びなさい。
1．machines that sell tobacco
2．machines that sell alcohol
3．machines that sell soft drinks
4．machines that sell cups of coffee

(㉚)　下線部㉚の理由として最も適当なものを１～４の中から一つ選びなさい。
1．Because the price of alcohol is getting higher each year.
2．Because the number of people who drink alcohol is decreasing.
3．Because the number of these machines is smaller than the others.
4．Because many people don't want children to use these machines.

(㉛)　[㉛] に入る最も適当なものを１～４の中から一つ選びなさい。
1．newspapers　　2．ice creams　　3．umbrellas　　4．flowers

(㉜)　下線部㉜の例として本文中にないものを１～４の中から一つ選びなさい。
1．電子マネーで支払いができる。
2．画面で情報を得ることができる。
3．人が近づくと電源が入る。
4．昔の自動販売機より明るい。

(㉝)　下線部㉝の結果としてできることを１～４の中から一つ選びなさい。
1．自動販売機の前に来るとより明るくなること
2．在庫が少なくなると会社に通知が行くこと
3．季節によって飲み物の温度を調節すること
4．問題や商品の売れ行きを把握すること

(㉞・㉟)　次の英文について，本文の内容に合うものを１～５の中から二つ選びなさい。ただし，解答の順序は問いません。

1．People in Japan like soft drink machines the best, so they use them everyday.
2．The number of alcohol vending machines is increasing each year.
3．Vending machines selling cups of coffee are not as common as tobacco vending machines.
4．People use LED lights in order to use electricity efficiently.
5．Vending machines made in Japan are used all over the world.

6　次の英文を読んで，後の問いに答えなさい。＊印の語には注があります。解答番号は㊱～㊷

Most people love swimming in the sea. However, some people are attacked by big sharks every year. This is a story about a young man who was attacked by a big shark. The young man's name is Todd Endris. He almost died, but dolphins helped him.

Every day, Todd *went surfing at a beach near San Francisco. People often see sharks there, but attacks *almost never happen.

Todd was surfing with some friends one morning. There were many dolphins near the surfers. Some of his friends talked about the dolphins.

"I'm [㊱] because there are a lot of dolphins here."

"Why ?"

"Dolphins only go to places with no sharks !"

But this was wrong.

After surfing *for a while, Todd was resting on his surfboard in the sea. His friends surfed. He was watching them. Then suddenly, a shark hit his surfboard. He *flew up into the air and *came down four meters away. He quickly swam to his surfboard and climbed on. ㊲<u>He started going back to the beach.</u>

Then, the shark attacked him again. This time, the shark came from the side. The shark *bit him and his board. The shark held him in its mouth. He *punched the shark *again and again near its eye. Finally, [㊳]. He started going to the beach again, but now he *was badly injured.

The shark came back, and it bit Todd's leg. He punched it again, and the shark left. But he became weak. He knew the shark would kill him the next time.

Suddenly, ㊴<u>a surprising thing</u> happened. The dolphins came near Todd and started jumping around him. They swam between him and the shark, so the shark could not get to him again. There were big dolphins and small dolphins around him. Now he had a little time.

He was very weak, but he climbed on his board. Just then, a small wave came, and he rode the wave back to the beach.

On the beach, his friends helped him. He was losing a lot of *blood, so they *tied a rope around his leg. A helicopter soon came and took him to the hospital.

Today, Todd is fine. He said, "[㊵]"

＊go surfing　サーフィンに行く　＊almost never　ほとんど～ない　＊for a while　しばらくの間
＊flew up　飛び上がる　＊come down　落ちてくる　＊bite　かむ
＊punch　パンチする　＊again and again　何度も　＊be badly injured　大けがをする
＊blood　血　＊tie　しばる

(㊱)　[㊱] に入る最も適当なものを１～４の中から一つ選びなさい。

1．sad　2．glad　3．interested　4．afraid

(㊲)　下線部㊲の理由として最も適当なものを１～４の中から一つ選びなさい。

1．砂浜で休憩しようと思ったから

2．友達がサメに襲われたから

3．イルカが近づいてきたから

4．サメから逃げようとしたから

(㊳)　［㊳］に入る最も適当なものを１～４の中から一つ選びなさい。

1．the shark left

2．the shark died

3．the shark swam with Todd

4．the shark helped Todd

(㊴)　下線部㊴の内容として最も適当なものを１～４の中から一つ選びなさい。

1．イルカがトッドを襲ったこと

2．イルカがサメを襲ったこと

3．イルカがトッドを助けたこと

4．イルカが泳ぎ去ったこと

(㊵)　［㊵］に入る最も適当なものを１～４の中から一つ選びなさい。

1．The dolphins are really dangerous!

2．The dolphins really saved my life!

3．The shark was killed by dolphins!

4．The sharks and dolphins are good friends!

(㊶・㊷)　次の英文について，本文の内容に合うものを１～５の中から二つ選びなさい。ただし，解答の順序は問いません。

1．In San Francisco, people often see sharks there, but attacks from them never happen.

2．A dolphin hit Todd's surfboard in order to tell him a shark was coming.

3．Todd punched the shark many times, so it never attacked him.

4．Todd was surrounded by dolphins, so the shark could not attack him again.

5．Todd was taken to the hospital because he was badly injured by the shark.

＜リスニング問題放送原稿＞

これから，2022年度，第三回併願入試，リスニング問題を始めます。リスニングの問題は［1］と［2］です。

［1］　放送される三つの英文のうち，写真の説明として最も適当なものを１～３の中から一つずつ選びなさい。英文は二回ずつ放送されます。

(①)

1．All the players are running together on a baseball field.

2．A player wearing uniform No. 1 is sitting on the ground.

3．Some boys are playing a baseball game at a stadium.

(②)

1．There is a car parked near a tree.

2．There is a person looking at a tree.

3．There is a cow sleeping under a tree.

(③)

1．A lot of guests are talking to each other in a restaurant.
2．Some people are carrying many dishes to each table in a restaurant.
3．Some chairs are around each table in a restaurant.

(④)

1．A girl with long hair is playing with her friends.
2．A girl with long hair is looking at the sea.
3．A girl wearing a big hat is looking up at the sky.

2　英語の会話が四つ放送されます。最後の発言に対する相手の応答として最も適当なものを１～４の中から一つずつ選びなさい。会話は二回ずつ放送されます。

(⑤)

W：Excuse me.　Is this the bus to Honolulu zoo？
M：No.　You have to take the Bus No. 42.　You can catch it at the corner.
W：OK.　No. 42.　Do you know when it'll come？
M：No, but the buses come every 15 minutes.

(⑥)

W：Tom, can you show me your science notebook？
M：Why？　Didn't you take notes in class？
W：I did.　But my writing is very bad.　I can't read my own writing.
M：All right.　I'll lend it to you.　But please return it to me by lunch today.

(⑦)

M：Excuse me.
W：Yes, how can I help you？
M：What does this "pancake special" mean？
W：It's a very big pancake.　And it comes with whipped cream and strawberries.

(⑧)

M：It's been raining since yesterday.　I can't go out and play in the park.
W：How about playing with *legos* in your room？
M：I made a castle with them yesterday.　I want to do something special.
W：OK.　How about cooking pizza with me？　It'll be fun.

以上でリスニング問題を終わります。引き続き，筆記問題に進んでください。

【数　学】 (50分) 〈満点：100点〉

(注意) (1) 問題文の中にある $\boxed{\text{①}}$，$\boxed{\text{②}}\boxed{\text{③}}$，$\dfrac{\boxed{\text{④}}\boxed{\text{⑤}}}{\boxed{\text{⑥}}}$ などの①，②，③，④，⑤，⑥には，それぞれ0，1，2，…，9の数字または $-$，$\pm$，$<$，$>$，$\leqq$，$\geqq$ の符号・不等号の中からいずれか1つのみを選びマークしてください。

(2) 解答が分数の形で求められているときは，既約分数で答えてください。

(3) 解答が無理数の形で求められているときは，$\sqrt{\ }$ の中の数を最小の自然数にして答えてください。

(4) 解答欄が余るときは，その余った欄にはなにも記入しないでください。

(5) 解答欄が不足するときは，不足する部分の数や符号・不等号をマークしないでください。

(6) 定規，コンパス，分度器，電卓，計算機能付き機器等は使用しないでください。

1 次の計算をしなさい。

(1) $\dfrac{3}{2}-\dfrac{2}{5}+\dfrac{1}{6}=\dfrac{\boxed{\text{①}}\boxed{\text{②}}}{\boxed{\text{③}}\boxed{\text{④}}}$

(2) $1-(-1)^3-1^2=\boxed{\text{⑤}}$

(3) $(3a+1)(a+2)-(a-1)^2=\boxed{\text{⑥}}a^2+\boxed{\text{⑦}}a+\boxed{\text{⑧}}$

(4) $\sqrt{(x+2)^2}-\sqrt{x^2}$ に $x=1$ を代入したときの値を A，$x=-3$ を代入したときの値を B とするとき，$A-B=\boxed{\text{⑨}}$

2 次の各問に答えなさい。

(1) 1次方程式 $0.2(0.3-x)=0.4x-0.1$ を満たす解は，$x=\dfrac{\boxed{\text{⑩}}}{\boxed{\text{⑪}}\boxed{\text{⑫}}}$ である。

(2) 連立方程式 $\begin{cases}2y=3x-4\\4x=3y+7\end{cases}$ を満たす解は，$x=\boxed{\text{⑬}}\boxed{\text{⑭}}$，$y=\boxed{\text{⑮}}\boxed{\text{⑯}}$ である。

(3) 2次方程式 $2x^2-12x-144=0$ を満たす解は，$x=\boxed{\text{⑰}}\boxed{\text{⑱}}$，$\boxed{\text{⑲}}\boxed{\text{⑳}}$ である。ただし，$\boxed{\text{⑰}}\boxed{\text{⑱}}<\boxed{\text{⑲}}\boxed{\text{⑳}}$ とする。

(4) 2次方程式 $x^2-\dfrac{7}{6}x+\dfrac{1}{3}=0$ を満たす解は，$x=\dfrac{\boxed{\text{㉑}}}{\boxed{\text{㉒}}}$，$\dfrac{\boxed{\text{㉓}}}{\boxed{\text{㉔}}}$ である。ただし，$\dfrac{\boxed{\text{㉑}}}{\boxed{\text{㉒}}}<\dfrac{\boxed{\text{㉓}}}{\boxed{\text{㉔}}}$ とする。

3 次の各問に答えなさい。

(1) 大小2個のさいころを同時にふり，大きいさいころの出た目を a，小さいさいころの出た目を b とする。

(i) ab が6の倍数になる確率は $\dfrac{\boxed{\text{㉕}}}{\boxed{\text{㉖}}\boxed{\text{㉗}}}$ である。

(ii) $a-b$ の絶対値が1になる確率は $\dfrac{\boxed{\text{㉘}}}{\boxed{\text{㉙}}\boxed{\text{㉚}}}$ である。

(2) 1個あたりの重さが10g，35g，50gのおもりがある。この3種類のおもりをそれぞれ少なくとも1個は使い，合計が300gになるようにする。使用するおもりの総数は最も少なくて $\boxed{\text{㉛}}$ 個，最も多くて $\boxed{\text{㉜}}\boxed{\text{㉝}}$ 個である。

(3) 下図のように，4点A，B，C，Dは円周上の点で，線分BDは円の直径である。BD＝8，AB：CD＝2：3，∠BCA＝30°のとき，∠ABD＝ ㉞ ㉟ °，CD＝ ㊱ ，AC＝ ㊲ ＋$\sqrt{\text{㊳㊴}}$ である。

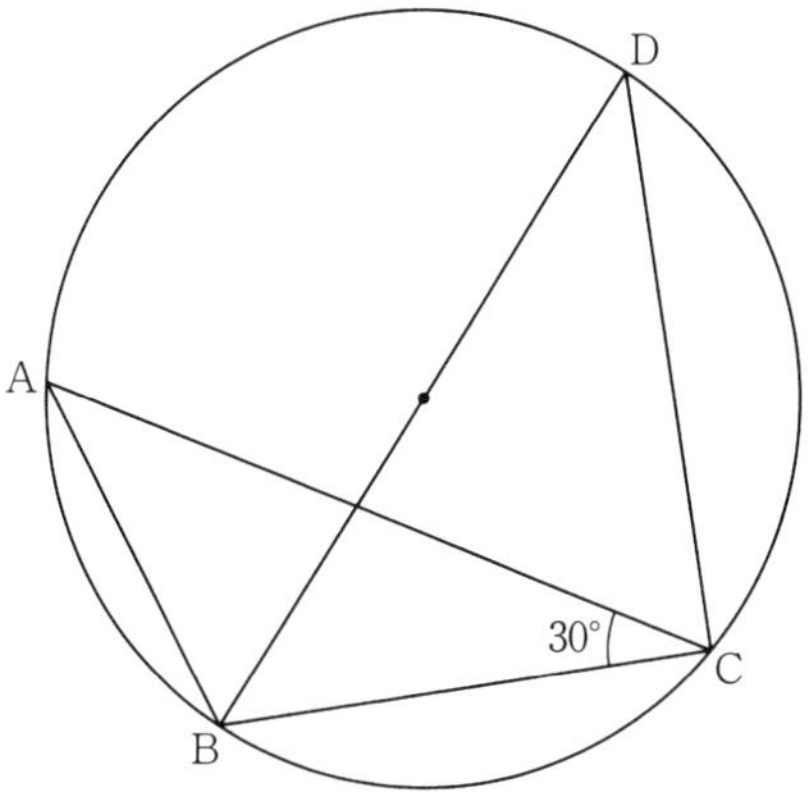

4 下図のように，点Aはx軸上を正の方向に1秒間に1だけ移動し，点Bは，x軸上を負の方向に1秒間に$\dfrac{1}{2}$だけ移動する。2点A，Bをそれぞれ通り，x軸に垂直な直線と放物線$y=x^2$との交点をそれぞれ点C，Dとする。2点A，Bが原点Oを同時に出発し，線分OCを一辺とする平行四辺形OCPDをつくるとき，下の各問に答えなさい。

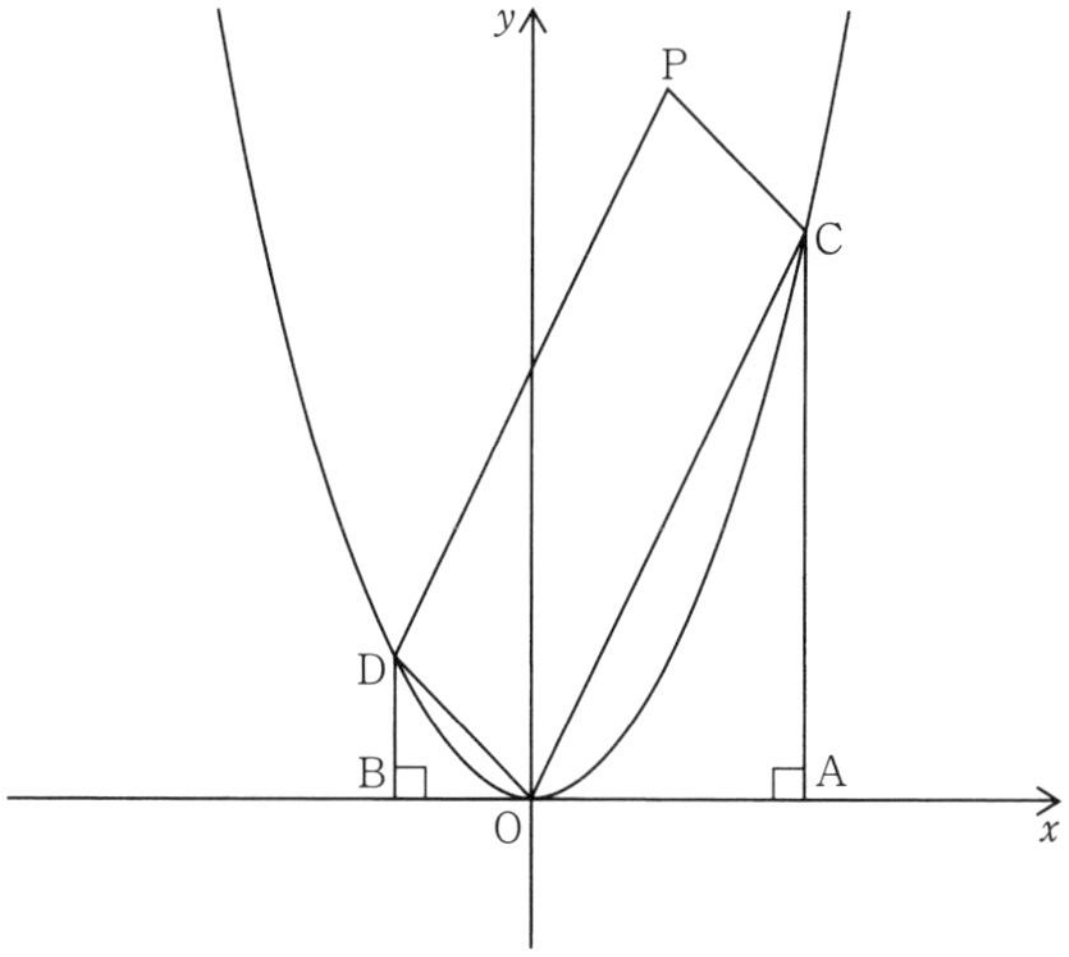

(1) 2点A，Bが原点Oを出発し，8秒後について，次の各問に答えなさい。

(i) 点Pの座標は(㊵ ， ㊶ ㊷)である。

(ii) 放物線$y=x^2$上の$x<0$の部分に点Qをとる。平行四辺形OCPDと四角形OCQDの面積が等しくなるとき，点Qのx座標は ㊸ ㊹ ㊺ $\sqrt{\text{㊻㊼}}$ である。

(2) 直線$y=2x+12$が平行四辺形OCPDの面積を2等分するのは，2点A，Bが原点Oを出発してから$\dfrac{\text{㊽㊾}}{\text{㊿}}$秒後である。

3　母や姉が戸惑いつつも父に合わせているのを横目に、自己中心的で無遠慮な言葉ばかりを投げかけたまま場を立ち去って省みないという、思いやりに欠けた無責任な人物。

4　これまでの父の人生を否定すべきでないという強い信念を持つために、母や姉の媚《こ》びるような態度が父を馬鹿にしているように思えて許せないという、正義感の強い人物。

問8　X・Y に当てはまる言葉として最も適当なものを後の中からそれぞれ一つずつ選びなさい。解答番号は㉕・㉖

X　㉕

1　悠然《ゆうぜん》と　2　猛然《もうぜん》と　3　泰然《たいぜん》と　4　漫然《まんぜん》と

Y　㉖

1　弥生《やよい》　2　霜月《しもつき》　3　水無月《みなづき》　4　師走《しわす》

問9　⑦昇平は話しかけたとありますが、このときの「昇平」の説明として最も適当なものを次の中から選びなさい。解答番号は㉗

1　幼い姉妹から話しかけられるという思いがけない展開に言葉が出ず、うろたえる場面が描かれている。驚きのあまり話すこともできない状態に陥ったが、姉妹の頼みを何とかかなえてやろうと心を砕くところが、短い会話の連続で表現されている。

2　言葉がうまく出て来ないまま、幼い姉妹を気遣って話しかける場面が描かれている。簡単な単語も言葉にするのが難しい中、姉妹には親がいるはずだということや、家に帰るはずだという思考は失われていないことが、指示語を使いながら懸命に話そうとする姿から読み取れる。

3　観覧車に惹きつけられるまま歩いてくると幼い姉妹に出会うという、幻想的な場面が描かれている。昇平にとって会ったばかりの幼い姉妹がとても大切な存在だということを、次々と発せられる質問の端々から感じ取ることができる。

4　幼い姉妹に一緒にメリーゴーランドに乗ってほしいと頼まれ、遊園地の係員に嘘《うそ》をつく場面が描かれている。良心が痛みはしたものの、姉妹を思って一肌脱ぐ本来の気前の良い性格が、祖父であることを堂々と言い切る一言に表れている。

問10　⑧とてもだいじなことなんだとありますが、このときの「昇平」はどういうことを感じていますか。それを説明したものとして適当ではないものを次の中から一つ選びなさい。解答番号は㉘

1　愛らしい女の子の笑顔に幼かった頃の娘たちが重なって見えたことで、やっと思い出した大切な記憶を留めておこうと心に決めている。

2　自分に身を預けたり、顔を向け手を振ったりという女の子たちの行動に接し、この子たちを守らなければという使命感が胸に広がっている。

3　明確ではないものの、小さな女の子の体温や体重から自分の娘たちにもかつて同じ感覚を抱いたことを淡く思い出し、この手を離すまいと思っている。

4　いつか聞いたはずの音楽を少しだけ思い出し、懐かしい歌を自然と口ずさみながら、満ちたりた幸せな思いを味わっている。

問11　この文章の表現や内容について説明したものとして、適当でないものを次の中から一つ選びなさい。解答番号は㉙

1　銀紙に執着する昇平の様子が丁寧に描写されることで、それを見守るしかない娘たちの父に対する戸惑いが効果的に表現されている。

2　本棚の本を隠すように並ぶ収集物を敢《あ》えて書くことによって、昇平から知的好奇心が完全に失われてしまったということを強調している。

3　それぞれの生活スタイルや価値観が異なっているために母親とうまく理解し合えない様子が、娘たちの会話から伺《うかが》える。

4　昇平が女の子を支える際「しっかりしっかり」と繰り返して表現することで、大切な感覚を摑《つか》んでいようとする様子が読み取れる。

ているから。

4　娘の手土産《てみやげ》の一部である銀紙までも大切にとっておくという夫の行動に、娘たちを可愛がっていた一面を思い出し好感を抱いたから。

問3　②「手仕事、みたいなことが?」とありますが、ここにはどのような思いが反映されていますか。その説明として最も適当なものを次の中から選びなさい。解答番号は⑳

1　単純な作業を繰り返す父の行動に意味を見い出せず、このように振る舞う理由が理解できないという思い。

2　わざと馬鹿げた行動をして笑わせる父の、銀紙を手にした満足気な表情が面白いという思い。

3　厳格だった父が手芸を始めるとは考えられず、不思議な行動をする父の意図を汲《く》みかねているという思い。

4　手先の器用さを見せつける父にうんざりし、どうにか早くこの場を切り上げてしまおうという思い。

問4　③硯箱とありますが、ここでの「硯箱」は、「昇平」にとってどのような意味を持つものですか。その説明として最も適当なものを次の中から選びなさい。解答番号は㉑

1　家族と過ごした年月の長さ

2　権威ある役職を歴任した過去

3　職業に由来する達筆さ

4　曜子との幸福な夫婦生活

問5　④こういう事情とありますが、どのような「事情」ですか。その説明として最も適当なものを次の中から選びなさい。解答番号は㉒

1　昇平の興味が向けられている対象が変化し、これまで好きだったものごとには見向きもしなくなってしまったということ。

2　忙しさを理由に娘が実家に顔を出さないことに寂しさを感じていた昇平が、わざと突飛な行動を取り関心を集めようとしたこと。

3　娘たちへの財産分与を考えていた昇平だが、認知症が進んでしまったことで簡単な会話すらもできなくなってしまったこと。

4　茉莉たち姉妹が知らないうちに昇平の認知症が進み、記憶力や判断力の機能が予想以上に落ちてしまっているということ。

問6　⑤「でも、お父さん、よろこぶから」とありますが、この時の「曜子」の気持ちとして最も適当なものを次の中から選びなさい。解答番号は㉓

1　晴れがましい場面を思い出させる賞状や証書をきっぱり否定する娘の言葉に、父親への尊敬の念が感じられずいらだっている。

2　たまにしか来ない娘の心無い言葉に不満を抱き、夫の行動の一部分だけを切り取って大げさに責め立てるのは許しがたいと反発している。

3　賞状などは居間に飾るほどのものではないと承知しているが、それでも認知症を患う夫を受け入れ、希望を優先してやりたいと考えている。

4　夫の病気のことで自分自身が疲れ果てていることは事実だが、せめて昔からの趣味だけは何とか続けさせてあげたいと願っている。

問7　⑥缶ビールをつかんで廊下に出、二階へ上がる階段の二段目に腰を下ろしたとありますが、ここまでの「芙美」の行動から彼女はどのような人物だと考えられますか。最も適当なものを次の中から選びなさい。解答番号は㉔

1　堅実でいて趣味人でもあった頃と現在の父との落差に違和感を隠さず、母や姉が父を老人扱いすることに対して閉口し、彼女たちに同調しないことを選ぶという、自分の感情に正直な人物。

2　父の言動に即座に順応する母や姉とは異なり、幼い頃から憧れていた父への失望が強すぎるために正面から向き合うことができないという、繊細な人物。

にしたが、

「おじいちゃんといっしょなの」

　優希が言うのに、

「そうだよ、おじいちゃんだ」

と、老人がうなずいたので、肩をすくめてゲートを開けた。

　優希と瑠依の顔が電飾の下で嬉しそうに輝く。ちいちゃいのはおじいちゃんといっしょに乗ってくださいと係の男性が言うので、昇平は優希の隣の木馬にまたがり、係の男が勢いをつけて抱き上げた瑠依を脚の間に座らせた。

「二周しますから、一度止まっても降りないでください」

　音楽が鳴り、舞台が回り出し、木馬が上がったり下りたりしはじめた。昇平はおお、と息を漏らし、脚の間にいる小さな女の子を片手でしっかり押さえた。隣の女の子はときどき馬から片手を離して昇平に手を振って笑う。なんだかとてもよく知っているように感じられる温もり、熱といっしょに伝わってくる重みが昇平の腿《もも》と腹のあたりにあった。昇平の腹に体をあずけた小さな娘がとてもかわいらしい高い声で笑い、頸《くび》をねじって見上げてくる。

　ともかくこの娘をしっかりしっかりつかまえていよう。それは⑧とてもだいじなことなんだ――。題名は忘れてしまったが馴染《なじ》みのあるメロディが流れ、木馬が回る中で昇平はそう考えた。ララ、ララ、ラララ、ラララ、ラララ、と口をついてメロディが出てきた。幸福、と呼びたいような感覚が腹の底から立ち上ってきた。

　この日何十回目かの振動をしているGPS機能付き携帯電話をコートのポケットに入れたまま、昇平は幼い娘たちと木馬に乗ってくるくると回り続けた。


（中島京子『長いお別れ』より。

作問の都合により、一部表記を改めています。）

注1　和室からは、星の彼方からやってきて地球を守る超人の、果敢に戦う音が漏れていた…隣室で昇平の孫がDVDを視聴している音。

注2　砧…東京都世田谷区の地名。

問1　波線部a～dの本文中での意味として正しいものを後の中からそれぞれ一つずつ選びなさい。解答番号は⑮～⑱

a 息を吞んでいた　⑮
1　驚きのあまり声も出せず見守っていた
2　心配しながらも温かく見つめていた
3　不可解な行動を注視していた
4　つい引き込まれて見入っていた

b なじった　⑯
1　冷静に批判した　2　不満を抱いて相手を責めた
3　大声で叱りつけた　4　軽い気持ちでからかった

c おもねり方　⑰
1　相手を軽んじるような態度
2　相手に同情しているような態度
3　相手に配慮した丁寧な態度
4　相手に良く思われようとする態度

d 鼻白んだ　⑱
1　悲しみを抑えられなかった　2　不思議に思った
3　興ざめした　4　ほほえましく感じた

問2　①少しはにかんだような表情とありますが、「曜子」はなぜこのような表情を浮かべたのですか。その理由として最も適当なものを次の中から選びなさい。解答番号は⑲

1　整理整頓を心がけてきた夫の本来の性格から、銀紙をきれいに伸ばしきるという行動を平常なものとして受け入れているから。
2　ケーキの下に敷かれていた銀紙に執着するだけでなく、皿の下にそれを隠すという異常ともとれる夫の行動に嫌悪感を持ったから。
3　通常では理解しがたい夫の行動を娘たちに見られて恥ずかしい気持ちもあるが、自分としてはいつものこととして受け入れってるところを押すんですよ、緑色、光ってるところを押すのよ、そうそう、お話ししてみて、お話しよ、普通に声を出して、もしもし、もしもし、あらすごい、お話しできちゃったのと、小さな子供を相手にするよりもべたべたした猫撫《ねこな》で声を出すのに辟易《へきえき》した芙美は、⑥缶ビールをつかんで廊下に出、二階へ上がる階段の二段目に腰を下ろした。

注1和室からは、星の彼方《かなた》からやってきて地球を守る超人の、果敢に戦う音が漏れていた。

このようにして東家に導入されたGPS機能付き携帯電話が実際に活躍したのは、茉莉がカリフォルニアに帰って行ったあと、クリスマスがもうすぐそこ、という Y も押し詰まった平日の夕暮時だった。

「お父さんが帰ってこない」

パニック状態の母親の電話を受けたのは次女の菜奈で、家族の夕食の準備中だった。

「今朝、今年最後の句会に行ったのよ。注2砧《きぬた》の会場へ。一人で。句会にはちゃんと行ったらしいんだけど、帰り道で迷ってるみたいなの。公民館とか図書館とか、寄りそうなところには電話してみたんだけど、どこにもいないのよ！」

【中略】

優希《ゆき》は妹の瑠依《るい》の手を引いて、チケット売り場の前の老人に近づいた。

「こんばんは」

と、優希は言った。

「こんばんは」

と、瑠依も言った。

「こんばんは」

と、昇平が言った。

「あれに乗りたいんだけど、大人がいないと乗っちゃいけないって言われたから、いっしょに乗ってくれますか？　券があるんです」

昇平は自分がどうしてここにいるのかわからなかった。何をしに出てきたのかも、どうすれば帰れるのかも、忘れていた。ただ、目の前にゆるゆる回る観覧車を見つけて、惹《ひ》きつけられるようにして歩いてきてここに立っていたのだった。

小さな二人の女の子に、⑦昇平は話しかけた。

「あんたたち、あれは、どうしたのかな。あの、あんたたちの、その」

「お母さん？」

「そうだよ。お母さんだ」

「今日は仕事で遅くなるの。だけど遊園地へ行ってメリーゴーランドに乗ってきてもいいって。一回乗ったら帰るの。でも、大人がいないと乗せてくれないの」

「だけど、その、なんだ、もう一つの、あれがあるだろう」

「お父さん？」

「そうだよ。お父さんだ」

「お父さんも仕事なの。でも、二人が家に帰る前に、私と妹も戻らなくちゃ。一回だけメリーゴーランドに乗ったら帰るから。いっしょに乗って」

「あんたたちは、そのう。なんだ、あれは。そういうあのう、帰るところがあるだろう？」

「うち？　だいじょうぶ。来るときも二人で来たから帰れる」

「そうかあ？」

「うん、だいじょうぶ。ありがとう。メリーゴーランドにいっしょに乗ってくれる？」

うむ、と昇平はうなずいて、小さな女の子の差し出した手を握った。

回転木馬の係のアルバイト男性は、また来たのかよ、と不審そうと続けると、曜子はまた唇を尖らせつつ主張した。

「だってあなたたち、呼ばなきゃ来ないじゃない」

「お正月には来るじゃない」

「だけど今年も来年も茉莉ちゃんがアメリカで」

「わたし？　わたしのせい？」

「お正月だって、芙美は何日、菜奈は何日って、違う日に来たりするから、みんなで集まることなんかなかなかないじゃない」

「それはわかったけど、こんな、将棋で四位だとかなんだとか貼っといたら、お客さんが来たとき恥ずかしいじゃないの。智樹《ともき》とか連れて来られない」

「あなた、自分のボーイフレンドの手前とお父さんとどっちがだいじなんですか」

「そこまで言うほどのこと？」

「いいじゃない。賞状のことは。お父さん、よろこんでるんだから」

「なんだ？　どうした？　何を俺がよろこんでるんだって？」

「将棋で四位」

「お？　あれか。ほう。お？　あれ？　あれは俺のじゃないかな」

ふんと勝ち誇ったように曜子が立ち上がってお茶を淹《い》れに行き、場の空気を変えたい欲求に駆られた長女の茉莉は、そうだったそうだった、あれがあったじゃないの、とおおげさに思い出してみせて、バッグの中からリボンのかかった小さい箱を取り出した。

「ほう。これはなんだ？」

「開けてみて」

「いや、開けるところまではわたしがやるわ。お父さんが包み紙持つと、中身にたどり着くまで何時間かかるかわかりゃしない」

横からプレゼントを［X］奪い取った菜奈が包装をほどき始めると、昇平はなんとなくうらめしそうに包み紙を見つめた。

「あら、なにそれ。お誕生日プレゼント？」

曜子がリビングに戻って急須の茶をそれぞれの湯呑みに注ぎながら訊《たず》ねる。

「そう。でもこれ、お母さんにもなの」

「わたしにも？」

「三姉妹から」

芙美は横を向いて鼻の頭に皺を寄せた。毎年年末に姉たちが一万円ずつ芙美に渡すことを条件に、芙美の口座名義での契約を引き受けさせられたのだった。使用料の月額は一人千五百円強のプランなので、年額三万六千円ほどの出費になる。芙美だけが姉たちの一・六倍の負担で、通話がプラン内を越えたときのリスクもないわけではない。もちろん、三女がいちばん稼いでいて独身だからという理由だった。それでも三姉妹からのプレゼントであることには変わりなかった。

「GPSが付いてるのよ」

「GPS？」

「お父さんが一人で出かけているとき、どこにいるかがわかるの」

「GPSっていうのは、グローバル・ポジショニング・システムの略ね。衛星を通して、現在地の測定ができる。カーナビなんかと同じ機能」

「え？　そんなことが？」

曜子はお盆を床に投げ出して携帯電話を手に取り、老眼鏡のズレを直してこころもち顎《あご》を上げるようにしてその小さなプレゼントを凝視した。

「設定するからちょっと待って。お父さんのも貸して」

菜奈がピンク色の母の携帯を、茉莉がグレーの父のものを操作している間、芙美はまた町内将棋大会の賞状に目をやっていた。グローバル・ポジショニング・システム。なんだかすごい名称。全地球測位システム。全地球。地球の裏側に行ったってどこにいるかわかるってことだ。このごろお父さん、町内からそうそう出やしないのに――。

母と二人の姉が、お出かけのときは必ず持って出てねだの、はい練習しますよ電話に出てくださいだの、ほら鳴ったわよ、緑色に光ておくわよと口々に言い、父親に代わって散らばった包装紙を拾い集めた。

　銀紙がすべて拾い集められ、お茶がすっかり冷めてしまっても、財産分与の話は始まらなかった。そんな話をする予定はもとからなかったのだと、三人娘たちは理解し始めた。

「だって、あなたがお正月に帰らないって言うんだもの。一年も会えなかったら、いろんな事情が変わってきちゃうじゃない」

　曜子は茉莉がいけないのだとやんわりｂなじったが、それならそれで④こういう事情だから戻ってこいと言えばいいではないかと言いかける茉莉に、

「でも、お父さん、娘を集めてちゃんとお金の話をするって言ったこともあったのよ」

　と、母はにわかには信じがたい言い訳をする。

　母と長女が小競り合いをする中、三女の芙美は改めてリビングを見回した。しばらく訪れないうちに、そこはたしかに変化していた。昇平の収集癖は銀紙だけではないらしく、かつては洋酒の瓶がそれらしく並んでいたサイドボードに、MG5というポマードの空瓶が十五個ほどストックしてあった。本棚には本の背表紙を隠すようにして昇平の吸っている煙草《たばこ》「フロンティア」の空き箱がずらりと並んでいる。

「とにかくお父さんは、棄《す》てたくないの。なんにも」

　曜子はいちいち弁解しなければならないのが不快だと言わんばかりに口を尖《とが》らせる。

「それも症状なの？」

　茉莉が訊《き》くと、曜子は首をかしげる。

　それ以上に部屋を不思議な雰囲気《ふんいき》にしているのは、昔は昇平の好きだった絵画がかかっていた壁面に、「町内将棋大会四位入賞」とか「功労賞　図書館長殿」とか「右の者、国立静岡大学を卒業したことを証する」と書かれた古い卒業証書までが貼《は》りだされていることだった。

「お母さん、ちょっとこれ、どうなの」

　三人娘の中でもっとも若くスタイリッシュな芙美は眉を顰《ひそ》めた。
⑤「でも、お父さん、よろこぶから」
　母は娘の非難が不当だという表情で抵抗を示した。

「まっさか！　嫌でしょこんなの、お父さん」

　明るく言い放ってから父親を振り返った三女は、お父さんがそれをちっとも嫌だと思っていないことに気づいた。父は満面に笑みを浮かべて「町内将棋大会四位入賞」を指さし、

「お！　見ろ。あれは俺のじゃないかな。なんだかあれは、とってもすごいな」

　と言ったのだった。

　ほんとよお、すごいわよ、四位なんてなかなか獲《と》れないわよ、と姉娘二人はどうでもいいようなｃおもねり方で調子を合わせたが、芙美は顔をしかめたままだった。曜子は機嫌のいい夫の姿を見て、ここぞという思いで持ち上げる。

「ほらね、お父さん。みんな、お父さんのことすごいって思ってますよ。お父さんはほんとに偉い人だから」

「そうかあ？」

「そうよ。図書館長ですもの」

「そうかね」

「そうよ。だから娘たち、みんな今日、集まったんですもの」

「ほう。そうだな」

「そうですよ」

　夫婦があまりできのよくない漫才の掛け合いのようなものを始めたので、芙美ならずとも娘たちは少なからずｄ鼻白んだ。

「ようするに、お母さんはこれがやりたくてわたしたちを呼んだの？」

　芙美はぼそぼそと小さな声で、疑問ともぼやきともつかない調子で呟《つぶや》いた。

「こんな芝居がかったことしなくても」

二　次の文章は、認知症との診断を受けた東《ひがし》昇平《しょうへい》と彼を支える妻・曜子《ようこ》の家を、久しぶりに三人の娘（茉莉《まり》、菜奈《なな》、芙美《ふみ》）が訪ねる場面です。よく読んで、後の問いに答えなさい。

　リビングに残された四人の女たちは当初、懸案の、大人のお話を始めようと思ったのだったが、いつのまにか全員の視線が東昇平の指先に集中してしまい、その間、会話はストップした。

　昇平は菜奈が買ってきた洋ナシのタルトを食べ終えると、残った銀紙を両手の指先でなめすように伸ばし始めたのである。銀紙上に少しだけ残っていたジャムが指につくと、驚いたようにそれを一瞬眺め、丁寧にティッシュペーパーで拭《ぬぐ》った。それからまた銀紙に細かく入っている襞《ひだ》が全部伸びきるまできれいに伸ばし、それをケーキ皿の下に隠した。そして卓上を見渡して女たちのケーキ皿の上にも同じような銀紙が載っていることを認めると、それをすべて寄こすように要求し、一枚一枚伸ばしていった。

　脳裏に疑問符を浮かべながら父の行動を凝視している三人の娘たちに、曜子は①少しはにかんだような表情で、

「このごろ、お父さん、こういうものがとても好きなの」

と言った。

②「手仕事、みたいなことが？」

「手、仕事、というか、むしろ」

「銀紙？」

「うん、そう。銀紙とかね。銀じゃなくても、なんというのかしら」

　銀紙？　と質問したのは茉莉だった。茉莉の目は、タルトを食べ終わった父親に手渡したチョコレートの包装に吸い寄せられていた。内側が銀色で、外側にメーカーのマークがデザインされた包装は、合わせ目を引き破って中身を取り出す方式だったが、手間取って取り出せない父親に代わって無造作に破いてみせた茉莉に心なしか非難の目を向けた昇平は、中身のチョコレートをぽいと口に入れると心は完全に包装に集中していき、茉莉がちぎってしまった角をなんとか元ある形に戻せないかとでもいうように、また両手の指でひたすら四角い包装を固いサイドテーブルに押し付けて形を整えだすのだった。

「お父さん」

「うむ？」

　昇平は声のする方へ顔を向けた。

「それをどうするわけ？」

「これはね。こういう良いものはね。みんな取っておく」

　重々しい口調で昇平は言った。

「取っておくって、それもその、お皿の下に置くの？」

「いやあ、こんなところへは、あれだ。いまここに置いただけでね。もっと、たいせつに取っておきますよ。お母さん、あれ」

　昇平は、病気の片鱗《へんりん》すら感じさせないしっかりとした口調で言った。

「はい」

と、曜子は何かを取りに行った。

　それはかつて区立中学の校長や公立図書館の館長を務めた昇平が現役時代に、妻に③硯箱《すずりばこ》を取ってこさせる時の態度とそっくりだったので、娘三人はとうとう話題が銀紙から逸《そ》れて財産分与に関するものに移行するのかと身構えた。

　しかし曜子が持って戻ったのは、昇平の懐かしい硯箱ではなくて、見た目にも古そうな泉屋のクッキーの缶だった。昇平は、妻から手渡されたそれを開けようとしてしばらくまごまごしていたが、勢いをつけて開けた拍子に缶は昇平の手元から弾みをつけて飛んでいき、食べ残しの残るテーブルと絨毯《じゅうたん》敷きの床の上に、集めに集めた菓子の包装紙の数々がぶちまけられた。

　三人の娘はひらひらと舞い散る銀紙を前に声を失ったが、昇平はたいへん不満そうな表情で拾い出し、しかもそれらの皺《しわ》を一枚一枚伸ばし始めた。しばらくa息を呑《の》んでいた娘たちは我に返って、だいじょうぶよお父さん、これはちゃんときれいに伸ばして缶に入れ

図1　社会のために役立つ生き方をすること（「とてもそう思う」と回答した者の割合）

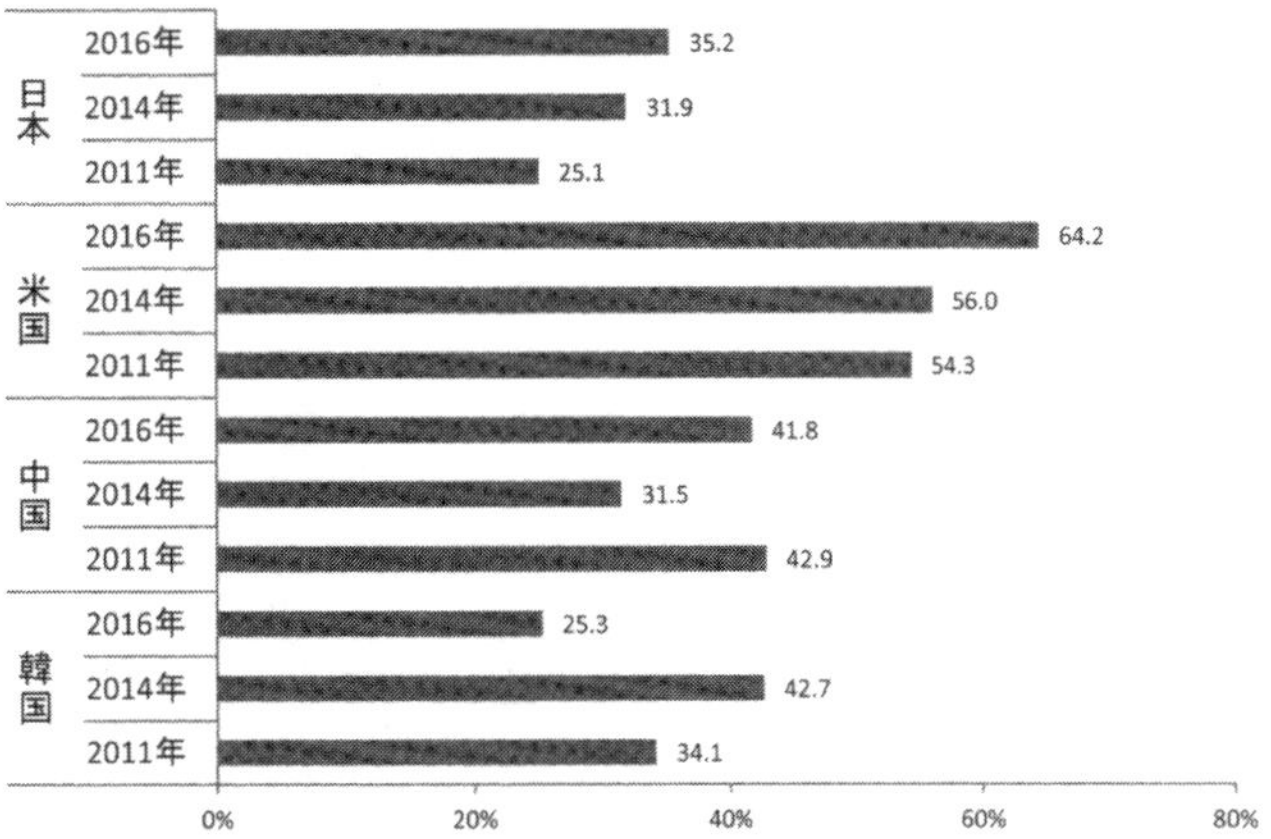

図2　高い社会的地位につくこと（「とてもそう思う」と回答した者の割合）

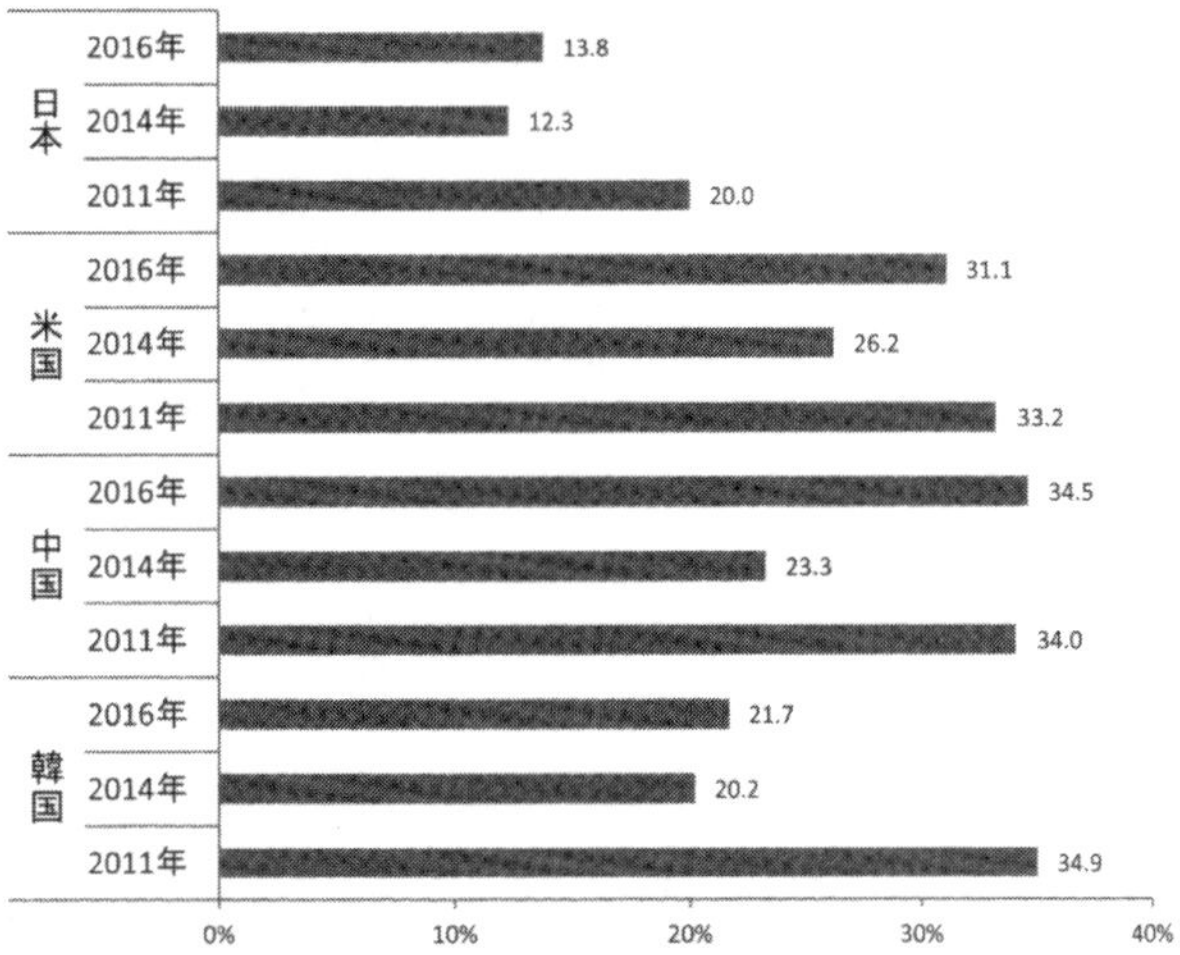

図3　のんびりと気楽に暮らすこと（「とてもそう思う」と回答した者の割合）

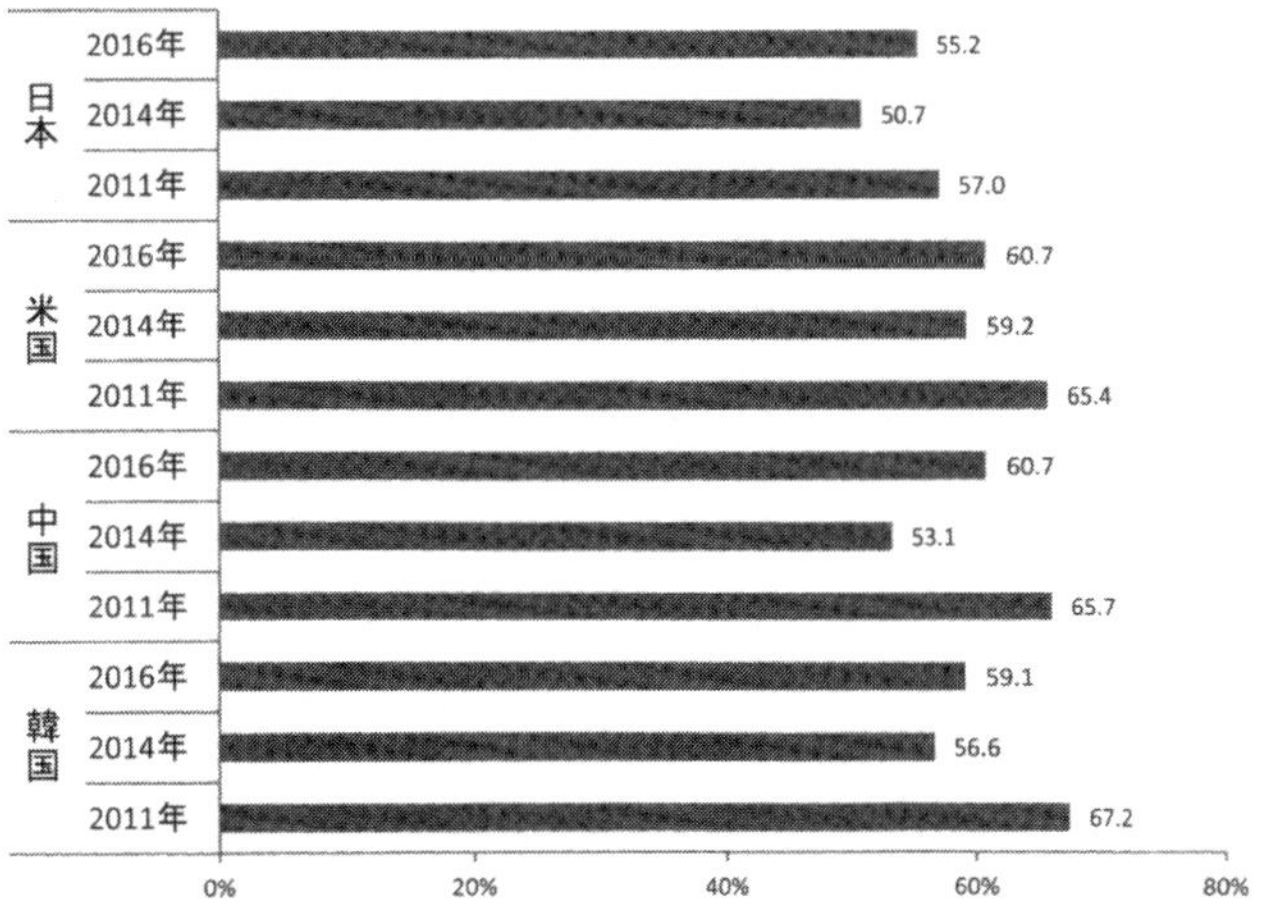

ジを受け取ってしまう。

4　他の人ではなく自分が呼ばれたという事実から、他の人は取るに足らないと思い込んでしまう。

問10　⑥個としてのじぶんの「務め」とありますが、これはどのようなことですか。その説明として最も適当なものを次の中から選びなさい。解答番号は⑬

1　じぶんの果たす責任を全うするだけではなく、周囲の人たちが果たす責任というものを見極めて、じぶんが受ける恩恵を追求すること。

2　じぶんのことを全て他者に任せてしまうのではなく、周囲の人たちと支えあうために、他者の求めにすぐに応じる準備をしておくこと。

3　じぶんから積極的にボランティア活動に参加したり、周囲の人から挨拶をされたらきちんと返事をしたりするなど、経済活動以外の行動に励むこと。

4　じぶんが所属する集団での責任を果たしたうえで、見ず知らずの集団の中でも、じぶんの居場所を確保できるだけの実力を身につけること。

問11　次のページの資料は、国立青少年教育振興機構が平成二八年度に実施した『高校生の勉強と生活に関する意識調査―日本・米国・中国・韓国の比較―』より抜粋したものです。本文とこの表を見比べた生徒A～Dのなかで、最も適当な意見を述べている生徒を後の選択肢から選びなさい。解答番号は⑭

※質問内容「あなたは将来、どのような目標をもっていますか。」

生徒A　日本の高校生は、「社会のために役立つ生き方をすること」を人生の目標としている人が年々増えているね。これは本文では「人のために役立つということ」として取り扱っているけれど、「これがなかなか見えにくいのが現代の職場だ」とも言っているよ。他者との支えあいを意識する若者たちには、この目標を見失わないように頑張ってほしいものだね。

生徒B　確かに「社会のために役立つ生き方をすること」を人生の目標にする日本の高校生は年々増加しているけれど、他の国の高校生たちと比べると、とても低い水準で推移しているよ。本文の方でも、じぶんの特性を他人に教えてもらおうとしているしね。こうしてみると、日本の高校生は社会性に欠けていて自己中心的だから、日本の将来はとても不安だなぁ。

生徒C　低い水準ということなら、「社会のために役立つ生き方をすること」だけでなく、他の項目でも低い水準のものばかりだね。かろうじて「のんびりと気楽に暮らすこと」だけが他国と遜色《そんしょく》のない数値になっているかな。やっぱり本文にあるように、他者からの期待にさえ応えておけばそれで全ては丸く収まるはずだ、という日本の伝統的な考え方にも関係があるのかもしれないね。

生徒D　それにしても「高い社会的地位につくこと」については、他国と日本との数値の差が特に大きいね。他国の考え方を「上昇志向」とするならば、日本は「安定志向」と言えるかな。本文も日本の長寿化に触れているし、人生の半分以上の時間を費やす定年退職後に体力を残しておきたいという目標のために、労働勤務の質を制限しようと思うことは、自然なことだよね。

1　生徒A　2　生徒B　3　生徒C　4　生徒D

にあふれる一般的な会社の中にも周囲に認められる仕事というものは存在しているということ。

問4　②のっぴきならないを別の言葉に置き換えたものとして最も適当なものを次の中から選びなさい。解答番号は ⑦

1　ただならない　　2　ままならない
3　なみなみならない　　4　ぬきさしならない

問5　③空しくなってくるとありますが、これはなぜですか。その理由として最も適当なものを次の中から選びなさい。解答番号は ⑧

1　どんなに家事をしても子供が成長しないから。
2　他の人のために役立っている実感がないから。
3　じぶんのためになるような仕事ができないから。
4　不払い労働だけでは経済的自立が望めないから。

問6　④仕事の意味とありますが、これはどのようなことですか。その内容を説明したものとして最も適当なものを次の中から選びなさい。解答番号は ⑨

1　他の人の援助が無くては小さな仕事もできないような時期があったとしても、その期間に身につけた能力が自己実現につながるはずだと信じ続けること。
2　じぶんよりも高い特質を持つ人が数多くいたとしても、その他者の力をうまく利用し、いつかは他者を助ける存在になれるように目標を持ち続けること。
3　自己実現への道筋を見失うことなく、自身の才能を生かした職業を選ぶことを怠らず、そのうえで社会的にも認められるような人生を送ろうと努めること。
4　他者の手助けが無くては何もできないことを自覚し、じぶんの素質が十分ではないことを認め、そのうえで自身の責任を全うしようと懸命に努力を続けること。

問7　[X] に入る一文として最も適当なものを次の中から選びなさい。解答番号は ⑩

1　じぶんが何をしたいかを、他人がなすべきことからではなく、じぶんが何を求められているかというほうから考えよう
2　じぶんが何をしたいかを、じぶんが何を求められているかというほうからでなく、じぶんがなすべきことから考えよう
3　じぶんがなすべきことを、じぶんが何をしたいかというほうからではなく、じぶんが何を求められているかというほうから考えよう
4　じぶんがなすべきことを、じぶんが何を求められているかというほうからではなく、他人が何をしたいかというほうから考えよう

問8　[Y] には次のA～Dの四つの文が全て入ります。A～Dの文を正しく並べ直したとき、三番目に来るものとして最も適当なものを後の中から選びなさい。解答番号は ⑪

A　つまり re-spondēre は「約束し返す」という意味である。
B　リスポンドにみられる「応じる」や「応える」という意味はそこから出てきた。
C　リスポンシビリティの語源をたどってゆくと、ラテン語の re-spondēre に行き着く。
D　この語は、「約束する」という意味の spondēre に「繰り返し」や「送り返し」を意味する re という接頭辞がついたものである。

1　A　　2　B　　3　C　　4　D

問9　⑤危うい面もあるとありますが、ここにはどのような危険性がありますか。その説明として適当でないものを次の中から一つ選びなさい。解答番号は ⑫

1　他の人に求められるために、いつも他の人の目を気にするようになってしまう。
2　じぶんは優れている人間だから他の人から求められていると勘違いしてしまう。
3　責任について深く考えることもなく誤って他の人のメッセー

支えあいなしにひとは生きていけない。その支えあいがサービス業務としてシステム化されてゆくプロセスは、各人が自活能力を一つ一つ失ってゆく過程でもある。そのことに気づいたひとは、社会のシステムに生活をそっくり預けるのではなく、目に見えるまわりの他者とのあいだで心くばりや世話をいつでも交換できるようにしておくのが、起こりうる危機を回避するためにはいちばん大事なことだと知っている。他者の小さな声に“Can I help you ?”とすぐに応じることができるひとたちである。「リスポンシビリティ」はそのように地べたから立ち上がるのでなければ、根なし草になってしまう。

（鷲田清一《わしだきよかず》『だれのための仕事　労働vs余暇を超えて』より。
作問の都合により、一部表記を改めています。）

注1　徳目…人間として立派な気質や品性を、いくつかの要素に分類したもの。

注2　参与…ものごとを進める一員として加わること。仲間になること。参加。

注3　俯瞰…より高い視点から物事の全体像を眺めること。大局的に見ること。

問1　二重傍線部a～dのカタカナを漢字に直した場合、同じ漢字を用いるものを後の中からそれぞれ一つずつ選びなさい。解答番号は①～④

a 丹ネン　①
1　往ネンの記憶がよみがえる。
2　この接着剤はネン着力が強い。
3　行事が中止されたのは残ネンだ。
4　収まったはずの怒りが再ネンした。

b カイ旧　②
1　お客様と面カイする。
2　町の歴史をカイ古する。
3　制度のカイ革に尽力する。
4　明治期の文明カイ化の象徴。

c ソ織　③
1　反対派の入場をソ止する。
2　ソ材の味を生かして調理する。
3　外国人と意思のソ通を試みる。
4　優秀な人材を選んでソ閣する。

d ソウ遇　④
1　山道に迷いソウ難してしまった。
2　今日中に結論を出すのはソウ計だ。
3　国家間でのソウ互理解が必要である。
4　識者会議でのソウ合的な判断を信じる。

問2　A～Cに当てはまる言葉の組み合わせとして、最も適当なものを次の中から選びなさい。解答番号は⑤

1　A　そして　B　なぜなら　C　すなわち
2　A　つまり　B　だから　C　たとえば
3　A　むしろ　B　すなわち　C　ちなみに
4　A　ゆえに　B　そして　C　もしくは

問3　①このこととありますが、これはどのようなことですか。その内容を説明したものとして最も適当なものを次の中から選びなさい。解答番号は⑥

1　だれにでもできる仕事を、丁寧に工夫を重ね努力を続けて周囲に認められることで、他の人にはできない自分ならではの仕事を手に入れられるということ。
2　どれほど簡単な仕事であっても、やりがいを見出すためにさまざまな工夫を重ねることで、その仕事がじぶんに向いている仕事へと変わっていくということ。
3　やりがいのある職種を追い求める態度は、今の若者たちにも必要不可欠なことではあるが、長い人生において実はやっかいな足かせとなってしまうということ。
4　専門的な資格を取得することが必要な職業だけでなく、世間日本語の「責任」にそのような含意はない。「責任」といえば、国家の一員としての責任、家族の一員としての責任というふうに、cソ織を構成する「一員」として果たさねばならないことがらを思い浮かべる。それは匿名《とくめい》の役柄における責任であって、まぎれもないこのわたしがいまだれかから呼びかけられているという含みはない。

Y

「責任」という重いことがらではなくても、日常のちょっとしたことにも、「応える」ことの重要性はいろいろ見いだせる。 C 挨拶《あいさつ》。ひとが「おはようございます」と挨拶しても、なんのリスポンスも返ってこないことほど気が殺《そ》がれるものはない。「おはよう」に「おはよう」と応じないひと、応じることのできないひとに、ときどきdソウ遇することがある。ここで「おはよう」に「おはよう」と応じることには大きな意味がある。これから生まれるあなたとの語らいにわたしも喜んで注2参与する気持ちがあるということの表明だからである。「おはよう」と応じないときは、あなたとは話したくないという意思表示になってしまう。このときの「おはよう」というリスポンスは、たんなる挨拶ではなく、呼びかけへの応答という意味をもっているのである。そしてたいていの会話はそういう呼びかけとその受諾の言葉の交換から始まる。ひとは話しかけられるから応えるのであり、応えがあるからさらに話しかける気にもなるのだ。

考えようによっては、阪神淡路大震災のあと、空前のヴォランティア・ブームが起こったときに人びとがとっさに抱いたのは、この、いまじぶんが呼びだされているという感覚ではなかったのかとおもう。仮設の避難所に遠くからおもむいたひとたちは、じぶんはだれも知らないちっぽけな存在だけれど、そして会社でもいつも何をやっても「あたりまえ」、とくに評価されるわけではないけれど、ここでは「ああ、また来てくれたんやね」と、他とは違うこの〈顔〉として認められ、たどたどしいけれどまぎれもなくこのわたしの言葉で話すことができる。ねぎらいあうことができる。そのとき、人びとがもしその動機を訊《き》かれたら、「責任」ということばは持ちだしにくくても、「リスポンシビリティ」ということばに対応することばが日本語にあれば、きっとそれで表現したことだろう。

もちろん、名ざしで呼びだされている者としてじぶんを意識するということには⑤危うい面もある。他のだれでもなくこのじぶんが何者かからとくに召喚されているという意識が過大なまでに膨らんで、じぶんを他に優って嘱望《しょくぼう》された人間、つまりはエリート（選良）と考えてうぬぼれてしまいもするからだ。あるいは逆に、つねに他人による評価と称賛を求め、ときに卑しいばかりに他人に取り入ろうとするからだ。ここでは、このじぶんという意識が、ほかならぬこのじぶんという意識というかたちで、方向を誤って、他者の否定につながってしまっている。

「責任」についてわたしたちに再考をうながす、そうしたきっかけを国民一人ひとりに向けて送り届けたというその一点で、オバマ大統領の就任演説のことばは、すくなくとも宛先は明確であった。

このリスポンシビリティという語がわたしたちに示唆《しさ》するいま一つのものは、「勤め」と「務め」をばらす感覚だとおもう。長寿化とともに、会社で一生勤め上げるというよりも、勤め人としての生活は人生の半分と考え、それよりもはるかに長い人生を注3俯瞰《ふかん》してものごとをなす、つまり⑥個としてのじぶんの「務め」を探るという感覚である。

世の中を見渡せば、税金を、あるいはサービス料をちゃんと払っているのだから、わたしには落ち度はないと、役所や企業に猛烈な苦情をぶつける「クレーマー」ばかりがめだつ。「クレーマー」は他者の責任を問いつめるが、そのクレームが「もっと安心してシステムにぶら下がれるようにしてほしい」という受け身の要求であることに気づいていない。

できる場所を求めることになる。「じぶんにしかできないこと」への過剰なまでのこだわりが前面に出てくる。けれども「自己実現」ほど実現しにくいものはない。

　理由は二つある。

　ひとつは、じぶんにしかないもの、たとえばじぶんの素質ないしは才能を生かそうにも、素質や才能は「じぶん」ではなくて「じぶんの特質」でしかないからだ。記憶力がいいとか協調性があると言っても、なにかの資格をもっていても、そういう人はじぶん以外にもいるわけで、つまるところそれらはじぶんが属している類型（タイプ）のことにすぎない。だから「わたしがそれをしていることの意味」はそこでは最終的に確認できない。

　いまひとつは、仕事はけっきょく独力ではやりきれないからだ。どんな小さな仕事でも社会の複雑なネットワークのどこかに位置しないと全うできない。仕事を懸命にすればするだけ、「他人のおかげ」ということを思い知らされるのが、仕事というものだ。それを達成したとき、「自己実現」などという当初の目標じたいが空しく見えてくる。

　とすれば、じぶんの「目的」ではなく「限界」にこそ向き合うことになるのが、仕事だということになる。もっと器用であれば、もう一つ身体があればもっと効率的に作業ができるのに……という身体的な条件でもいい。他人の力を借りないと何もできない……という社会的な条件でもいい。そういうひととしての「限界」をひしひしと感じながら、それでもひととしてしなければならないことをしているという感覚がもてたとき、わたしたちは働いているという実感に満たされることになるのだろう。

　ひととしての「限界」に向き合い、それと格闘すること、そこに④仕事の意味がある。演奏や創作、あるいは競技においては、そうした「限界」との向き合いは熾烈《しれつ》である。人びとがそれを畏《おそ》れ、それに憧れることには、大きな理由がある。仕事をじぶんの可能性のほうからではなくじぶんの限界のほうから考えてみることは、仕事の意味をじぶんのほうからではなくその仕事がかかわる他人のほうからも考えてみることとともに、仕事について別のイメージを得るためにはとても大切なことである。

【中略】

　オバマ大統領がその就任演説の最後のところで、「新しい責任の時代」というスローガンを口にし、「米国民一人ひとりが自身と自国、世界に義務を負うことを認識し、その義務をいやいや引き受けるのではなく喜んで機会をとらえること」を訴えた。

「責任」と「義務」。なんとも古めかしい「倫理」の注1徳目が持ちだされているようにみえるが、このことばに、あのケネディ大統領の就任演説のなかの有名なことばを重ねあわせ、bカイ旧の思いでふれた人もきっと少なくない。――「そして、わが同胞《どうほう》のアメリカ人よ、あなたの国家があなたのために何をしてくれるかではなく、あなたがあなたの国家のために何ができるかを問おうではないか。我が同胞の世界の市民よ、アメリカがあなたのために何をしてくれるかではなく、われわれと共に人類の自由のために何ができるかを問おうではないか」。このことばによって、J・F・ケネディは、［　X　］と呼びかけた。

　オバマ大統領が掲げた「責任」ということば、英語でそれにあたるのは、responsibility である。この語には、日本語の「責任」という語からは感じられない独特の含意《がんい》がある。リスポンシビリティとは、直訳すれば、リスポンドできるということ、［　A　］、他者からの求めや訴え――それは神からの呼びかけでもありうるし、同《どう》朋《ほう》たちからの求めやうながし、期待や訴えでもありうる――に、応える用意があるということである。先に見たように、欧米のひとたちは伝統的に、ひととしての「責任」を、他者からの呼びかけ、うながしに応えるという視点からとらえてきた。この他者はかれらにとっては神でもありうる。［　B　］職業のことを、とくに使命や天職の意味を込めて、コーリング(calling)と呼んだのだった。まさに神からの呼びだしに応じることとして。

二〇二二年度

浦和実業学園高等学校（第三回併願）

【国語】（五〇分）〈満点：一〇〇点〉

一　次の文章を読んで、後の問いに答えなさい。

　仕事の意味は仕事のなかですぐに見えるかというと、仕事の意味が、あるいは仕事をしているひとの顔が、あるいは仕事の結果がもつ意味が、とても見えにくいのが、現代社会のような高度にシステム化した社会の特質なのである。

　就職の季節になって、「わたしにはいったいどんな仕事が向いているのでしょうか?」「他のひとになくてわたしにしかない才能や素質がわたしにあるでしょうか?」と訊《たず》ねてくる学生は少なくない。そうした学生にはこう言うことにしている。会社に入ればみな、だれでもできる仕事しかさせてもらえない。だれでもできる仕事を工夫しながら丹aネンにくり返しているうちに、じぶん流のやり方を見つけ、また周囲にも認められるようになる。そうしてはじめて、他のひとにはできない仕事が生まれる。会社員のみならず、「職人」でも「先生」でも「お坊さん」でも、みなおなじことだ、と。

　が、①このことがなかなかわかってもらえない。「じぶんにしかできないこと」へのこだわりが最初にあるからだ。やりがいのある職種を、という気持ちはわかる。人間というのはやっかいなもので、「ただ生きている」ということができない存在だからだ。生きていることに、そしてじぶんがここにいることに、理由や意味を必要とするのが人間だ。うまく意味が見つかれば「生きがい」を感じ、元気が出てくるが、意味が見つからないと、生きていてもつまらない、生まれてこなかったほうがよかった、いっそのこと消えてしまいたい……と、しだいに落ち込んでゆく。「ただ生きている」ということじたいがしんどくなってくるのだ。だから、じぶんにもなにかはっきりとした意味を感じられるような仕事があるはずなのに、と思い煩《わずら》うことになる。「これをするのがわたしでなければならない理由がほしい」というわけだ。

　仕事の意味、働くことの意味ということでだれもがまず考えるものが二つある。ひとつは、他のひとのためになにか役立つということであり、いまひとつは「自己実現」できるということである。前者はいつの時代にも言われてきたことであり、後者は近年とくに言われていることである。

　まずひとのために役立つということだが、これがなかなか見えにくいのが現代の職場だ。今日の社会では、生産から流通まで巨大で複雑なシステムのなかでおこなわれるので、じぶんの「労働」がどこのだれのために役立っているのか見えにくい。チームの営業成績に貢献しているところまでは見えても、たとえばじぶんがその部品の一つを作った製品をどこのだれがどんな顔をして買っているのかは見えない。そのうち、じぶん自身をその工程の一つの部品のように感じるようになる。

　おなじように、じぶんの仕事が社会のなかでどういう意味があるのかが見えにくい仕事に家事という「不払い労働」がある。家事労働はたしかにプライベートな生活を維持するために不可欠のものではあるが、もっと広い社会のなかでの意味づけというのができない。子育てであればじぶんがいないとこの子は生きていけないという②のっぴきならない感覚はあろうが、それも終われば料理・掃除・洗濯……と家事だけをくり返しているのが③空しくなってくる。介護も加われば、ますますじぶんが家に貼りつけられて何もできないという思いがもっと強くなってくる。だから、社交とかサークル活動などでじぶんの存在の「社会性」を確認しようとする。しかしそれは「仕事」ではないから、しなくてもいいものという思いにつきまとわれ、やはり空しくなってくる。主婦の仕事には、「非労働」のなかでしかじぶんの社会性を感じられないというそんなあきらめがある。

　そこでひとは、じぶんをもっと生かせる仕事、そう、「自己実現」

英語解答

1 ① 3　② 1　③ 3　④ 2

2 ⑤ 1　⑥ 2　⑦ 1　⑧ 4

3 ⑨ 1　⑩ 4　⑪ 2　⑫ 3
⑬ 4　⑭ 3　⑮ 1　⑯ 3
⑰ 4　⑱ 2　⑲ 2　⑳ 4
㉑ 4　㉒ 1　㉓ 3

4 ㉔ 2　㉕ 5　㉖ 3　㉗ 3
㉘ 7

5 ㉙ 3　㉚ 3　㉛ 2　㉜ 1
㉝ 4　㉞・㉟ 3, 4

6 ㊱ 2　㊲ 4　㊳ 1　㊴ 3
㊵ 2　㊶・㊷ 4, 5

数学解答

1 (1) ①…1　②…9　③…1　④…5
(2) 1　(3) ⑥…2　⑦…9　⑧…1
(4) 4

2 (1) ⑩…4　⑪…1　⑫…5
(2) ⑬…−　⑭…2　⑮…−　⑯…5
(3) ⑰…−　⑱…6　⑲…1　⑳…2
(4) ㉑…1　㉒…2　㉓…2　㉔…3

3 (1) (i) ㉕…5　㉖…1　㉗…2
(ii) ㉘…5　㉙…1　㉚…8
(2) ㉛…8　㉜…2　㉝…1
(3) ㉞…6　㉟…0　㊱…6　㊲…3
㊳…2　㊴…1

4 (1) (i) ㊵…4　㊶…8　㊷…0
(ii) ㊸…2　㊹…−　㊺…2
㊻…1　㊼…7
(2) ㊽…2　㊾…4　㊿…5

国語解答

一 問１　a…3　b…2　c…4　d…1
問２　2　問３　1　問４　4
問５　2　問６　4　問７　3
問８　1　問９　3　問10　2
問11　1

二 問１　a…1　b…2　c…4　d…3
問２　3　問３　1　問４　2
問５　4　問６　3　問７　1
問８　X…2　Y…4　問９　2
問10　1　問11　2

●要点チェック●　図形編─合同

◎図形の合同

合同……一方の図形を移動させて(ずらしたり《平行移動》，回したり《回転移動》，裏返したり《対称移動》して)，他方の図形に重ね合わせることのできるとき，この２つの図形は合同である。

・**合同な図形の性質**

１．対応する線分の長さは等しい。

２．対応する角の大きさは等しい。

・**三角形の合同条件**

２つの三角形は次のどれかが成り立つとき合同である。

１．３組の辺がそれぞれ等しい。

２．２組の辺とそのはさむ角がそれぞれ等しい。

３．１組の辺とその両端の角がそれぞれ等しい。

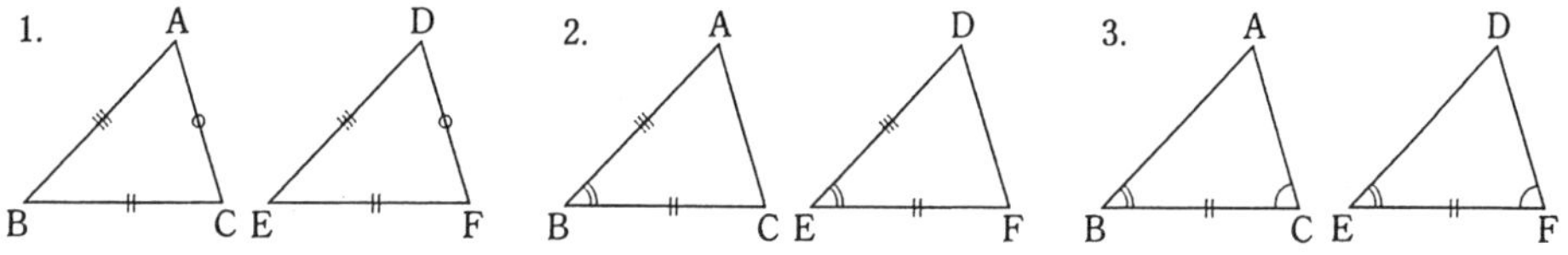

1. AB＝DE　BC＝EF　AC＝DF

2. AB＝DE　BC＝EF　∠ABC＝∠DEF

3. BC＝EF　∠ABC＝∠DEF　∠ACB＝∠DFE

・**直角三角形の合同条件**

２つの直角三角形は次のどちらかが成り立つとき合同である。

１．斜辺と１鋭角がそれぞれ等しい。

２．斜辺と他の１辺がそれぞれ等しい。

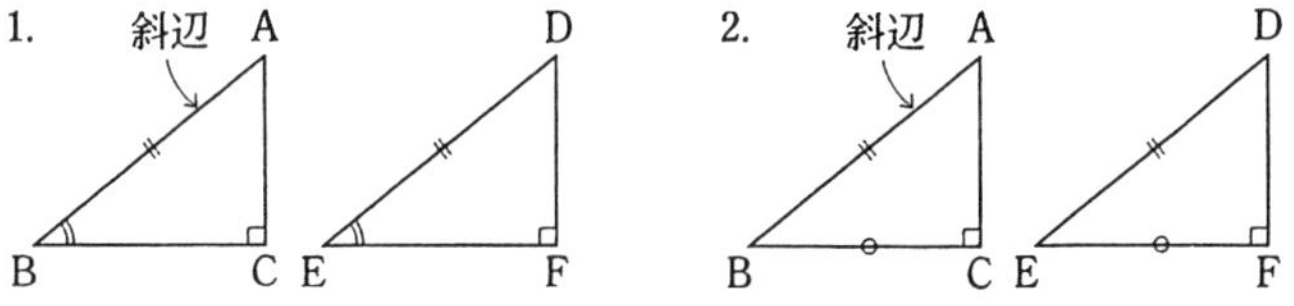

1. ∠ACB＝∠DFE＝90°　AB＝DE　∠ABC＝∠DEF

2. ∠ACB＝∠DFE＝90°　AB＝DE　BC＝EF

Memo

2025年度用
高校スーパー過去問

■編集人　声の教育社・編集部
■発行所　株式会社　声の教育社
〒162-0814 東京都新宿区新小川町8-15
☎03-5261-5061㈹ FAX03-5261-5062
https://www.koenokyoikusha.co.jp

浦和実業学園高等学校

別冊 解答用紙

丁寧に抜きとって、別冊としてご使用ください。

★合格者最低点

			2024年度	2023年度	2022年度
第1回 併願	普通科	特進選抜	165	180	176
		特進	140	164	158
		選抜α	106	134	124
		選抜	100	115	98
		進学	96	98	74
	商業科		76	92	72
第2回 併願	普通科	特進選抜	162	164	158
		特進	133	130	164
		選抜α	111	122	124
		選抜	109	99	112
		進学	97	86	70
	商業科		77	76	64
第3回 併願	普通科	特進選抜	159	174	174
		特進	165	140	199
		選抜α	119	125	134
		選抜	101	101	119
		進学	107	101	87
	商業科		83	82	87

注意

○ 解答用紙は、収録の都合により縮小したものや、小社独自に作成したものもあります。
○ 学校配点は学校発表のもの、推定配点は小社で作成したものです。
○ 無断転載を禁じます。
○ 解答用紙を拡大コピーする場合、表示した拡大率に対応する用紙サイズは以下のとおりです。
101%～102%＝B5　103%～118%＝A4　119%～144%＝B4　145%～167%＝A3
（タイトルと配点表は含みません）

２０２４年度 浦和実業学園高等学校・第１回併願

英語解答用紙

評点
／100

推定配点	
1～4 各2点×27 5 ㉘～㉜ 各3点×5 ㉝、㉞ 各4点×2 6 ㉟～㊴ 各3点×5 ㊵、㊶ 各4点×2	
100点	計

受験番号

氏名	フリガナ

この番号はあなたの受験番号です。
確認のうえ下記の欄に記入すること。

受験番号				
	⓪	⓪	⓪	⓪
①	①	①	①	①
②	②	②	②	②
	③	③	③	③
	④	④	④	④
	⑤	⑤	⑤	⑤
	⑥	⑥	⑥	⑥
	⑦	⑦	⑦	⑦
	⑧	⑧	⑧	⑧
	⑨	⑨	⑨	⑨

解答教科		
英語	数学	国語
●	○	○

記入のしかた
1. 必ずＨＢの黒鉛筆を使用してください。
2. 訂正する場合はプラスチック製の消しゴムできれいにけし、消しくずを残さないでください。
3. マークの例

良い例	悪い例
●	● ◒ ⊗ ◓

	解答欄															
	1	2	3	4	5	6	7	8	9	0	−	±	<	>	≦	≧
①	①	②	③	④	⑤	⑥	⑦	⑧	⑨	⓪	⊖	⊕	⊲	⊳	≦	≧
②	①	②	③	④	⑤	⑥	⑦	⑧	⑨	⓪	⊖	⊕	⊲	⊳	≦	≧
③	①	②	③	④	⑤	⑥	⑦	⑧	⑨	⓪	⊖	⊕	⊲	⊳	≦	≧
④	①	②	③	④	⑤	⑥	⑦	⑧	⑨	⓪	⊖	⊕	⊲	⊳	≦	≧
⑤	①	②	③	④	⑤	⑥	⑦	⑧	⑨	⓪	⊖	⊕	⊲	⊳	≦	≧
⑥	①	②	③	④	⑤	⑥	⑦	⑧	⑨	⓪	⊖	⊕	⊲	⊳	≦	≧
⑦	①	②	③	④	⑤	⑥	⑦	⑧	⑨	⓪	⊖	⊕	⊲	⊳	≦	≧
⑧	①	②	③	④	⑤	⑥	⑦	⑧	⑨	⓪	⊖	⊕	⊲	⊳	≦	≧
⑨	①	②	③	④	⑤	⑥	⑦	⑧	⑨	⓪	⊖	⊕	⊲	⊳	≦	≧
⑩	①	②	③	④	⑤	⑥	⑦	⑧	⑨	⓪	⊖	⊕	⊲	⊳	≦	≧
⑪	①	②	③	④	⑤	⑥	⑦	⑧	⑨	⓪	⊖	⊕	⊲	⊳	≦	≧
⑫	①	②	③	④	⑤	⑥	⑦	⑧	⑨	⓪	⊖	⊕	⊲	⊳	≦	≧
⑬	①	②	③	④	⑤	⑥	⑦	⑧	⑨	⓪	⊖	⊕	⊲	⊳	≦	≧
⑭	①	②	③	④	⑤	⑥	⑦	⑧	⑨	⓪	⊖	⊕	⊲	⊳	≦	≧
⑮	①	②	③	④	⑤	⑥	⑦	⑧	⑨	⓪	⊖	⊕	⊲	⊳	≦	≧
⑯	①	②	③	④	⑤	⑥	⑦	⑧	⑨	⓪	⊖	⊕	⊲	⊳	≦	≧
⑰	①	②	③	④	⑤	⑥	⑦	⑧	⑨	⓪	⊖	⊕	⊲	⊳	≦	≧
⑱	①	②	③	④	⑤	⑥	⑦	⑧	⑨	⓪	⊖	⊕	⊲	⊳	≦	≧
⑲	①	②	③	④	⑤	⑥	⑦	⑧	⑨	⓪	⊖	⊕	⊲	⊳	≦	≧
⑳	①	②	③	④	⑤	⑥	⑦	⑧	⑨	⓪	⊖	⊕	⊲	⊳	≦	≧
㉑	①	②	③	④	⑤	⑥	⑦	⑧	⑨	⓪	⊖	⊕	⊲	⊳	≦	≧
㉒	①	②	③	④	⑤	⑥	⑦	⑧	⑨	⓪	⊖	⊕	⊲	⊳	≦	≧
㉓	①	②	③	④	⑤	⑥	⑦	⑧	⑨	⓪	⊖	⊕	⊲	⊳	≦	≧
㉔	①	②	③	④	⑤	⑥	⑦	⑧	⑨	⓪	⊖	⊕	⊲	⊳	≦	≧
㉕	①	②	③	④	⑤	⑥	⑦	⑧	⑨	⓪	⊖	⊕	⊲	⊳	≦	≧

	解答欄															
	1	2	3	4	5	6	7	8	9	0	−	±	<	>	≦	≧
㉖	①	②	③	④	⑤	⑥	⑦	⑧	⑨	⓪	⊖	⊕	⊲	⊳	≦	≧
㉗	①	②	③	④	⑤	⑥	⑦	⑧	⑨	⓪	⊖	⊕	⊲	⊳	≦	≧
㉘	①	②	③	④	⑤	⑥	⑦	⑧	⑨	⓪	⊖	⊕	⊲	⊳	≦	≧
㉙	①	②	③	④	⑤	⑥	⑦	⑧	⑨	⓪	⊖	⊕	⊲	⊳	≦	≧
㉚	①	②	③	④	⑤	⑥	⑦	⑧	⑨	⓪	⊖	⊕	⊲	⊳	≦	≧
㉛	①	②	③	④	⑤	⑥	⑦	⑧	⑨	⓪	⊖	⊕	⊲	⊳	≦	≧
㉜	①	②	③	④	⑤	⑥	⑦	⑧	⑨	⓪	⊖	⊕	⊲	⊳	≦	≧
㉝	①	②	③	④	⑤	⑥	⑦	⑧	⑨	⓪	⊖	⊕	⊲	⊳	≦	≧
㉞	①	②	③	④	⑤	⑥	⑦	⑧	⑨	⓪	⊖	⊕	⊲	⊳	≦	≧
㉟	①	②	③	④	⑤	⑥	⑦	⑧	⑨	⓪	⊖	⊕	⊲	⊳	≦	≧
㊱	①	②	③	④	⑤	⑥	⑦	⑧	⑨	⓪	⊖	⊕	⊲	⊳	≦	≧
㊲	①	②	③	④	⑤	⑥	⑦	⑧	⑨	⓪	⊖	⊕	⊲	⊳	≦	≧
㊳	①	②	③	④	⑤	⑥	⑦	⑧	⑨	⓪	⊖	⊕	⊲	⊳	≦	≧
㊴	①	②	③	④	⑤	⑥	⑦	⑧	⑨	⓪	⊖	⊕	⊲	⊳	≦	≧
㊵	①	②	③	④	⑤	⑥	⑦	⑧	⑨	⓪	⊖	⊕	⊲	⊳	≦	≧
㊶	①	②	③	④	⑤	⑥	⑦	⑧	⑨	⓪	⊖	⊕	⊲	⊳	≦	≧
㊷	①	②	③	④	⑤	⑥	⑦	⑧	⑨	⓪	⊖	⊕	⊲	⊳	≦	≧
㊸	①	②	③	④	⑤	⑥	⑦	⑧	⑨	⓪	⊖	⊕	⊲	⊳	≦	≧
㊹	①	②	③	④	⑤	⑥	⑦	⑧	⑨	⓪	⊖	⊕	⊲	⊳	≦	≧
㊺	①	②	③	④	⑤	⑥	⑦	⑧	⑨	⓪	⊖	⊕	⊲	⊳	≦	≧
㊻	①	②	③	④	⑤	⑥	⑦	⑧	⑨	⓪	⊖	⊕	⊲	⊳	≦	≧
㊼	①	②	③	④	⑤	⑥	⑦	⑧	⑨	⓪	⊖	⊕	⊲	⊳	≦	≧
㊽	①	②	③	④	⑤	⑥	⑦	⑧	⑨	⓪	⊖	⊕	⊲	⊳	≦	≧
㊾	①	②	③	④	⑤	⑥	⑦	⑧	⑨	⓪	⊖	⊕	⊲	⊳	≦	≧
㊿	①	②	③	④	⑤	⑥	⑦	⑧	⑨	⓪	⊖	⊕	⊲	⊳	≦	≧

（注）この解答用紙は実物を縮小してあります。Ｂ４用紙に125%拡大コピーすると、ほぼ実物大で使用できます。（タイトルと配点表は含みません）

２０２４年度　浦和実業学園高等学校・第１回併願

数学解答用紙

評点
/100

受験番号 □□□□□

氏名	フリガナ

この番号はあなたの受験番号です。
確認のうえ下記の欄に記入すること。

受験番号				
	⓪	⓪	⓪	⓪
①	①	①	①	①
②	②	②	②	②
	③	③	③	③
	④	④	④	④
	⑤	⑤	⑤	⑤
	⑥	⑥	⑥	⑥
	⑦	⑦	⑦	⑦
	⑧	⑧	⑧	⑧
	⑨	⑨	⑨	⑨

解答教科		
英語	数学	国語
○	●	○

記入のしかた
1. 必ずＨＢの黒鉛筆を使用してください。
2. 訂正する場合はプラスチック製の消しゴムできれいにけし、消しくずを残さないでください。
3. マークの例

良い例	悪い例
●	

解答欄	1	2	3	4	5	6	7	8	9	0	−	±	<	>	≦	≧
①	1	2	3	4	5	6	7	8	9	0	−	±	<	>	≦	≧
②	1	2	3	4	5	6	7	8	9	0	−	±	<	>	≦	≧
③	1	2	3	4	5	6	7	8	9	0	−	±	<	>	≦	≧
④	1	2	3	4	5	6	7	8	9	0	−	±	<	>	≦	≧
⑤	1	2	3	4	5	6	7	8	9	0	−	±	<	>	≦	≧
⑥	1	2	3	4	5	6	7	8	9	0	−	±	<	>	≦	≧
⑦	1	2	3	4	5	6	7	8	9	0	−	±	<	>	≦	≧
⑧	1	2	3	4	5	6	7	8	9	0	−	±	<	>	≦	≧
⑨	1	2	3	4	5	6	7	8	9	0	−	±	<	>	≦	≧
⑩	1	2	3	4	5	6	7	8	9	0	−	±	<	>	≦	≧
⑪	1	2	3	4	5	6	7	8	9	0	−	±	<	>	≦	≧
⑫	1	2	3	4	5	6	7	8	9	0	−	±	<	>	≦	≧
⑬	1	2	3	4	5	6	7	8	9	0	−	±	<	>	≦	≧
⑭	1	2	3	4	5	6	7	8	9	0	−	±	<	>	≦	≧
⑮	1	2	3	4	5	6	7	8	9	0	−	±	<	>	≦	≧
⑯	1	2	3	4	5	6	7	8	9	0	−	±	<	>	≦	≧
⑰	1	2	3	4	5	6	7	8	9	0	−	±	<	>	≦	≧
⑱	1	2	3	4	5	6	7	8	9	0	−	±	<	>	≦	≧
⑲	1	2	3	4	5	6	7	8	9	0	−	±	<	>	≦	≧
⑳	1	2	3	4	5	6	7	8	9	0	−	±	<	>	≦	≧
㉑	1	2	3	4	5	6	7	8	9	0	−	±	<	>	≦	≧
㉒	1	2	3	4	5	6	7	8	9	0	−	±	<	>	≦	≧
㉓	1	2	3	4	5	6	7	8	9	0	−	±	<	>	≦	≧
㉔	1	2	3	4	5	6	7	8	9	0	−	±	<	>	≦	≧
㉕	1	2	3	4	5	6	7	8	9	0	−	±	<	>	≦	≧

解答欄	1	2	3	4	5	6	7	8	9	0	−	±	<	>	≦	≧
㉖	1	2	3	4	5	6	7	8	9	0	−	±	<	>	≦	≧
㉗	1	2	3	4	5	6	7	8	9	0	−	±	<	>	≦	≧
㉘	1	2	3	4	5	6	7	8	9	0	−	±	<	>	≦	≧
㉙	1	2	3	4	5	6	7	8	9	0	−	±	<	>	≦	≧
㉚	1	2	3	4	5	6	7	8	9	0	−	±	<	>	≦	≧
㉛	1	2	3	4	5	6	7	8	9	0	−	±	<	>	≦	≧
㉜	1	2	3	4	5	6	7	8	9	0	−	±	<	>	≦	≧
㉝	1	2	3	4	5	6	7	8	9	0	−	±	<	>	≦	≧
㉞	1	2	3	4	5	6	7	8	9	0	−	±	<	>	≦	≧
㉟	1	2	3	4	5	6	7	8	9	0	−	±	<	>	≦	≧
㊱	1	2	3	4	5	6	7	8	9	0	−	±	<	>	≦	≧
㊲	1	2	3	4	5	6	7	8	9	0	−	±	<	>	≦	≧
㊳	1	2	3	4	5	6	7	8	9	0	−	±	<	>	≦	≧
㊴	1	2	3	4	5	6	7	8	9	0	−	±	<	>	≦	≧
㊵	1	2	3	4	5	6	7	8	9	0	−	±	<	>	≦	≧
㊶	1	2	3	4	5	6	7	8	9	0	−	±	<	>	≦	≧
㊷	1	2	3	4	5	6	7	8	9	0	−	±	<	>	≦	≧
㊸	1	2	3	4	5	6	7	8	9	0	−	±	<	>	≦	≧
㊹	1	2	3	4	5	6	7	8	9	0	−	±	<	>	≦	≧
㊺	1	2	3	4	5	6	7	8	9	0	−	±	<	>	≦	≧
㊻	1	2	3	4	5	6	7	8	9	0	−	±	<	>	≦	≧
㊼	1	2	3	4	5	6	7	8	9	0	−	±	<	>	≦	≧
㊽	1	2	3	4	5	6	7	8	9	0	−	±	<	>	≦	≧
㊾	1	2	3	4	5	6	7	8	9	0	−	±	<	>	≦	≧
㊿	1	2	3	4	5	6	7	8	9	0	−	±	<	>	≦	≧

（注）この解答用紙は実物を縮小してあります。Ｂ４用紙に125％拡大コピーすると、ほぼ実物大で使用できます。（タイトルと配点表は含みません）

推定配点	
1 各5点×4 2 各6点×4 3 各8点×3 4 (1) 各4点×2　(2)〜(4) 各8点×3	
100点	計

二〇二四年度　浦和実業学園高等学校・第一回併願

国語解答用紙

評点 ／100

	解答欄															
	1	2	3	4	5	6	7	8	9	0	−	±	<	>	≦	≧
①	①	②	③	④	⑤	⑥	⑦	⑧	⑨	⓪	−	±	<	>	≦	≧
②	①	②	③	④	⑤	⑥	⑦	⑧	⑨	⓪	−	±	<	>	≦	≧
③	①	②	③	④	⑤	⑥	⑦	⑧	⑨	⓪	−	±	<	>	≦	≧
④	①	②	③	④	⑤	⑥	⑦	⑧	⑨	⓪	−	±	<	>	≦	≧
⑤	①	②	③	④	⑤	⑥	⑦	⑧	⑨	⓪	−	±	<	>	≦	≧
⑥	①	②	③	④	⑤	⑥	⑦	⑧	⑨	⓪	−	±	<	>	≦	≧
⑦	①	②	③	④	⑤	⑥	⑦	⑧	⑨	⓪	−	±	<	>	≦	≧
⑧	①	②	③	④	⑤	⑥	⑦	⑧	⑨	⓪	−	±	<	>	≦	≧
⑨	①	②	③	④	⑤	⑥	⑦	⑧	⑨	⓪	−	±	<	>	≦	≧
⑩	①	②	③	④	⑤	⑥	⑦	⑧	⑨	⓪	−	±	<	>	≦	≧
⑪	①	②	③	④	⑤	⑥	⑦	⑧	⑨	⓪	−	±	<	>	≦	≧
⑫	①	②	③	④	⑤	⑥	⑦	⑧	⑨	⓪	−	±	<	>	≦	≧
⑬	①	②	③	④	⑤	⑥	⑦	⑧	⑨	⓪	−	±	<	>	≦	≧
⑭	①	②	③	④	⑤	⑥	⑦	⑧	⑨	⓪	−	±	<	>	≦	≧
⑮	①	②	③	④	⑤	⑥	⑦	⑧	⑨	⓪	−	±	<	>	≦	≧
⑯	①	②	③	④	⑤	⑥	⑦	⑧	⑨	⓪	−	±	<	>	≦	≧
⑰	①	②	③	④	⑤	⑥	⑦	⑧	⑨	⓪	−	±	<	>	≦	≧
⑱	①	②	③	④	⑤	⑥	⑦	⑧	⑨	⓪	−	±	<	>	≦	≧
⑲	①	②	③	④	⑤	⑥	⑦	⑧	⑨	⓪	−	±	<	>	≦	≧
⑳	①	②	③	④	⑤	⑥	⑦	⑧	⑨	⓪	−	±	<	>	≦	≧
㉑	①	②	③	④	⑤	⑥	⑦	⑧	⑨	⓪	−	±	<	>	≦	≧
㉒	①	②	③	④	⑤	⑥	⑦	⑧	⑨	⓪	−	±	<	>	≦	≧
㉓	①	②	③	④	⑤	⑥	⑦	⑧	⑨	⓪	−	±	<	>	≦	≧
㉔	①	②	③	④	⑤	⑥	⑦	⑧	⑨	⓪	−	±	<	>	≦	≧
㉕	①	②	③	④	⑤	⑥	⑦	⑧	⑨	⓪	−	±	<	>	≦	≧

	解答欄															
	1	2	3	4	5	6	7	8	9	0	−	±	<	>	≦	≧
㉖	①	②	③	④	⑤	⑥	⑦	⑧	⑨	⓪	−	±	<	>	≦	≧
㉗	①	②	③	④	⑤	⑥	⑦	⑧	⑨	⓪	−	±	<	>	≦	≧
㉘	①	②	③	④	⑤	⑥	⑦	⑧	⑨	⓪	−	±	<	>	≦	≧
㉙	①	②	③	④	⑤	⑥	⑦	⑧	⑨	⓪	−	±	<	>	≦	≧
㉚	①	②	③	④	⑤	⑥	⑦	⑧	⑨	⓪	−	±	<	>	≦	≧
㉛	①	②	③	④	⑤	⑥	⑦	⑧	⑨	⓪	−	±	<	>	≦	≧
㉜	①	②	③	④	⑤	⑥	⑦	⑧	⑨	⓪	−	±	<	>	≦	≧
㉝	①	②	③	④	⑤	⑥	⑦	⑧	⑨	⓪	−	±	<	>	≦	≧
㉞	①	②	③	④	⑤	⑥	⑦	⑧	⑨	⓪	−	±	<	>	≦	≧
㉟	①	②	③	④	⑤	⑥	⑦	⑧	⑨	⓪	−	±	<	>	≦	≧
㊱	①	②	③	④	⑤	⑥	⑦	⑧	⑨	⓪	−	±	<	>	≦	≧
㊲	①	②	③	④	⑤	⑥	⑦	⑧	⑨	⓪	−	±	<	>	≦	≧
㊳	①	②	③	④	⑤	⑥	⑦	⑧	⑨	⓪	−	±	<	>	≦	≧
㊴	①	②	③	④	⑤	⑥	⑦	⑧	⑨	⓪	−	±	<	>	≦	≧
㊵	①	②	③	④	⑤	⑥	⑦	⑧	⑨	⓪	−	±	<	>	≦	≧
㊶	①	②	③	④	⑤	⑥	⑦	⑧	⑨	⓪	−	±	<	>	≦	≧
㊷	①	②	③	④	⑤	⑥	⑦	⑧	⑨	⓪	−	±	<	>	≦	≧
㊸	①	②	③	④	⑤	⑥	⑦	⑧	⑨	⓪	−	±	<	>	≦	≧
㊹	①	②	③	④	⑤	⑥	⑦	⑧	⑨	⓪	−	±	<	>	≦	≧
㊺	①	②	③	④	⑤	⑥	⑦	⑧	⑨	⓪	−	±	<	>	≦	≧
㊻	①	②	③	④	⑤	⑥	⑦	⑧	⑨	⓪	−	±	<	>	≦	≧
㊼	①	②	③	④	⑤	⑥	⑦	⑧	⑨	⓪	−	±	<	>	≦	≧
㊽	①	②	③	④	⑤	⑥	⑦	⑧	⑨	⓪	−	±	<	>	≦	≧
㊾	①	②	③	④	⑤	⑥	⑦	⑧	⑨	⓪	−	±	<	>	≦	≧
㊿	①	②	③	④	⑤	⑥	⑦	⑧	⑨	⓪	−	±	<	>	≦	≧

（注）この解答用紙は実物を縮小してあります。Ｂ４用紙に125％拡大コピーすると、ほぼ実物大で使用できます。（タイトルと配点表は含みません）

受験番号

氏名	フリガナ

この番号はあなたの受験番号です。
確認のうえ下記の欄に記入すること。

受験番号			
	⓪	⓪	⓪
①	①	①	①
②	②	②	②
	③	③	③
	④	④	④
	⑤	⑤	⑤
	⑥	⑥	⑥
	⑦	⑦	⑦
	⑧	⑧	⑧
	⑨	⑨	⑨

解答教科		
英語	数学	国語
○	○	●

記入のしかた
1. 必ずＨＢの黒鉛筆を使用してください。
2. 訂正する場合はプラスチック製の消しゴムできれいにけし、消しくずを残さないでください。
3. マークの例

良い例	悪い例
●	

推定配点

一　問1　各2点×5　問2～問7　各4点×6　問8　3点　問9、問10　各4点×4

二　問1、問2　各2点×6　問3　各3点×2　問4、問5　各4点×2　問6　各3点×2　問7　4点　問8　3点　問9、問10　各4点×2

100点	計

２０２４年度　浦和実業学園高等学校・第２回併願

英語解答用紙

評点
/100

	解答欄															
	1	2	3	4	5	6	7	8	9	0	−	±	<	>	≦	≧
①	1	2	3	4	5	6	7	8	9	0	−	±	<	>	≦	≧
②	1	2	3	4	5	6	7	8	9	0	−	±	<	>	≦	≧
③	1	2	3	4	5	6	7	8	9	0	−	±	<	>	≦	≧
④	1	2	3	4	5	6	7	8	9	0	−	±	<	>	≦	≧
⑤	1	2	3	4	5	6	7	8	9	0	−	±	<	>	≦	≧
⑥	1	2	3	4	5	6	7	8	9	0	−	±	<	>	≦	≧
⑦	1	2	3	4	5	6	7	8	9	0	−	±	<	>	≦	≧
⑧	1	2	3	4	5	6	7	8	9	0	−	±	<	>	≦	≧
⑨	1	2	3	4	5	6	7	8	9	0	−	±	<	>	≦	≧
⑩	1	2	3	4	5	6	7	8	9	0	−	±	<	>	≦	≧
⑪	1	2	3	4	5	6	7	8	9	0	−	±	<	>	≦	≧
⑫	1	2	3	4	5	6	7	8	9	0	−	±	<	>	≦	≧
⑬	1	2	3	4	5	6	7	8	9	0	−	±	<	>	≦	≧
⑭	1	2	3	4	5	6	7	8	9	0	−	±	<	>	≦	≧
⑮	1	2	3	4	5	6	7	8	9	0	−	±	<	>	≦	≧
⑯	1	2	3	4	5	6	7	8	9	0	−	±	<	>	≦	≧
⑰	1	2	3	4	5	6	7	8	9	0	−	±	<	>	≦	≧
⑱	1	2	3	4	5	6	7	8	9	0	−	±	<	>	≦	≧
⑲	1	2	3	4	5	6	7	8	9	0	−	±	<	>	≦	≧
⑳	1	2	3	4	5	6	7	8	9	0	−	±	<	>	≦	≧
㉑	1	2	3	4	5	6	7	8	9	0	−	±	<	>	≦	≧
㉒	1	2	3	4	5	6	7	8	9	0	−	±	<	>	≦	≧
㉓	1	2	3	4	5	6	7	8	9	0	−	±	<	>	≦	≧
㉔	1	2	3	4	5	6	7	8	9	0	−	±	<	>	≦	≧
㉕	1	2	3	4	5	6	7	8	9	0	−	±	<	>	≦	≧

	解答欄															
	1	2	3	4	5	6	7	8	9	0	−	±	<	>	≦	≧
㉖	1	2	3	4	5	6	7	8	9	0	−	±	<	>	≦	≧
㉗	1	2	3	4	5	6	7	8	9	0	−	±	<	>	≦	≧
㉘	1	2	3	4	5	6	7	8	9	0	−	±	<	>	≦	≧
㉙	1	2	3	4	5	6	7	8	9	0	−	±	<	>	≦	≧
㉚	1	2	3	4	5	6	7	8	9	0	−	±	<	>	≦	≧
㉛	1	2	3	4	5	6	7	8	9	0	−	±	<	>	≦	≧
㉜	1	2	3	4	5	6	7	8	9	0	−	±	<	>	≦	≧
㉝	1	2	3	4	5	6	7	8	9	0	−	±	<	>	≦	≧
㉞	1	2	3	4	5	6	7	8	9	0	−	±	<	>	≦	≧
㉟	1	2	3	4	5	6	7	8	9	0	−	±	<	>	≦	≧
㊱	1	2	3	4	5	6	7	8	9	0	−	±	<	>	≦	≧
㊲	1	2	3	4	5	6	7	8	9	0	−	±	<	>	≦	≧
㊳	1	2	3	4	5	6	7	8	9	0	−	±	<	>	≦	≧
㊴	1	2	3	4	5	6	7	8	9	0	−	±	<	>	≦	≧
㊵	1	2	3	4	5	6	7	8	9	0	−	±	<	>	≦	≧
㊶	1	2	3	4	5	6	7	8	9	0	−	±	<	>	≦	≧
㊷	1	2	3	4	5	6	7	8	9	0	−	±	<	>	≦	≧
㊸	1	2	3	4	5	6	7	8	9	0	−	±	<	>	≦	≧
㊹	1	2	3	4	5	6	7	8	9	0	−	±	<	>	≦	≧
㊺	1	2	3	4	5	6	7	8	9	0	−	±	<	>	≦	≧
㊻	1	2	3	4	5	6	7	8	9	0	−	±	<	>	≦	≧
㊼	1	2	3	4	5	6	7	8	9	0	−	±	<	>	≦	≧
㊽	1	2	3	4	5	6	7	8	9	0	−	±	<	>	≦	≧
㊾	1	2	3	4	5	6	7	8	9	0	−	±	<	>	≦	≧
㊿	1	2	3	4	5	6	7	8	9	0	−	±	<	>	≦	≧

（注）この解答用紙は実物を縮小してあります。Ｂ４用紙に125％拡大コピーすると、ほぼ実物大で使用できます。（タイトルと配点表は含みません）

受験番号

氏名	フリガナ

この番号はあなたの受験番号です。
確認のうえ下記の欄に記入すること。

受験番号				
	0	0	0	0
1	1	1	1	1
2	2	2	2	2
	3	3	3	3
	4	4	4	4
	5	5	5	5
	6	6	6	6
	7	7	7	7
	8	8	8	8
	9	9	9	9

解答教科		
英語	数学	国語
●	○	○

記入のしかた

1. 必ずＨＢの黒鉛筆を使用してください。
2. 訂正する場合はプラスチック製の消しゴムできれいにけし、消しくずを残さないでください。
3. マークの例

良い例	悪い例
●	（不完全なマークの例）

推定配点

1～4 各２点×27
5 ㉘～㉜ 各３点×５ ㉝、㉞ 各４点×２
6 ㉟～㊴ 各３点×５ ㊵、㊶ 各４点×２

計
100点

２０２４年度　浦和実業学園高等学校・第２回併願

数学解答用紙

評点	/100

	解答欄															
	1	2	3	4	5	6	7	8	9	0	−	±	<	>	≦	≧
①	①	②	③	④	⑤	⑥	⑦	⑧	⑨	⓪	(−)	(±)	(<)	(>)	(≦)	(≧)
②	①	②	③	④	⑤	⑥	⑦	⑧	⑨	⓪	(−)	(±)	(<)	(>)	(≦)	(≧)
③	①	②	③	④	⑤	⑥	⑦	⑧	⑨	⓪	(−)	(±)	(<)	(>)	(≦)	(≧)
④	①	②	③	④	⑤	⑥	⑦	⑧	⑨	⓪	(−)	(±)	(<)	(>)	(≦)	(≧)
⑤	①	②	③	④	⑤	⑥	⑦	⑧	⑨	⓪	(−)	(±)	(<)	(>)	(≦)	(≧)
⑥	①	②	③	④	⑤	⑥	⑦	⑧	⑨	⓪	(−)	(±)	(<)	(>)	(≦)	(≧)
⑦	①	②	③	④	⑤	⑥	⑦	⑧	⑨	⓪	(−)	(±)	(<)	(>)	(≦)	(≧)
⑧	①	②	③	④	⑤	⑥	⑦	⑧	⑨	⓪	(−)	(±)	(<)	(>)	(≦)	(≧)
⑨	①	②	③	④	⑤	⑥	⑦	⑧	⑨	⓪	(−)	(±)	(<)	(>)	(≦)	(≧)
⑩	①	②	③	④	⑤	⑥	⑦	⑧	⑨	⓪	(−)	(±)	(<)	(>)	(≦)	(≧)
⑪	①	②	③	④	⑤	⑥	⑦	⑧	⑨	⓪	(−)	(±)	(<)	(>)	(≦)	(≧)
⑫	①	②	③	④	⑤	⑥	⑦	⑧	⑨	⓪	(−)	(±)	(<)	(>)	(≦)	(≧)
⑬	①	②	③	④	⑤	⑥	⑦	⑧	⑨	⓪	(−)	(±)	(<)	(>)	(≦)	(≧)
⑭	①	②	③	④	⑤	⑥	⑦	⑧	⑨	⓪	(−)	(±)	(<)	(>)	(≦)	(≧)
⑮	①	②	③	④	⑤	⑥	⑦	⑧	⑨	⓪	(−)	(±)	(<)	(>)	(≦)	(≧)
⑯	①	②	③	④	⑤	⑥	⑦	⑧	⑨	⓪	(−)	(±)	(<)	(>)	(≦)	(≧)
⑰	①	②	③	④	⑤	⑥	⑦	⑧	⑨	⓪	(−)	(±)	(<)	(>)	(≦)	(≧)
⑱	①	②	③	④	⑤	⑥	⑦	⑧	⑨	⓪	(−)	(±)	(<)	(>)	(≦)	(≧)
⑲	①	②	③	④	⑤	⑥	⑦	⑧	⑨	⓪	(−)	(±)	(<)	(>)	(≦)	(≧)
⑳	①	②	③	④	⑤	⑥	⑦	⑧	⑨	⓪	(−)	(±)	(<)	(>)	(≦)	(≧)
㉑	①	②	③	④	⑤	⑥	⑦	⑧	⑨	⓪	(−)	(±)	(<)	(>)	(≦)	(≧)
㉒	①	②	③	④	⑤	⑥	⑦	⑧	⑨	⓪	(−)	(±)	(<)	(>)	(≦)	(≧)
㉓	①	②	③	④	⑤	⑥	⑦	⑧	⑨	⓪	(−)	(±)	(<)	(>)	(≦)	(≧)
㉔	①	②	③	④	⑤	⑥	⑦	⑧	⑨	⓪	(−)	(±)	(<)	(>)	(≦)	(≧)
㉕	①	②	③	④	⑤	⑥	⑦	⑧	⑨	⓪	(−)	(±)	(<)	(>)	(≦)	(≧)

	解答欄															
	1	2	3	4	5	6	7	8	9	0	−	±	<	>	≦	≧
㉖	①	②	③	④	⑤	⑥	⑦	⑧	⑨	⓪	(−)	(±)	(<)	(>)	(≦)	(≧)
㉗	①	②	③	④	⑤	⑥	⑦	⑧	⑨	⓪	(−)	(±)	(<)	(>)	(≦)	(≧)
㉘	①	②	③	④	⑤	⑥	⑦	⑧	⑨	⓪	(−)	(±)	(<)	(>)	(≦)	(≧)
㉙	①	②	③	④	⑤	⑥	⑦	⑧	⑨	⓪	(−)	(±)	(<)	(>)	(≦)	(≧)
㉚	①	②	③	④	⑤	⑥	⑦	⑧	⑨	⓪	(−)	(±)	(<)	(>)	(≦)	(≧)
㉛	①	②	③	④	⑤	⑥	⑦	⑧	⑨	⓪	(−)	(±)	(<)	(>)	(≦)	(≧)
㉜	①	②	③	④	⑤	⑥	⑦	⑧	⑨	⓪	(−)	(±)	(<)	(>)	(≦)	(≧)
㉝	①	②	③	④	⑤	⑥	⑦	⑧	⑨	⓪	(−)	(±)	(<)	(>)	(≦)	(≧)
㉞	①	②	③	④	⑤	⑥	⑦	⑧	⑨	⓪	(−)	(±)	(<)	(>)	(≦)	(≧)
㉟	①	②	③	④	⑤	⑥	⑦	⑧	⑨	⓪	(−)	(±)	(<)	(>)	(≦)	(≧)
㊱	①	②	③	④	⑤	⑥	⑦	⑧	⑨	⓪	(−)	(±)	(<)	(>)	(≦)	(≧)
㊲	①	②	③	④	⑤	⑥	⑦	⑧	⑨	⓪	(−)	(±)	(<)	(>)	(≦)	(≧)
㊳	①	②	③	④	⑤	⑥	⑦	⑧	⑨	⓪	(−)	(±)	(<)	(>)	(≦)	(≧)
㊴	①	②	③	④	⑤	⑥	⑦	⑧	⑨	⓪	(−)	(±)	(<)	(>)	(≦)	(≧)
㊵	①	②	③	④	⑤	⑥	⑦	⑧	⑨	⓪	(−)	(±)	(<)	(>)	(≦)	(≧)
㊶	①	②	③	④	⑤	⑥	⑦	⑧	⑨	⓪	(−)	(±)	(<)	(>)	(≦)	(≧)
㊷	①	②	③	④	⑤	⑥	⑦	⑧	⑨	⓪	(−)	(±)	(<)	(>)	(≦)	(≧)
㊸	①	②	③	④	⑤	⑥	⑦	⑧	⑨	⓪	(−)	(±)	(<)	(>)	(≦)	(≧)
㊹	①	②	③	④	⑤	⑥	⑦	⑧	⑨	⓪	(−)	(±)	(<)	(>)	(≦)	(≧)
㊺	①	②	③	④	⑤	⑥	⑦	⑧	⑨	⓪	(−)	(±)	(<)	(>)	(≦)	(≧)
㊻	①	②	③	④	⑤	⑥	⑦	⑧	⑨	⓪	(−)	(±)	(<)	(>)	(≦)	(≧)
㊼	①	②	③	④	⑤	⑥	⑦	⑧	⑨	⓪	(−)	(±)	(<)	(>)	(≦)	(≧)
㊽	①	②	③	④	⑤	⑥	⑦	⑧	⑨	⓪	(−)	(±)	(<)	(>)	(≦)	(≧)
㊾	①	②	③	④	⑤	⑥	⑦	⑧	⑨	⓪	(−)	(±)	(<)	(>)	(≦)	(≧)
㊿	①	②	③	④	⑤	⑥	⑦	⑧	⑨	⓪	(−)	(±)	(<)	(>)	(≦)	(≧)

（注）この解答用紙は実物を縮小してあります。Ｂ４用紙に125％拡大コピーすると、ほぼ実物大で使用できます。（タイトルと配点表は含みません）

受験番号

氏名	フリガナ

この番号はあなたの受験番号です。
確認のうえ下記の欄に記入すること。

受験番号			
	⓪	⓪	⓪
①	①	①	①
②	②	②	②
	③	③	③
	④	④	④
	⑤	⑤	⑤
	⑥	⑥	⑥
	⑦	⑦	⑦
	⑧	⑧	⑧
	⑨	⑨	⑨

解答教科		
英語	数学	国語
○	●	○

記入のしかた

1. 必ずＨＢの黒鉛筆を使用してください。
2. 訂正する場合はプラスチック製の消しゴムできれいにけし、消しくずを残さないでください。
3. マークの例

良い例	悪い例
●	

推定配点

1	各６点×４
2	各７点×４
3	各８点×３
4	(1) 各４点×２　(2)、(3) 各８点×２
計	100点

二〇二四年度　浦和実業学園高等学校・第二回併願

国語解答用紙

評点	/100

	解	答							欄							
	1	2	3	4	5	6	7	8	9	0	−	±	<	>	≦	≧
①	①	②	③	④	⑤	⑥	⑦	⑧	⑨	⓪	−	±	<	>	≦	≧
②	①	②	③	④	⑤	⑥	⑦	⑧	⑨	⓪	−	±	<	>	≦	≧
③	①	②	③	④	⑤	⑥	⑦	⑧	⑨	⓪	−	±	<	>	≦	≧
④	①	②	③	④	⑤	⑥	⑦	⑧	⑨	⓪	−	±	<	>	≦	≧
⑤	①	②	③	④	⑤	⑥	⑦	⑧	⑨	⓪	−	±	<	>	≦	≧
⑥	①	②	③	④	⑤	⑥	⑦	⑧	⑨	⓪	−	±	<	>	≦	≧
⑦	①	②	③	④	⑤	⑥	⑦	⑧	⑨	⓪	−	±	<	>	≦	≧
⑧	①	②	③	④	⑤	⑥	⑦	⑧	⑨	⓪	−	±	<	>	≦	≧
⑨	①	②	③	④	⑤	⑥	⑦	⑧	⑨	⓪	−	±	<	>	≦	≧
⑩	①	②	③	④	⑤	⑥	⑦	⑧	⑨	⓪	−	±	<	>	≦	≧
⑪	①	②	③	④	⑤	⑥	⑦	⑧	⑨	⓪	−	±	<	>	≦	≧
⑫	①	②	③	④	⑤	⑥	⑦	⑧	⑨	⓪	−	±	<	>	≦	≧
⑬	①	②	③	④	⑤	⑥	⑦	⑧	⑨	⓪	−	±	<	>	≦	≧
⑭	①	②	③	④	⑤	⑥	⑦	⑧	⑨	⓪	−	±	<	>	≦	≧
⑮	①	②	③	④	⑤	⑥	⑦	⑧	⑨	⓪	−	±	<	>	≦	≧
⑯	①	②	③	④	⑤	⑥	⑦	⑧	⑨	⓪	−	±	<	>	≦	≧
⑰	①	②	③	④	⑤	⑥	⑦	⑧	⑨	⓪	−	±	<	>	≦	≧
⑱	①	②	③	④	⑤	⑥	⑦	⑧	⑨	⓪	−	±	<	>	≦	≧
⑲	①	②	③	④	⑤	⑥	⑦	⑧	⑨	⓪	−	±	<	>	≦	≧
⑳	①	②	③	④	⑤	⑥	⑦	⑧	⑨	⓪	−	±	<	>	≦	≧
㉑	①	②	③	④	⑤	⑥	⑦	⑧	⑨	⓪	−	±	<	>	≦	≧
㉒	①	②	③	④	⑤	⑥	⑦	⑧	⑨	⓪	−	±	<	>	≦	≧
㉓	①	②	③	④	⑤	⑥	⑦	⑧	⑨	⓪	−	±	<	>	≦	≧
㉔	①	②	③	④	⑤	⑥	⑦	⑧	⑨	⓪	−	±	<	>	≦	≧
㉕	①	②	③	④	⑤	⑥	⑦	⑧	⑨	⓪	−	±	<	>	≦	≧

	解	答							欄							
	1	2	3	4	5	6	7	8	9	0	−	±	<	>	≦	≧
㉖	①	②	③	④	⑤	⑥	⑦	⑧	⑨	⓪	−	±	<	>	≦	≧
㉗	①	②	③	④	⑤	⑥	⑦	⑧	⑨	⓪	−	±	<	>	≦	≧
㉘	①	②	③	④	⑤	⑥	⑦	⑧	⑨	⓪	−	±	<	>	≦	≧
㉙	①	②	③	④	⑤	⑥	⑦	⑧	⑨	⓪	−	±	<	>	≦	≧
㉚	①	②	③	④	⑤	⑥	⑦	⑧	⑨	⓪	−	±	<	>	≦	≧
㉛	①	②	③	④	⑤	⑥	⑦	⑧	⑨	⓪	−	±	<	>	≦	≧
㉜	①	②	③	④	⑤	⑥	⑦	⑧	⑨	⓪	−	±	<	>	≦	≧
㉝	①	②	③	④	⑤	⑥	⑦	⑧	⑨	⓪	−	±	<	>	≦	≧
㉞	①	②	③	④	⑤	⑥	⑦	⑧	⑨	⓪	−	±	<	>	≦	≧
㉟	①	②	③	④	⑤	⑥	⑦	⑧	⑨	⓪	−	±	<	>	≦	≧
㊱	①	②	③	④	⑤	⑥	⑦	⑧	⑨	⓪	−	±	<	>	≦	≧
㊲	①	②	③	④	⑤	⑥	⑦	⑧	⑨	⓪	−	±	<	>	≦	≧
㊳	①	②	③	④	⑤	⑥	⑦	⑧	⑨	⓪	−	±	<	>	≦	≧
㊴	①	②	③	④	⑤	⑥	⑦	⑧	⑨	⓪	−	±	<	>	≦	≧
㊵	①	②	③	④	⑤	⑥	⑦	⑧	⑨	⓪	−	±	<	>	≦	≧
㊶	①	②	③	④	⑤	⑥	⑦	⑧	⑨	⓪	−	±	<	>	≦	≧
㊷	①	②	③	④	⑤	⑥	⑦	⑧	⑨	⓪	−	±	<	>	≦	≧
㊸	①	②	③	④	⑤	⑥	⑦	⑧	⑨	⓪	−	±	<	>	≦	≧
㊹	①	②	③	④	⑤	⑥	⑦	⑧	⑨	⓪	−	±	<	>	≦	≧
㊺	①	②	③	④	⑤	⑥	⑦	⑧	⑨	⓪	−	±	<	>	≦	≧
㊻	①	②	③	④	⑤	⑥	⑦	⑧	⑨	⓪	−	±	<	>	≦	≧
㊼	①	②	③	④	⑤	⑥	⑦	⑧	⑨	⓪	−	±	<	>	≦	≧
㊽	①	②	③	④	⑤	⑥	⑦	⑧	⑨	⓪	−	±	<	>	≦	≧
㊾	①	②	③	④	⑤	⑥	⑦	⑧	⑨	⓪	−	±	<	>	≦	≧
㊿	①	②	③	④	⑤	⑥	⑦	⑧	⑨	⓪	−	±	<	>	≦	≧

(注)　この解答用紙は実物を縮小してあります。Ｂ４用紙に125％拡大コピーすると、ほぼ実物大で使用できます。（タイトルと配点表は含みません）

受験番号

氏名	フリガナ

この番号はあなたの受験番号です。確認のうえ下記の欄に記入すること。

受験番号				
	⓪	⓪	⓪	⓪
①	①	①	①	①
②	②	②	②	②
	③	③	③	③
	④	④	④	④
	⑤	⑤	⑤	⑤
	⑥	⑥	⑥	⑥
	⑦	⑦	⑦	⑦
	⑧	⑧	⑧	⑧
	⑨	⑨	⑨	⑨

解答教科		
英語	数学	国語
○	○	●

記入のしかた

1. 必ずＨＢの黒鉛筆を使用してください。
2. 訂正する場合はプラスチック製の消しゴムできれいにけし、消しくずを残さないでください。
3. マークの例

良い例	悪い例
●	

推定配点	
一	問1　各2点×4　問2～問4　各4点×3　問5　3点　問6　4点　問7　2点　問8　4点　問9　2点　問10、問11　各4点×2　問12　各3点×2
二	問1、問2　各2点×7　問3、問4　各4点×2　問5　各2点×3　問6、問7　各4点×2　問8　2点　問9　4点　問10　各3点×3
計	100点

2024年度　浦和実業学園高等学校・第3回併願

英語解答用紙

評点	/100

受験番号

氏名	フリガナ

この番号はあなたの受験番号です。
確認のうえ下記の欄に記入すること。

受験番号				
	⓪	⓪	⓪	⓪
①	①	①	①	①
②	②	②	②	②
	③	③	③	③
	④	④	④	④
	⑤	⑤	⑤	⑤
	⑥	⑥	⑥	⑥
	⑦	⑦	⑦	⑦
	⑧	⑧	⑧	⑧
	⑨	⑨	⑨	⑨

解答教科		
英語	数学	国語
●	○	○

記入のしかた

1. 必ずＨＢの黒鉛筆を使用してください。
2. 訂正する場合はプラスチック製の消しゴムできれいにけし、消しくずを残さないでください。
3. マークの例

良い例	悪い例
●	◐ ⊗ ◓

解答欄

	1	2	3	4	5	6	7	8	9	0	−	±	<	>	≦	≧
①	①	②	③	④	⑤	⑥	⑦	⑧	⑨	⓪	−	±	<	>	≦	≧
②	①	②	③	④	⑤	⑥	⑦	⑧	⑨	⓪	−	±	<	>	≦	≧
③	①	②	③	④	⑤	⑥	⑦	⑧	⑨	⓪	−	±	<	>	≦	≧
④	①	②	③	④	⑤	⑥	⑦	⑧	⑨	⓪	−	±	<	>	≦	≧
⑤	①	②	③	④	⑤	⑥	⑦	⑧	⑨	⓪	−	±	<	>	≦	≧
⑥	①	②	③	④	⑤	⑥	⑦	⑧	⑨	⓪	−	±	<	>	≦	≧
⑦	①	②	③	④	⑤	⑥	⑦	⑧	⑨	⓪	−	±	<	>	≦	≧
⑧	①	②	③	④	⑤	⑥	⑦	⑧	⑨	⓪	−	±	<	>	≦	≧
⑨	①	②	③	④	⑤	⑥	⑦	⑧	⑨	⓪	−	±	<	>	≦	≧
⑩	①	②	③	④	⑤	⑥	⑦	⑧	⑨	⓪	−	±	<	>	≦	≧
⑪	①	②	③	④	⑤	⑥	⑦	⑧	⑨	⓪	−	±	<	>	≦	≧
⑫	①	②	③	④	⑤	⑥	⑦	⑧	⑨	⓪	−	±	<	>	≦	≧
⑬	①	②	③	④	⑤	⑥	⑦	⑧	⑨	⓪	−	±	<	>	≦	≧
⑭	①	②	③	④	⑤	⑥	⑦	⑧	⑨	⓪	−	±	<	>	≦	≧
⑮	①	②	③	④	⑤	⑥	⑦	⑧	⑨	⓪	−	±	<	>	≦	≧
⑯	①	②	③	④	⑤	⑥	⑦	⑧	⑨	⓪	−	±	<	>	≦	≧
⑰	①	②	③	④	⑤	⑥	⑦	⑧	⑨	⓪	−	±	<	>	≦	≧
⑱	①	②	③	④	⑤	⑥	⑦	⑧	⑨	⓪	−	±	<	>	≦	≧
⑲	①	②	③	④	⑤	⑥	⑦	⑧	⑨	⓪	−	±	<	>	≦	≧
⑳	①	②	③	④	⑤	⑥	⑦	⑧	⑨	⓪	−	±	<	>	≦	≧
㉑	①	②	③	④	⑤	⑥	⑦	⑧	⑨	⓪	−	±	<	>	≦	≧
㉒	①	②	③	④	⑤	⑥	⑦	⑧	⑨	⓪	−	±	<	>	≦	≧
㉓	①	②	③	④	⑤	⑥	⑦	⑧	⑨	⓪	−	±	<	>	≦	≧
㉔	①	②	③	④	⑤	⑥	⑦	⑧	⑨	⓪	−	±	<	>	≦	≧
㉕	①	②	③	④	⑤	⑥	⑦	⑧	⑨	⓪	−	±	<	>	≦	≧

解答欄

	1	2	3	4	5	6	7	8	9	0	−	±	<	>	≦	≧
㉖	①	②	③	④	⑤	⑥	⑦	⑧	⑨	⓪	−	±	<	>	≦	≧
㉗	①	②	③	④	⑤	⑥	⑦	⑧	⑨	⓪	−	±	<	>	≦	≧
㉘	①	②	③	④	⑤	⑥	⑦	⑧	⑨	⓪	−	±	<	>	≦	≧
㉙	①	②	③	④	⑤	⑥	⑦	⑧	⑨	⓪	−	±	<	>	≦	≧
㉚	①	②	③	④	⑤	⑥	⑦	⑧	⑨	⓪	−	±	<	>	≦	≧
㉛	①	②	③	④	⑤	⑥	⑦	⑧	⑨	⓪	−	±	<	>	≦	≧
㉜	①	②	③	④	⑤	⑥	⑦	⑧	⑨	⓪	−	±	<	>	≦	≧
㉝	①	②	③	④	⑤	⑥	⑦	⑧	⑨	⓪	−	±	<	>	≦	≧
㉞	①	②	③	④	⑤	⑥	⑦	⑧	⑨	⓪	−	±	<	>	≦	≧
㉟	①	②	③	④	⑤	⑥	⑦	⑧	⑨	⓪	−	±	<	>	≦	≧
㊱	①	②	③	④	⑤	⑥	⑦	⑧	⑨	⓪	−	±	<	>	≦	≧
㊲	①	②	③	④	⑤	⑥	⑦	⑧	⑨	⓪	−	±	<	>	≦	≧
㊳	①	②	③	④	⑤	⑥	⑦	⑧	⑨	⓪	−	±	<	>	≦	≧
㊴	①	②	③	④	⑤	⑥	⑦	⑧	⑨	⓪	−	±	<	>	≦	≧
㊵	①	②	③	④	⑤	⑥	⑦	⑧	⑨	⓪	−	±	<	>	≦	≧
㊶	①	②	③	④	⑤	⑥	⑦	⑧	⑨	⓪	−	±	<	>	≦	≧
㊷	①	②	③	④	⑤	⑥	⑦	⑧	⑨	⓪	−	±	<	>	≦	≧
㊸	①	②	③	④	⑤	⑥	⑦	⑧	⑨	⓪	−	±	<	>	≦	≧
㊹	①	②	③	④	⑤	⑥	⑦	⑧	⑨	⓪	−	±	<	>	≦	≧
㊺	①	②	③	④	⑤	⑥	⑦	⑧	⑨	⓪	−	±	<	>	≦	≧
㊻	①	②	③	④	⑤	⑥	⑦	⑧	⑨	⓪	−	±	<	>	≦	≧
㊼	①	②	③	④	⑤	⑥	⑦	⑧	⑨	⓪	−	±	<	>	≦	≧
㊽	①	②	③	④	⑤	⑥	⑦	⑧	⑨	⓪	−	±	<	>	≦	≧
㊾	①	②	③	④	⑤	⑥	⑦	⑧	⑨	⓪	−	±	<	>	≦	≧
㊿	①	②	③	④	⑤	⑥	⑦	⑧	⑨	⓪	−	±	<	>	≦	≧

（注）この解答用紙は実物を縮小してあります。Ｂ４用紙に125％拡大コピーすると、ほぼ実物大で使用できます。（タイトルと配点表は含みません）

推定配点	
1～4 各2点×27 5 ㉘～㉜ 各3点×5　㉝、㉞ 各4点×2 6 ㉟～㊴ 各3点×5　㊵、㊶ 各4点×2	
計	100点

２０２４年度　浦和実業学園高等学校・第３回併願

数学解答用紙

評点
/100

	解	答	欄													
	1	2	3	4	5	6	7	8	9	0	−	±	<	>	≦	≧
①	①	②	③	④	⑤	⑥	⑦	⑧	⑨	⓪	⊖	⊕	⊘<	⊘>	≦	≧
②	①	②	③	④	⑤	⑥	⑦	⑧	⑨	⓪	⊖	⊕	<	>	≦	≧
③	①	②	③	④	⑤	⑥	⑦	⑧	⑨	⓪	⊖	⊕	<	>	≦	≧
④	①	②	③	④	⑤	⑥	⑦	⑧	⑨	⓪	⊖	⊕	<	>	≦	≧
⑤	①	②	③	④	⑤	⑥	⑦	⑧	⑨	⓪	⊖	⊕	<	>	≦	≧
⑥	①	②	③	④	⑤	⑥	⑦	⑧	⑨	⓪	⊖	⊕	<	>	≦	≧
⑦	①	②	③	④	⑤	⑥	⑦	⑧	⑨	⓪	⊖	⊕	<	>	≦	≧
⑧	①	②	③	④	⑤	⑥	⑦	⑧	⑨	⓪	⊖	⊕	<	>	≦	≧
⑨	①	②	③	④	⑤	⑥	⑦	⑧	⑨	⓪	⊖	⊕	<	>	≦	≧
⑩	①	②	③	④	⑤	⑥	⑦	⑧	⑨	⓪	⊖	⊕	<	>	≦	≧
⑪	①	②	③	④	⑤	⑥	⑦	⑧	⑨	⓪	⊖	⊕	<	>	≦	≧
⑫	①	②	③	④	⑤	⑥	⑦	⑧	⑨	⓪	⊖	⊕	<	>	≦	≧
⑬	①	②	③	④	⑤	⑥	⑦	⑧	⑨	⓪	⊖	⊕	<	>	≦	≧
⑭	①	②	③	④	⑤	⑥	⑦	⑧	⑨	⓪	⊖	⊕	<	>	≦	≧
⑮	①	②	③	④	⑤	⑥	⑦	⑧	⑨	⓪	⊖	⊕	<	>	≦	≧
⑯	①	②	③	④	⑤	⑥	⑦	⑧	⑨	⓪	⊖	⊕	<	>	≦	≧
⑰	①	②	③	④	⑤	⑥	⑦	⑧	⑨	⓪	⊖	⊕	<	>	≦	≧
⑱	①	②	③	④	⑤	⑥	⑦	⑧	⑨	⓪	⊖	⊕	<	>	≦	≧
⑲	①	②	③	④	⑤	⑥	⑦	⑧	⑨	⓪	⊖	⊕	<	>	≦	≧
⑳	①	②	③	④	⑤	⑥	⑦	⑧	⑨	⓪	⊖	⊕	<	>	≦	≧
㉑	①	②	③	④	⑤	⑥	⑦	⑧	⑨	⓪	⊖	⊕	<	>	≦	≧
㉒	①	②	③	④	⑤	⑥	⑦	⑧	⑨	⓪	⊖	⊕	<	>	≦	≧
㉓	①	②	③	④	⑤	⑥	⑦	⑧	⑨	⓪	⊖	⊕	<	>	≦	≧
㉔	①	②	③	④	⑤	⑥	⑦	⑧	⑨	⓪	⊖	⊕	<	>	≦	≧
㉕	①	②	③	④	⑤	⑥	⑦	⑧	⑨	⓪	⊖	⊕	<	>	≦	≧

	解	答	欄													
	1	2	3	4	5	6	7	8	9	0	−	±	<	>	≦	≧
㉖	①	②	③	④	⑤	⑥	⑦	⑧	⑨	⓪	⊖	⊕	<	>	≦	≧
㉗	①	②	③	④	⑤	⑥	⑦	⑧	⑨	⓪	⊖	⊕	<	>	≦	≧
㉘	①	②	③	④	⑤	⑥	⑦	⑧	⑨	⓪	⊖	⊕	<	>	≦	≧
㉙	①	②	③	④	⑤	⑥	⑦	⑧	⑨	⓪	⊖	⊕	<	>	≦	≧
㉚	①	②	③	④	⑤	⑥	⑦	⑧	⑨	⓪	⊖	⊕	<	>	≦	≧
㉛	①	②	③	④	⑤	⑥	⑦	⑧	⑨	⓪	⊖	⊕	<	>	≦	≧
㉜	①	②	③	④	⑤	⑥	⑦	⑧	⑨	⓪	⊖	⊕	<	>	≦	≧
㉝	①	②	③	④	⑤	⑥	⑦	⑧	⑨	⓪	⊖	⊕	<	>	≦	≧
㉞	①	②	③	④	⑤	⑥	⑦	⑧	⑨	⓪	⊖	⊕	<	>	≦	≧
㉟	①	②	③	④	⑤	⑥	⑦	⑧	⑨	⓪	⊖	⊕	<	>	≦	≧
㊱	①	②	③	④	⑤	⑥	⑦	⑧	⑨	⓪	⊖	⊕	<	>	≦	≧
㊲	①	②	③	④	⑤	⑥	⑦	⑧	⑨	⓪	⊖	⊕	<	>	≦	≧
㊳	①	②	③	④	⑤	⑥	⑦	⑧	⑨	⓪	⊖	⊕	<	>	≦	≧
㊴	①	②	③	④	⑤	⑥	⑦	⑧	⑨	⓪	⊖	⊕	<	>	≦	≧
㊵	①	②	③	④	⑤	⑥	⑦	⑧	⑨	⓪	⊖	⊕	<	>	≦	≧
㊶	①	②	③	④	⑤	⑥	⑦	⑧	⑨	⓪	⊖	⊕	<	>	≦	≧
㊷	①	②	③	④	⑤	⑥	⑦	⑧	⑨	⓪	⊖	⊕	<	>	≦	≧
㊸	①	②	③	④	⑤	⑥	⑦	⑧	⑨	⓪	⊖	⊕	<	>	≦	≧
㊹	①	②	③	④	⑤	⑥	⑦	⑧	⑨	⓪	⊖	⊕	<	>	≦	≧
㊺	①	②	③	④	⑤	⑥	⑦	⑧	⑨	⓪	⊖	⊕	<	>	≦	≧
㊻	①	②	③	④	⑤	⑥	⑦	⑧	⑨	⓪	⊖	⊕	<	>	≦	≧
㊼	①	②	③	④	⑤	⑥	⑦	⑧	⑨	⓪	⊖	⊕	<	>	≦	≧
㊽	①	②	③	④	⑤	⑥	⑦	⑧	⑨	⓪	⊖	⊕	<	>	≦	≧
㊾	①	②	③	④	⑤	⑥	⑦	⑧	⑨	⓪	⊖	⊕	<	>	≦	≧
㊿	①	②	③	④	⑤	⑥	⑦	⑧	⑨	⓪	⊖	⊕	<	>	≦	≧

（注）この解答用紙は実物を縮小してあります。Ｂ４用紙に125%拡大コピーすると、ほぼ実物大で使用できます。（タイトルと配点表は含みません）

受験番号

氏名	フリガナ

この番号はあなたの受験番号です。
確認のうえ下記の欄に記入すること。

受験番号				
	⓪	⓪	⓪	⓪
①	①	①	①	①
②	②	②	②	②
	③	③	③	③
	④	④	④	④
	⑤	⑤	⑤	⑤
	⑥	⑥	⑥	⑥
	⑦	⑦	⑦	⑦
	⑧	⑧	⑧	⑧
	⑨	⑨	⑨	⑨

解答教科		
英語	数学	国語
○	●	○

記入のしかた

1. 必ずＨＢの黒鉛筆を使用してください。
2. 訂正する場合はプラスチック製の消しゴムできれいにけし、消しくずを残さないでください。
3. マークの例

良い例	悪い例
●	● ◒ ⊗ ◓

推定配点	
1 各６点×４ 2 各７点×４ 3 各４点×７ 4 (1) ６点　(2) 各７点×２	
100点	計

二〇二四年度　浦和実業学園高等学校・第三回併願

国語解答用紙

評点
/100

解答欄																
	1	2	3	4	5	6	7	8	9	0	−	±	<	>	≦	≧
①	1	2	3	4	5	6	7	8	9	0	−	±	<	>	≦	≧
②	1	2	3	4	5	6	7	8	9	0	−	±	<	>	≦	≧
③	1	2	3	4	5	6	7	8	9	0	−	±	<	>	≦	≧
④	1	2	3	4	5	6	7	8	9	0	−	±	<	>	≦	≧
⑤	1	2	3	4	5	6	7	8	9	0	−	±	<	>	≦	≧
⑥	1	2	3	4	5	6	7	8	9	0	−	±	<	>	≦	≧
⑦	1	2	3	4	5	6	7	8	9	0	−	±	<	>	≦	≧
⑧	1	2	3	4	5	6	7	8	9	0	−	±	<	>	≦	≧
⑨	1	2	3	4	5	6	7	8	9	0	−	±	<	>	≦	≧
⑩	1	2	3	4	5	6	7	8	9	0	−	±	<	>	≦	≧
⑪	1	2	3	4	5	6	7	8	9	0	−	±	<	>	≦	≧
⑫	1	2	3	4	5	6	7	8	9	0	−	±	<	>	≦	≧
⑬	1	2	3	4	5	6	7	8	9	0	−	±	<	>	≦	≧
⑭	1	2	3	4	5	6	7	8	9	0	−	±	<	>	≦	≧
⑮	1	2	3	4	5	6	7	8	9	0	−	±	<	>	≦	≧
⑯	1	2	3	4	5	6	7	8	9	0	−	±	<	>	≦	≧
⑰	1	2	3	4	5	6	7	8	9	0	−	±	<	>	≦	≧
⑱	1	2	3	4	5	6	7	8	9	0	−	±	<	>	≦	≧
⑲	1	2	3	4	5	6	7	8	9	0	−	±	<	>	≦	≧
⑳	1	2	3	4	5	6	7	8	9	0	−	±	<	>	≦	≧
㉑	1	2	3	4	5	6	7	8	9	0	−	±	<	>	≦	≧
㉒	1	2	3	4	5	6	7	8	9	0	−	±	<	>	≦	≧
㉓	1	2	3	4	5	6	7	8	9	0	−	±	<	>	≦	≧
㉔	1	2	3	4	5	6	7	8	9	0	−	±	<	>	≦	≧
㉕	1	2	3	4	5	6	7	8	9	0	−	±	<	>	≦	≧

解答欄																
	1	2	3	4	5	6	7	8	9	0	−	±	<	>	≦	≧
㉖	1	2	3	4	5	6	7	8	9	0	−	±	<	>	≦	≧
㉗	1	2	3	4	5	6	7	8	9	0	−	±	<	>	≦	≧
㉘	1	2	3	4	5	6	7	8	9	0	−	±	<	>	≦	≧
㉙	1	2	3	4	5	6	7	8	9	0	−	±	<	>	≦	≧
㉚	1	2	3	4	5	6	7	8	9	0	−	±	<	>	≦	≧
㉛	1	2	3	4	5	6	7	8	9	0	−	±	<	>	≦	≧
㉜	1	2	3	4	5	6	7	8	9	0	−	±	<	>	≦	≧
㉝	1	2	3	4	5	6	7	8	9	0	−	±	<	>	≦	≧
㉞	1	2	3	4	5	6	7	8	9	0	−	±	<	>	≦	≧
㉟	1	2	3	4	5	6	7	8	9	0	−	±	<	>	≦	≧
㊱	1	2	3	4	5	6	7	8	9	0	−	±	<	>	≦	≧
㊲	1	2	3	4	5	6	7	8	9	0	−	±	<	>	≦	≧
㊳	1	2	3	4	5	6	7	8	9	0	−	±	<	>	≦	≧
㊴	1	2	3	4	5	6	7	8	9	0	−	±	<	>	≦	≧
㊵	1	2	3	4	5	6	7	8	9	0	−	±	<	>	≦	≧
㊶	1	2	3	4	5	6	7	8	9	0	−	±	<	>	≦	≧
㊷	1	2	3	4	5	6	7	8	9	0	−	±	<	>	≦	≧
㊸	1	2	3	4	5	6	7	8	9	0	−	±	<	>	≦	≧
㊹	1	2	3	4	5	6	7	8	9	0	−	±	<	>	≦	≧
㊺	1	2	3	4	5	6	7	8	9	0	−	±	<	>	≦	≧
㊻	1	2	3	4	5	6	7	8	9	0	−	±	<	>	≦	≧
㊼	1	2	3	4	5	6	7	8	9	0	−	±	<	>	≦	≧
㊽	1	2	3	4	5	6	7	8	9	0	−	±	<	>	≦	≧
㊾	1	2	3	4	5	6	7	8	9	0	−	±	<	>	≦	≧
㊿	1	2	3	4	5	6	7	8	9	0	−	±	<	>	≦	≧

（注）この解答用紙は実物を縮小してあります。Ｂ４用紙に125%拡大コピーすると、ほぼ実物大で使用できます。（タイトルと配点表は含みません）

受験番号

氏名	フリガナ

この番号はあなたの受験番号です。
確認のうえ下記の欄に記入すること。

受験番号				
	0	0	0	0
1	1	1	1	1
2	2	2	2	2
	3	3	3	3
	4	4	4	4
	5	5	5	5
	6	6	6	6
	7	7	7	7
	8	8	8	8
	9	9	9	9

解答教科		
英語	数学	国語
○	○	●

記入のしかた

1. 必ずＨＢの黒鉛筆を使用してください。
2. 訂正する場合はプラスチック製の消しゴムできれいにけし、消しくずを残さないでください。
3. マークの例

良い例	悪い例
●	● ◓ ⊗ ◓

推定配点	
一 問1 各2点×4　問2～問8 各4点×8　問9 3点　問10 各2点×5 二 問1～問5 各4点×5　問6 3点　問7～問12 各4点×6	
100点	計

2023年度　浦和実業学園高等学校・第1回併願

英語解答用紙

評点
/100

受験番号 □□□□

氏名（フリガナ）	

この番号はあなたの受験番号です。
確認のうえ下記の欄に記入すること。

受験番号				
	⓪	⓪	⓪	⓪
①	①	①	①	①
②	②	②	②	②
	③	③	③	③
	④	④	④	④
	⑤	⑤	⑤	⑤
	⑥	⑥	⑥	⑥
	⑦	⑦	⑦	⑦
	⑧	⑧	⑧	⑧
	⑨	⑨	⑨	⑨

解答教科		
英語	数学	国語
●	○	○

記入のしかた

1. 必ずＨＢの黒鉛筆を使用してください。
2. 訂正する場合はプラスチック製の消しゴムできれいにけし、消しくずを残さないでください。
3. マークの例

良い例	悪い例
●	（悪い例の図）

解答欄	1	2	3	4	5	6	7	8	9	0	−	±	<	>	≦	≧
①	1	2	3	4	5	6	7	8	9	0	−	±	<	>	≦	≧
②	1	2	3	4	5	6	7	8	9	0	−	±	<	>	≦	≧
③	1	2	3	4	5	6	7	8	9	0	−	±	<	>	≦	≧
④	1	2	3	4	5	6	7	8	9	0	−	±	<	>	≦	≧
⑤	1	2	3	4	5	6	7	8	9	0	−	±	<	>	≦	≧
⑥	1	2	3	4	5	6	7	8	9	0	−	±	<	>	≦	≧
⑦	1	2	3	4	5	6	7	8	9	0	−	±	<	>	≦	≧
⑧	1	2	3	4	5	6	7	8	9	0	−	±	<	>	≦	≧
⑨	1	2	3	4	5	6	7	8	9	0	−	±	<	>	≦	≧
⑩	1	2	3	4	5	6	7	8	9	0	−	±	<	>	≦	≧
⑪	1	2	3	4	5	6	7	8	9	0	−	±	<	>	≦	≧
⑫	1	2	3	4	5	6	7	8	9	0	−	±	<	>	≦	≧
⑬	1	2	3	4	5	6	7	8	9	0	−	±	<	>	≦	≧
⑭	1	2	3	4	5	6	7	8	9	0	−	±	<	>	≦	≧
⑮	1	2	3	4	5	6	7	8	9	0	−	±	<	>	≦	≧
⑯	1	2	3	4	5	6	7	8	9	0	−	±	<	>	≦	≧
⑰	1	2	3	4	5	6	7	8	9	0	−	±	<	>	≦	≧
⑱	1	2	3	4	5	6	7	8	9	0	−	±	<	>	≦	≧
⑲	1	2	3	4	5	6	7	8	9	0	−	±	<	>	≦	≧
⑳	1	2	3	4	5	6	7	8	9	0	−	±	<	>	≦	≧
㉑	1	2	3	4	5	6	7	8	9	0	−	±	<	>	≦	≧
㉒	1	2	3	4	5	6	7	8	9	0	−	±	<	>	≦	≧
㉓	1	2	3	4	5	6	7	8	9	0	−	±	<	>	≦	≧
㉔	1	2	3	4	5	6	7	8	9	0	−	±	<	>	≦	≧
㉕	1	2	3	4	5	6	7	8	9	0	−	±	<	>	≦	≧

解答欄	1	2	3	4	5	6	7	8	9	0	−	±	<	>	≦	≧
㉖	1	2	3	4	5	6	7	8	9	0	−	±	<	>	≦	≧
㉗	1	2	3	4	5	6	7	8	9	0	−	±	<	>	≦	≧
㉘	1	2	3	4	5	6	7	8	9	0	−	±	<	>	≦	≧
㉙	1	2	3	4	5	6	7	8	9	0	−	±	<	>	≦	≧
㉚	1	2	3	4	5	6	7	8	9	0	−	±	<	>	≦	≧
㉛	1	2	3	4	5	6	7	8	9	0	−	±	<	>	≦	≧
㉜	1	2	3	4	5	6	7	8	9	0	−	±	<	>	≦	≧
㉝	1	2	3	4	5	6	7	8	9	0	−	±	<	>	≦	≧
㉞	1	2	3	4	5	6	7	8	9	0	−	±	<	>	≦	≧
㉟	1	2	3	4	5	6	7	8	9	0	−	±	<	>	≦	≧
㊱	1	2	3	4	5	6	7	8	9	0	−	±	<	>	≦	≧
㊲	1	2	3	4	5	6	7	8	9	0	−	±	<	>	≦	≧
㊳	1	2	3	4	5	6	7	8	9	0	−	±	<	>	≦	≧
㊴	1	2	3	4	5	6	7	8	9	0	−	±	<	>	≦	≧
㊵	1	2	3	4	5	6	7	8	9	0	−	±	<	>	≦	≧
㊶	1	2	3	4	5	6	7	8	9	0	−	±	<	>	≦	≧
㊷	1	2	3	4	5	6	7	8	9	0	−	±	<	>	≦	≧
㊸	1	2	3	4	5	6	7	8	9	0	−	±	<	>	≦	≧
㊹	1	2	3	4	5	6	7	8	9	0	−	±	<	>	≦	≧
㊺	1	2	3	4	5	6	7	8	9	0	−	±	<	>	≦	≧
㊻	1	2	3	4	5	6	7	8	9	0	−	±	<	>	≦	≧
㊼	1	2	3	4	5	6	7	8	9	0	−	±	<	>	≦	≧
㊽	1	2	3	4	5	6	7	8	9	0	−	±	<	>	≦	≧
㊾	1	2	3	4	5	6	7	8	9	0	−	±	<	>	≦	≧
㊿	1	2	3	4	5	6	7	8	9	0	−	±	<	>	≦	≧

（注）この解答用紙は実物を縮小してあります。Ｂ４用紙に125％拡大コピーすると、ほぼ実物大で使用できます。（タイトルと配点表は含みません）

推定配点

1〜4　各2点×27

5　㉘〜㉜　各3点×5　㉝、㉞　各4点×2

6　㉟〜㊴　各3点×5　㊵、㊶　各4点×2

100点	計

２０２３年度　浦和実業学園高等学校・第１回併願

数学解答用紙

評点
/100

	解答欄															
	1	2	3	4	5	6	7	8	9	0	−	±	<	>	≦	≧
①	1	2	3	4	5	6	7	8	9	0	−	±	<	>	≦	≧
②	1	2	3	4	5	6	7	8	9	0	−	±	<	>	≦	≧
③	1	2	3	4	5	6	7	8	9	0	−	±	<	>	≦	≧
④	1	2	3	4	5	6	7	8	9	0	−	±	<	>	≦	≧
⑤	1	2	3	4	5	6	7	8	9	0	−	±	<	>	≦	≧
⑥	1	2	3	4	5	6	7	8	9	0	−	±	<	>	≦	≧
⑦	1	2	3	4	5	6	7	8	9	0	−	±	<	>	≦	≧
⑧	1	2	3	4	5	6	7	8	9	0	−	±	<	>	≦	≧
⑨	1	2	3	4	5	6	7	8	9	0	−	±	<	>	≦	≧
⑩	1	2	3	4	5	6	7	8	9	0	−	±	<	>	≦	≧
⑪	1	2	3	4	5	6	7	8	9	0	−	±	<	>	≦	≧
⑫	1	2	3	4	5	6	7	8	9	0	−	±	<	>	≦	≧
⑬	1	2	3	4	5	6	7	8	9	0	−	±	<	>	≦	≧
⑭	1	2	3	4	5	6	7	8	9	0	−	±	<	>	≦	≧
⑮	1	2	3	4	5	6	7	8	9	0	−	±	<	>	≦	≧
⑯	1	2	3	4	5	6	7	8	9	0	−	±	<	>	≦	≧
⑰	1	2	3	4	5	6	7	8	9	0	−	±	<	>	≦	≧
⑱	1	2	3	4	5	6	7	8	9	0	−	±	<	>	≦	≧
⑲	1	2	3	4	5	6	7	8	9	0	−	±	<	>	≦	≧
⑳	1	2	3	4	5	6	7	8	9	0	−	±	<	>	≦	≧
㉑	1	2	3	4	5	6	7	8	9	0	−	±	<	>	≦	≧
㉒	1	2	3	4	5	6	7	8	9	0	−	±	<	>	≦	≧
㉓	1	2	3	4	5	6	7	8	9	0	−	±	<	>	≦	≧
㉔	1	2	3	4	5	6	7	8	9	0	−	±	<	>	≦	≧
㉕	1	2	3	4	5	6	7	8	9	0	−	±	<	>	≦	≧
㉖	1	2	3	4	5	6	7	8	9	0	−	±	<	>	≦	≧
㉗	1	2	3	4	5	6	7	8	9	0	−	±	<	>	≦	≧
㉘	1	2	3	4	5	6	7	8	9	0	−	±	<	>	≦	≧
㉙	1	2	3	4	5	6	7	8	9	0	−	±	<	>	≦	≧
㉚	1	2	3	4	5	6	7	8	9	0	−	±	<	>	≦	≧
㉛	1	2	3	4	5	6	7	8	9	0	−	±	<	>	≦	≧
㉜	1	2	3	4	5	6	7	8	9	0	−	±	<	>	≦	≧
㉝	1	2	3	4	5	6	7	8	9	0	−	±	<	>	≦	≧
㉞	1	2	3	4	5	6	7	8	9	0	−	±	<	>	≦	≧
㉟	1	2	3	4	5	6	7	8	9	0	−	±	<	>	≦	≧
㊱	1	2	3	4	5	6	7	8	9	0	−	±	<	>	≦	≧
㊲	1	2	3	4	5	6	7	8	9	0	−	±	<	>	≦	≧
㊳	1	2	3	4	5	6	7	8	9	0	−	±	<	>	≦	≧
㊴	1	2	3	4	5	6	7	8	9	0	−	±	<	>	≦	≧
㊵	1	2	3	4	5	6	7	8	9	0	−	±	<	>	≦	≧
㊶	1	2	3	4	5	6	7	8	9	0	−	±	<	>	≦	≧
㊷	1	2	3	4	5	6	7	8	9	0	−	±	<	>	≦	≧
㊸	1	2	3	4	5	6	7	8	9	0	−	±	<	>	≦	≧
㊹	1	2	3	4	5	6	7	8	9	0	−	±	<	>	≦	≧
㊺	1	2	3	4	5	6	7	8	9	0	−	±	<	>	≦	≧
㊻	1	2	3	4	5	6	7	8	9	0	−	±	<	>	≦	≧
㊼	1	2	3	4	5	6	7	8	9	0	−	±	<	>	≦	≧
㊽	1	2	3	4	5	6	7	8	9	0	−	±	<	>	≦	≧
㊾	1	2	3	4	5	6	7	8	9	0	−	±	<	>	≦	≧
㊿	1	2	3	4	5	6	7	8	9	0	−	±	<	>	≦	≧

（注）この解答用紙は実物を縮小してあります。Ｂ４用紙に125％拡大コピーすると、ほぼ実物大で使用できます。（タイトルと配点表は含みません）

受験番号

氏名	フリガナ

この番号はあなたの受験番号です。
確認のうえ下記の欄に記入すること。

受験番号				
	0	0	0	0
1	1	1	1	1
2	2	2	2	2
	3	3	3	3
	4	4	4	4
	5	5	5	5
	6	6	6	6
	7	7	7	7
	8	8	8	8
	9	9	9	9

解答教科		
英語	数学	国語
○	●	○

記入のしかた
1. 必ずＨＢの黒鉛筆を使用してください。
2. 訂正する場合はプラスチック製の消しゴムできれいにけし、消しくずを残さないでください。
3. マークの例

良い例	悪い例
●	◐ ◒ ⊗ ◓

推定配点

1　各7点×4
2　(1)　8点　(2)　各4点×2　(3)、(4)　各8点×2
3　各10点×3
4　(1)、(2)　各3点×2　(3)　4点

計
100点

二〇二三年度　浦和実業学園高等学校・第一回併願

国語解答用紙

評点　／100

解答欄																
	1	2	3	4	5	6	7	8	9	0	−	±	<	>	≦	≧
①	①	②	③	④	⑤	⑥	⑦	⑧	⑨	⓪	⊖	±	<	>	≦	≧
②	①	②	③	④	⑤	⑥	⑦	⑧	⑨	⓪	⊖	±	<	>	≦	≧
③	①	②	③	④	⑤	⑥	⑦	⑧	⑨	⓪	⊖	±	<	>	≦	≧
④	①	②	③	④	⑤	⑥	⑦	⑧	⑨	⓪	⊖	±	<	>	≦	≧
⑤	①	②	③	④	⑤	⑥	⑦	⑧	⑨	⓪	⊖	±	<	>	≦	≧
⑥	①	②	③	④	⑤	⑥	⑦	⑧	⑨	⓪	⊖	±	<	>	≦	≧
⑦	①	②	③	④	⑤	⑥	⑦	⑧	⑨	⓪	⊖	±	<	>	≦	≧
⑧	①	②	③	④	⑤	⑥	⑦	⑧	⑨	⓪	⊖	±	<	>	≦	≧
⑨	①	②	③	④	⑤	⑥	⑦	⑧	⑨	⓪	⊖	±	<	>	≦	≧
⑩	①	②	③	④	⑤	⑥	⑦	⑧	⑨	⓪	⊖	±	<	>	≦	≧
⑪	①	②	③	④	⑤	⑥	⑦	⑧	⑨	⓪	⊖	±	<	>	≦	≧
⑫	①	②	③	④	⑤	⑥	⑦	⑧	⑨	⓪	⊖	±	<	>	≦	≧
⑬	①	②	③	④	⑤	⑥	⑦	⑧	⑨	⓪	⊖	±	<	>	≦	≧
⑭	①	②	③	④	⑤	⑥	⑦	⑧	⑨	⓪	⊖	±	<	>	≦	≧
⑮	①	②	③	④	⑤	⑥	⑦	⑧	⑨	⓪	⊖	±	<	>	≦	≧
⑯	①	②	③	④	⑤	⑥	⑦	⑧	⑨	⓪	⊖	±	<	>	≦	≧
⑰	①	②	③	④	⑤	⑥	⑦	⑧	⑨	⓪	⊖	±	<	>	≦	≧
⑱	①	②	③	④	⑤	⑥	⑦	⑧	⑨	⓪	⊖	±	<	>	≦	≧
⑲	①	②	③	④	⑤	⑥	⑦	⑧	⑨	⓪	⊖	±	<	>	≦	≧
⑳	①	②	③	④	⑤	⑥	⑦	⑧	⑨	⓪	⊖	±	<	>	≦	≧
㉑	①	②	③	④	⑤	⑥	⑦	⑧	⑨	⓪	⊖	±	<	>	≦	≧
㉒	①	②	③	④	⑤	⑥	⑦	⑧	⑨	⓪	⊖	±	<	>	≦	≧
㉓	①	②	③	④	⑤	⑥	⑦	⑧	⑨	⓪	⊖	±	<	>	≦	≧
㉔	①	②	③	④	⑤	⑥	⑦	⑧	⑨	⓪	⊖	±	<	>	≦	≧
㉕	①	②	③	④	⑤	⑥	⑦	⑧	⑨	⓪	⊖	±	<	>	≦	≧

解答欄																
	1	2	3	4	5	6	7	8	9	0	−	±	<	>	≦	≧
㉖	①	②	③	④	⑤	⑥	⑦	⑧	⑨	⓪	⊖	±	<	>	≦	≧
㉗	①	②	③	④	⑤	⑥	⑦	⑧	⑨	⓪	⊖	±	<	>	≦	≧
㉘	①	②	③	④	⑤	⑥	⑦	⑧	⑨	⓪	⊖	±	<	>	≦	≧
㉙	①	②	③	④	⑤	⑥	⑦	⑧	⑨	⓪	⊖	±	<	>	≦	≧
㉚	①	②	③	④	⑤	⑥	⑦	⑧	⑨	⓪	⊖	±	<	>	≦	≧
㉛	①	②	③	④	⑤	⑥	⑦	⑧	⑨	⓪	⊖	±	<	>	≦	≧
㉜	①	②	③	④	⑤	⑥	⑦	⑧	⑨	⓪	⊖	±	<	>	≦	≧
㉝	①	②	③	④	⑤	⑥	⑦	⑧	⑨	⓪	⊖	±	<	>	≦	≧
㉞	①	②	③	④	⑤	⑥	⑦	⑧	⑨	⓪	⊖	±	<	>	≦	≧
㉟	①	②	③	④	⑤	⑥	⑦	⑧	⑨	⓪	⊖	±	<	>	≦	≧
㊱	①	②	③	④	⑤	⑥	⑦	⑧	⑨	⓪	⊖	±	<	>	≦	≧
㊲	①	②	③	④	⑤	⑥	⑦	⑧	⑨	⓪	⊖	±	<	>	≦	≧
㊳	①	②	③	④	⑤	⑥	⑦	⑧	⑨	⓪	⊖	±	<	>	≦	≧
㊴	①	②	③	④	⑤	⑥	⑦	⑧	⑨	⓪	⊖	±	<	>	≦	≧
㊵	①	②	③	④	⑤	⑥	⑦	⑧	⑨	⓪	⊖	±	<	>	≦	≧
㊶	①	②	③	④	⑤	⑥	⑦	⑧	⑨	⓪	⊖	±	<	>	≦	≧
㊷	①	②	③	④	⑤	⑥	⑦	⑧	⑨	⓪	⊖	±	<	>	≦	≧
㊸	①	②	③	④	⑤	⑥	⑦	⑧	⑨	⓪	⊖	±	<	>	≦	≧
㊹	①	②	③	④	⑤	⑥	⑦	⑧	⑨	⓪	⊖	±	<	>	≦	≧
㊺	①	②	③	④	⑤	⑥	⑦	⑧	⑨	⓪	⊖	±	<	>	≦	≧
㊻	①	②	③	④	⑤	⑥	⑦	⑧	⑨	⓪	⊖	±	<	>	≦	≧
㊼	①	②	③	④	⑤	⑥	⑦	⑧	⑨	⓪	⊖	±	<	>	≦	≧
㊽	①	②	③	④	⑤	⑥	⑦	⑧	⑨	⓪	⊖	±	<	>	≦	≧
㊾	①	②	③	④	⑤	⑥	⑦	⑧	⑨	⓪	⊖	±	<	>	≦	≧
㊿	①	②	③	④	⑤	⑥	⑦	⑧	⑨	⓪	⊖	±	<	>	≦	≧

（注）この解答用紙は実物を縮小してあります。Ｂ４用紙に125％拡大コピーすると、ほぼ実物大で使用できます。（タイトルと配点表は含みません）

受験番号

氏名	フリガナ

この番号はあなたの受験番号です。
確認のうえ下記の欄に記入すること。

受験番号				
	⓪	⓪	⓪	⓪
①	①	①	①	①
②	②	②	②	②
	③	③	③	③
	④	④	④	④
	⑤	⑤	⑤	⑤
	⑥	⑥	⑥	⑥
	⑦	⑦	⑦	⑦
	⑧	⑧	⑧	⑧
	⑨	⑨	⑨	⑨

解答教科		
英語	数学	国語
○	○	●

記入のしかた
1. 必ずＨＢの黒鉛筆を使用してください。
2. 訂正する場合はプラスチック製の消しゴムできれいにけし、消しくずを残さないでください。
3. マークの例

良い例	悪い例
●	● ◒ ⊗ ◓

推定配点	
一 問１ 各２点×４ 問２ ３点 問３ ４点 問４ ３点 問５ ４点 問６ ５点 問７ ２点 問８〜問10 各３点×３ 問11、問12 各４点×３ 二 問１ 各２点×３ 問２ ３点 問３ ５点 問４ 各３点×２ 問５、問６ 各４点×２ 問７ ３点 問８ ４点 問９〜問11 各５点×３	
100点	計

2023年度　浦和実業学園高等学校・第2回併願

英語解答用紙

評点　/100

推定配点

1〜4 各2点×27
5 ㉘〜㉜ 各3点×5　㉝、㉞ 各4点×2
6 ㉟〜㊴ 各3点×5　㊵、㊶ 各4点×2

100点　計

受験番号

氏名《フリガナ》

この番号はあなたの受験番号です。
確認のうえ下記の欄に記入すること。

受験番号				
	⓪	⓪	⓪	⓪
①	①	①	①	①
②	②	②	②	②
	③	③	③	③
	④	④	④	④
	⑤	⑤	⑤	⑤
	⑥	⑥	⑥	⑥
	⑦	⑦	⑦	⑦
	⑧	⑧	⑧	⑧
	⑨	⑨	⑨	⑨

解答教科		
英語	数学	国語
●	○	○

記入のしかた
1. 必ずＨＢの黒鉛筆を使用してください。
2. 訂正する場合はプラスチック製の消しゴムできれいにけし、消しくずを残さないでください。
3. マークの例

良い例	悪い例
●	◐ ◒ ⊗ ◓

解答欄	1	2	3	4	5	6	7	8	9	0	−	±	<	>	≦	≧
①	1	2	3	4	5	6	7	8	9	0	−	±	<	>	≦	≧
②	1	2	3	4	5	6	7	8	9	0	−	±	<	>	≦	≧
③	1	2	3	4	5	6	7	8	9	0	−	±	<	>	≦	≧
④	1	2	3	4	5	6	7	8	9	0	−	±	<	>	≦	≧
⑤	1	2	3	4	5	6	7	8	9	0	−	±	<	>	≦	≧
⑥	1	2	3	4	5	6	7	8	9	0	−	±	<	>	≦	≧
⑦	1	2	3	4	5	6	7	8	9	0	−	±	<	>	≦	≧
⑧	1	2	3	4	5	6	7	8	9	0	−	±	<	>	≦	≧
⑨	1	2	3	4	5	6	7	8	9	0	−	±	<	>	≦	≧
⑩	1	2	3	4	5	6	7	8	9	0	−	±	<	>	≦	≧
⑪	1	2	3	4	5	6	7	8	9	0	−	±	<	>	≦	≧
⑫	1	2	3	4	5	6	7	8	9	0	−	±	<	>	≦	≧
⑬	1	2	3	4	5	6	7	8	9	0	−	±	<	>	≦	≧
⑭	1	2	3	4	5	6	7	8	9	0	−	±	<	>	≦	≧
⑮	1	2	3	4	5	6	7	8	9	0	−	±	<	>	≦	≧
⑯	1	2	3	4	5	6	7	8	9	0	−	±	<	>	≦	≧
⑰	1	2	3	4	5	6	7	8	9	0	−	±	<	>	≦	≧
⑱	1	2	3	4	5	6	7	8	9	0	−	±	<	>	≦	≧
⑲	1	2	3	4	5	6	7	8	9	0	−	±	<	>	≦	≧
⑳	1	2	3	4	5	6	7	8	9	0	−	±	<	>	≦	≧
㉑	1	2	3	4	5	6	7	8	9	0	−	±	<	>	≦	≧
㉒	1	2	3	4	5	6	7	8	9	0	−	±	<	>	≦	≧
㉓	1	2	3	4	5	6	7	8	9	0	−	±	<	>	≦	≧
㉔	1	2	3	4	5	6	7	8	9	0	−	±	<	>	≦	≧
㉕	1	2	3	4	5	6	7	8	9	0	−	±	<	>	≦	≧
㉖	1	2	3	4	5	6	7	8	9	0	−	±	<	>	≦	≧
㉗	1	2	3	4	5	6	7	8	9	0	−	±	<	>	≦	≧
㉘	1	2	3	4	5	6	7	8	9	0	−	±	<	>	≦	≧
㉙	1	2	3	4	5	6	7	8	9	0	−	±	<	>	≦	≧
㉚	1	2	3	4	5	6	7	8	9	0	−	±	<	>	≦	≧
㉛	1	2	3	4	5	6	7	8	9	0	−	±	<	>	≦	≧
㉜	1	2	3	4	5	6	7	8	9	0	−	±	<	>	≦	≧
㉝	1	2	3	4	5	6	7	8	9	0	−	±	<	>	≦	≧
㉞	1	2	3	4	5	6	7	8	9	0	−	±	<	>	≦	≧
㉟	1	2	3	4	5	6	7	8	9	0	−	±	<	>	≦	≧
㊱	1	2	3	4	5	6	7	8	9	0	−	±	<	>	≦	≧
㊲	1	2	3	4	5	6	7	8	9	0	−	±	<	>	≦	≧
㊳	1	2	3	4	5	6	7	8	9	0	−	±	<	>	≦	≧
㊴	1	2	3	4	5	6	7	8	9	0	−	±	<	>	≦	≧
㊵	1	2	3	4	5	6	7	8	9	0	−	±	<	>	≦	≧
㊶	1	2	3	4	5	6	7	8	9	0	−	±	<	>	≦	≧
㊷	1	2	3	4	5	6	7	8	9	0	−	±	<	>	≦	≧
㊸	1	2	3	4	5	6	7	8	9	0	−	±	<	>	≦	≧
㊹	1	2	3	4	5	6	7	8	9	0	−	±	<	>	≦	≧
㊺	1	2	3	4	5	6	7	8	9	0	−	±	<	>	≦	≧
㊻	1	2	3	4	5	6	7	8	9	0	−	±	<	>	≦	≧
㊼	1	2	3	4	5	6	7	8	9	0	−	±	<	>	≦	≧
㊽	1	2	3	4	5	6	7	8	9	0	−	±	<	>	≦	≧
㊾	1	2	3	4	5	6	7	8	9	0	−	±	<	>	≦	≧
㊿	1	2	3	4	5	6	7	8	9	0	−	±	<	>	≦	≧

(注) この解答用紙は実物を縮小してあります。Ｂ４用紙に125％拡大コピーすると、ほぼ実物大で使用できます。（タイトルと配点表は含みません）

２０２３年度　浦和実業学園高等学校・第２回併願

数学解答用紙

評点	
	/100

受験番号 □□□□

氏名	フリガナ

この番号はあなたの受験番号です。
確認のうえ下記の欄に記入すること。

受験番号				
	⓪	⓪	⓪	⓪
①	①	①	①	①
②	②	②	②	②
	③	③	③	③
	④	④	④	④
	⑤	⑤	⑤	⑤
	⑥	⑥	⑥	⑥
	⑦	⑦	⑦	⑦
	⑧	⑧	⑧	⑧
	⑨	⑨	⑨	⑨

解答教科		
英語	数学	国語
○	●	○

記入のしかた

1. 必ずＨＢの黒鉛筆を使用してください。
2. 訂正する場合はプラスチック製の消しゴムできれいにけし、消しくずを残さないでください。
3. マークの例

良い例	悪い例
●	● ◒ ⊗ ◓

	解答欄															
	1	2	3	4	5	6	7	8	9	0	−	±	<	>	≦	≧
①	①	②	③	④	⑤	⑥	⑦	⑧	⑨	⓪	−	±	<	>	≦	≧
②	①	②	③	④	⑤	⑥	⑦	⑧	⑨	⓪	−	±	<	>	≦	≧
③	①	②	③	④	⑤	⑥	⑦	⑧	⑨	⓪	−	±	<	>	≦	≧
④	①	②	③	④	⑤	⑥	⑦	⑧	⑨	⓪	−	±	<	>	≦	≧
⑤	①	②	③	④	⑤	⑥	⑦	⑧	⑨	⓪	−	±	<	>	≦	≧
⑥	①	②	③	④	⑤	⑥	⑦	⑧	⑨	⓪	−	±	<	>	≦	≧
⑦	①	②	③	④	⑤	⑥	⑦	⑧	⑨	⓪	−	±	<	>	≦	≧
⑧	①	②	③	④	⑤	⑥	⑦	⑧	⑨	⓪	−	±	<	>	≦	≧
⑨	①	②	③	④	⑤	⑥	⑦	⑧	⑨	⓪	−	±	<	>	≦	≧
⑩	①	②	③	④	⑤	⑥	⑦	⑧	⑨	⓪	−	±	<	>	≦	≧
⑪	①	②	③	④	⑤	⑥	⑦	⑧	⑨	⓪	−	±	<	>	≦	≧
⑫	①	②	③	④	⑤	⑥	⑦	⑧	⑨	⓪	−	±	<	>	≦	≧
⑬	①	②	③	④	⑤	⑥	⑦	⑧	⑨	⓪	−	±	<	>	≦	≧
⑭	①	②	③	④	⑤	⑥	⑦	⑧	⑨	⓪	−	±	<	>	≦	≧
⑮	①	②	③	④	⑤	⑥	⑦	⑧	⑨	⓪	−	±	<	>	≦	≧
⑯	①	②	③	④	⑤	⑥	⑦	⑧	⑨	⓪	−	±	<	>	≦	≧
⑰	①	②	③	④	⑤	⑥	⑦	⑧	⑨	⓪	−	±	<	>	≦	≧
⑱	①	②	③	④	⑤	⑥	⑦	⑧	⑨	⓪	−	±	<	>	≦	≧
⑲	①	②	③	④	⑤	⑥	⑦	⑧	⑨	⓪	−	±	<	>	≦	≧
⑳	①	②	③	④	⑤	⑥	⑦	⑧	⑨	⓪	−	±	<	>	≦	≧
㉑	①	②	③	④	⑤	⑥	⑦	⑧	⑨	⓪	−	±	<	>	≦	≧
㉒	①	②	③	④	⑤	⑥	⑦	⑧	⑨	⓪	−	±	<	>	≦	≧
㉓	①	②	③	④	⑤	⑥	⑦	⑧	⑨	⓪	−	±	<	>	≦	≧
㉔	①	②	③	④	⑤	⑥	⑦	⑧	⑨	⓪	−	±	<	>	≦	≧
㉕	①	②	③	④	⑤	⑥	⑦	⑧	⑨	⓪	−	±	<	>	≦	≧

	解答欄															
	1	2	3	4	5	6	7	8	9	0	−	±	<	>	≦	≧
㉖	①	②	③	④	⑤	⑥	⑦	⑧	⑨	⓪	−	±	<	>	≦	≧
㉗	①	②	③	④	⑤	⑥	⑦	⑧	⑨	⓪	−	±	<	>	≦	≧
㉘	①	②	③	④	⑤	⑥	⑦	⑧	⑨	⓪	−	±	<	>	≦	≧
㉙	①	②	③	④	⑤	⑥	⑦	⑧	⑨	⓪	−	±	<	>	≦	≧
㉚	①	②	③	④	⑤	⑥	⑦	⑧	⑨	⓪	−	±	<	>	≦	≧
㉛	①	②	③	④	⑤	⑥	⑦	⑧	⑨	⓪	−	±	<	>	≦	≧
㉜	①	②	③	④	⑤	⑥	⑦	⑧	⑨	⓪	−	±	<	>	≦	≧
㉝	①	②	③	④	⑤	⑥	⑦	⑧	⑨	⓪	−	±	<	>	≦	≧
㉞	①	②	③	④	⑤	⑥	⑦	⑧	⑨	⓪	−	±	<	>	≦	≧
㉟	①	②	③	④	⑤	⑥	⑦	⑧	⑨	⓪	−	±	<	>	≦	≧
㊱	①	②	③	④	⑤	⑥	⑦	⑧	⑨	⓪	−	±	<	>	≦	≧
㊲	①	②	③	④	⑤	⑥	⑦	⑧	⑨	⓪	−	±	<	>	≦	≧
㊳	①	②	③	④	⑤	⑥	⑦	⑧	⑨	⓪	−	±	<	>	≦	≧
㊴	①	②	③	④	⑤	⑥	⑦	⑧	⑨	⓪	−	±	<	>	≦	≧
㊵	①	②	③	④	⑤	⑥	⑦	⑧	⑨	⓪	−	±	<	>	≦	≧
㊶	①	②	③	④	⑤	⑥	⑦	⑧	⑨	⓪	−	±	<	>	≦	≧
㊷	①	②	③	④	⑤	⑥	⑦	⑧	⑨	⓪	−	±	<	>	≦	≧
㊸	①	②	③	④	⑤	⑥	⑦	⑧	⑨	⓪	−	±	<	>	≦	≧
㊹	①	②	③	④	⑤	⑥	⑦	⑧	⑨	⓪	−	±	<	>	≦	≧
㊺	①	②	③	④	⑤	⑥	⑦	⑧	⑨	⓪	−	±	<	>	≦	≧
㊻	①	②	③	④	⑤	⑥	⑦	⑧	⑨	⓪	−	±	<	>	≦	≧
㊼	①	②	③	④	⑤	⑥	⑦	⑧	⑨	⓪	−	±	<	>	≦	≧
㊽	①	②	③	④	⑤	⑥	⑦	⑧	⑨	⓪	−	±	<	>	≦	≧
㊾	①	②	③	④	⑤	⑥	⑦	⑧	⑨	⓪	−	±	<	>	≦	≧
㊿	①	②	③	④	⑤	⑥	⑦	⑧	⑨	⓪	−	±	<	>	≦	≧

（注）この解答用紙は実物を縮小してあります。Ｂ４用紙に125％拡大コピーすると、ほぼ実物大で使用できます。（タイトルと配点表は含みません）

推定配点	
1 各7点×4 2 (1) 8点 (2) 各4点×2 (3)、(4) 各8点×2 3 (1)、(2) 各5点×4 (3) 10点 4 (1) 各2点×2 (2)、(3) 各3点×2	
100点	計

二〇二三年度　浦和実業学園高等学校・第二回併願

国語解答用紙

評点　／100

	1	2	3	4	5	6	7	8	9	0	−	±	<	>	≦	≧
①	1	2	3	4	5	6	7	8	9	0	−	±	<	>	≦	≧
②	1	2	3	4	5	6	7	8	9	0	−	±	<	>	≦	≧
③	1	2	3	4	5	6	7	8	9	0	−	±	<	>	≦	≧
④	1	2	3	4	5	6	7	8	9	0	−	±	<	>	≦	≧
⑤	1	2	3	4	5	6	7	8	9	0	−	±	<	>	≦	≧
⑥	1	2	3	4	5	6	7	8	9	0	−	±	<	>	≦	≧
⑦	1	2	3	4	5	6	7	8	9	0	−	±	<	>	≦	≧
⑧	1	2	3	4	5	6	7	8	9	0	−	±	<	>	≦	≧
⑨	1	2	3	4	5	6	7	8	9	0	−	±	<	>	≦	≧
⑩	1	2	3	4	5	6	7	8	9	0	−	±	<	>	≦	≧
⑪	1	2	3	4	5	6	7	8	9	0	−	±	<	>	≦	≧
⑫	1	2	3	4	5	6	7	8	9	0	−	±	<	>	≦	≧
⑬	1	2	3	4	5	6	7	8	9	0	−	±	<	>	≦	≧
⑭	1	2	3	4	5	6	7	8	9	0	−	±	<	>	≦	≧
⑮	1	2	3	4	5	6	7	8	9	0	−	±	<	>	≦	≧
⑯	1	2	3	4	5	6	7	8	9	0	−	±	<	>	≦	≧
⑰	1	2	3	4	5	6	7	8	9	0	−	±	<	>	≦	≧
⑱	1	2	3	4	5	6	7	8	9	0	−	±	<	>	≦	≧
⑲	1	2	3	4	5	6	7	8	9	0	−	±	<	>	≦	≧
⑳	1	2	3	4	5	6	7	8	9	0	−	±	<	>	≦	≧
㉑	1	2	3	4	5	6	7	8	9	0	−	±	<	>	≦	≧
㉒	1	2	3	4	5	6	7	8	9	0	−	±	<	>	≦	≧
㉓	1	2	3	4	5	6	7	8	9	0	−	±	<	>	≦	≧
㉔	1	2	3	4	5	6	7	8	9	0	−	±	<	>	≦	≧
㉕	1	2	3	4	5	6	7	8	9	0	−	±	<	>	≦	≧

	1	2	3	4	5	6	7	8	9	0	−	±	<	>	≦	≧
㉖	1	2	3	4	5	6	7	8	9	0	−	±	<	>	≦	≧
㉗	1	2	3	4	5	6	7	8	9	0	−	±	<	>	≦	≧
㉘	1	2	3	4	5	6	7	8	9	0	−	±	<	>	≦	≧
㉙	1	2	3	4	5	6	7	8	9	0	−	±	<	>	≦	≧
㉚	1	2	3	4	5	6	7	8	9	0	−	±	<	>	≦	≧
㉛	1	2	3	4	5	6	7	8	9	0	−	±	<	>	≦	≧
㉜	1	2	3	4	5	6	7	8	9	0	−	±	<	>	≦	≧
㉝	1	2	3	4	5	6	7	8	9	0	−	±	<	>	≦	≧
㉞	1	2	3	4	5	6	7	8	9	0	−	±	<	>	≦	≧
㉟	1	2	3	4	5	6	7	8	9	0	−	±	<	>	≦	≧
㊱	1	2	3	4	5	6	7	8	9	0	−	±	<	>	≦	≧
㊲	1	2	3	4	5	6	7	8	9	0	−	±	<	>	≦	≧
㊳	1	2	3	4	5	6	7	8	9	0	−	±	<	>	≦	≧
㊴	1	2	3	4	5	6	7	8	9	0	−	±	<	>	≦	≧
㊵	1	2	3	4	5	6	7	8	9	0	−	±	<	>	≦	≧
㊶	1	2	3	4	5	6	7	8	9	0	−	±	<	>	≦	≧
㊷	1	2	3	4	5	6	7	8	9	0	−	±	<	>	≦	≧
㊸	1	2	3	4	5	6	7	8	9	0	−	±	<	>	≦	≧
㊹	1	2	3	4	5	6	7	8	9	0	−	±	<	>	≦	≧
㊺	1	2	3	4	5	6	7	8	9	0	−	±	<	>	≦	≧
㊻	1	2	3	4	5	6	7	8	9	0	−	±	<	>	≦	≧
㊼	1	2	3	4	5	6	7	8	9	0	−	±	<	>	≦	≧
㊽	1	2	3	4	5	6	7	8	9	0	−	±	<	>	≦	≧
㊾	1	2	3	4	5	6	7	8	9	0	−	±	<	>	≦	≧
㊿	1	2	3	4	5	6	7	8	9	0	−	±	<	>	≦	≧

（注）この解答用紙は実物を縮小してあります。Ｂ４用紙に125%拡大コピーすると、ほぼ実物大で使用できます。（タイトルと配点表は含みません）

受験番号

氏名（フリガナ）

この番号はあなたの受験番号です。
確認のうえ下記の欄に記入すること。

受験番号				
	0	0	0	0
1	1	1	1	1
2	2	2	2	2
	3	3	3	3
	4	4	4	4
	5	5	5	5
	6	6	6	6
	7	7	7	7
	8	8	8	8
	9	9	9	9

解答教科		
英語	数学	国語
○	○	●

記入のしかた

1. 必ずＨＢの黒鉛筆を使用してください。
2. 訂正する場合はプラスチック製の消しゴムできれいにけし、消しくずを残さないでください。
3. マークの例

良い例	悪い例
●	● ◒ ⊗ ◓

推定配点

□一 問1　各2点×4　問2　3点　問3～問6　各4点×4　問7　3点　問8～問11　各4点×5

□二 問1　各2点×3　問2～問4　各4点×3　問5　5点　問6～問8　各4点×3　問9～問11　各5点×3

計　100点

2023年度　浦和実業学園高等学校・第3回併願

英語解答用紙

評点　/100

受験番号 ☐☐☐☐☐

氏名	フリガナ

この番号はあなたの受験番号です。
確認のうえ下記の欄に記入すること。

受験番号				
	⓪	⓪	⓪	⓪
①	①	①	①	①
②	②	②	②	②
	③	③	③	③
	④	④	④	④
	⑤	⑤	⑤	⑤
	⑥	⑥	⑥	⑥
	⑦	⑦	⑦	⑦
	⑧	⑧	⑧	⑧
	⑨	⑨	⑨	⑨

解答教科		
英語	数学	国語
●	○	○

記入のしかた

1. 必ずＨＢの黒鉛筆を使用してください。
2. 訂正する場合はプラスチック製の消しゴムできれいにけし、消しくずを残さないでください。
3. マークの例

良い例	悪い例
●	

解答欄	1	2	3	4	5	6	7	8	9	0	−	±	<	>	≦	≧
①	①	②	③	④	⑤	⑥	⑦	⑧	⑨	⓪	⊖	⊕	ⓛ	ⓖ	≦	≧
②	①	②	③	④	⑤	⑥	⑦	⑧	⑨	⓪	⊖	⊕	ⓛ	ⓖ	≦	≧
③	①	②	③	④	⑤	⑥	⑦	⑧	⑨	⓪	⊖	⊕	ⓛ	ⓖ	≦	≧
④	①	②	③	④	⑤	⑥	⑦	⑧	⑨	⓪	⊖	⊕	ⓛ	ⓖ	≦	≧
⑤	①	②	③	④	⑤	⑥	⑦	⑧	⑨	⓪	⊖	⊕	ⓛ	ⓖ	≦	≧
⑥	①	②	③	④	⑤	⑥	⑦	⑧	⑨	⓪	⊖	⊕	ⓛ	ⓖ	≦	≧
⑦	①	②	③	④	⑤	⑥	⑦	⑧	⑨	⓪	⊖	⊕	ⓛ	ⓖ	≦	≧
⑧	①	②	③	④	⑤	⑥	⑦	⑧	⑨	⓪	⊖	⊕	ⓛ	ⓖ	≦	≧
⑨	①	②	③	④	⑤	⑥	⑦	⑧	⑨	⓪	⊖	⊕	ⓛ	ⓖ	≦	≧
⑩	①	②	③	④	⑤	⑥	⑦	⑧	⑨	⓪	⊖	⊕	ⓛ	ⓖ	≦	≧
⑪	①	②	③	④	⑤	⑥	⑦	⑧	⑨	⓪	⊖	⊕	ⓛ	ⓖ	≦	≧
⑫	①	②	③	④	⑤	⑥	⑦	⑧	⑨	⓪	⊖	⊕	ⓛ	ⓖ	≦	≧
⑬	①	②	③	④	⑤	⑥	⑦	⑧	⑨	⓪	⊖	⊕	ⓛ	ⓖ	≦	≧
⑭	①	②	③	④	⑤	⑥	⑦	⑧	⑨	⓪	⊖	⊕	ⓛ	ⓖ	≦	≧
⑮	①	②	③	④	⑤	⑥	⑦	⑧	⑨	⓪	⊖	⊕	ⓛ	ⓖ	≦	≧
⑯	①	②	③	④	⑤	⑥	⑦	⑧	⑨	⓪	⊖	⊕	ⓛ	ⓖ	≦	≧
⑰	①	②	③	④	⑤	⑥	⑦	⑧	⑨	⓪	⊖	⊕	ⓛ	ⓖ	≦	≧
⑱	①	②	③	④	⑤	⑥	⑦	⑧	⑨	⓪	⊖	⊕	ⓛ	ⓖ	≦	≧
⑲	①	②	③	④	⑤	⑥	⑦	⑧	⑨	⓪	⊖	⊕	ⓛ	ⓖ	≦	≧
⑳	①	②	③	④	⑤	⑥	⑦	⑧	⑨	⓪	⊖	⊕	ⓛ	ⓖ	≦	≧
㉑	①	②	③	④	⑤	⑥	⑦	⑧	⑨	⓪	⊖	⊕	ⓛ	ⓖ	≦	≧
㉒	①	②	③	④	⑤	⑥	⑦	⑧	⑨	⓪	⊖	⊕	ⓛ	ⓖ	≦	≧
㉓	①	②	③	④	⑤	⑥	⑦	⑧	⑨	⓪	⊖	⊕	ⓛ	ⓖ	≦	≧
㉔	①	②	③	④	⑤	⑥	⑦	⑧	⑨	⓪	⊖	⊕	ⓛ	ⓖ	≦	≧
㉕	①	②	③	④	⑤	⑥	⑦	⑧	⑨	⓪	⊖	⊕	ⓛ	ⓖ	≦	≧

解答欄	1	2	3	4	5	6	7	8	9	0	−	±	<	>	≦	≧
㉖	①	②	③	④	⑤	⑥	⑦	⑧	⑨	⓪	⊖	⊕	ⓛ	ⓖ	≦	≧
㉗	①	②	③	④	⑤	⑥	⑦	⑧	⑨	⓪	⊖	⊕	ⓛ	ⓖ	≦	≧
㉘	①	②	③	④	⑤	⑥	⑦	⑧	⑨	⓪	⊖	⊕	ⓛ	ⓖ	≦	≧
㉙	①	②	③	④	⑤	⑥	⑦	⑧	⑨	⓪	⊖	⊕	ⓛ	ⓖ	≦	≧
㉚	①	②	③	④	⑤	⑥	⑦	⑧	⑨	⓪	⊖	⊕	ⓛ	ⓖ	≦	≧
㉛	①	②	③	④	⑤	⑥	⑦	⑧	⑨	⓪	⊖	⊕	ⓛ	ⓖ	≦	≧
㉜	①	②	③	④	⑤	⑥	⑦	⑧	⑨	⓪	⊖	⊕	ⓛ	ⓖ	≦	≧
㉝	①	②	③	④	⑤	⑥	⑦	⑧	⑨	⓪	⊖	⊕	ⓛ	ⓖ	≦	≧
㉞	①	②	③	④	⑤	⑥	⑦	⑧	⑨	⓪	⊖	⊕	ⓛ	ⓖ	≦	≧
㉟	①	②	③	④	⑤	⑥	⑦	⑧	⑨	⓪	⊖	⊕	ⓛ	ⓖ	≦	≧
㊱	①	②	③	④	⑤	⑥	⑦	⑧	⑨	⓪	⊖	⊕	ⓛ	ⓖ	≦	≧
㊲	①	②	③	④	⑤	⑥	⑦	⑧	⑨	⓪	⊖	⊕	ⓛ	ⓖ	≦	≧
㊳	①	②	③	④	⑤	⑥	⑦	⑧	⑨	⓪	⊖	⊕	ⓛ	ⓖ	≦	≧
㊴	①	②	③	④	⑤	⑥	⑦	⑧	⑨	⓪	⊖	⊕	ⓛ	ⓖ	≦	≧
㊵	①	②	③	④	⑤	⑥	⑦	⑧	⑨	⓪	⊖	⊕	ⓛ	ⓖ	≦	≧
㊶	①	②	③	④	⑤	⑥	⑦	⑧	⑨	⓪	⊖	⊕	ⓛ	ⓖ	≦	≧
㊷	①	②	③	④	⑤	⑥	⑦	⑧	⑨	⓪	⊖	⊕	ⓛ	ⓖ	≦	≧
㊸	①	②	③	④	⑤	⑥	⑦	⑧	⑨	⓪	⊖	⊕	ⓛ	ⓖ	≦	≧
㊹	①	②	③	④	⑤	⑥	⑦	⑧	⑨	⓪	⊖	⊕	ⓛ	ⓖ	≦	≧
㊺	①	②	③	④	⑤	⑥	⑦	⑧	⑨	⓪	⊖	⊕	ⓛ	ⓖ	≦	≧
㊻	①	②	③	④	⑤	⑥	⑦	⑧	⑨	⓪	⊖	⊕	ⓛ	ⓖ	≦	≧
㊼	①	②	③	④	⑤	⑥	⑦	⑧	⑨	⓪	⊖	⊕	ⓛ	ⓖ	≦	≧
㊽	①	②	③	④	⑤	⑥	⑦	⑧	⑨	⓪	⊖	⊕	ⓛ	ⓖ	≦	≧
㊾	①	②	③	④	⑤	⑥	⑦	⑧	⑨	⓪	⊖	⊕	ⓛ	ⓖ	≦	≧
㊿	①	②	③	④	⑤	⑥	⑦	⑧	⑨	⓪	⊖	⊕	ⓛ	ⓖ	≦	≧

（注）この解答用紙は実物を縮小してあります。Ｂ４用紙に125%拡大コピーすると、ほぼ実物大で使用できます。（タイトルと配点表は含みません）

推定配点	
1〜4 各2点×27 5 ㉘〜㉜ 各3点×5　㉝、㉞ 各4点×2 6 ㉟〜㊴ 各3点×5　㊵、㊶ 各4点×2	
計	100点

2023年度　浦和実業学園高等学校・第3回併願

数学解答用紙

評点　/100

推定配点	
1	各7点×4
2	(1) 8点　(2) 各4点×2　(3)、(4) 各8点×2
3	各10点×3
4	(1) ㉟㊱ 2点　㊲ 1点　(2) ㊳㊴ 2点　㊵〜㊷ 各1点×3　(3) 2点
計	100点

受験番号 ［　　　　］

氏名（フリガナ）

この番号はあなたの受験番号です。
確認のうえ下記の欄に記入すること。

受験番号				
	⓪	⓪	⓪	⓪
①	①	①	①	①
②	②	②	②	②
	③	③	③	③
	④	④	④	④
	⑤	⑤	⑤	⑤
	⑥	⑥	⑥	⑥
	⑦	⑦	⑦	⑦
	⑧	⑧	⑧	⑧
	⑨	⑨	⑨	⑨

解答教科		
英語	数学	国語
○	●	○

記入のしかた
1. 必ずＨＢの黒鉛筆を使用してください。
2. 訂正する場合はプラスチック製の消しゴムできれいにけし、消しくずを残さないでください。
3. マークの例

良い例	悪い例
●	（悪い例のマーク4種）

解答欄

	1	2	3	4	5	6	7	8	9	0	−	±	<	>	≦	≧
①	1	2	3	4	5	6	7	8	9	0	−	±	<	>	≦	≧
②	1	2	3	4	5	6	7	8	9	0	−	±	<	>	≦	≧
③	1	2	3	4	5	6	7	8	9	0	−	±	<	>	≦	≧
④	1	2	3	4	5	6	7	8	9	0	−	±	<	>	≦	≧
⑤	1	2	3	4	5	6	7	8	9	0	−	±	<	>	≦	≧
⑥	1	2	3	4	5	6	7	8	9	0	−	±	<	>	≦	≧
⑦	1	2	3	4	5	6	7	8	9	0	−	±	<	>	≦	≧
⑧	1	2	3	4	5	6	7	8	9	0	−	±	<	>	≦	≧
⑨	1	2	3	4	5	6	7	8	9	0	−	±	<	>	≦	≧
⑩	1	2	3	4	5	6	7	8	9	0	−	±	<	>	≦	≧
⑪	1	2	3	4	5	6	7	8	9	0	−	±	<	>	≦	≧
⑫	1	2	3	4	5	6	7	8	9	0	−	±	<	>	≦	≧
⑬	1	2	3	4	5	6	7	8	9	0	−	±	<	>	≦	≧
⑭	1	2	3	4	5	6	7	8	9	0	−	±	<	>	≦	≧
⑮	1	2	3	4	5	6	7	8	9	0	−	±	<	>	≦	≧
⑯	1	2	3	4	5	6	7	8	9	0	−	±	<	>	≦	≧
⑰	1	2	3	4	5	6	7	8	9	0	−	±	<	>	≦	≧
⑱	1	2	3	4	5	6	7	8	9	0	−	±	<	>	≦	≧
⑲	1	2	3	4	5	6	7	8	9	0	−	±	<	>	≦	≧
⑳	1	2	3	4	5	6	7	8	9	0	−	±	<	>	≦	≧
㉑	1	2	3	4	5	6	7	8	9	0	−	±	<	>	≦	≧
㉒	1	2	3	4	5	6	7	8	9	0	−	±	<	>	≦	≧
㉓	1	2	3	4	5	6	7	8	9	0	−	±	<	>	≦	≧
㉔	1	2	3	4	5	6	7	8	9	0	−	±	<	>	≦	≧
㉕	1	2	3	4	5	6	7	8	9	0	−	±	<	>	≦	≧

解答欄

	1	2	3	4	5	6	7	8	9	0	−	±	<	>	≦	≧
㉖	1	2	3	4	5	6	7	8	9	0	−	±	<	>	≦	≧
㉗	1	2	3	4	5	6	7	8	9	0	−	±	<	>	≦	≧
㉘	1	2	3	4	5	6	7	8	9	0	−	±	<	>	≦	≧
㉙	1	2	3	4	5	6	7	8	9	0	−	±	<	>	≦	≧
㉚	1	2	3	4	5	6	7	8	9	0	−	±	<	>	≦	≧
㉛	1	2	3	4	5	6	7	8	9	0	−	±	<	>	≦	≧
㉜	1	2	3	4	5	6	7	8	9	0	−	±	<	>	≦	≧
㉝	1	2	3	4	5	6	7	8	9	0	−	±	<	>	≦	≧
㉞	1	2	3	4	5	6	7	8	9	0	−	±	<	>	≦	≧
㉟	1	2	3	4	5	6	7	8	9	0	−	±	<	>	≦	≧
㊱	1	2	3	4	5	6	7	8	9	0	−	±	<	>	≦	≧
㊲	1	2	3	4	5	6	7	8	9	0	−	±	<	>	≦	≧
㊳	1	2	3	4	5	6	7	8	9	0	−	±	<	>	≦	≧
㊴	1	2	3	4	5	6	7	8	9	0	−	±	<	>	≦	≧
㊵	1	2	3	4	5	6	7	8	9	0	−	±	<	>	≦	≧
㊶	1	2	3	4	5	6	7	8	9	0	−	±	<	>	≦	≧
㊷	1	2	3	4	5	6	7	8	9	0	−	±	<	>	≦	≧
㊸	1	2	3	4	5	6	7	8	9	0	−	±	<	>	≦	≧
㊹	1	2	3	4	5	6	7	8	9	0	−	±	<	>	≦	≧
㊺	1	2	3	4	5	6	7	8	9	0	−	±	<	>	≦	≧
㊻	1	2	3	4	5	6	7	8	9	0	−	±	<	>	≦	≧
㊼	1	2	3	4	5	6	7	8	9	0	−	±	<	>	≦	≧
㊽	1	2	3	4	5	6	7	8	9	0	−	±	<	>	≦	≧
㊾	1	2	3	4	5	6	7	8	9	0	−	±	<	>	≦	≧
㊿	1	2	3	4	5	6	7	8	9	0	−	±	<	>	≦	≧

（注）この解答用紙は実物を縮小してあります。Ｂ４用紙に125%拡大コピーすると、ほぼ実物大で使用できます。（タイトルと配点表は含みません）

二〇二三年度　浦和実業学園高等学校・第三回併願

国語解答用紙

評点　／100

	1	2	3	4	5	6	7	8	9	0	−	±	<	>	≦	≧
①	1	2	3	4	5	6	7	8	9	0	−	±	<	>	≦	≧
②	1	2	3	4	5	6	7	8	9	0	−	±	<	>	≦	≧
③	1	2	3	4	5	6	7	8	9	0	−	±	<	>	≦	≧
④	1	2	3	4	5	6	7	8	9	0	−	±	<	>	≦	≧
⑤	1	2	3	4	5	6	7	8	9	0	−	±	<	>	≦	≧
⑥	1	2	3	4	5	6	7	8	9	0	−	±	<	>	≦	≧
⑦	1	2	3	4	5	6	7	8	9	0	−	±	<	>	≦	≧
⑧	1	2	3	4	5	6	7	8	9	0	−	±	<	>	≦	≧
⑨	1	2	3	4	5	6	7	8	9	0	−	±	<	>	≦	≧
⑩	1	2	3	4	5	6	7	8	9	0	−	±	<	>	≦	≧
⑪	1	2	3	4	5	6	7	8	9	0	−	±	<	>	≦	≧
⑫	1	2	3	4	5	6	7	8	9	0	−	±	<	>	≦	≧
⑬	1	2	3	4	5	6	7	8	9	0	−	±	<	>	≦	≧
⑭	1	2	3	4	5	6	7	8	9	0	−	±	<	>	≦	≧
⑮	1	2	3	4	5	6	7	8	9	0	−	±	<	>	≦	≧
⑯	1	2	3	4	5	6	7	8	9	0	−	±	<	>	≦	≧
⑰	1	2	3	4	5	6	7	8	9	0	−	±	<	>	≦	≧
⑱	1	2	3	4	5	6	7	8	9	0	−	±	<	>	≦	≧
⑲	1	2	3	4	5	6	7	8	9	0	−	±	<	>	≦	≧
⑳	1	2	3	4	5	6	7	8	9	0	−	±	<	>	≦	≧
㉑	1	2	3	4	5	6	7	8	9	0	−	±	<	>	≦	≧
㉒	1	2	3	4	5	6	7	8	9	0	−	±	<	>	≦	≧
㉓	1	2	3	4	5	6	7	8	9	0	−	±	<	>	≦	≧
㉔	1	2	3	4	5	6	7	8	9	0	−	±	<	>	≦	≧
㉕	1	2	3	4	5	6	7	8	9	0	−	±	<	>	≦	≧

	1	2	3	4	5	6	7	8	9	0	−	±	<	>	≦	≧
㉖	1	2	3	4	5	6	7	8	9	0	−	±	<	>	≦	≧
㉗	1	2	3	4	5	6	7	8	9	0	−	±	<	>	≦	≧
㉘	1	2	3	4	5	6	7	8	9	0	−	±	<	>	≦	≧
㉙	1	2	3	4	5	6	7	8	9	0	−	±	<	>	≦	≧
㉚	1	2	3	4	5	6	7	8	9	0	−	±	<	>	≦	≧
㉛	1	2	3	4	5	6	7	8	9	0	−	±	<	>	≦	≧
㉜	1	2	3	4	5	6	7	8	9	0	−	±	<	>	≦	≧
㉝	1	2	3	4	5	6	7	8	9	0	−	±	<	>	≦	≧
㉞	1	2	3	4	5	6	7	8	9	0	−	±	<	>	≦	≧
㉟	1	2	3	4	5	6	7	8	9	0	−	±	<	>	≦	≧
㊱	1	2	3	4	5	6	7	8	9	0	−	±	<	>	≦	≧
㊲	1	2	3	4	5	6	7	8	9	0	−	±	<	>	≦	≧
㊳	1	2	3	4	5	6	7	8	9	0	−	±	<	>	≦	≧
㊴	1	2	3	4	5	6	7	8	9	0	−	±	<	>	≦	≧
㊵	1	2	3	4	5	6	7	8	9	0	−	±	<	>	≦	≧
㊶	1	2	3	4	5	6	7	8	9	0	−	±	<	>	≦	≧
㊷	1	2	3	4	5	6	7	8	9	0	−	±	<	>	≦	≧
㊸	1	2	3	4	5	6	7	8	9	0	−	±	<	>	≦	≧
㊹	1	2	3	4	5	6	7	8	9	0	−	±	<	>	≦	≧
㊺	1	2	3	4	5	6	7	8	9	0	−	±	<	>	≦	≧
㊻	1	2	3	4	5	6	7	8	9	0	−	±	<	>	≦	≧
㊼	1	2	3	4	5	6	7	8	9	0	−	±	<	>	≦	≧
㊽	1	2	3	4	5	6	7	8	9	0	−	±	<	>	≦	≧
㊾	1	2	3	4	5	6	7	8	9	0	−	±	<	>	≦	≧
㊿	1	2	3	4	5	6	7	8	9	0	−	±	<	>	≦	≧

（注）この解答用紙は実物を縮小してあります。Ｂ４用紙に125％拡大コピーすると、ほぼ実物大で使用できます。（タイトルと配点表は含みません）

受験番号

氏名《フリガナ》

この番号はあなたの受験番号です。確認のうえ下記の欄に記入すること。

受験番号		
1	0	0
2	1	1
	2	2
	3	3
	4	4
	5	5
	6	6
	7	7
	8	8
	9	9

解答教科		
英語	数学	国語
○	○	●

記入のしかた

1. 必ずＨＢの黒鉛筆を使用してください。
2. 訂正する場合はプラスチック製の消しゴムできれいにけし、消しくずを残さないでください。
3. マークの例

良い例	悪い例
●	◐ ✕ ◓

推定配点	
一 問１　各２点×３　問２～問４　各３点×４　問５～問11　各４点×８ 二 問１　各２点×４　問２～問５　各３点×５　問６、問７　各４点×２　問８　３点　問９～問11　各４点×４	計 100点

2022年度　浦和実業学園高等学校・第1回併願

英語解答用紙

評点
/100

	解答欄															
	1	2	3	4	5	6	7	8	9	0	−	±	<	>	≦	≧
①	1	2	3	4	5	6	7	8	9	0	−	±	<	>	≦	≧
②	1	2	3	4	5	6	7	8	9	0	−	±	<	>	≦	≧
③	1	2	3	4	5	6	7	8	9	0	−	±	<	>	≦	≧
④	1	2	3	4	5	6	7	8	9	0	−	±	<	>	≦	≧
⑤	1	2	3	4	5	6	7	8	9	0	−	±	<	>	≦	≧
⑥	1	2	3	4	5	6	7	8	9	0	−	±	<	>	≦	≧
⑦	1	2	3	4	5	6	7	8	9	0	−	±	<	>	≦	≧
⑧	1	2	3	4	5	6	7	8	9	0	−	±	<	>	≦	≧
⑨	1	2	3	4	5	6	7	8	9	0	−	±	<	>	≦	≧
⑩	1	2	3	4	5	6	7	8	9	0	−	±	<	>	≦	≧
⑪	1	2	3	4	5	6	7	8	9	0	−	±	<	>	≦	≧
⑫	1	2	3	4	5	6	7	8	9	0	−	±	<	>	≦	≧
⑬	1	2	3	4	5	6	7	8	9	0	−	±	<	>	≦	≧
⑭	1	2	3	4	5	6	7	8	9	0	−	±	<	>	≦	≧
⑮	1	2	3	4	5	6	7	8	9	0	−	±	<	>	≦	≧
⑯	1	2	3	4	5	6	7	8	9	0	−	±	<	>	≦	≧
⑰	1	2	3	4	5	6	7	8	9	0	−	±	<	>	≦	≧
⑱	1	2	3	4	5	6	7	8	9	0	−	±	<	>	≦	≧
⑲	1	2	3	4	5	6	7	8	9	0	−	±	<	>	≦	≧
⑳	1	2	3	4	5	6	7	8	9	0	−	±	<	>	≦	≧
㉑	1	2	3	4	5	6	7	8	9	0	−	±	<	>	≦	≧
㉒	1	2	3	4	5	6	7	8	9	0	−	±	<	>	≦	≧
㉓	1	2	3	4	5	6	7	8	9	0	−	±	<	>	≦	≧
㉔	1	2	3	4	5	6	7	8	9	0	−	±	<	>	≦	≧
㉕	1	2	3	4	5	6	7	8	9	0	−	±	<	>	≦	≧

	解答欄															
	1	2	3	4	5	6	7	8	9	0	−	±	<	>	≦	≧
㉖	1	2	3	4	5	6	7	8	9	0	−	±	<	>	≦	≧
㉗	1	2	3	4	5	6	7	8	9	0	−	±	<	>	≦	≧
㉘	1	2	3	4	5	6	7	8	9	0	−	±	<	>	≦	≧
㉙	1	2	3	4	5	6	7	8	9	0	−	±	<	>	≦	≧
㉚	1	2	3	4	5	6	7	8	9	0	−	±	<	>	≦	≧
㉛	1	2	3	4	5	6	7	8	9	0	−	±	<	>	≦	≧
㉜	1	2	3	4	5	6	7	8	9	0	−	±	<	>	≦	≧
㉝	1	2	3	4	5	6	7	8	9	0	−	±	<	>	≦	≧
㉞	1	2	3	4	5	6	7	8	9	0	−	±	<	>	≦	≧
㉟	1	2	3	4	5	6	7	8	9	0	−	±	<	>	≦	≧
㊱	1	2	3	4	5	6	7	8	9	0	−	±	<	>	≦	≧
㊲	1	2	3	4	5	6	7	8	9	0	−	±	<	>	≦	≧
㊳	1	2	3	4	5	6	7	8	9	0	−	±	<	>	≦	≧
㊴	1	2	3	4	5	6	7	8	9	0	−	±	<	>	≦	≧
㊵	1	2	3	4	5	6	7	8	9	0	−	±	<	>	≦	≧
㊶	1	2	3	4	5	6	7	8	9	0	−	±	<	>	≦	≧
㊷	1	2	3	4	5	6	7	8	9	0	−	±	<	>	≦	≧
㊸	1	2	3	4	5	6	7	8	9	0	−	±	<	>	≦	≧
㊹	1	2	3	4	5	6	7	8	9	0	−	±	<	>	≦	≧
㊺	1	2	3	4	5	6	7	8	9	0	−	±	<	>	≦	≧
㊻	1	2	3	4	5	6	7	8	9	0	−	±	<	>	≦	≧
㊼	1	2	3	4	5	6	7	8	9	0	−	±	<	>	≦	≧
㊽	1	2	3	4	5	6	7	8	9	0	−	±	<	>	≦	≧
㊾	1	2	3	4	5	6	7	8	9	0	−	±	<	>	≦	≧
㊿	1	2	3	4	5	6	7	8	9	0	−	±	<	>	≦	≧

（注）この解答用紙は実物を縮小してあります。Ｂ４用紙に125％拡大コピーすると、ほぼ実物大で使用できます。（タイトルと配点表は含みません）

受験番号

氏名《フリガナ》	

この番号はあなたの受験番号です。
確認のうえ下記の欄に記入すること。

受験番号				
	0	0	0	0
1	1	1	1	1
2	2	2	2	2
	3	3	3	3
	4	4	4	4
	5	5	5	5
	6	6	6	6
	7	7	7	7
	8	8	8	8
	9	9	9	9

解答教科		
英語	数学	国語
●	○	○

記入のしかた

1. 必ずＨＢの黒鉛筆を使用してください。
2. 訂正する場合はプラスチック製の消しゴムできれいにけし、消しくずを残さないでください。
3. マークの例

良い例	悪い例

推定配点

1～4 各2点×28
5 各3点×7
6 ㊱～㊵ 各3点×5　㊶、㊷ 各4点×2

100点	計

２０２２年度 浦和実業学園高等学校・第１回併願

数学解答用紙

評点
／100

推定配点
1 各7点×4
2 (1) 8点 (2) 各4点×2 (3)、(4) 各8点×2
3 各10点×3
4 (1)、(2) 各2点×2 (3)、(4) 各3点×2
100点 計

受験番号

氏名	フリガナ

この番号はあなたの受験番号です。
確認のうえ下記の欄に記入すること。

受験番号				
	⓪	⓪	⓪	⓪
①	①	①	①	①
②	②	②	②	②
	③	③	③	③
	④	④	④	④
	⑤	⑤	⑤	⑤
	⑥	⑥	⑥	⑥
	⑦	⑦	⑦	⑦
	⑧	⑧	⑧	⑧
	⑨	⑨	⑨	⑨

解答教科		
英語	数学	国語
○	●	○

記入のしかた

1. 必ずＨＢの黒鉛筆を使用してください。
2. 訂正する場合はプラスチック製の消しゴムできれいにけし、消しくずを残さないでください。
3. マークの例

良い例	悪い例
●	

	解	答	欄													
	1	2	3	4	5	6	7	8	9	0	−	±	<	>	≦	≧
①	1	2	3	4	5	6	7	8	9	0	−	±	<	>	≦	≧
②	1	2	3	4	5	6	7	8	9	0	−	±	<	>	≦	≧
③	1	2	3	4	5	6	7	8	9	0	−	±	<	>	≦	≧
④	1	2	3	4	5	6	7	8	9	0	−	±	<	>	≦	≧
⑤	1	2	3	4	5	6	7	8	9	0	−	±	<	>	≦	≧
⑥	1	2	3	4	5	6	7	8	9	0	−	±	<	>	≦	≧
⑦	1	2	3	4	5	6	7	8	9	0	−	±	<	>	≦	≧
⑧	1	2	3	4	5	6	7	8	9	0	−	±	<	>	≦	≧
⑨	1	2	3	4	5	6	7	8	9	0	−	±	<	>	≦	≧
⑩	1	2	3	4	5	6	7	8	9	0	−	±	<	>	≦	≧
⑪	1	2	3	4	5	6	7	8	9	0	−	±	<	>	≦	≧
⑫	1	2	3	4	5	6	7	8	9	0	−	±	<	>	≦	≧
⑬	1	2	3	4	5	6	7	8	9	0	−	±	<	>	≦	≧
⑭	1	2	3	4	5	6	7	8	9	0	−	±	<	>	≦	≧
⑮	1	2	3	4	5	6	7	8	9	0	−	±	<	>	≦	≧
⑯	1	2	3	4	5	6	7	8	9	0	−	±	<	>	≦	≧
⑰	1	2	3	4	5	6	7	8	9	0	−	±	<	>	≦	≧
⑱	1	2	3	4	5	6	7	8	9	0	−	±	<	>	≦	≧
⑲	1	2	3	4	5	6	7	8	9	0	−	±	<	>	≦	≧
⑳	1	2	3	4	5	6	7	8	9	0	−	±	<	>	≦	≧
㉑	1	2	3	4	5	6	7	8	9	0	−	±	<	>	≦	≧
㉒	1	2	3	4	5	6	7	8	9	0	−	±	<	>	≦	≧
㉓	1	2	3	4	5	6	7	8	9	0	−	±	<	>	≦	≧
㉔	1	2	3	4	5	6	7	8	9	0	−	±	<	>	≦	≧
㉕	1	2	3	4	5	6	7	8	9	0	−	±	<	>	≦	≧

	解	答	欄													
	1	2	3	4	5	6	7	8	9	0	−	±	<	>	≦	≧
㉖	1	2	3	4	5	6	7	8	9	0	−	±	<	>	≦	≧
㉗	1	2	3	4	5	6	7	8	9	0	−	±	<	>	≦	≧
㉘	1	2	3	4	5	6	7	8	9	0	−	±	<	>	≦	≧
㉙	1	2	3	4	5	6	7	8	9	0	−	±	<	>	≦	≧
㉚	1	2	3	4	5	6	7	8	9	0	−	±	<	>	≦	≧
㉛	1	2	3	4	5	6	7	8	9	0	−	±	<	>	≦	≧
㉜	1	2	3	4	5	6	7	8	9	0	−	±	<	>	≦	≧
㉝	1	2	3	4	5	6	7	8	9	0	−	±	<	>	≦	≧
㉞	1	2	3	4	5	6	7	8	9	0	−	±	<	>	≦	≧
㉟	1	2	3	4	5	6	7	8	9	0	−	±	<	>	≦	≧
㊱	1	2	3	4	5	6	7	8	9	0	−	±	<	>	≦	≧
㊲	1	2	3	4	5	6	7	8	9	0	−	±	<	>	≦	≧
㊳	1	2	3	4	5	6	7	8	9	0	−	±	<	>	≦	≧
㊴	1	2	3	4	5	6	7	8	9	0	−	±	<	>	≦	≧
㊵	1	2	3	4	5	6	7	8	9	0	−	±	<	>	≦	≧
㊶	1	2	3	4	5	6	7	8	9	0	−	±	<	>	≦	≧
㊷	1	2	3	4	5	6	7	8	9	0	−	±	<	>	≦	≧
㊸	1	2	3	4	5	6	7	8	9	0	−	±	<	>	≦	≧
㊹	1	2	3	4	5	6	7	8	9	0	−	±	<	>	≦	≧
㊺	1	2	3	4	5	6	7	8	9	0	−	±	<	>	≦	≧
㊻	1	2	3	4	5	6	7	8	9	0	−	±	<	>	≦	≧
㊼	1	2	3	4	5	6	7	8	9	0	−	±	<	>	≦	≧
㊽	1	2	3	4	5	6	7	8	9	0	−	±	<	>	≦	≧
㊾	1	2	3	4	5	6	7	8	9	0	−	±	<	>	≦	≧
㊿	1	2	3	4	5	6	7	8	9	0	−	±	<	>	≦	≧

（注）この解答用紙は実物を縮小してあります。Ｂ４用紙に125％拡大コピーすると、ほぼ実物大で使用できます。（タイトルと配点表は含みません）

二〇二二年度　浦和実業学園高等学校・第一回併願

国語解答用紙

評点
/100

解答欄																
	1	2	3	4	5	6	7	8	9	0	−	±	<	>	≦	≧
①	1	2	3	4	5	6	7	8	9	0	−	±	<	>	≦	≧
②	1	2	3	4	5	6	7	8	9	0	−	±	<	>	≦	≧
③	1	2	3	4	5	6	7	8	9	0	−	±	<	>	≦	≧
④	1	2	3	4	5	6	7	8	9	0	−	±	<	>	≦	≧
⑤	1	2	3	4	5	6	7	8	9	0	−	±	<	>	≦	≧
⑥	1	2	3	4	5	6	7	8	9	0	−	±	<	>	≦	≧
⑦	1	2	3	4	5	6	7	8	9	0	−	±	<	>	≦	≧
⑧	1	2	3	4	5	6	7	8	9	0	−	±	<	>	≦	≧
⑨	1	2	3	4	5	6	7	8	9	0	−	±	<	>	≦	≧
⑩	1	2	3	4	5	6	7	8	9	0	−	±	<	>	≦	≧
⑪	1	2	3	4	5	6	7	8	9	0	−	±	<	>	≦	≧
⑫	1	2	3	4	5	6	7	8	9	0	−	±	<	>	≦	≧
⑬	1	2	3	4	5	6	7	8	9	0	−	±	<	>	≦	≧
⑭	1	2	3	4	5	6	7	8	9	0	−	±	<	>	≦	≧
⑮	1	2	3	4	5	6	7	8	9	0	−	±	<	>	≦	≧
⑯	1	2	3	4	5	6	7	8	9	0	−	±	<	>	≦	≧
⑰	1	2	3	4	5	6	7	8	9	0	−	±	<	>	≦	≧
⑱	1	2	3	4	5	6	7	8	9	0	−	±	<	>	≦	≧
⑲	1	2	3	4	5	6	7	8	9	0	−	±	<	>	≦	≧
⑳	1	2	3	4	5	6	7	8	9	0	−	±	<	>	≦	≧
㉑	1	2	3	4	5	6	7	8	9	0	−	±	<	>	≦	≧
㉒	1	2	3	4	5	6	7	8	9	0	−	±	<	>	≦	≧
㉓	1	2	3	4	5	6	7	8	9	0	−	±	<	>	≦	≧
㉔	1	2	3	4	5	6	7	8	9	0	−	±	<	>	≦	≧
㉕	1	2	3	4	5	6	7	8	9	0	−	±	<	>	≦	≧

解答欄																
	1	2	3	4	5	6	7	8	9	0	−	±	<	>	≦	≧
㉖	1	2	3	4	5	6	7	8	9	0	−	±	<	>	≦	≧
㉗	1	2	3	4	5	6	7	8	9	0	−	±	<	>	≦	≧
㉘	1	2	3	4	5	6	7	8	9	0	−	±	<	>	≦	≧
㉙	1	2	3	4	5	6	7	8	9	0	−	±	<	>	≦	≧
㉚	1	2	3	4	5	6	7	8	9	0	−	±	<	>	≦	≧
㉛	1	2	3	4	5	6	7	8	9	0	−	±	<	>	≦	≧
㉜	1	2	3	4	5	6	7	8	9	0	−	±	<	>	≦	≧
㉝	1	2	3	4	5	6	7	8	9	0	−	±	<	>	≦	≧
㉞	1	2	3	4	5	6	7	8	9	0	−	±	<	>	≦	≧
㉟	1	2	3	4	5	6	7	8	9	0	−	±	<	>	≦	≧
㊱	1	2	3	4	5	6	7	8	9	0	−	±	<	>	≦	≧
㊲	1	2	3	4	5	6	7	8	9	0	−	±	<	>	≦	≧
㊳	1	2	3	4	5	6	7	8	9	0	−	±	<	>	≦	≧
㊴	1	2	3	4	5	6	7	8	9	0	−	±	<	>	≦	≧
㊵	1	2	3	4	5	6	7	8	9	0	−	±	<	>	≦	≧
㊶	1	2	3	4	5	6	7	8	9	0	−	±	<	>	≦	≧
㊷	1	2	3	4	5	6	7	8	9	0	−	±	<	>	≦	≧
㊸	1	2	3	4	5	6	7	8	9	0	−	±	<	>	≦	≧
㊹	1	2	3	4	5	6	7	8	9	0	−	±	<	>	≦	≧
㊺	1	2	3	4	5	6	7	8	9	0	−	±	<	>	≦	≧
㊻	1	2	3	4	5	6	7	8	9	0	−	±	<	>	≦	≧
㊼	1	2	3	4	5	6	7	8	9	0	−	±	<	>	≦	≧
㊽	1	2	3	4	5	6	7	8	9	0	−	±	<	>	≦	≧
㊾	1	2	3	4	5	6	7	8	9	0	−	±	<	>	≦	≧
㊿	1	2	3	4	5	6	7	8	9	0	−	±	<	>	≦	≧

（注）この解答用紙は実物を縮小してあります。Ｂ４用紙に125%拡大コピーすると、ほぼ実物大で使用できます。（タイトルと配点表は含みません）

受験番号

氏名	フリガナ

この番号はあなたの受験番号です。
確認のうえ下記の欄に記入すること。

受験番号				
	0	0	0	0
1	1	1	1	1
2	2	2	2	2
	3	3	3	3
	4	4	4	4
	5	5	5	5
	6	6	6	6
	7	7	7	7
	8	8	8	8
	9	9	9	9

解答教科		
英語	数学	国語
○	○	●

記入のしかた
1. 必ずＨＢの黒鉛筆を使用してください。
2. 訂正する場合はプラスチック製の消しゴムできれいにけし、消しくずを残さないでください。
3. マークの例

良い例	悪い例
●	

推定配点

一 問1 各2点×4 問2 3点 問3、問4 各4点×2 問5 2点
問6～問11 各4点×6 問12 5点
二 問1 各2点×2 問2、問3 各4点×2 問4 各2点×2
問5～問11 各4点×7 問12 各2点×3

100点	計

2022年度　浦和実業学園高等学校・第2回併願

英語解答用紙

評点	/100

解答欄																
	1	2	3	4	5	6	7	8	9	0	−	±	<	>	≦	≧
①	1	2	3	4	5	6	7	8	9	0	−	±	<	>	≦	≧
②	1	2	3	4	5	6	7	8	9	0	−	±	<	>	≦	≧
③	1	2	3	4	5	6	7	8	9	0	−	±	<	>	≦	≧
④	1	2	3	4	5	6	7	8	9	0	−	±	<	>	≦	≧
⑤	1	2	3	4	5	6	7	8	9	0	−	±	<	>	≦	≧
⑥	1	2	3	4	5	6	7	8	9	0	−	±	<	>	≦	≧
⑦	1	2	3	4	5	6	7	8	9	0	−	±	<	>	≦	≧
⑧	1	2	3	4	5	6	7	8	9	0	−	±	<	>	≦	≧
⑨	1	2	3	4	5	6	7	8	9	0	−	±	<	>	≦	≧
⑩	1	2	3	4	5	6	7	8	9	0	−	±	<	>	≦	≧
⑪	1	2	3	4	5	6	7	8	9	0	−	±	<	>	≦	≧
⑫	1	2	3	4	5	6	7	8	9	0	−	±	<	>	≦	≧
⑬	1	2	3	4	5	6	7	8	9	0	−	±	<	>	≦	≧
⑭	1	2	3	4	5	6	7	8	9	0	−	±	<	>	≦	≧
⑮	1	2	3	4	5	6	7	8	9	0	−	±	<	>	≦	≧
⑯	1	2	3	4	5	6	7	8	9	0	−	±	<	>	≦	≧
⑰	1	2	3	4	5	6	7	8	9	0	−	±	<	>	≦	≧
⑱	1	2	3	4	5	6	7	8	9	0	−	±	<	>	≦	≧
⑲	1	2	3	4	5	6	7	8	9	0	−	±	<	>	≦	≧
⑳	1	2	3	4	5	6	7	8	9	0	−	±	<	>	≦	≧
㉑	1	2	3	4	5	6	7	8	9	0	−	±	<	>	≦	≧
㉒	1	2	3	4	5	6	7	8	9	0	−	±	<	>	≦	≧
㉓	1	2	3	4	5	6	7	8	9	0	−	±	<	>	≦	≧
㉔	1	2	3	4	5	6	7	8	9	0	−	±	<	>	≦	≧
㉕	1	2	3	4	5	6	7	8	9	0	−	±	<	>	≦	≧

解答欄																
	1	2	3	4	5	6	7	8	9	0	−	±	<	>	≦	≧
㉖	1	2	3	4	5	6	7	8	9	0	−	±	<	>	≦	≧
㉗	1	2	3	4	5	6	7	8	9	0	−	±	<	>	≦	≧
㉘	1	2	3	4	5	6	7	8	9	0	−	±	<	>	≦	≧
㉙	1	2	3	4	5	6	7	8	9	0	−	±	<	>	≦	≧
㉚	1	2	3	4	5	6	7	8	9	0	−	±	<	>	≦	≧
㉛	1	2	3	4	5	6	7	8	9	0	−	±	<	>	≦	≧
㉜	1	2	3	4	5	6	7	8	9	0	−	±	<	>	≦	≧
㉝	1	2	3	4	5	6	7	8	9	0	−	±	<	>	≦	≧
㉞	1	2	3	4	5	6	7	8	9	0	−	±	<	>	≦	≧
㉟	1	2	3	4	5	6	7	8	9	0	−	±	<	>	≦	≧
㊱	1	2	3	4	5	6	7	8	9	0	−	±	<	>	≦	≧
㊲	1	2	3	4	5	6	7	8	9	0	−	±	<	>	≦	≧
㊳	1	2	3	4	5	6	7	8	9	0	−	±	<	>	≦	≧
㊴	1	2	3	4	5	6	7	8	9	0	−	±	<	>	≦	≧
㊵	1	2	3	4	5	6	7	8	9	0	−	±	<	>	≦	≧
㊶	1	2	3	4	5	6	7	8	9	0	−	±	<	>	≦	≧
㊷	1	2	3	4	5	6	7	8	9	0	−	±	<	>	≦	≧
㊸	1	2	3	4	5	6	7	8	9	0	−	±	<	>	≦	≧
㊹	1	2	3	4	5	6	7	8	9	0	−	±	<	>	≦	≧
㊺	1	2	3	4	5	6	7	8	9	0	−	±	<	>	≦	≧
㊻	1	2	3	4	5	6	7	8	9	0	−	±	<	>	≦	≧
㊼	1	2	3	4	5	6	7	8	9	0	−	±	<	>	≦	≧
㊽	1	2	3	4	5	6	7	8	9	0	−	±	<	>	≦	≧
㊾	1	2	3	4	5	6	7	8	9	0	−	±	<	>	≦	≧
㊿	1	2	3	4	5	6	7	8	9	0	−	±	<	>	≦	≧

（注）この解答用紙は実物を縮小してあります。B４用紙に125%拡大コピーすると、ほぼ実物大で使用できます。（タイトルと配点表は含みません）

受験番号

氏名	フリガナ

この番号はあなたの受験番号です。
確認のうえ下記の欄に記入すること。

受験番号				
① ②	⓪ ① ② ③ ④ ⑤ ⑥ ⑦ ⑧ ⑨	⓪ ① ② ③ ④ ⑤ ⑥ ⑦ ⑧ ⑨	⓪ ① ② ③ ④ ⑤ ⑥ ⑦ ⑧ ⑨	⓪ ① ② ③ ④ ⑤ ⑥ ⑦ ⑧ ⑨

解答教科		
英語	数学	国語
●	○	○

記入のしかた

1. 必ずＨＢの黒鉛筆を使用してください。
2. 訂正する場合はプラスチック製の消しゴムできれいにけし、消しくずを残さないでください。
3. マークの例

良い例	悪い例
●	◐ ◒ ⊗ ◓

推定配点	
1～4 各2点×28 5 各3点×7 6 ㊱～㊵ 各3点×5　㊶、㊷ 各4点×2	
100点	計

2022年度　浦和実業学園高等学校・第2回併願

数学解答用紙

評点	/100

受験番号	□□□□	氏名	フリガナ

この番号はあなたの受験番号です。
確認のうえ下記の欄に記入すること。

受験番号				
	0	0	0	0
1	1	1	1	1
2	2	2	2	2
	3	3	3	3
	4	4	4	4
	5	5	5	5
	6	6	6	6
	7	7	7	7
	8	8	8	8
	9	9	9	9

解答教科		
英語	数学	国語
○	●	○

記入のしかた
1. 必ずＨＢの黒鉛筆を使用してください。
2. 訂正する場合はプラスチック製の消しゴムできれいにけし、消しくずを残さないでください。
3. マークの例

良い例	悪い例
●	(悪い例のマーク)

解答欄	1	2	3	4	5	6	7	8	9	0	−	±	<	>	≦	≧
①	1	2	3	4	5	6	7	8	9	0	−	±	<	>	≦	≧
②	1	2	3	4	5	6	7	8	9	0	−	±	<	>	≦	≧
③	1	2	3	4	5	6	7	8	9	0	−	±	<	>	≦	≧
④	1	2	3	4	5	6	7	8	9	0	−	±	<	>	≦	≧
⑤	1	2	3	4	5	6	7	8	9	0	−	±	<	>	≦	≧
⑥	1	2	3	4	5	6	7	8	9	0	−	±	<	>	≦	≧
⑦	1	2	3	4	5	6	7	8	9	0	−	±	<	>	≦	≧
⑧	1	2	3	4	5	6	7	8	9	0	−	±	<	>	≦	≧
⑨	1	2	3	4	5	6	7	8	9	0	−	±	<	>	≦	≧
⑩	1	2	3	4	5	6	7	8	9	0	−	±	<	>	≦	≧
⑪	1	2	3	4	5	6	7	8	9	0	−	±	<	>	≦	≧
⑫	1	2	3	4	5	6	7	8	9	0	−	±	<	>	≦	≧
⑬	1	2	3	4	5	6	7	8	9	0	−	±	<	>	≦	≧
⑭	1	2	3	4	5	6	7	8	9	0	−	±	<	>	≦	≧
⑮	1	2	3	4	5	6	7	8	9	0	−	±	<	>	≦	≧
⑯	1	2	3	4	5	6	7	8	9	0	−	±	<	>	≦	≧
⑰	1	2	3	4	5	6	7	8	9	0	−	±	<	>	≦	≧
⑱	1	2	3	4	5	6	7	8	9	0	−	±	<	>	≦	≧
⑲	1	2	3	4	5	6	7	8	9	0	−	±	<	>	≦	≧
⑳	1	2	3	4	5	6	7	8	9	0	−	±	<	>	≦	≧
㉑	1	2	3	4	5	6	7	8	9	0	−	±	<	>	≦	≧
㉒	1	2	3	4	5	6	7	8	9	0	−	±	<	>	≦	≧
㉓	1	2	3	4	5	6	7	8	9	0	−	±	<	>	≦	≧
㉔	1	2	3	4	5	6	7	8	9	0	−	±	<	>	≦	≧
㉕	1	2	3	4	5	6	7	8	9	0	−	±	<	>	≦	≧

解答欄	1	2	3	4	5	6	7	8	9	0	−	±	<	>	≦	≧
㉖	1	2	3	4	5	6	7	8	9	0	−	±	<	>	≦	≧
㉗	1	2	3	4	5	6	7	8	9	0	−	±	<	>	≦	≧
㉘	1	2	3	4	5	6	7	8	9	0	−	±	<	>	≦	≧
㉙	1	2	3	4	5	6	7	8	9	0	−	±	<	>	≦	≧
㉚	1	2	3	4	5	6	7	8	9	0	−	±	<	>	≦	≧
㉛	1	2	3	4	5	6	7	8	9	0	−	±	<	>	≦	≧
㉜	1	2	3	4	5	6	7	8	9	0	−	±	<	>	≦	≧
㉝	1	2	3	4	5	6	7	8	9	0	−	±	<	>	≦	≧
㉞	1	2	3	4	5	6	7	8	9	0	−	±	<	>	≦	≧
㉟	1	2	3	4	5	6	7	8	9	0	−	±	<	>	≦	≧
㊱	1	2	3	4	5	6	7	8	9	0	−	±	<	>	≦	≧
㊲	1	2	3	4	5	6	7	8	9	0	−	±	<	>	≦	≧
㊳	1	2	3	4	5	6	7	8	9	0	−	±	<	>	≦	≧
㊴	1	2	3	4	5	6	7	8	9	0	−	±	<	>	≦	≧
㊵	1	2	3	4	5	6	7	8	9	0	−	±	<	>	≦	≧
㊶	1	2	3	4	5	6	7	8	9	0	−	±	<	>	≦	≧
㊷	1	2	3	4	5	6	7	8	9	0	−	±	<	>	≦	≧
㊸	1	2	3	4	5	6	7	8	9	0	−	±	<	>	≦	≧
㊹	1	2	3	4	5	6	7	8	9	0	−	±	<	>	≦	≧
㊺	1	2	3	4	5	6	7	8	9	0	−	±	<	>	≦	≧
㊻	1	2	3	4	5	6	7	8	9	0	−	±	<	>	≦	≧
㊼	1	2	3	4	5	6	7	8	9	0	−	±	<	>	≦	≧
㊽	1	2	3	4	5	6	7	8	9	0	−	±	<	>	≦	≧
㊾	1	2	3	4	5	6	7	8	9	0	−	±	<	>	≦	≧
㊿	1	2	3	4	5	6	7	8	9	0	−	±	<	>	≦	≧

（注）この解答用紙は実物を縮小してあります。Ｂ４用紙に125%拡大コピーすると、ほぼ実物大で使用できます。（タイトルと配点表は含みません）

推定配点

1 各7点×4

2 (1) 8点　(2) 各4点×2　(3)、(4) 各8点×2

3 (1)、(2) 各10点×2　(3) 各5点×2

4 (1) 各2点×2　(2) 各3点×2

100点	計

二〇二三年度　浦和実業学園高等学校・第二回併願

国語解答用紙

評点
/100

解答欄																
	1	2	3	4	5	6	7	8	9	0	−	±	<	>	≦	≧
①	1	2	3	4	5	6	7	8	9	0	−	±	<	>	≦	≧
②	1	2	3	4	5	6	7	8	9	0	−	±	<	>	≦	≧
③	1	2	3	4	5	6	7	8	9	0	−	±	<	>	≦	≧
④	1	2	3	4	5	6	7	8	9	0	−	±	<	>	≦	≧
⑤	1	2	3	4	5	6	7	8	9	0	−	±	<	>	≦	≧
⑥	1	2	3	4	5	6	7	8	9	0	−	±	<	>	≦	≧
⑦	1	2	3	4	5	6	7	8	9	0	−	±	<	>	≦	≧
⑧	1	2	3	4	5	6	7	8	9	0	−	±	<	>	≦	≧
⑨	1	2	3	4	5	6	7	8	9	0	−	±	<	>	≦	≧
⑩	1	2	3	4	5	6	7	8	9	0	−	±	<	>	≦	≧
⑪	1	2	3	4	5	6	7	8	9	0	−	±	<	>	≦	≧
⑫	1	2	3	4	5	6	7	8	9	0	−	±	<	>	≦	≧
⑬	1	2	3	4	5	6	7	8	9	0	−	±	<	>	≦	≧
⑭	1	2	3	4	5	6	7	8	9	0	−	±	<	>	≦	≧
⑮	1	2	3	4	5	6	7	8	9	0	−	±	<	>	≦	≧
⑯	1	2	3	4	5	6	7	8	9	0	−	±	<	>	≦	≧
⑰	1	2	3	4	5	6	7	8	9	0	−	±	<	>	≦	≧
⑱	1	2	3	4	5	6	7	8	9	0	−	±	<	>	≦	≧
⑲	1	2	3	4	5	6	7	8	9	0	−	±	<	>	≦	≧
⑳	1	2	3	4	5	6	7	8	9	0	−	±	<	>	≦	≧
㉑	1	2	3	4	5	6	7	8	9	0	−	±	<	>	≦	≧
㉒	1	2	3	4	5	6	7	8	9	0	−	±	<	>	≦	≧
㉓	1	2	3	4	5	6	7	8	9	0	−	±	<	>	≦	≧
㉔	1	2	3	4	5	6	7	8	9	0	−	±	<	>	≦	≧
㉕	1	2	3	4	5	6	7	8	9	0	−	±	<	>	≦	≧

解答欄																
	1	2	3	4	5	6	7	8	9	0	−	±	<	>	≦	≧
㉖	1	2	3	4	5	6	7	8	9	0	−	±	<	>	≦	≧
㉗	1	2	3	4	5	6	7	8	9	0	−	±	<	>	≦	≧
㉘	1	2	3	4	5	6	7	8	9	0	−	±	<	>	≦	≧
㉙	1	2	3	4	5	6	7	8	9	0	−	±	<	>	≦	≧
㉚	1	2	3	4	5	6	7	8	9	0	−	±	<	>	≦	≧
㉛	1	2	3	4	5	6	7	8	9	0	−	±	<	>	≦	≧
㉜	1	2	3	4	5	6	7	8	9	0	−	±	<	>	≦	≧
㉝	1	2	3	4	5	6	7	8	9	0	−	±	<	>	≦	≧
㉞	1	2	3	4	5	6	7	8	9	0	−	±	<	>	≦	≧
㉟	1	2	3	4	5	6	7	8	9	0	−	±	<	>	≦	≧
㊱	1	2	3	4	5	6	7	8	9	0	−	±	<	>	≦	≧
㊲	1	2	3	4	5	6	7	8	9	0	−	±	<	>	≦	≧
㊳	1	2	3	4	5	6	7	8	9	0	−	±	<	>	≦	≧
㊴	1	2	3	4	5	6	7	8	9	0	−	±	<	>	≦	≧
㊵	1	2	3	4	5	6	7	8	9	0	−	±	<	>	≦	≧
㊶	1	2	3	4	5	6	7	8	9	0	−	±	<	>	≦	≧
㊷	1	2	3	4	5	6	7	8	9	0	−	±	<	>	≦	≧
㊸	1	2	3	4	5	6	7	8	9	0	−	±	<	>	≦	≧
㊹	1	2	3	4	5	6	7	8	9	0	−	±	<	>	≦	≧
㊺	1	2	3	4	5	6	7	8	9	0	−	±	<	>	≦	≧
㊻	1	2	3	4	5	6	7	8	9	0	−	±	<	>	≦	≧
㊼	1	2	3	4	5	6	7	8	9	0	−	±	<	>	≦	≧
㊽	1	2	3	4	5	6	7	8	9	0	−	±	<	>	≦	≧
㊾	1	2	3	4	5	6	7	8	9	0	−	±	<	>	≦	≧
㊿	1	2	3	4	5	6	7	8	9	0	−	±	<	>	≦	≧

（注）この解答用紙は実物を縮小してあります。Ｂ４用紙に125％拡大コピーすると、ほぼ実物大で使用できます。（タイトルと配点表は含みません）

受験番号		
	氏名	フリガナ

この番号はあなたの受験番号です。
確認のうえ下記の欄に記入すること。

受験番号				
	0	0	0	0
1	1	1	1	1
2	2	2	2	2
	3	3	3	3
	4	4	4	4
	5	5	5	5
	6	6	6	6
	7	7	7	7
	8	8	8	8
	9	9	9	9

解答教科		
英語	数学	国語
○	○	●

記入のしかた
1. 必ずＨＢの黒鉛筆を使用してください。
2. 訂正する場合はプラスチック製の消しゴムできれいにけし、消しくずを残さないでください。
3. マークの例

良い例	悪い例
●	

推定配点

一 問1 各2点×3　問2 4点　問3 2点　問4 3点　問5 4点
問6 各3点×3　問7 4点　問8 3点　問9、問10 各4点×2
問11 3点　問12 4点　二 問1 各2点×3　問2 4点
問3、問4 各2点×5　問5、問6 各5点×2　問7 4点
問8、問9 各3点×2　問10、問11 各5点×2

計	100点

2022年度　浦和実業学園高等学校・第3回併願

英語解答用紙

評点
/100

（注）この解答用紙は実物を縮小してあります。Ｂ４用紙に125%拡大コピーすると、ほぼ実物大で使用できます。（タイトルと配点表は含みません）

	解					答					欄					
	1	2	3	4	5	6	7	8	9	0	−	±	<	>	≦	≧
㉖	1	2	3	4	5	6	7	8	9	0	−	±	<	>	≦	≧
㉗	1	2	3	4	5	6	7	8	9	0	−	±	<	>	≦	≧
㉘	1	2	3	4	5	6	7	8	9	0	−	±	<	>	≦	≧
㉙	1	2	3	4	5	6	7	8	9	0	−	±	<	>	≦	≧
㉚	1	2	3	4	5	6	7	8	9	0	−	±	<	>	≦	≧
㉛	1	2	3	4	5	6	7	8	9	0	−	±	<	>	≦	≧
㉜	1	2	3	4	5	6	7	8	9	0	−	±	<	>	≦	≧
㉝	1	2	3	4	5	6	7	8	9	0	−	±	<	>	≦	≧
㉞	1	2	3	4	5	6	7	8	9	0	−	±	<	>	≦	≧
㉟	1	2	3	4	5	6	7	8	9	0	−	±	<	>	≦	≧
㊱	1	2	3	4	5	6	7	8	9	0	−	±	<	>	≦	≧
㊲	1	2	3	4	5	6	7	8	9	0	−	±	<	>	≦	≧
㊳	1	2	3	4	5	6	7	8	9	0	−	±	<	>	≦	≧
㊴	1	2	3	4	5	6	7	8	9	0	−	±	<	>	≦	≧
㊵	1	2	3	4	5	6	7	8	9	0	−	±	<	>	≦	≧
㊶	1	2	3	4	5	6	7	8	9	0	−	±	<	>	≦	≧
㊷	1	2	3	4	5	6	7	8	9	0	−	±	<	>	≦	≧
㊸	1	2	3	4	5	6	7	8	9	0	−	±	<	>	≦	≧
㊹	1	2	3	4	5	6	7	8	9	0	−	±	<	>	≦	≧
㊺	1	2	3	4	5	6	7	8	9	0	−	±	<	>	≦	≧
㊻	1	2	3	4	5	6	7	8	9	0	−	±	<	>	≦	≧
㊼	1	2	3	4	5	6	7	8	9	0	−	±	<	>	≦	≧
㊽	1	2	3	4	5	6	7	8	9	0	−	±	<	>	≦	≧
㊾	1	2	3	4	5	6	7	8	9	0	−	±	<	>	≦	≧
㊿	1	2	3	4	5	6	7	8	9	0	−	±	<	>	≦	≧

	解					答					欄					
	1	2	3	4	5	6	7	8	9	0	−	±	<	>	≦	≧
①	1	2	3	4	5	6	7	8	9	0	−	±	<	>	≦	≧
②	1	2	3	4	5	6	7	8	9	0	−	±	<	>	≦	≧
③	1	2	3	4	5	6	7	8	9	0	−	±	<	>	≦	≧
④	1	2	3	4	5	6	7	8	9	0	−	±	<	>	≦	≧
⑤	1	2	3	4	5	6	7	8	9	0	−	±	<	>	≦	≧
⑥	1	2	3	4	5	6	7	8	9	0	−	±	<	>	≦	≧
⑦	1	2	3	4	5	6	7	8	9	0	−	±	<	>	≦	≧
⑧	1	2	3	4	5	6	7	8	9	0	−	±	<	>	≦	≧
⑨	1	2	3	4	5	6	7	8	9	0	−	±	<	>	≦	≧
⑩	1	2	3	4	5	6	7	8	9	0	−	±	<	>	≦	≧
⑪	1	2	3	4	5	6	7	8	9	0	−	±	<	>	≦	≧
⑫	1	2	3	4	5	6	7	8	9	0	−	±	<	>	≦	≧
⑬	1	2	3	4	5	6	7	8	9	0	−	±	<	>	≦	≧
⑭	1	2	3	4	5	6	7	8	9	0	−	±	<	>	≦	≧
⑮	1	2	3	4	5	6	7	8	9	0	−	±	<	>	≦	≧
⑯	1	2	3	4	5	6	7	8	9	0	−	±	<	>	≦	≧
⑰	1	2	3	4	5	6	7	8	9	0	−	±	<	>	≦	≧
⑱	1	2	3	4	5	6	7	8	9	0	−	±	<	>	≦	≧
⑲	1	2	3	4	5	6	7	8	9	0	−	±	<	>	≦	≧
⑳	1	2	3	4	5	6	7	8	9	0	−	±	<	>	≦	≧
㉑	1	2	3	4	5	6	7	8	9	0	−	±	<	>	≦	≧
㉒	1	2	3	4	5	6	7	8	9	0	−	±	<	>	≦	≧
㉓	1	2	3	4	5	6	7	8	9	0	−	±	<	>	≦	≧
㉔	1	2	3	4	5	6	7	8	9	0	−	±	<	>	≦	≧
㉕	1	2	3	4	5	6	7	8	9	0	−	±	<	>	≦	≧

受験番号

氏名	フリガナ

この番号はあなたの受験番号です。
確認のうえ下記の欄に記入すること。

受験番号				
	0	0	0	0
1	1	1	1	1
2	2	2	2	2
	3	3	3	3
	4	4	4	4
	5	5	5	5
	6	6	6	6
	7	7	7	7
	8	8	8	8
	9	9	9	9

解答教科		
英語	数学	国語
●	○	○

記入のしかた

1. 必ずＨＢの黒鉛筆を使用してください。
2. 訂正する場合はプラスチック製の消しゴムできれいにけし、消しくずを残さないでください。
3. マークの例

良い例	悪い例
●	（悪い例）

推定配点	
1～4 各2点×28 5 各3点×7 6 ㊱～㊵ 各3点×5　㊶、㊷ 各4点×2	
100点	計

２０２２年度　浦和実業学園高等学校・第３回併願

数学解答用紙

評点　／100

受験番号 □□□□□

氏名	フリガナ

この番号はあなたの受験番号です。
確認のうえ下記の欄に記入すること。

受験番号				
	0	0	0	0
1	1	1	1	1
2	2	2	2	2
	3	3	3	3
	4	4	4	4
	5	5	5	5
	6	6	6	6
	7	7	7	7
	8	8	8	8
	9	9	9	9

解答教科		
英語	数学	国語
○	●	○

記入のしかた
1. 必ずＨＢの黒鉛筆を使用してください。
2. 訂正する場合はプラスチック製の消しゴムできれいにけし、消しくずを残さないでください。
3. マークの例

良い例	悪い例
●	● ◐ ⊗ ◓

	解	答	欄													
	1	2	3	4	5	6	7	8	9	0	−	±	<	>	≦	≧
①	1	2	3	4	5	6	7	8	9	0	−	±	<	>	≦	≧
②	1	2	3	4	5	6	7	8	9	0	−	±	<	>	≦	≧
③	1	2	3	4	5	6	7	8	9	0	−	±	<	>	≦	≧
④	1	2	3	4	5	6	7	8	9	0	−	±	<	>	≦	≧
⑤	1	2	3	4	5	6	7	8	9	0	−	±	<	>	≦	≧
⑥	1	2	3	4	5	6	7	8	9	0	−	±	<	>	≦	≧
⑦	1	2	3	4	5	6	7	8	9	0	−	±	<	>	≦	≧
⑧	1	2	3	4	5	6	7	8	9	0	−	±	<	>	≦	≧
⑨	1	2	3	4	5	6	7	8	9	0	−	±	<	>	≦	≧
⑩	1	2	3	4	5	6	7	8	9	0	−	±	<	>	≦	≧
⑪	1	2	3	4	5	6	7	8	9	0	−	±	<	>	≦	≧
⑫	1	2	3	4	5	6	7	8	9	0	−	±	<	>	≦	≧
⑬	1	2	3	4	5	6	7	8	9	0	−	±	<	>	≦	≧
⑭	1	2	3	4	5	6	7	8	9	0	−	±	<	>	≦	≧
⑮	1	2	3	4	5	6	7	8	9	0	−	±	<	>	≦	≧
⑯	1	2	3	4	5	6	7	8	9	0	−	±	<	>	≦	≧
⑰	1	2	3	4	5	6	7	8	9	0	−	±	<	>	≦	≧
⑱	1	2	3	4	5	6	7	8	9	0	−	±	<	>	≦	≧
⑲	1	2	3	4	5	6	7	8	9	0	−	±	<	>	≦	≧
⑳	1	2	3	4	5	6	7	8	9	0	−	±	<	>	≦	≧
㉑	1	2	3	4	5	6	7	8	9	0	−	±	<	>	≦	≧
㉒	1	2	3	4	5	6	7	8	9	0	−	±	<	>	≦	≧
㉓	1	2	3	4	5	6	7	8	9	0	−	±	<	>	≦	≧
㉔	1	2	3	4	5	6	7	8	9	0	−	±	<	>	≦	≧
㉕	1	2	3	4	5	6	7	8	9	0	−	±	<	>	≦	≧

	解	答	欄													
	1	2	3	4	5	6	7	8	9	0	−	±	<	>	≦	≧
㉖	1	2	3	4	5	6	7	8	9	0	−	±	<	>	≦	≧
㉗	1	2	3	4	5	6	7	8	9	0	−	±	<	>	≦	≧
㉘	1	2	3	4	5	6	7	8	9	0	−	±	<	>	≦	≧
㉙	1	2	3	4	5	6	7	8	9	0	−	±	<	>	≦	≧
㉚	1	2	3	4	5	6	7	8	9	0	−	±	<	>	≦	≧
㉛	1	2	3	4	5	6	7	8	9	0	−	±	<	>	≦	≧
㉜	1	2	3	4	5	6	7	8	9	0	−	±	<	>	≦	≧
㉝	1	2	3	4	5	6	7	8	9	0	−	±	<	>	≦	≧
㉞	1	2	3	4	5	6	7	8	9	0	−	±	<	>	≦	≧
㉟	1	2	3	4	5	6	7	8	9	0	−	±	<	>	≦	≧
㊱	1	2	3	4	5	6	7	8	9	0	−	±	<	>	≦	≧
㊲	1	2	3	4	5	6	7	8	9	0	−	±	<	>	≦	≧
㊳	1	2	3	4	5	6	7	8	9	0	−	±	<	>	≦	≧
㊴	1	2	3	4	5	6	7	8	9	0	−	±	<	>	≦	≧
㊵	1	2	3	4	5	6	7	8	9	0	−	±	<	>	≦	≧
㊶	1	2	3	4	5	6	7	8	9	0	−	±	<	>	≦	≧
㊷	1	2	3	4	5	6	7	8	9	0	−	±	<	>	≦	≧
㊸	1	2	3	4	5	6	7	8	9	0	−	±	<	>	≦	≧
㊹	1	2	3	4	5	6	7	8	9	0	−	±	<	>	≦	≧
㊺	1	2	3	4	5	6	7	8	9	0	−	±	<	>	≦	≧
㊻	1	2	3	4	5	6	7	8	9	0	−	±	<	>	≦	≧
㊼	1	2	3	4	5	6	7	8	9	0	−	±	<	>	≦	≧
㊽	1	2	3	4	5	6	7	8	9	0	−	±	<	>	≦	≧
㊾	1	2	3	4	5	6	7	8	9	0	−	±	<	>	≦	≧
㊿	1	2	3	4	5	6	7	8	9	0	−	±	<	>	≦	≧

（注）この解答用紙は実物を縮小してあります。Ｂ４用紙に125％拡大コピーすると、ほぼ実物大で使用できます。（タイトルと配点表は含みません）

推定配点

1　各７点×４
2　(1)　８点　(2)　各４点×２　(3)、(4)　各８点×２
3　(1)、(2)　各５点×４　(3)　㉞～㊱　各３点×２　㊲～㊴　４点
4　(1)　各３点×２　(2)　４点

100点	計

二〇二三年度　浦和実業学園高等学校・第三回併願

国語解答用紙

評点
/100

	解答欄															
	1	2	3	4	5	6	7	8	9	0	−	±	<	>	≦	≧
①	1	2	3	4	5	6	7	8	9	0	−	±	<	>	≦	≧
②	1	2	3	4	5	6	7	8	9	0	−	±	<	>	≦	≧
③	1	2	3	4	5	6	7	8	9	0	−	±	<	>	≦	≧
④	1	2	3	4	5	6	7	8	9	0	−	±	<	>	≦	≧
⑤	1	2	3	4	5	6	7	8	9	0	−	±	<	>	≦	≧
⑥	1	2	3	4	5	6	7	8	9	0	−	±	<	>	≦	≧
⑦	1	2	3	4	5	6	7	8	9	0	−	±	<	>	≦	≧
⑧	1	2	3	4	5	6	7	8	9	0	−	±	<	>	≦	≧
⑨	1	2	3	4	5	6	7	8	9	0	−	±	<	>	≦	≧
⑩	1	2	3	4	5	6	7	8	9	0	−	±	<	>	≦	≧
⑪	1	2	3	4	5	6	7	8	9	0	−	±	<	>	≦	≧
⑫	1	2	3	4	5	6	7	8	9	0	−	±	<	>	≦	≧
⑬	1	2	3	4	5	6	7	8	9	0	−	±	<	>	≦	≧
⑭	1	2	3	4	5	6	7	8	9	0	−	±	<	>	≦	≧
⑮	1	2	3	4	5	6	7	8	9	0	−	±	<	>	≦	≧
⑯	1	2	3	4	5	6	7	8	9	0	−	±	<	>	≦	≧
⑰	1	2	3	4	5	6	7	8	9	0	−	±	<	>	≦	≧
⑱	1	2	3	4	5	6	7	8	9	0	−	±	<	>	≦	≧
⑲	1	2	3	4	5	6	7	8	9	0	−	±	<	>	≦	≧
⑳	1	2	3	4	5	6	7	8	9	0	−	±	<	>	≦	≧
㉑	1	2	3	4	5	6	7	8	9	0	−	±	<	>	≦	≧
㉒	1	2	3	4	5	6	7	8	9	0	−	±	<	>	≦	≧
㉓	1	2	3	4	5	6	7	8	9	0	−	±	<	>	≦	≧
㉔	1	2	3	4	5	6	7	8	9	0	−	±	<	>	≦	≧
㉕	1	2	3	4	5	6	7	8	9	0	−	±	<	>	≦	≧

	解答欄															
	1	2	3	4	5	6	7	8	9	0	−	±	<	>	≦	≧
㉖	1	2	3	4	5	6	7	8	9	0	−	±	<	>	≦	≧
㉗	1	2	3	4	5	6	7	8	9	0	−	±	<	>	≦	≧
㉘	1	2	3	4	5	6	7	8	9	0	−	±	<	>	≦	≧
㉙	1	2	3	4	5	6	7	8	9	0	−	±	<	>	≦	≧
㉚	1	2	3	4	5	6	7	8	9	0	−	±	<	>	≦	≧
㉛	1	2	3	4	5	6	7	8	9	0	−	±	<	>	≦	≧
㉜	1	2	3	4	5	6	7	8	9	0	−	±	<	>	≦	≧
㉝	1	2	3	4	5	6	7	8	9	0	−	±	<	>	≦	≧
㉞	1	2	3	4	5	6	7	8	9	0	−	±	<	>	≦	≧
㉟	1	2	3	4	5	6	7	8	9	0	−	±	<	>	≦	≧
㊱	1	2	3	4	5	6	7	8	9	0	−	±	<	>	≦	≧
㊲	1	2	3	4	5	6	7	8	9	0	−	±	<	>	≦	≧
㊳	1	2	3	4	5	6	7	8	9	0	−	±	<	>	≦	≧
㊴	1	2	3	4	5	6	7	8	9	0	−	±	<	>	≦	≧
㊵	1	2	3	4	5	6	7	8	9	0	−	±	<	>	≦	≧
㊶	1	2	3	4	5	6	7	8	9	0	−	±	<	>	≦	≧
㊷	1	2	3	4	5	6	7	8	9	0	−	±	<	>	≦	≧
㊸	1	2	3	4	5	6	7	8	9	0	−	±	<	>	≦	≧
㊹	1	2	3	4	5	6	7	8	9	0	−	±	<	>	≦	≧
㊺	1	2	3	4	5	6	7	8	9	0	−	±	<	>	≦	≧
㊻	1	2	3	4	5	6	7	8	9	0	−	±	<	>	≦	≧
㊼	1	2	3	4	5	6	7	8	9	0	−	±	<	>	≦	≧
㊽	1	2	3	4	5	6	7	8	9	0	−	±	<	>	≦	≧
㊾	1	2	3	4	5	6	7	8	9	0	−	±	<	>	≦	≧
㊿	1	2	3	4	5	6	7	8	9	0	−	±	<	>	≦	≧

（注）この解答用紙は実物を縮小してあります。Ｂ４用紙に125%拡大コピーすると、ほぼ実物大で使用できます。（タイトルと配点表は含みません）

受験番号

氏名	フリガナ

この番号はあなたの受験番号です。
確認のうえ下記の欄に記入すること。

受験番号				
	0	0	0	0
1	1	1	1	1
2	2	2	2	2
	3	3	3	3
	4	4	4	4
	5	5	5	5
	6	6	6	6
	7	7	7	7
	8	8	8	8
	9	9	9	9

解答教科		
英語	数学	国語
○	○	●

記入のしかた

1. 必ずＨＢの黒鉛筆を使用してください。
2. 訂正する場合はプラスチック製の消しゴムできれいにけし、消しくずを残さないでください。
3. マークの例

良い例	悪い例
●	◐ ✕ ◓

推定配点	
一 問1 各2点×4　問2 3点　問3 5点　問4 3点　問5 4点 問6 5点　問7～問9 各4点×3　問10、問11 各5点×2 二 問1 各2点×4　問2～問7 各4点×6　問8 各3点×2 問9～問11 各4点×3	
100点	計